广西壮族自治区
工业发展环境可持续研究

方晓明　王承宾　编著

吉林大学出版社
·长　春·

图书在版编目（CIP）数据

广西壮族自治区工业发展环境可持续研究 / 方晓明，王承宾编著 .——长春：吉林大学出版社，2020.7
ISBN 978-7-5692-6819-5

Ⅰ.①广… Ⅱ.①方…②王…Ⅲ.①地方工业－工业发展－关系－环境保护－可持续性发展－研究－广西
Ⅳ.① F427.67 ② X321.267

中国版本图书馆 CIP 数据核字（2020）第 143780 号

书　　名：广西壮族自治区工业发展环境可持续研究

GUANGXI ZHUANGZU ZIZHIQU GONGYE FAZHAN HUANJING KECHIXU YANJIU

作　　者：方晓明　王承宾　编著
策划编辑：朱　进
责任编辑：朱　进
责任校对：王　洋
装帧设计：王　强
出版发行：吉林大学出版社
社　　址：长春市人民大街 4059 号
邮政编码：130021
发行电话：0431-89580028/29/21
网　　址：http://www.jlup.com.cn
电子邮箱：jdcbs@jlu.edu.cn
印　　刷：三河市嵩川印刷有限公司
开　　本：787mm×1092mm　　1/16
印　　张：27.5
字　　数：430 千字
版　　次：2020 年 7 月第 1 版
印　　次：2020 年 7 月第 1 次
书　　号：ISBN 978-7-5692-6819-5
定　　价：99.00 元

《广西壮族自治区工业发展环境可持续研究》编委会

主　任：方晓明　王承宾

参　编：温　静　陈　晨　王　琳　吴赛珍　徐　波
李　姝　邵　冰　于　洋　于　汐　宁兴磊
李　涛　孙常亮　张　昊　崔　震　王　蕊

前　言

广西壮族自治区（以下简称“广西”）地处祖国南疆，位于东经104°28'～112°04'，北纬20°54'～26°24'之间，北回归线横贯全区中部。广西区位优越，南临北部湾，面向东南亚，东邻粤、港、澳，北连华中，背靠大西南。广西周边与广东、湖南、贵州、云南等省接壤。东南与广东省接壤约931km，东北与湖南省接壤约970km，北面与贵州省接壤约1177km，西面与云南省接壤约632km。大陆海岸线长约1500km。广西土地总面积23.76万km^2，占全国土地总面积的2.5%，在全国各省、自治区、直辖市中排第九位。东西最大跨距约771km，南北最大跨距（南至斜阳岛）约634km。

近年来，北部湾区域已经成为国家发展战略的指向区域，成为我国沿海经济发展的新增长极。“十三五”期间广西处于加快新型工业化实施跨越发展的关键时期，通过深入实施工业强桂战略，全面推进两化深度融合，加快实现工业提质增效、转型升级和经济社会持续健康发展，努力构建国际大通道、战略支点和重要门户，全面建成小康社会，奋力跨越中等收入陷阱。与此同时，区域生态功能也日趋重要，随着区域建设发展，生态环境敏感、生态系统脆弱、发展与保护的潜在矛盾突出。

根据《广西工业和信息化发展“十三五”规划》，“十三五”期间区域力争实现“一壮大、一优化、四提升”发展目标，即总体规模实现稳步壮大、产业结构实现明显优化、创新发展能力显著提升、质量效益水平显著提升、两化融合水平显著提升、绿色发展能力显著提升。与此同时，为全面贯彻落实党中央、国务院和广西壮族自治区党委常委、广西壮族自治区人民政府的重大战略部署，结合《广西工业和信息化发展“十三五”规划》内容，从环境保护角度对区域产业发展开展环境可持续发展研究。

本书对广西工业发展过程中可能带来的环境影响进行系统分析，同时提出相应预防和减缓不良环境影响的措施。旨在保护区域生态环境、控制区域污染物排放，促进区域产业合理布局及转型升级，为深入贯彻落实习近平新时代中国特色社会主义思想，确保广西经济增长和社会进步与环境保护的协调发展提供重要的研究依据。

本书的第 1 章和第 9 章由方晓明完成，第 2 章由温静、陈晨、李姝完成，第 3 章由王承宾、王蕊、于汐完成，第 4 章由吴赛珍、徐波完成，第 5 章由王承宾、温静、于洋、吴赛珍、宁兴磊、李涛完成，第 6 章由孙常亮、陈晨、于洋、张昊完成，第 7 章由方晓明、邵冰、崔震、王琳完成，第 8 章由张昊、陈晨、邵冰完成。方晓明、温静进行了全书的统稿工作。

本书在编写过程中承蒙沈阳环境科学研究院、广州市环境保护工程设计院有限公司和同仁的指导、支持和帮助，在此谨致谢意。由于时间仓促，加之笔者水平有限，错误与不妥之处在所难免，敬请读者批评指正。

2020 年 2 月于沈阳

目 录

1 引　言

1.1 指导思想与目的

1.1.1 指导思想

全面贯彻党的十九大和中央经济工作会议精神，以习近平新时代中国特色社会主义思想为指引，坚持新发展理念，突出高质量发展。统筹抓好改革创新、结构调整、开放带动、防范风险等各项工作，持续改善区域环境质量。以生态适宜性和资源环境承载力为约束条件，基于规划实施的不同情景，对规划实施可能导致的环境影响进行分析、预测和综合论证，从产业结构及布局、资源配置等方面提出规划方案调整建议及减缓不良环境影响的对策措施，以确保区域工业经济环境可持续发展。

1.1.2 研究目的

结合《广西工业和信息化发展“十三五”规划》内容，从环境保护角度系统研究规划实施可能带来的环境影响，提出指导规划预防和减缓不良环境影响的措施，保护区域生态环境、控制区域污染物排放，促进区域产业合理布局及转型升级，为贯彻落实习近平新时代中国特色社会主义思想，确保广西经济增长和社会进步与环境保护的协调发展提供重要依据。

1.2 研究重点及技术路线

1.2.1 研究重点

根据区域产业规划的规模、布局、结构及涉及的工业项目，结合园区及其所属区域和所处流域的环境、资源与生态条件、特点及制约因素，确定本次研究的重点：

（1）规划实施产生的环境资源及社会经济影响分析，规划涉及园区及其所属城市、所处流域的承载力分析；

（2）规划确定的产业结构、发展规模及布局的环境合理性分析；

（3）规划方案调整建议、环境影响减缓措施。

1.2.2 技术路线

研究的开始是基于广西产业发展及环境管理中进行的大量探索性工作，并以广西“十三五”期间产业发展规划为依据，基于规划类的环境影响评价工作技术程序。

研究工作以广西产业开发环境可持续发展的探讨研究为主，对区域产业发展、生态环境保护和环境综合治理进行了深度挖掘，并进行了验证分析。

1.2.3 依托工程

将广西产业发展整体情况作为本次研究依托工程，并利用了部分项目前期工作成果。

1.3 研究目标

本报告研究目标有以下几个方面：

（1）区域存在的主要环境问题；

（2）区域规划经济环境系统预测；

（3）区域资源环境承载力分析；

（4）区域环境影响预测；

（5）区域环境可持续发展对策措施；

（6）规划目标合理性和可达性综合论证。

1.4 关键技术与适用方法

1.4.1 系统分析方法

将规划研究区域看作一个完整的大系统，并将其分拆为经济社会和资源环境两个子系统，通过设定系统变量，结合不同情景对区域发展的演变进行系统分析，研究规划区域产业环境可持续发展的优选路径。

1.4.2 遥感调查与生态解译方法

基于研究范围及区域生态安全格局划分内容的需要，本次研究跨越不同时期调查及验证分析。以区域性生态调查为主，尝试将遥感数据解译判读区域生态格局和生态景观，并结合区域土地利用演变，采用 GIS 方法分析空间格局、尺度、镶嵌动态、景观异质性等。

1.4.3 情景规划方法

未来的不确定性是规划面临的普遍问题。市场经济中的规划认为未来是不确定的，有关未来的唯一确定因素就是可以肯定未来是不确定的。因此，规划的一个主要任务就是发觉、评估和解决不确定性。本书通过情景规划的方法，首先在区域发展的宏观经济差异基础上开发情景，然后识别所处环境中影响决策成功或失败的关键因素，接着罗列出宏观环境中影响关键因素的驱动力量，并根据重要性和不确定性对关键因素和驱动力量进行排序，从而识别出三个最为重要并且最为不确定的因素和趋势，构建三种不同的情景，在接下来的工作中对情景进行细节充实和推演，按照推演结果结合区域资源环境承载水平进行未来发展战略目标设定和综合对策的决策实施，从而确保规划实施能达到战略规划目标。

2 区域现状调查及回顾性分析

2.1 自然环境概况

2.1.1 地理位置及人口和民族

广西简称桂，地处祖国南疆，位于东经104°28'～112°04'，北纬20°54'～26°24'之间，北回归线横贯全区中部。广西区位优越，南临北部湾，面向东南亚，东邻粤、港、澳，北连华中，背靠大西南。广西周边与广东、湖南、贵州、云南等省接壤。东南与广东省接壤约931km，东北与湖南省接壤约970km，北面与贵州省接壤约1177km，西面与云南省接壤约632km。大陆海岸线长约1500km。广西土地总面积23.76万km^2，占全国土地总面积的2.5%，在全国各省、自治区、直辖市中排第九位。东西最大跨距约771km，南北最大跨距（南至斜阳岛）约634km。

2016年广西总人口5579万，常住人口4838万，全区聚居壮、汉、瑶、苗、侗、仫佬、毛南、回、京、彝、水、仡佬等民族。

2.1.2 地形地貌

广西地势由西北向东南倾斜。四周多被山地、高原环绕，呈盆地状。盆地边缘多缺口，桂东北、桂东、桂南沿江一带有大片谷地。

广西属山地丘陵性盆地地貌，分中山、低山、丘陵、台地、平原、石山6类。中山为海拔800m以上山地，面积约5.6万km^2，占总面积的23.7%；低山为海拔 400 ～ 800m 山地，面积约 3.9 万 km^2，占 16.5%；丘陵为海拔 200 ～ 400m 山地，面积约 2.5 万 km^2，占 10.6%；台地为介于平原与丘陵之间、海拔 200m 以下地区，面积约 1.5 万 km^2，占 6.3%；平原为谷底宽 5km 以上、坡度小于 5 度的山谷平地，面积约 4.9 万 km^2，占 20.7%；石山地区约 4.7 万 km^2，占 19.9%。中山、低山、丘陵和石山面积约占广西陆地面积的 70.8%。

广西石灰岩地层分布广，岩层厚，褶纹断裂发育，为典型的岩溶地貌地区，占广西总面积的 37.8%。集中连片分布于桂西南、桂西北、桂中、桂东北。其发育类型之多为世界少见。

广西的山系主要分盆地边缘山脉和盆地内部山脉两类。边缘山脉：桂北有凤凰山、九万大山、大苗山、大南山和天平山；桂东北有猫儿山、越城岭、海洋山、都庞岭和萌渚岭，其中猫儿山主峰海拔 2141m，为南岭及广西的最高峰；桂东南有云开大山；桂南有大容山、六万大山和十万大山等；桂西多为岩溶山地；桂西北为云贵高原边缘山地，有金钟山、岑王老山等。内部山脉在东翼有东北—西南走向的驾桥岭和大瑶山，西翼有西北—东南走向的都阳山和大明山，两列山脉在镇龙山会合，构成完整的弧形。弧形山脉内缘，构成以柳州为中心的桂中盆地；弧形山脉外缘，构成沿右江、郁江和浔江分布的百色盆地、南宁盆地、郁江平原和浔江平原。

2.1.3 气候

广西地处低纬，北回归线横贯中部，南濒热带海洋，北接南岭山地，西延云贵高原，属云贵高原向东南沿海丘陵过渡地带，具有周高中低、形似盆地，山地多、平原少的地形特点。广西地处中、南亚热带季风气候区，在太阳辐射、大气环流和地理环境的共同作用下，形成了气候温暖、热量丰富，降水丰沛、干湿分明，日照适中、冬少夏多，灾害频繁、旱涝突出，沿海、山地风能资源丰富的气候特点。

广西气候温暖，热量丰富，2014 年各地年平均气温在 17.3 ～ 23.6℃之间，桂林市大部、河池市北部及隆林、乐业、那坡、三江、金秀等地在 20.0℃以下，最低的金秀为 17.3℃；其余地区在 20.0℃以上，最高的合浦为 23.6℃。与常年平均气温相比，除上思、岑溪、容县偏低 0.6℃外，其余大部分地区持平或略偏高，其中桂林、柳州、贺州、百色、钦州五市大部分地区、梧州市南部及南丹、来宾、武鸣、平南、大新等地偏高 0.6 ~ 1.0℃。全区年平均气温 21.0℃，比常年偏高 0.3℃。

广西是全国降水量最丰富的省区之一，2014 年，广西各地年降水量 1050.2 ~ 3221.2mm，百色、崇左、来宾三市大部分地区，南宁市西部、玉林市中部以及龙胜、三江、恭城、平乐、宜州、天峨、上思、横县等地在 1500mm 以下，最少的武鸣为 1050.2mm；其余地区在 1500mm 以上，其中沿海大部分地区以及永福、灵川、昭平等地在 2000mm 以上，最多的防城港市为 3221.2mm。与常年相比，桂林、玉林、南宁三市大部分地区及融水、田林、德保、乐业、罗城、宜州、来宾、武宣、富川等地正常到偏少 2 成，其余地区偏多 1 ~ 4 成。全区平均年降水量 1638.8mm，接近常年。春、夏、冬季降水量正常，秋季降水量较常年同期偏多 2 成。

2014 年，广西各地年日照时数 1078 ~ 2210 小时。桂北大部分地区、百色市南、北山区及平果、凭祥、大新、马山、武鸣、南宁、东兴、防城、浦北在 1500 小时以下，最少的乐业为 1078 小时，其余地区在 1500 小时以上，最多的涠洲岛为 2210 小时。

2.1.4 水文

广西河流众多，总长约 3.4 万 km。水域面积约 8026km^2，占陆地总面积的 3.4%。河流的总体特征是：山地型多，平原型少；流向大多与地质构造一致；水量丰富，季节性变化大；水流湍急，落差大；河岸高，河道多弯曲、多峡谷和险滩；河流含沙量少；岩溶地区地下伏流普遍发育。河流分属珠江、长江、红河、桂南独流入海四大流域。属珠江流域的有西江水系，其中西江水系以红水河、柳江、黔江、郁江、浔江和桂江为主，流域面积占广西陆地面积的 85.2%；属长江流域的有洞庭湖水系，主要为湘江上游；属红河流域的有百都河；属滨海流域的是独流入海的桂南沿海诸河，流域面积占广西陆地面积的 10.7%。

2.1.5 资源与物产概况

2.1.5.1 土地资源

广西土地总面积 23.76 万 km^2，占全国土地总面积的 2.5%，在各省、自治区、直辖市中居第 9 位。山多地少是广西土地资源的主要特点，山地、丘陵和石山面积占总面积的69.7%，平原和台地占27.0%，水域面积占3.3%。耕地面积442.54万公顷（2013年度土地利用变更调查数），人均耕地约0.09公顷。

2.1.5.2 海洋和岛屿

广西南临北部湾，海岸线曲折，溺谷多且面积广阔，形成众多天然良港。海洋水产资源丰富，有主要经济鱼类50多种、虾蟹类10多种，是中国著名渔场、南珠产地。海洋油气资源储量大。潮汐能理论蕴藏量高达140亿千瓦。沿海红树林面积72km^2，居全国第二位。大陆海岸东起广东、广西交界的洗米河口，西至中越交界的北仑河口，全长1500km。沿海有岛屿697个，总面积66.9km^2。涠洲岛是广西沿海最大的岛屿，面积约24.7km^2。

2.1.5.3 矿产资源

广西矿产资源种类多，储量大。全区发现矿种145种（含亚种），占全国探明资源储量矿种的45.8%。探明储量的矿藏有97种，其中64种储量居全国前10位，12种居全国第一位。在45种重要矿藏中，广西探明资源储量的有35种。有色金属矿尤为丰富，是全国十大有色金属矿产区之一。

2.1.5.4 动植物资源

广西是全国生物多样性最为丰富的地区之一，已发现和命名的陆生脊椎动物共1906种，居全国第二位。属国家I级保护野生动物有东黑冠长臂猿、白头叶猴、黑叶猴等25种；属国家II级保护野生动物有穿山甲、猕猴、冠斑犀鸟等147种。白头叶猴、弄岗穗鹛等10余种属广西特有种。

广西自然植被有14个植被型，301个群系。已发现和命名的野生维管束植物共计297科、1820属、9494种，居全国第三位。属国家I级重点保护植物22种（类），国家II级重点保护植物64种（类），重点保护植物84种（类）。

2.1.5.5 旅游资源

广西山川秀丽，民风淳朴，旅游资源得天独厚。有山清水秀、洞幽石奇的自然景观，古朴浓郁的少数民族风情，风光旖旎的热带滨海风光以及众多的文物古迹。列为国家级风景名胜区的有桂林漓江、桂平西山和宁明花山；列为自治区级风景名胜区的有南宁青秀山、隆安龙虎山、金秀大瑶山、灵川青狮潭、资源八角寨－资江、容县都峤山、防城港江山半岛等31处。国家重点文物保护单位有三江程阳风雨桥、合浦大士阁、兴安灵渠、桂林靖江王府及王陵、忻城莫土司衙署、容县经略台真武阁、花山崖壁画等42处。有国家级、自治区级旅游度假区 10 个。

2.1.6 生态环境敏感区

截至 2016 年底，广西已建立各类保护区 211 个，总面积为 61824km^2，约占全区国土面积的 26.1%。自然保护区 74 个，总面积为 14694.5km^2，约占全区国土面积的 6.2%，其中，国家级自然保护区 16 个，自治区级自然保护区 48 个，县级自然保护区 10 个；森林公园 51 个，总面积为 2588.5km^2，约占全区国土面积的 1.1%，其中国家级 20 个，自治区级 15 个，县级 1 个，暂未定级 15 个；风景名胜区 31 个，总面积为 6637.3km^2，约占全区国土面积的 2.8%，其中国家级 3 个，自治区级 28 个；地质公园 31 个，总面积为 3341.1km^2，约占全区国土面积的 1.4%，其中世界级 1 个，国家级 19 个，自治区级 11 个；国家级湿地公园 24 个，总面积 34562.6km^2，约占全区国土面积的 14.6%。广西各类自然保护区具体情况见附表 1—附表 6。

2.2 “十二五”期间全区工业发展回顾分析

2.2.1 工业综合实力稳步壮大

随着《广西壮族自治区工业和信息化发展“十二五”规划》的执行，全区工业实现平稳发展，工业在经济发展中的主导地位保持稳固，全区经济发展总体水平进入工业化后期阶段，但仍有相当一部分区域发展滞后，工业化水平仍有较大提升空间。根据库兹涅茨划分标准，第一产业比重降低到 10% 左右，第二产业比重已经达到最高水平且此后比重相对稳定或有所下降时，工业化则进入结束阶段。广西在“十二五”期间，第一产业保持在 15% 左右，工业在整个产业结构中占比逐年下降，已由 2011 年的 48.42% 降至 2015 年的 45.93%。“十二五”期间产业结构变化和广西经济总量增长率见图 2.2-1。

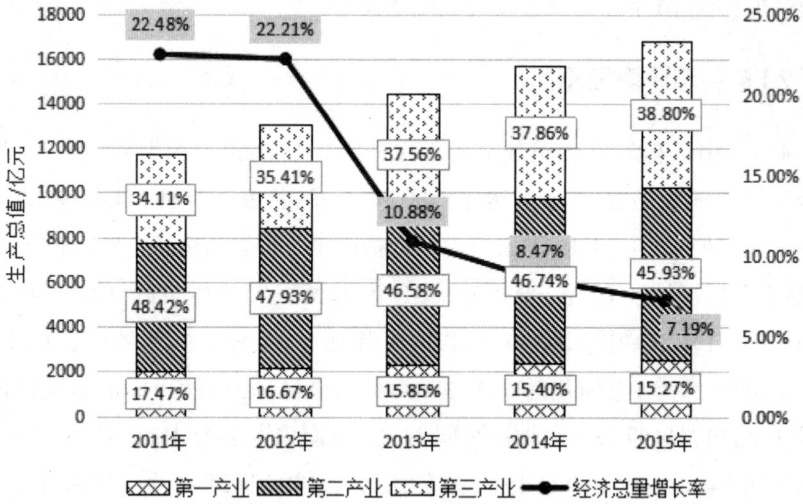

图 2.2-1 “十二五”期间产业结构变化

“十二五”期间，全区工业固定资产投资从 2011 年的 3578 亿元增加到 2015 年的 6168 亿元，详见图 2.2-2。

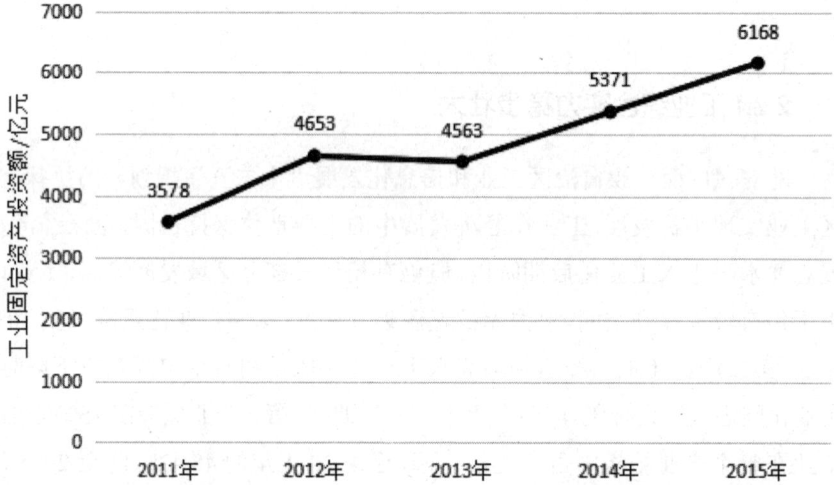

图 2.2-2 2011—2015 年工业固定资产投资额

“十二五”期间产品产量的增长率情况体现出锰矿石、钢材、铁矿石生产增量较大，说明广西资源消耗型产业占较大比例，详见图 2.2-3。

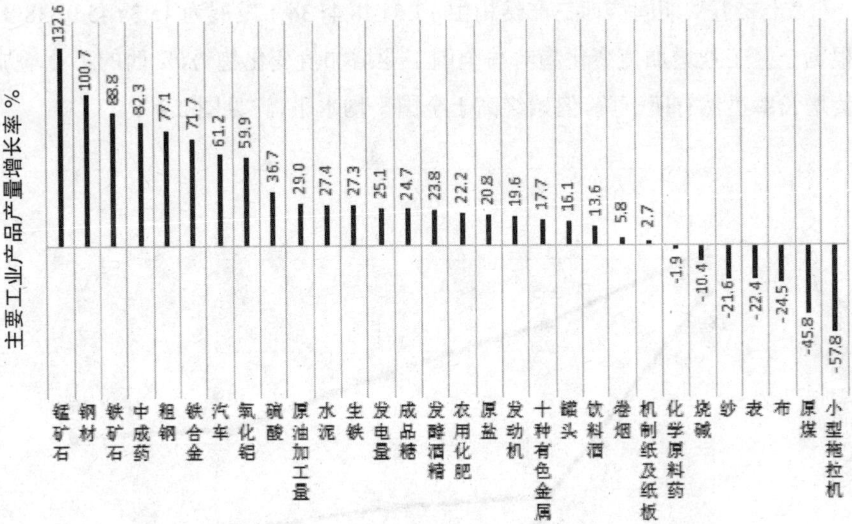

图 2.2-3 “十二五”期间主要工业产品产量增长率

具体到各行业来观察，食品加工、冶金工业、汽车工业及石化工业占比较高，分别占全区工业总产值的16%、12%、10%、9%，其他行业占比情况详见图 2.2-4。

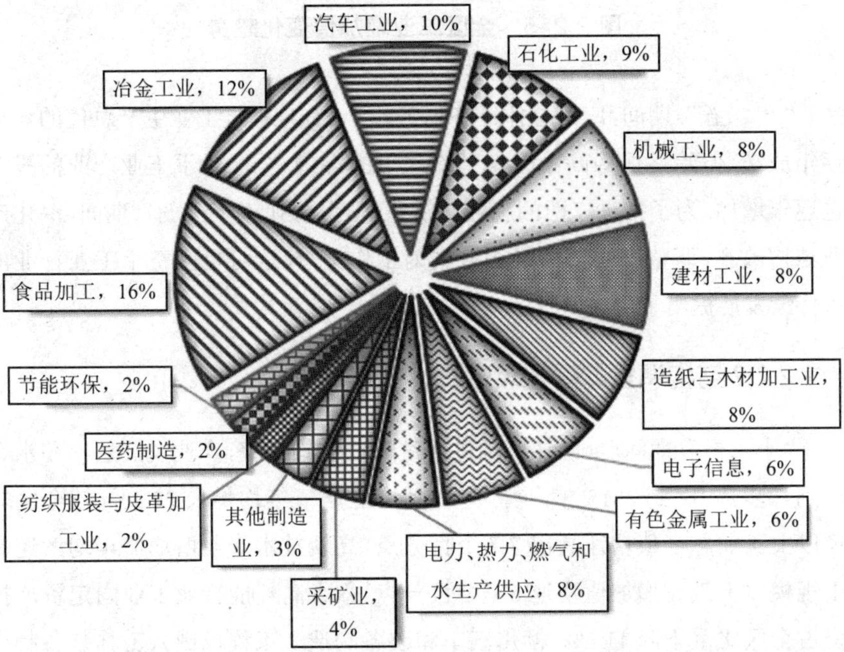

图 2.2-4 “十二五”期末（2015 年）产业规模构成

“十二五”期间广西三产结构由 17.5∶48.4∶34.1 发展为 15.3∶45.9∶38.8。根据全区工业增加值变化趋势与全国工业增加值变化趋势，广西的工业增加值增长率虽然有所下降，但始终高于全国平均水平，详见图 2.2–5。

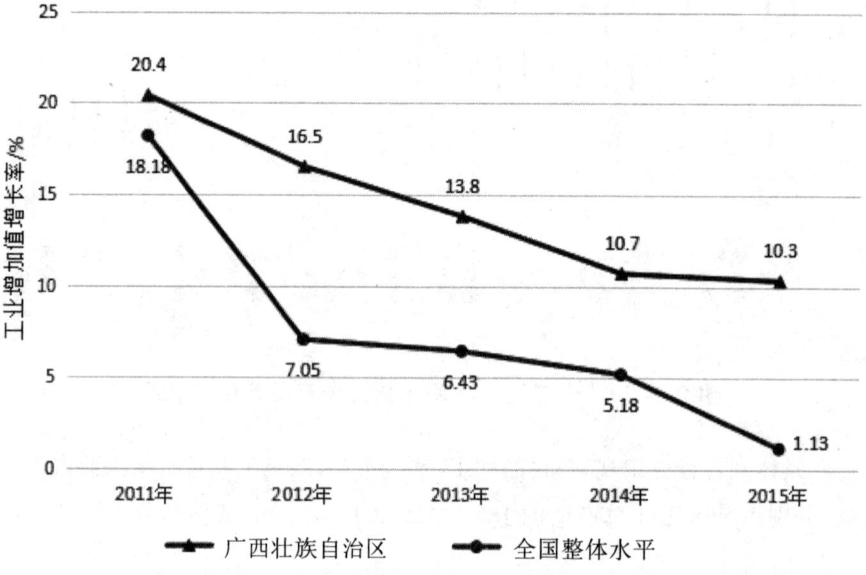

图 2.2–5　全区工业增加值变化趋势

“十二五”期间，广西总体经济形势趋于稳定发展，工业生产总值的增速逐年放缓，但始终保持高于国家平均水平的态势。全区对于工业产业的投资也逐年增加。为了推进广西的工业经济稳步发展，在“十三五”期间，深化产业结构改革，调整产业结构状态将成为工作重点，这对全区整个工业行业的可持续发展提出了更高要求。

2.2.2 结构调整取得积极进展

“十二五”期间，全区加快推进传统产业结构调整，产业发展层次和水平得到稳步提升。到 2015 年，全区先进制造业产值年均增长 22.4%，较全区规模以上工业总产值增速高出 7.7 个百分点，高新技术产业增加值年均增速高于规模以上工业增加值增速 6.1 个百分点。六大高耗能行业工业固定资产投资占全区比重下降 11.6%。柳州汽车和装备制造（工程机械）、玉林装备制造

（内燃机）、百色生态铝及北海、南宁、桂林电子信息等特色产业基地快速发展，有力地推动了全区先进制造业和战略性新兴产业发展。

2.2.3 产业支撑作用日益增强

“十二五”期间，广西全力打造“14+10”现代产业体系，产业规模和实力稳步提升，对全区经济发展的支撑作用日益增强。到 2015 年，千亿元产业由 3 个增加到 10 个，两千亿元产业增加到 6 个，食品产业突破 3000 亿元。微型汽车、轮式装载机、车用柴油机、多功能乘用车等产品市场占有率居全国第一，食糖产量连续 10 个榨季占全国 60% 以上，蚕茧产量占全国 44%，连续 10 年居全国第一，桑蚕丝产量占全国 25%，连续 5 年居全国第一。增材制造（3D 打印）、工业机器人等新兴产业取得突破。

2.2.4 工业园区建设加快推进

“十二五”期末，广西工业园区工业总产值达到 1.29 万亿元，较 2010 年增长了 34%，园区工业总产值占广西工业总产值的 50.85%。截至目前，全区共有两个超千亿元园区，分别是南宁高新技术产业开发区、柳州高新技术产业开发区，同时超 500 亿元园区达到 9 个。柳州汽车城、钦州石化产业园等专业特色园区迅速成长，产城互动发展初见成效。中马钦州产业园区、粤桂合作特别试验区等跨境、跨省合作园区加快发展，高铁经济带合作试验区（柳州园、桂林园）等产业合作新平台加快建设。

2.2.5 投资带动效益不断增强

“十二五”期间，全区集中扶持重点产业和重点项目，大力推动产业优化升级，投资规模稳步扩大，投资结构不断优化。到 2015 年，全区工业固定资产投资达到 6391 亿元，年均增长 23.9%；技术改造投资达到 5898 亿元，年均增长 28.2%；制造业投资达到 5253 亿元，年均增长 25.6%。技术改造投资占全社会固定资产投资比重由 28.2% 提高到 36.3%。中石油钦州千万吨炼油厂、防城港红沙核电站、柳州汽车城、富士康南宁科技园、中国联通南宁总部基地、源正新能源客车生产线等一批重大项目建成投产或开工建设，为工业和信息化发展提供了持续动力。

2.2.6 创新发展能力不断提升

“十二五”期间，全区积极打造以企业为主体的产业创新体系，加快创新成果和新产品产业化步伐，创新发展水平和能力不断提升，产业发展新动能加快形成。到 2015 年，全区企业创新平台达到 636 家，增长 3 倍，广西名牌产品（工业）达到 289 个，增长 1.4 倍。工业企业申请发明专利达到 10851 件，获授权发明专利达到 1447 件。大中型工业企业研发经费投入达到 90 亿元；新产品产值达到 2000 亿元，增长 2.7 倍。全区拥有企业技术中心的企业实现新产品销售收入 1600 亿元。一批拥有自主知识产权的核心技术取得突破，10 项达到国际先进水平，87 项达到国内先进水平。朗科闪存技术和产品占据国际领先地位，航空用高性能大规格铝合金、发泡陶瓷新材料、3D 打印机等研制成功。

2.2.7 绿色循环发展成效显著

“十二五”期间，全区按照绿色发展、循环发展、低碳发展理念，围绕打造循环经济示范省区，全力推进产业生态化、生态产业化发展。到 2015 年，全区规模以上万元工业增加值能耗累计下降 33.2%，超额完成“十二五”目标任务，万元工业增加值用水量累计下降 49.07%，实现结构性节能 763 万吨标准煤。制糖、电解铝、火电、新型干法旋窑水泥、林板等资源型行业全面推行循环经济，相关企业循环经济主要技术指标达到国内一流、国际先进水平。工业固体废物综合利用率达到 63%，制糖企业循环利用率达到 90% 以上，糖业综合利用产值占食糖产值的比重提高到 40%，稳居全国第一。循环化改造重点园区达到 13 个，南宁、梧州、贺州、河池等 4 个生态产业园区加快建设。累计培育超过 90 家工业循环经济示范（先进）企业，发布全国第一个工业行业循环经济评价考核地方标准。

2.2.8 信息化建设成效突出

“十二五”期间，全区积极推进信息化建设，加快推进信息化应用，信息化水平得到显著提升，产业规模和实力不断增强。到 2015 年，全区电子信息产业总产值突破 2000 亿元，年均增长 30% 以上。南宁市成为首批 25 个国家信息消费示范城市之一，国家信息消费试点城市达到4个（南宁、柳州、桂林、北海），全区获批国家信息消费创新应用示范项目 2 家，自治区级信息消费创新应用示范项目 20 家。宽带广西、智慧城市和中国 - 东盟区域性信息交流中心建设加快推进，中国东盟信息港建设上升为国家战略。柳州市、桂林市、贵港市、梧州市等实施公共场所免费无线上网服务项目，指导协调数字化社区等各领域信息化应用。无线电管理事业有新发展，台站数量年均增长 35.5%，监测机房面积增加 43%，监管能力显著提升。

2.2.9 两化融合取得新成效

“十二五”期间，全区积极推进两化深度融合发展，推动企业向分工专业化、管理精细化、生产柔性化、产品创新化发展，建成国内首个两化融合公共服务平台——广西两化融合门户网站，两化融合指数超过全国平均水平，位居全国第 17 位、西部第 3 位，柳州、桂林国家级两化融合试点城市通过国家工信部验收。通过国家工信部两化融合管理体系认定企业达到 4 家，入围全国两化融合管理体系贯标试点企业达到 9 家，三网融合用户达到 100 万户，基本完成南宁市全国三网融合试点工作任务。培育形成一批“互联网 + 制造”先进典型应用项目，玉柴数字化铸造车间智能化改造完成，上汽通用五菱等企业建成产、供、销、服务综合业务网络平台，柳工自主开发的“工程机械云服务平台”实现向“互联网 + 制造 + 服务”的转型升级。

2.3 “十二五”期间全区资源利用、污染物排放回顾性分析

2.3.1 “十二五”期间土地资源利用状况

截至 2015 年底，全区城镇工矿用地总面积为 2597km^2，单位城镇工矿用地工业增加值为 2.45 亿元 /km^2，单位城镇工矿用地产值为 8.63 亿元 /km^2。梧州市单位城镇工矿用地工业增加值和单位城镇工矿用地产值最大，土地集约利用程度最高，分别为 5.16 亿元 /km^2 和 19.19 亿元 /km^2；河池市单位城镇工矿用地工业增加值和单位城镇工矿用地产值最小，土地集约利用程度最低，

分别为 0.96 亿元 /km^2 和 2.43 亿元 /km^2。南宁市、钦州市、贵港市、玉林市、贺州市、河池市、来宾市、崇左市等八个城市单位城镇工矿用地工业增加值和单位城镇工矿用地产值均低于全区平均水平，北海市仅单位城镇工矿用地工业增加值低于全区平均水平。截至 2015 年底，各市用地情况见表 2.3–1 及图 2.3–1。

表 2.3–1 各市用地面积情况一览表

序号	城市名称	城镇工矿用地面积 /km^2	单位城镇工矿用地工业增加值 /（亿元 /km^2）	单位城镇工矿用地产值 /（亿元 /km^2）
1	南宁市	462	2.17	7.01
2	柳州市	268	4.38	16.65
3	桂林市	251	2.97	9.46
4	梧州市	111	5.16	19.19
5	北海市	192	2.09	9.61
6	防城港市	104	2.99	12.51
7	钦州市	186	1.50	7.30
8	贵港市	178	1.61	4.81
9	玉林市	251	2.03	6.33
10	百色市	130	3.34	9.90
11	贺州市	84	1.51	5.05
12	河池市	153	0.96	2.43
13	来宾市	122	1.30	4.19
14	崇左市	105	2.16	6.24
总计		2597	2.45	8.63

注：表中城镇工矿用地面积数据参照各市土地利用总体规划规划用地面积。

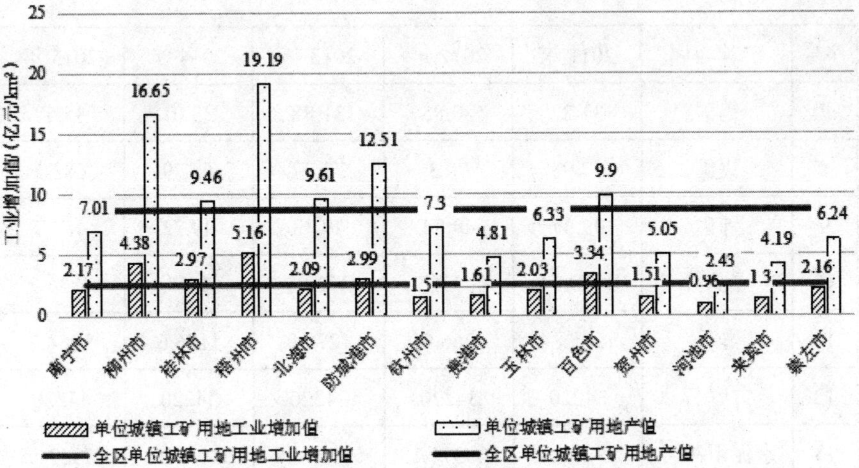

图 2.3-1　各市单位城镇工矿用地工业增加值、产值变化情况

2.3.2 “十二五”期间矿产资源开发状况

“十二五”期间优势矿产中非金属矿储量最高，其次是有色金属矿、黑色金属矿。2015 年储量排名前三的矿种主要为水泥用灰岩、铝土矿、饰面用花岗岩，其储量分别为 579331.2 万 t、87063.6 万 t、81090.3 万 t，储量最少的矿种为钨矿，其储量为 35.57 万 t。优势矿产储量见表 2.3-2 及图 2.3-2。

表 2.3-2　2011—2015 年广西优势保有资源储量　（单位：万 t）

序号	矿种名称	2011 年	2012 年	2013 年	2014 年	2015 年
1	锰矿	23767.91	33051.79	32774.5	33713.5	42187.3
2	钛铁矿砂矿	786.32	930.05	930.05	930.05	930.05
3	钒矿	259.83	259.97	276.8	276.8	276.8
4	铅矿	189.4	208.22	238.65	300.28	307.46
5	锌矿	624.34	675.25	708.88	814.51	773.77
6	铝土矿	73036.27	73647.77	80651.7	83833	87063.6

续表

序号	矿种名称	2011 年	2012 年	2013 年	2014 年	2015 年
7	钨矿	31.22	30.85	31.88	33.01	35.57
8	锡矿	67.93	70.3	71.77	68.79	68.35
9	锑矿	39.37	49.84	49.33	49.72	48.27
10	重晶石	4539.54	4737.23	4729.5	4919	4734.7
11	滑石	1285.84	1266.95	1270.9	1186.6	1064.2
12	方解石	34220	34220	34220	34220	34220
13	水泥用灰岩	489298.45	500371.13	505694.6	531503.4	579331.2
14	高岭土	53605.98	53554.48	68831	80346.8	82030
15	膨润土	68923.32	68919.32	68919.3	68915	68913.9
16	饰面用花岗岩	78894.32	79508.25	79226.4	79221.6	81090.3
合计		829570	851501.4	878625.3	920332.1	983075.5

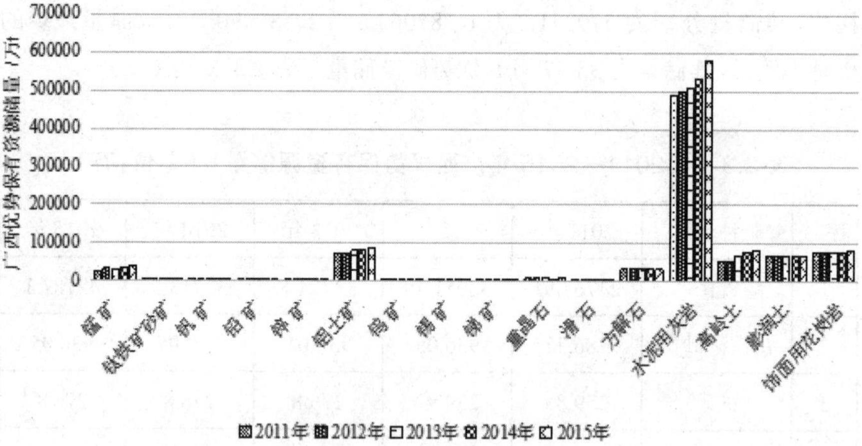

图 2.3–2 优势矿产储量情况

2011—2014 年锡矿、铅矿、锌矿开采比例相对较大，主要分布在河池市、梧州市、来宾市、桂林市和柳州市；2015 年钨矿开采比例显著增加。开采程度最低的矿种为钒矿，主要分布在柳州市，连续五年未开采。“十二五”期间全区优势矿产开采量占储量比例情况见表 2.3-3 及图 2.3-3。

表 2.3-3 优势矿产开采量占储量比例情况（单位：%）

序号	矿种名称	2011 年	2012 年	2013 年	2014 年	2015 年
1	锰矿	0.88	0.69	0.7	0.73	0.44
2	钛铁矿砂矿	16.85	16.35	11.43	4.71	3.6
3	钒矿	0	0	0	0	0
4	铅矿	25	20.97	25.26	17.55	8.16
5	锌矿	22.9	13.19	17.73	15.39	12.54
6	铝土矿	0.7	0.62	0.71	0.78	0.4
7	钨矿	14.14	15.5	13.95	10.95	52.22
8	锡矿	79.54	77.46	80.15	81.2	75.6
9	锑矿	17.93	7.84	3.29	2.51	3.25
10	重晶石	1.02	1.1	1.3	1.33	0.74
11	滑石	6.02	5.89	4.17	4.33	4.24
12	方解石	0.34	0.27	0.33	0.31	0.29
13	水泥用灰岩	0.97	1.15	1.34	1.26	1.43
14	高岭土	0.58	0.49	0.31	0.21	0.25
15	膨润土	0.03	0.03	0.04	0.04	0.05
16	饰面用花岗岩	0.34	0.41	0.38	0.38	0.4

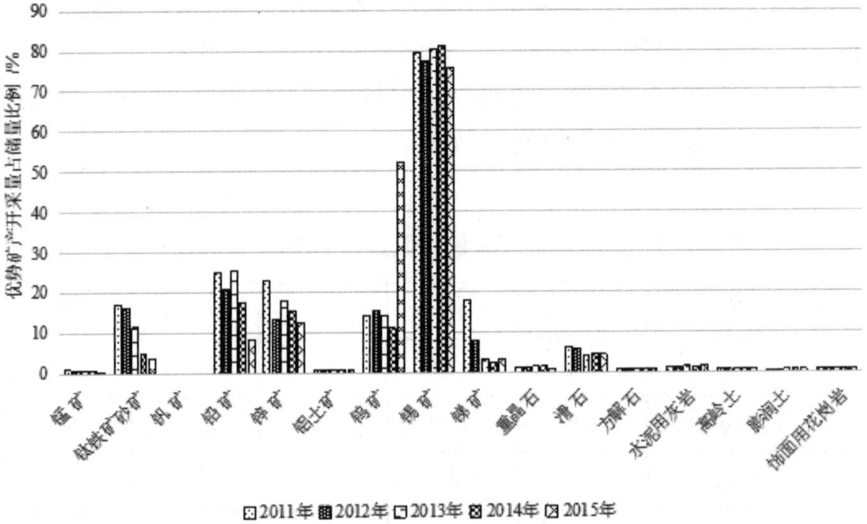

图 2.3-3 优势矿产开采量占储量比例情况

“十二五”期间广西各市矿产资源开采量排名前三的城市为南宁市、贵港市、百色市，2015 年三市开采比例分别为 19.66%、12.29%、11.86%，开采量最低的城市为北海市，2015 年开采比例为 0.85%。南宁市、百色市、崇左市矿产资源开采量总体呈上升趋势，来宾市历年基本持平，其他城市总体呈下降趋势。“十二五”期间各市矿产资源开采程度见表 2.3-4 及图 2.3-4。

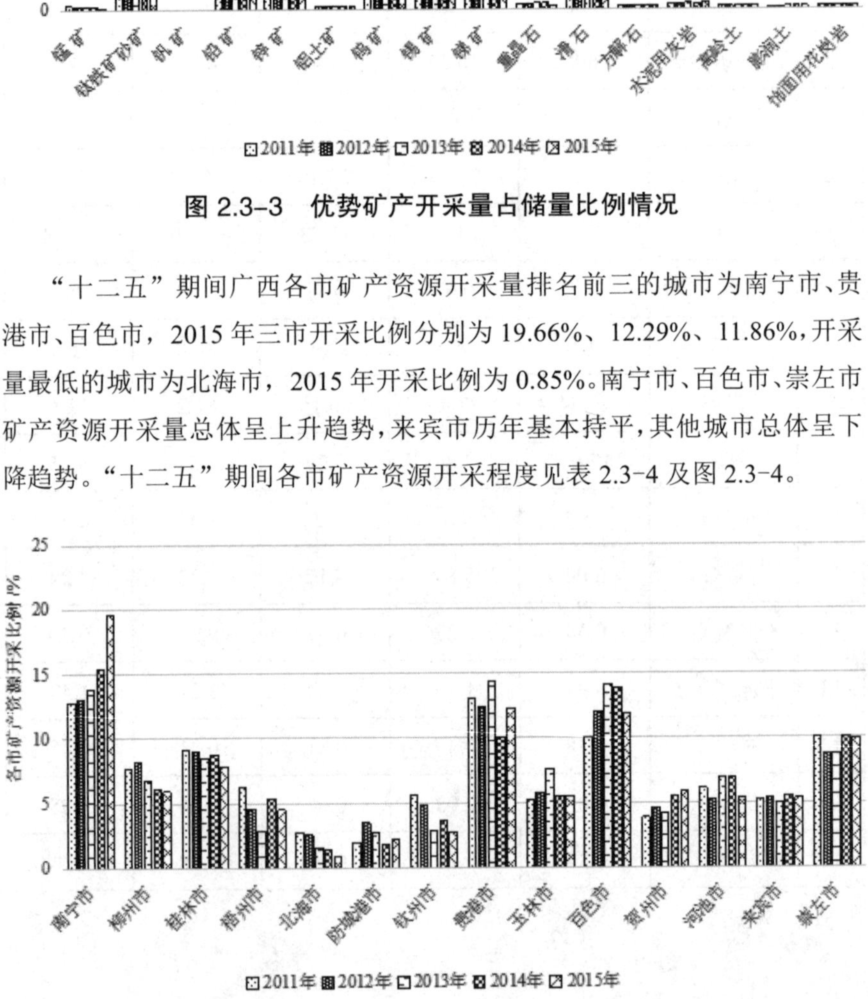

图 2.3-4 各市矿产资源开采比例情况

表 2.3-4　各市矿产资源开发情况一览表

序号	城市名称	2011 年		2012 年		2013 年		2014 年		2015 年	
		开采量 /（万 t/a）	比例 /%	开采量 /（万 t/a）	比例 /%	开采量 /（万 t/a）	比例 /%	开采量 /（万 t/a）	比例 /%	开采量 /（万 t/a）	比例 /%
1	南宁市	2806.91	12.83	3057.86	13.12	3605.69	13.86	3955.03	15.43	5041.22	19.66
2	柳州市	1672.5	7.65	1927.54	8.27	1751.46	6.73	1576.27	6.15	1524.05	5.94
3	桂林市	2011.24	9.20	2111.97	9.06	2221.22	8.54	2249.06	8.77	2006.01	7.82
4	梧州市	1369.8	6.26	1071.13	4.59	734.56	2.82	1376.74	5.37	1153.97	4.50
5	北海市	603.84	2.76	595.42	2.55	418.06	1.61	364.95	1.42	218.64	0.85
6	防城港市	429.17	1.96	814.12	3.49	714.86	2.75	476	1.86	581.35	2.27
7	钦州市	1223.61	5.59	1122.67	4.82	751.59	2.89	924.01	3.60	716.5	2.79
8	贵港市	2856.18	13.06	2897.73	12.43	3752.56	14.43	2581.34	10.07	3152.61	12.29
9	玉林市	1154.82	5.28	1335.67	5.73	1968.89	7.57	1414.25	5.52	1414.61	5.52
10	百色市	2209.72	10.10	2812.81	12.07	3658.07	14.06	3549	13.84	3040.8	11.86
11	贺州市	840.93	3.85	1059.33	4.54	1071.16	4.12	1400.4	5.46	1510.69	5.89
12	河池市	1339.49	6.12	1216.69	5.22	1792.77	6.89	1784.17	6.96	1369.1	5.34
13	来宾市	1144.19	5.23	1237.91	5.31	1297.89	4.99	1411.26	5.51	1358.52	5.30
14	崇左市	2207.33	10.09	2052.28	8.80	2270.08	8.73	2571.5	10.03	2559.05	9.98
总计		21869.73	100	23313.13	100	26008.86	100	25633.98	100	25647.12	100

注：表中数据来自《广西矿产资源总体规划》(2016—2020)。

2.3.3 “十二五”期间水资源利用状况

（一）各市水资源利用情况

“十二五”期间，工业用水效率不断提高，工业用水量从 2011 年的

350688 万 t 降低到 2015 年的 239537 万 t，降低了 31.69%；单位工业增加值水耗从 2011 年的 73.82 t/ 万元降低到 2015 年的 37.60 t/ 万元，降低了 49.07%，达到《国务院关于印发“十二五”节能减排综合性工作方案的通知》（国发〔2011〕26 号）中“到 2015 年，实现单位工业增加值用水量下降 30%”的目标；广西历年单位工业增加值水耗均低于同年全国水平。

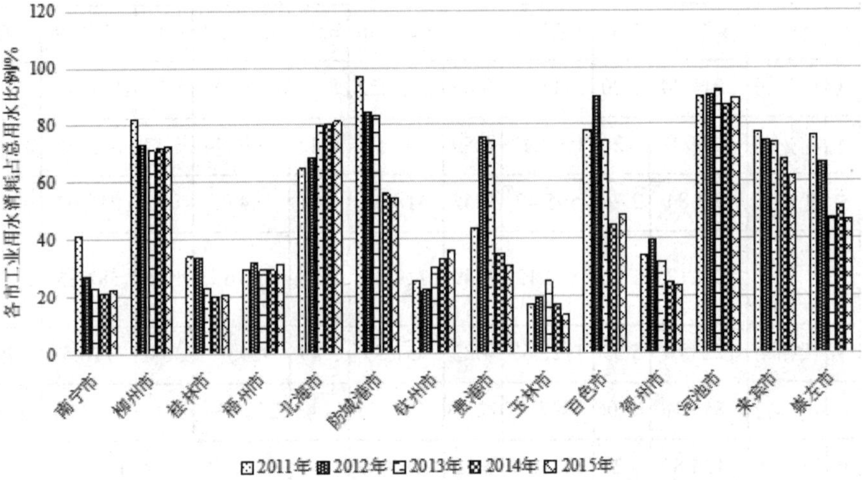

图 2.3–5　各市工业用水消耗占总用水比例

表 2.3–5　各市工业用水消耗占总用水比例

序号	城市	2011 年		2012 年		2013 年		2014 年		2015 年	
		工业用水量 /（万 t/a）	工业用水占总用水比例 / %	工业用水量 /（万 t/a）	工业用水占总用水比例 / %	工业用水量 /（万 t/a）	工业用水占总用水比例 / %	工业用水量 /（万 t/a）	工业用水占总用水比例 / %	工业用水量 /（万 t/a）	工业用水占总用水比例 / %
1	南宁市	18036	41	11297	27	9523	23	8855	22	10166	22
2	柳州市	73393	82	64498	73	61276	71	66631	72	78348	72
3	桂林市	7925	34	8293	34	5058	23	4435	20	4884	21

续表

序号	城市	2011 年		2012 年		2013 年		2014 年		2015 年	
		工业用水量 /（万 t/a）	工业用水占总用水比例 / %	工业用水量 /（万 t/a）	工业用水占总用水比例 / %	工业用水量 /（万 t/a）	工业用水占总用水比例 / %	工业用水量 /（万 t/a）	工业用水占总用水比例 / %	工业用水量 /（万 t/a）	工业用水占总用水比例 / %
4	梧州市	4137	30	4831	32	4422	29	4506	29	5126	31
5	北海市	11079	65	13779	69	25292	79	25303	80	28233	81
6	防城港市	96367	97	18548	84	17441	83	4529	56	4354	54
7	钦州市	2612	26	2305	22	3641	30	4208	33	5069	36
8	贵港市	9018	44	37651	76	37012	75	7373	35	6328	31
9	玉林市	3181	17	3812	19	3518	25	3585	17	2302	13
10	百色市	32544	78	85006	90	29862	75	8748	45	10535	48
11	贺州市	3135	34	3592	40	2927	32	2127	25	2054	24
12	河池市	56408	90	66499	91	84239	92	50481	87	67363	89
13	来宾市	17891	77	15995	74	16302	74	12988	68	10420	62
14	崇左市	14962	76	9201	67	4397	47	5171	51	4355	47
总计		350688	71	345307	71	304910	68	208940	59	239537	63

表 2.3-6 各市单位工业增加值水耗情况 （单位:t / 万元）

序号	城市	2011 年	2012 年	2013 年	2014 年	2015 年
1	南宁市	28.66	16	11.61	9.59	10.16
2	柳州市	79.5	61.1	52.52	55.94	66.68
3	桂林市	15.25	14.16	7.63	6.18	6.55

续表

序号	城市	2011 年	2012 年	2013 年	2014 年	2015 年
4	梧州市	9.79	10.07	7.31	7.57	8.95
5	北海市	62.91	51.46	76	62.05	70.36
6	防城港市	514.45	93.85	67.86	15.18	14.02
7	钦州市	10.33	9.71	14.56	16.79	18.22
8	贵港市	36.54	164.31	146.23	27.24	22.13
9	玉林市	8.04	9.43	8.16	7.48	4.52
10	百色市	102.28	234.87	79.87	20.93	24.3
11	贺州市	25.13	26.39	20.39	15.84	16.19
12	河池市	298.36	500.15	589	331.96	457.82
13	来宾市	91.46	84.6	96.34	74.78	65.7
14	崇左市	88.16	49.99	20.88	22.23	19.24

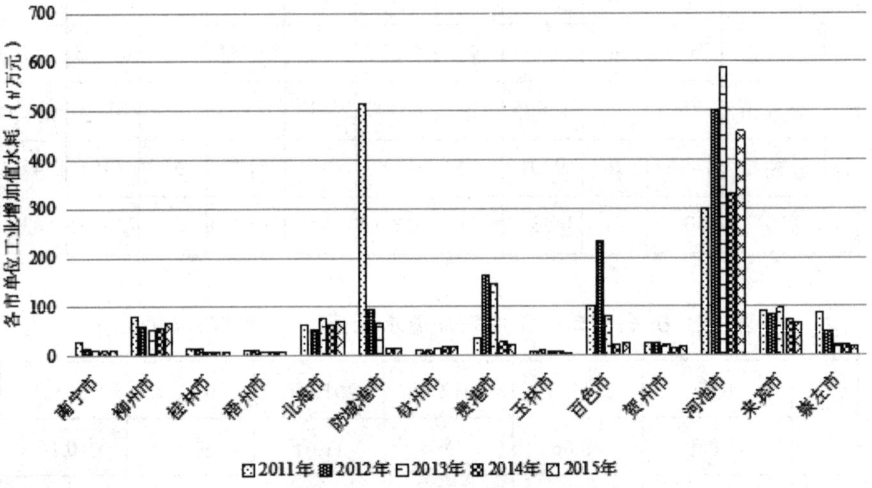

图 2.3-6　各市单位工业增加值水耗情况

“十二五”期间，随着各市快速发展，工业用水效率不断提高，南宁市、柳州市、桂林市、防城港市、贵港市、玉林市、百色市、贺州市、河池市、来宾市、崇左市等十一个城市工业用水占总用水比例总体呈下降趋势；北海市、钦州市、梧州市城市工业用水占总用水比例呈上升趋势。

（二）各行业水资源利用情况

“十二五”期间工业用水消耗量排名前四的行业分别为冶金工业、采矿业、食品工业、有色金属工业，工业用水消耗量最低的行业为节能环保行业、修造船及海洋工程装备，各行业单位工业增加值水耗呈下降趋势，详见表2.3-7、2.3-8和图2.3-7、2.3-8。

表 2.3-7 各行业工业用水消耗占比情况（单位：%）

序号	行业名称	2011 年	2012 年	2013 年	2014 年	2015 年
1	食品工业	14.87	9.77	8.17	10.51	8.06
2	石化工业	7.21	5.20	6.63	6.49	5.40
3	有色金属工业	11.99	10.26	10.41	14.73	14.24
4	冶金工业	19.60	20.79	14.94	19.38	27.29
5	建材工业	0.78	7.78	8.87	0.96	2.45
6	造纸与木材加工业	8.25	6.86	8.36	8.92	8.70
7	纺织服装与皮革加工业	0.80	0.95	0.93	1.39	0.84
8	汽车工业	0.14	0.22	0.40	0.64	0.43
9	机械工业	0.13	0.15	0.17	0.24	0.18
10	电子信息	0.01	0.01	0.20	0.05	0.28
11	医药制造	0.40	0.45	0.30	0.61	0.88
12	修造船及海洋工程装备	0.01	0.00	0.00	0.00	0.02
13	节能环保	0.00	0.00	0.01	0.00	0.00
14	其他	0.36	0.35	0.12	0.37	0.23
15	采矿业	12.27	14.35	17.52	6.66	2.72
16	电力、热力、燃气和水生产供应业	23.17	22.85	22.97	29.06	28.28

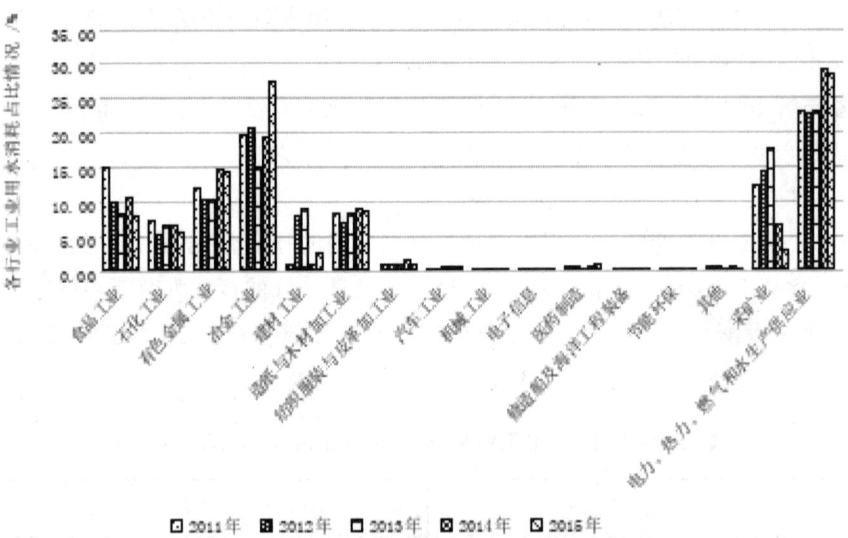

图 2.3–7 各行业工业用水消耗占比情况

表 2.3–8 各行业单位工业增加值水耗情况（单位：t / 万元）

序号	行业名称	2011 年	2012 年	2013 年	2014 年	2015 年
1	食品工业	24.99	13.24	8.45	6.77	5.59
2	石化工业	16.58	9.04	9.78	6.22	6.37
3	有色金属工业	52.01	39.24	31.24	25.74	27.06
4	冶金工业	45.12	39.66	20.38	16.54	23.47
5	建材工业	3.23	25.98	21.23	1.34	3.49
6	造纸与木材加工业	39.20	24.46	21.71	14.03	14.06
7	纺织服装与皮革加工业	8.35	7.86	6.37	5.83	4.10
8	汽车工业	0.35	0.48	0.65	0.62	0.40
9	机械工业	0.47	0.41	0.36	0.45	0.25
10	电子信息	0.10	0.07	0.78	0.11	0.53
11	医药制造	6.25	5.90	2.71	3.29	4.95

续表

序号	行业名称	2011 年	2012 年	2013 年	2014 年	2015 年
12	修造船及海洋工程装备	0.32	0.15	0.11	0.06	0.23
13	节能环保	0.18	0.22	0.14	0.01	0.02
14	其他	3.70	3.13	0.75	1.27	0.79
15	采矿业	103.84	81.29	71.53	17.01	7.47
16	电力、热力、燃气和水生产供应业	79.67	67.74	55.12	45.38	60.66

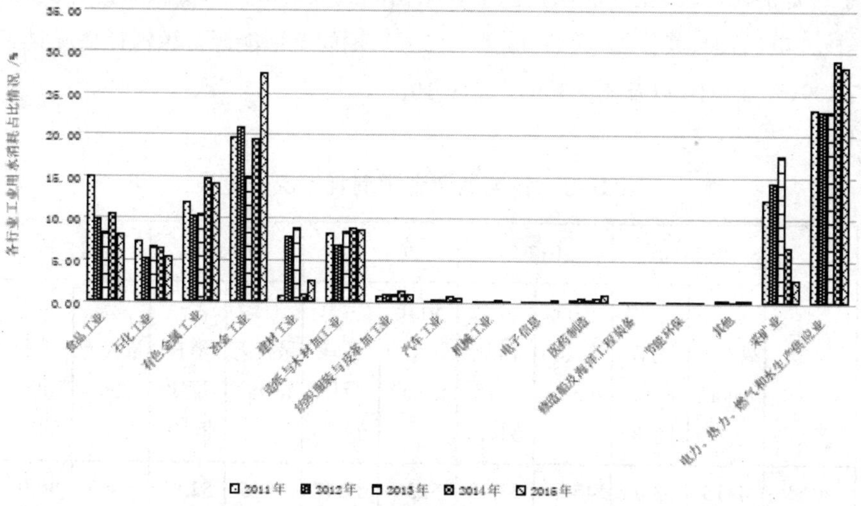

图 2.3–8　各行业单位工业增加值水耗情况

2013 年 9 月广西实行最严格水资源管理制度考核办法，由自治区人民政府对各设区市人民政府落实最严格水资源管理制度情况进行考核，对各市水资源用量提出控制目标，通过该办法的实施，全区水资源利用效率显著提高，特别是 2014 年区域水资源消耗总量明显降低。

2.3.4 “十二五”期间能源资源利用状况

（一）全区各类能源资源整体利用状况

“十二五”期间，随着工业发展，全区能源资源消耗量从 2011 年的 8007 万 tce/a 增加到 2015 年的 9760 万 tce/a，增长了 0.22 倍，平均年增长率为 5.09%；工业能源资源利用效率不断提高，历年单位工业增加值能耗呈下降趋势，从 2011 年的 1.69tce/ 万元降低到 2015 年的 1.53tce/ 万元，降低了 9.47%，但未达到《工业节能“十二五”规划》中“‘十二五’单位工业增加值能耗较‘十一五’末降低 21%”的目标，主要是由于全区产业结构调整中增加了一定能源消耗。全区能源资源消耗量由高到低对应的种类依次为煤炭、水（核）电、石油、其他类、天然气，“十二五”期间全区能源资源消耗情况见表 2.3-9、表 2.3-10 以及图 2.3-9、图 2.3-10。

表 2.3-9　各类能源资源消耗情况一览表

种类	2011 年		2012 年		2013 年		2014 年		2015 年	
	消耗量 /（万 tce/a）	占总消耗量比例 /%	消耗量 /（万 tce/a）	占总消耗量比例 /%	消耗量 /（万 tce/a）	占总消耗量比例 /%	消耗量 /（万 tce/a）	占总消耗量比例 /%	消耗量 /（万 tce/a）	占总消耗量比例 /%
煤炭	4315	53.90	4555	53.40	5230	57.47	5025	52.81	4493	46.03
石油	1377	17.20	1408	16.51	1443	15.86	1593	16.74	1760	18.03
水（核）电	1329	16.60	1665	19.52	1545	16.98	1947	20.47	2441	25.01
天然气	34	0.42	42	0.49	60	0.66	110	1.15	111	1.14
其他	952	11.88	860	10.08	821	9.03	840	8.83	955	9.79
总计	8007	100	8530	100	9099	100	9515	100	9760	100

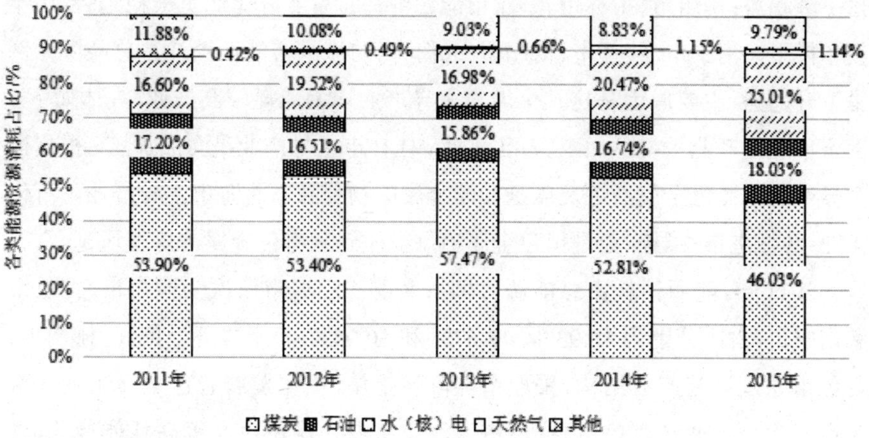

图 2.3-9　各类能源资源消耗占比情况

表 2.3-10　全区单位工业增加值能耗（单位：tce / 万元）

年份	2011 年	2012 年	2013 年	2014 年	2015 年
单位工业增加值能耗	1.69	1.65	1.56	1.52	1.53

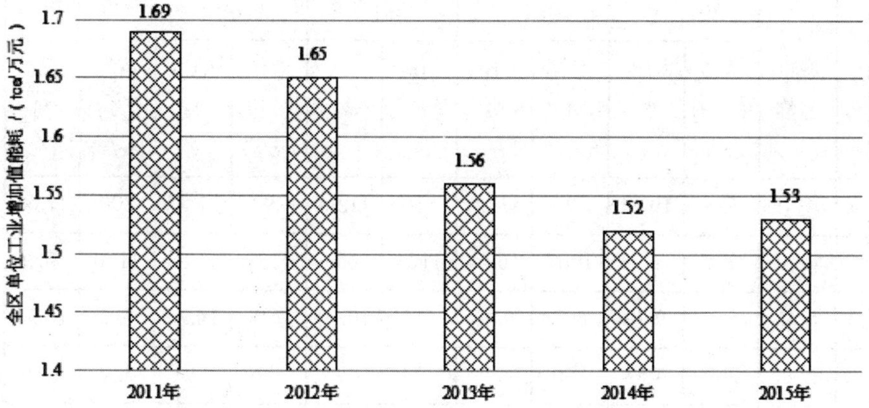

图 2.3-10　全区单位工业增加值能耗变化情况

（二）各市能源资源利用状况

“十二五”期间，随着各市快速发展，能源利用效率不断提高，钦州市、贵港市、百色市、贺州市、河池市、来宾市等六个城市能源消耗占总能源比例总体呈下降趋势；柳州市、玉林市、崇左市能源消耗占总能源比例呈平稳趋势，历年基本持平；南宁市、桂林市、梧州市、北海市、防城港市能源消耗占总能源比例呈上升趋势，主要原因是这几个城市主导产业均为能耗较高产业，具体如下：南宁市主导产业是食品加工、石化工业；桂林市主导产业是食品加工；梧州市主导产业是黑色金属冶炼及压延和非金属矿物制品；北海市主导产业是石化工业；防城港市主导产业是黑色金属冶炼及压延和有色金属冶炼及压延。

2011 年，能源消耗占总能源比例排名前三的城市依次为柳州市、百色市和南宁市，占比分别为 16.93%、12.67% 和 10.94%，“十二五”期间，柳州市、百色市通过调整产业结构，采取节能降耗措施，优化发展有色金属工业（百色市）、冶金工业（百色市、柳州市）、汽车工业（柳州市）等高耗能行业，到 2015 年，能源消耗占总能源比例分别降至 16.56%、11.50%，南宁市 2015 年能源消耗占总能源比例较 2011 年增加 0.72%，主要原因是由于城市食品加工、石化工业等两大主导行业快速发展导致。“十二五”期间各市工业能源资源消耗总量情况见表 2.3-11 和图 2.3-11。

表 2.3-11　各市工业能源资源消耗情况一览表

序号	城市名称	2011 年		2012 年		2013 年		2014 年		2015 年	
		消耗量/(万 tce/a)	占比 /%	消耗量/(万 tce/a)	占比 /%	消耗量/(万 tce/a)	占比 /%	消耗量/(万 tce/a)	占比 /%	消耗量/(万 tce/a)	占比 /%
1	南宁	633	10.94	729	11.89	810	11.98	792	11.57	800	11.66
2	柳州	981	16.93	1007	16.44	1126	16.66	1152	16.83	1136	16.56
3	桂林	566	9.78	608	9.92	683	10.10	702	10.26	712	10.38
4	梧州	269	4.65	290	4.74	334	4.95	336	4.91	347	5.06
5	北海	225	3.88	268	4.38	308	4.55	331	4.83	345	5.02
6	防城港	238	4.12	262	4.28	300	4.43	335	4.90	333	4.85
7	钦州	337	5.83	341	5.56	328	4.86	350	5.12	362	5.28
8	贵港	424	7.33	445	7.26	484	7.17	480	7.01	473	6.90

续表

序号	城市名称	2011 年		2012 年		2013 年		2014 年		2015 年	
		消耗量/(万tce/a)	占比/%	消耗量/(万tce/a)	占比/%	消耗量/(万tce/a)	占比/%	消耗量/(万tce/a)	占比/%	消耗量/(万tce/a)	占比/%
9	玉林	408	7.05	432	7.06	470	6.96	480	7.01	494	7.20
10	百色	734	12.67	763	12.45	808	11.97	802	11.71	789	11.50
11	贺州	245	4.24	276	4.51	330	4.89	298	4.35	292	4.26
12	河池	243	4.19	210	3.43	239	3.54	238	3.48	236	3.44
13	来宾	253	4.37	257	4.20	270	4.00	276	4.03	266	3.88
14	崇左	233	4.02	239	3.88	266	3.94	274	3.99	278	4.01
总计		5789	100	6127	100	6756	100	6846	100	6863	100

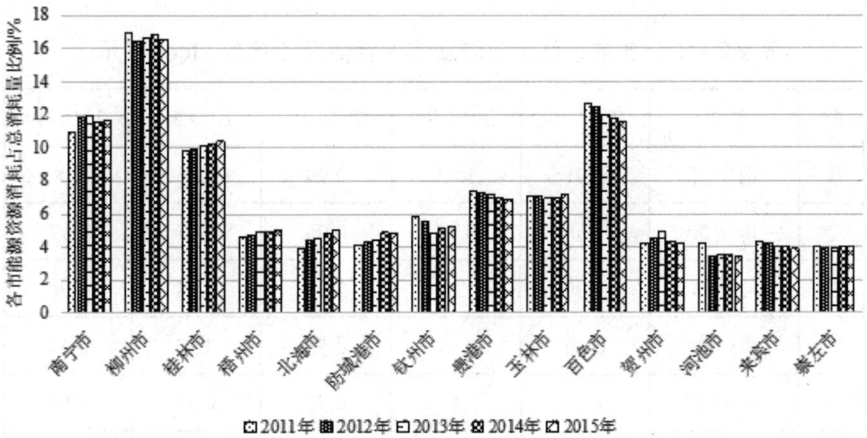

图 2.3-11　各地市能源资源消耗占总消耗量比例

“十二五”期间，南宁市、柳州市、桂林市、梧州市、北海市、防城港市、钦州市、贵港市、玉林市、百色市、崇左市等十一个城市单位工业增加值能耗总体呈下降趋势；贺州市、河池市、来宾市单位工业增加值能耗总体呈上升趋势，主要原因是这几个城市主导产业均为高能耗产业，同时工业增加值增速较低。具体情况如下：贺州市属于经济欠发达地区，2015 年工业增加值较 2011 年仅增加了 1.68%，贺州市工业产业构成中比重排名前三的行业分别为黑色金属冶炼和压延加工业（约 20%），非金属矿物制品业（约 15%），电力、热力、燃气和水生产供应业（约 13%），这三个行业均属于高耗能产业；河池市工业产业构成中比重排名前三的行业分别为电力、热力、燃气和水生产供应业（约 30%），黑色金属冶炼和压延加工业（约 27%），机械工业（约 20%），总占比达到 77% 以上，同时电力、热力、燃气和水生产供应业，有色金属冶炼和压延加工业又属于高能耗的行业，河池市 2015 年工业增加值较 2011 年下降了 22.17%，经济出现负增长；支撑来宾市工业增加值增长的主导产业是农副食品加工业、有色金属冶炼和压延加工业、电力热力生产和供应业、非金属矿物制品业、黑色金属冶炼和压延加工业、非金属矿采选业六个行业，这六个行业均属于高耗能产业，来宾市 2015 年工业增加值较 2011 年下降了 18.92%，经济出现负增长。各市单位工业增加值能耗情况见表 2.3-12 和图 2.3-12。

表 2.3-12　各市单位工业增加值能耗情况（单位：tce/ 万元）

序号	城市	2011 年	2012 年	2013 年	2014 年	2015 年
1	南宁市	1.01	1.03	0.99	0.86	0.8
2	柳州市	1.06	0.95	0.96	0.97	0.97
3	桂林市	1.09	1.04	1.03	0.98	0.96
4	梧州市	0.64	0.61	0.55	0.57	0.61
5	北海市	1.27	1	0.92	0.81	0.86
6	防城港市	1.27	1.33	1.17	1.12	1.07
7	钦州市	1.33	1.44	1.31	1.4	1.3
8	贵港市	1.72	1.94	1.91	1.77	1.66
9	玉林市	1.03	1.07	1.08	1	0.97
10	百色市	2.31	2.11	2.16	1.92	1.82

续表

序号	城市	2011 年	2012 年	2013 年	2014 年	2015 年
11	贺州市	1.97	2.03	2.3	2.22	2.3
12	河池市	1.28	1.58	1.67	1.57	1.6
13	来宾市	1.29	1.36	1.6	1.59	1.68
14	崇左市	1.38	1.29	1.26	1.18	1.22

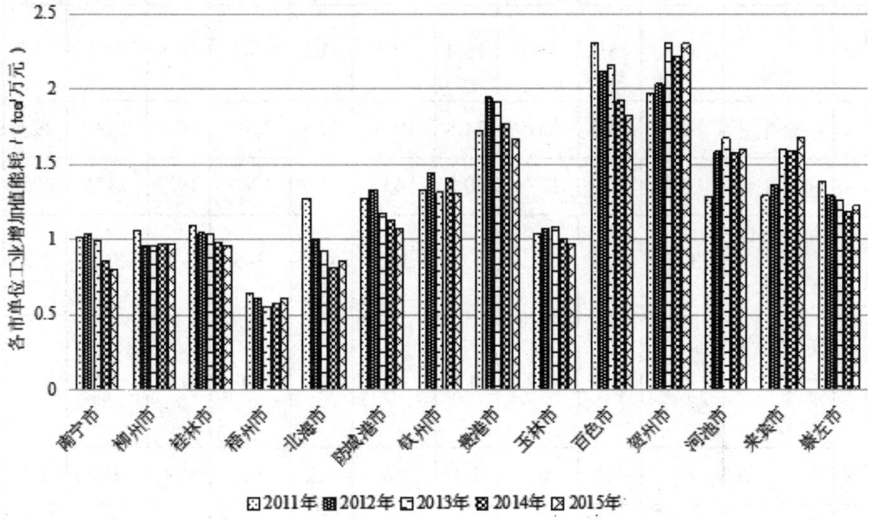

图 2.3-12　各地市单位工业增加值能耗情况

（三）各行业能源资源利用状况

“十二五”期间能源消耗排名前六的行业依次为冶金工业，建材工业，有色金属工业，石化工业，食品工业，电力、热力、燃气和水生产供应业，均属于能耗较高的行业；各行业单位工业增加值能耗总体呈下降趋势，说明工业企业节能降耗意识提高，生产工艺不断革新，从而大大降低了单位产品能耗。

“十二五”期间，广西人民政府通过下发《“十二五”节能减排综合性实施方案》，各市、县人民政府针对区域特点结合实施方案制定具体工作方法，提出主要控制目标及要求，通过该方法的实施，全区能源利用效率显著提高，各行业单位工业增加值能耗总体呈下降趋势。具体见表 2.3-13、表 2.3-14 和图 2.3-13、图 2.3-14。

表 2.3–13　各区域能源资源消耗占总消耗量比例

序号	行业类别	2011 年		2012 年		2013 年		2014 年		2015 年	
		消耗量 /（万 tce/a）	占比 / %	消耗量 /（万 tce/a）	占比 / %	消耗量 /（万 tce/a）	占比 / %	消耗量 /（万 tce/a）	占比 / %	消耗量 /（万 tce/a）	占比 / %
1	食品工业	590	10.2	590	9.6	596	8.8	648	9.5	553	8.1
2	石化工业	610	10.5	732	12.0	792	11.7	769	11.2	822	12.0
3	有色金属工业	875	15.1	943	15.4	755	11.2	741	10.8	777	11.3
4	冶金工业	1488	25.7	1519	24.8	1968	29.1	2107	30.8	2030	29.6
5	建材工业	1186	20.5	1274	20.8	1433	21.2	1347	19.7	1375	20.0
6	造纸与木材加工业	325	5.6	305	5.0	303	4.5	348	5.1	363	5.3
7	纺织服装与皮革加工业	41	0.7	39	0.6	42	0.6	41	0.6	50	0.7
8	汽车工业	63	1.1	64	1.1	66	1.0	63	0.9	90	1.3
9	机械工业	85	1.5	61	1.0	67	1.0	66	1.0	91	1.3
10	电子信息	10	0.2	12	0.2	14	0.2	14	0.2	18	0.3
11	医药制造	26	0.4	30	0.5	25	0.4	25	0.4	32	0.5
12	修造船及海洋工程装备	0	0.0	9	0.1	9	0.1	9	0.1	6	0.1
13	节能环保	1	0.0	1	0.0	2	0.0	2	0.0	1	0.0
14	其他	30	0.5	38	0.6	45	0.7	47	0.7	63	0.9
15	采矿业	86	1.5	80	1.3	86	1.3	86	1.2	87	1.3

续表

序号	行业类别	2011 年		2012 年		2013 年		2014 年		2015 年	
		消耗量 /（万 tce/a）	占比 /%	消耗量 /（万 tce/a）	占比 /%	消耗量 /（万 tce/a）	占比 /%	消耗量 /（万 tce/a）	占比 /%	消耗量 /（万 tce/a）	占比 /%
16	电力、热力、燃气和水生产供应业	373	6.5	430	7.0	553	8.2	533	7.8	505	7.3
总计		5789	100	6127	100	6756	100	6846	100	6863	100

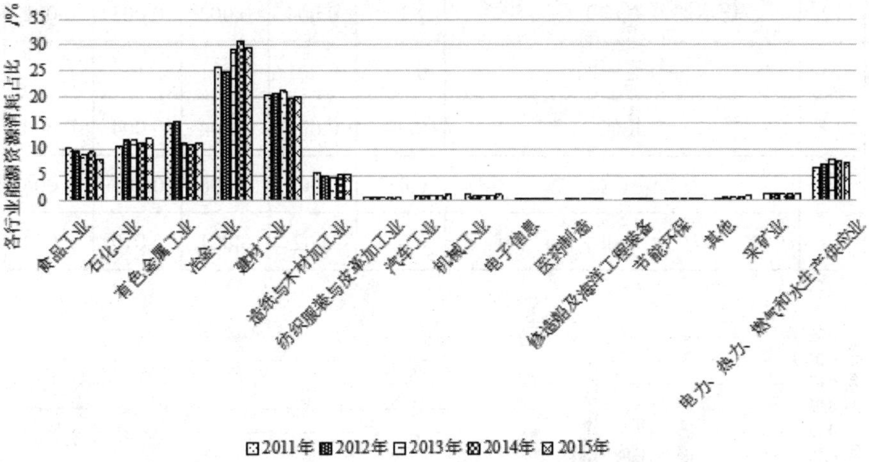

图 2.3-13　各行业能源资源消耗占比情况

表 2.3-14　各行业单位工业增加值能耗　（单位：tce / 万元）

序号	行业类别	2011 年	2012 年	2013 年	2014 年	2015 年
1	食品工业	0.016	0.013	0.01	0.01	0.008
2	石化工业	0.023	0.02	0.019	0.017	0.02
3	有色金属工业	0.062	0.057	0.037	0.03	0.03
4	冶金工业	0.056	0.046	0.043	0.042	0.035

续表

序号	行业类别	2011 年	2012 年	2013 年	2014 年	2015 年
5	建材工业	0.081	0.067	0.056	0.044	0.04
6	造纸与木材加工业	0.025	0.017	0.013	0.013	0.012
7	纺织服装与皮革加工业	0.007	0.005	0.005	0.004	0.005
8	汽车工业	0.003	0.002	0.002	0.001	0.002
9	机械工业	0.005	0.003	0.002	0.003	0.003
10	电子信息	0.001	0.001	0.001	0.001	0.001
11	医药制造	0.007	0.006	0.004	0.003	0.004
12	修造船及海洋工程装备	0	0.004	0.003	0.003	0.002
13	节能环保	0.001	0.001	0.001	0	0
14	其他	0.005	0.005	0.004	0.004	0.004
15	采矿业	0.012	0.007	0.006	0.005	0.005
16	电力、热力、燃气和水生产供应业	0.021	0.02	0.021	0.019	0.022

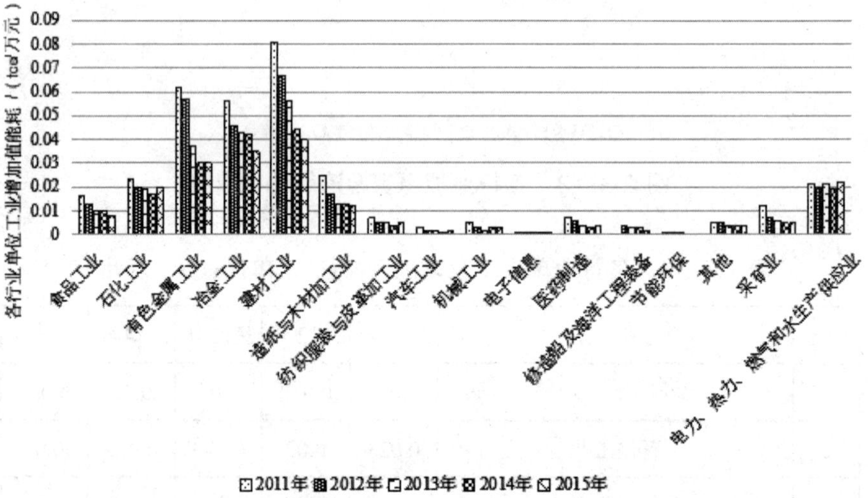

图 2.3–14　单位工业增加值能耗变化情况

2.3.5 “十二五”期间环保基础设施建设与运行现状

2.3.5.1 污水处理厂

根据《广西壮族自治区人民政府办公厅关于印发广西环境保护和生态建设“十三五”规划的通知》（桂政办发〔2016〕125 号）相关内容并结合实地调查，截至 2016 年底，广西全省共计 134 个工业园区，325 个片区，其中已建污水处理厂的片区有 39 个，占所有片区的 12%，尚有部分区域未配套污水处理厂，配套前企业生产废水以自行处理排放为主要途径。此外由于区域片区分布较多，且不同地区受地形地貌特征、入驻企业类别、规模等条件制约，部分片区尚不具备或不必要建设片区污水处理厂。故总体而言，广西各园区污水处理厂建设应结合各地区产业发展规模、特点及地形地貌等条件合理建设及布局。

2.3.5.2 危险废物处置

截至 2015 年底，广西共计 24 家危险废物经营单位（不含医疗废物处置，危险废物收集），分布在南宁市、柳州市、梧州市、北海市、防城港市、钦州市、河池市、来宾市等八个市，核准经营规模 849150t/a、10000 桶 /a，其中综合利用 408250t/a、处置 440900t/a，2015 年实际经营规模 67448.73t/a、6674 桶 /a，其中综合利用 47417.95t/a、处置 20030.78t/a，截至 2015 年底贮存量为 61857.54t/a、1139 桶 /a。

2015 年，广西跨省转移处置危险废物 32937.5 t/a，涉及危废类别 HW06、HW13、HW17、HW31、HW46、HW48、HW49 等七类，移出城市涉及柳州市、桂林市、梧州市、北海市、防城港市、河池市、来宾市等七个市，具体情况见表 2.3-15。

表 2.3-15　广西跨省转移处置危险废物情况（单位：t/a）

移出城市名称	转入省份名称	危险废物类别	转移处置量
柳州市	安徽省	HW31	250
桂林市	浙江省	HW48	120
	河南省	HW17	500

续表

移出城市名称	转入省份名称	危险废物类别	转移处置量
梧州市	云南省	HW48	500
	江苏省	HW13	2.5
	湖南省	HW48	1100
北海市	山东省	HW46	900
	海南省	HW06	15
防城港市	浙江省	HW49	100
河池市	贵州省	HW48	5000
	云南省	HW48	18000
来宾市	云南省	HW48	2000
	云南省	HW48	4450
合计			32937.5

根据广西 2015 年环统数据，3543 家企业危险废物产生、处置、利用、贮存情况见表 2.3-16。

表 2.3-16　广西危险废物处置、利用、贮存情况汇总一览表（单位：万 t / a）

类别	产生量	利用量	处置量	贮存量
2015 年实际情况	104.85	70.05	30.49（含跨省转移 3.29）	4.31
2015 年核准情况		40.825	44.09	6.19

由表 2.3-16 可知，2015 年广西危险废物实际处置量为 30.49 万 t/a（含跨省转移 3.29 万 t），小于核准处置量 44.09 万 t/a，说明广西危险废物经营单位处置规模可满足区内危险废物处置量要求，剩余处置能力 16.89 万 t/a，但由于存在跨省转移危险废物，说明区内危险废物处置类别不能满足实际处置要求，危险废物核准利用量为 40.825 万 t/a，小于实际利用量 70.05 万 t/a，说明企业产生的危险废物有一部分内部利用（29.225 万 t/a），剩余部分外委。

2015年区内危险废物仍有4.31万t/a的贮存量，区内产废企业需进一步落实国家、地方危险废物相关规范化管理要求。

2.3.6 “十二五”期间污染物排放情况

2.3.6.1 数据来源及评价标准

（1）数据来源

本章节污染物排放统计数据引用《广西壮族自治区环境质量报告书》（2011—2014年度，广西壮族自治区环境保护厅编）、《广西环境质量报告》（2011—2015年，广西壮族自治区环境保护厅编）和2015年环境统计数据。

（2）评价方法

为了便于各种不同污染物能相互比较，在污染源现状调查的基础上，利用等标污染负荷法进行评价。计算公式为：

$$P_{ij}=\frac{q_{ij}}{C_{oi}}$$

式中：

i —— 污染物编码；

j —— 污染源编码；

P_{ij} —— j 污染源 i 污染物的等标污染负荷，Nm^3/a（或 m^3/a）；

q_{ij} —— j 污染源 i 污染物的绝对排放量，t/a；

C_{oi} —— i 污染物的标准，mg/m^3（或 mg/L）。

$$P_i=\sum_{j=1}^{n}P_{ij}$$

式中：

P_i —— i 污染物在区域内等标污染负荷之和；

n —— 污染源个数。

$$P_i=\sum_{i=1}^{m}P_{ij}$$

式中：

P_j —— j 污染源各污染物等标污染负荷之和；

m —— 污染源个数。

$$P = \sum_{i=1}^{n} \sum_{j=1}^{m} P_{ij}$$

式中：

P_j —— 区域内各种污染物等标污染负荷总和。

$$K_i = \frac{P_i}{P} \times 100\%$$

$$K_j = \frac{P_j}{P} \times 100\%$$

式中：

K_i —— i 污染源在区域内的等标污染负荷比；

K_j —— j 污染源在区域内的等标污染负荷比。

（3）评价标准

废气污染物等标评价标准参考《环境空气质量标准》（GB3095-2012）二级标准年平均值，详见表 2.3-17；废水污染物等标评价标准参考《地表水环境质量标准》（GB3838-2002）Ⅲ类标准，详见表 2.3-18。

表 2.3-17　现有企业废气污染物等标评价标准（单位：mg/m^3）

标注名称	二氧化硫	氮氧化物	PM_{10}
《环境空气质量标准》（GB3095-2012）二级标准	0.06	0.04	0.07

表 2.3-18　现有企业废水污染物等标评价标准（单位：mg/L）

标准	化学需氧量	氨氮	石油类	挥发酚	氰化物	砷	铅	镉	汞	六价铬
《地表水环境质量标准》（GB3838-2002）Ⅲ类标准	20	1.0	0.05	0.005	0.2	0.05	0.05	0.005	0.0001	0.05

2.3.6.2 工业大气污染源

（一）各市大气污染物排放情况

“十二五”期间全区二氧化硫、氮氧化物排放呈下降趋势，二氧化硫排放量控制在 38.55 ～ 48.87 万 t/a 之间，其中 2015 年排放量较 2011 年下降了 21.12%；氮氧化物排放量控制在 24.04 ～ 34.89 万 t/a 之间，其中 2015 年排放量较 2011 年下降了 30.86%；烟（粉）尘排放呈波动增长态势，2014 年出现最大值，2015 年略有下降，但仍是 2011 年排放量 0.39 倍。全区工业大气污染物排放情况详见表 2.3-19 及图 2.3-15。

表 2.3-19　全区工业大气污染物排放情况汇总一览表

序号	污染物	单位	2011 年	2012 年	2013 年	2014 年	2015 年
1	工业废气排放总量	亿 m^3/a	29853	27611	29051	18631	16773
2	二氧化硫	万 t/a	48.87	47.16	43.80	43.11	38.55
3	氮氧化物	万 t/a	34.78	34.56	34.89	30.02	24.04
4	烟（粉）尘	万 t/a	26.00	26.85	26.00	37.60	36.23

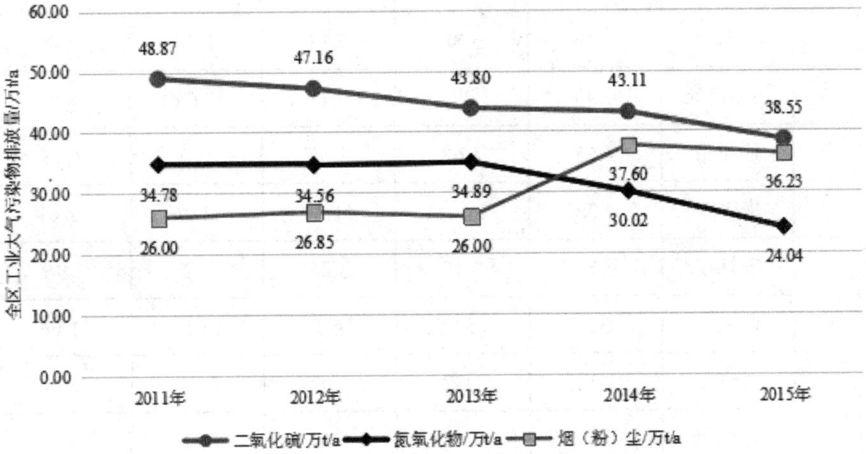

图 2.3-15　全区工业大气污染物排放情况

“十二五”期间广西大气污染物排放量排名前三的城市依次为柳州市、贵港市、百色市，占全区排放量最大比例分别为 16.24%、12.41%、11.66%，污染物排放量最少的城市为梧州市；南宁市、柳州市、梧州市、防城港市、贵港市、玉林市、贺州市、崇左市等八个城市的大气污染物排放量呈上升趋势，2015年大气污染物等标污染负荷较2011年分别增加了0.16倍、0.1倍、0.04倍、0.5倍、0.27倍、0.53倍、0.72倍、0.22倍；桂林市、北海市、钦州市、百色市、来宾市等五个城市的大气污染物排放量呈下降趋势，2015年大气污染物等标污染负荷较2011年分别降低了16.92%、28.57%、34.41%、12.59%、36.2%；河池市历年大气污染物排放量呈平稳趋势，波动较小。详见表2.3-20及图2.3-16。

表2.3-20 各市大气污染物等标污染负荷情况（单位：%）

序号	行业类别	2011年	2012年	2013年	2014年	2015年
1	南宁市	7.46	8	8.59	9.02	8.68
2	柳州市	14.77	14.11	14.28	15.58	16.24
3	桂林市	8.69	8.65	8.13	6.93	7.22
4	梧州市	2.12	1.83	2.02	2.13	2.24
5	北海市	3.36	3.38	3.13	1.98	2.4
6	防城港市	5.93	5.04	5.11	7.63	8.9
7	钦州市	4.65	3.68	3.65	2.61	3.05
8	贵港市	9.78	11.01	11.29	11.36	12.41
9	玉林市	2.59	3.17	3.36	4.2	3.96
10	百色市	13.34	15.05	14.31	15.51	11.66
11	贺州市	1.38	1.72	3.02	2.46	2.38
12	河池市	6.93	6.49	6.14	6.66	6.7
13	来宾市	15.47	14.66	13.78	10.62	9.87
14	崇左市	3.53	3.21	3.19	3.31	4.29
	合计	100	100	100	100	100

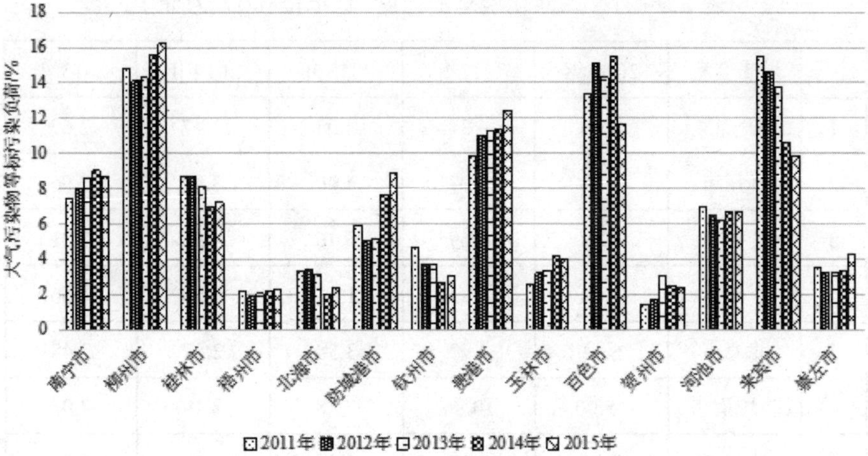

图 2.3-16　各市大气污染物等标污染负荷变化情况

（1）二氧化硫

全区二氧化硫排放强度低于全国排放强度，比全国水平少 44.14%，详见表 2.3-21 及图 2.3-17。南宁市、柳州市、桂林市、梧州市、北海市、钦州市、玉林市、贺州市、崇左市等九个城市二氧化硫排放强度平均值均低于全区、全国平均水平；防城港市、贵港市二氧化硫平均排放强度分别超出全区平均水平 0.25 倍、0.1 倍，但总体低于全国平均水平；百色市、河池市、来宾市等三个城市二氧化硫排放强度均超出全区、全国平均水平，分别高出全区水平 1.78 倍、3.19 倍、4.94 倍，分别高出全国水平 0.55 倍、1.34 倍、2.32 倍。百色市、河池市、来宾市这三个城市主要发展产业均为有色金属工业，二氧化硫排放量较大。河池市、来宾市 2015 年工业增加值较 2011 年分别下降了 22.17% 和 18.92%，经济出现负增长；百色市历年工业增加值虽然持续上升，2015 年工业增加值较 2011 年上升了 36.27%，但有色金属工业发展比重较大，达到 50% 以上，这使得百色市二氧化硫排放强度仍处于较高水平。除贺州市外，其他十三个城市二氧化硫排放强度呈逐年下降趋势，贺州市二氧化硫排放强度上升，2015 年较 2011 年高出 0.91 倍，主要原因：贺州市主要发展产业为冶金工业、建材工业，二氧化硫排放量较大，但 2015 年工业增加值较 2011 年仅上升了 1.68%，在二氧化硫排放量增速大于工业增加值增速的情况下，造成贺州市二氧化硫排放强度呈上升趋势。详见表 2.3-21 及图 2.3-17。

表 2.3-21　二氧化硫排放强度（单位:kg / 万元）

序号	城市名称	2011 年	2012 年	2013 年	2014 年	2015 年
1	南宁市	5.16	4.34	4.03	3.47	2.67
2	柳州市	5.84	5.07	4.00	3.86	2.96
3	桂林市	7.82	6.69	5.46	4.56	3.81
4	梧州市	2.08	1.83	1.63	1.70	1.66
5	北海市	6.15	4.72	3.58	2.87	2.48
6	防城港市	15.00	10.86	7.88	8.19	7.04
7	钦州市	7.73	7.16	6.47	6.51	5.06
8	贵港市	10.40	9.02	8.10	8.24	7.10
9	玉林市	1.88	1.92	1.99	1.94	1.51
10	百色市	26.34	26.51	22.49	21.56	11.62
11	贺州市	4.07	3.95	7.82	7.77	6.33
12	河池市	31.81	41.02	32.95	30.80	27.32
13	来宾市	53.55	51.58	50.27	41.24	35.49
14	崇左市	4.45	3.60	3.42	3.07	3.10
	平均	10.29	9.13	7.52	6.90	5.26

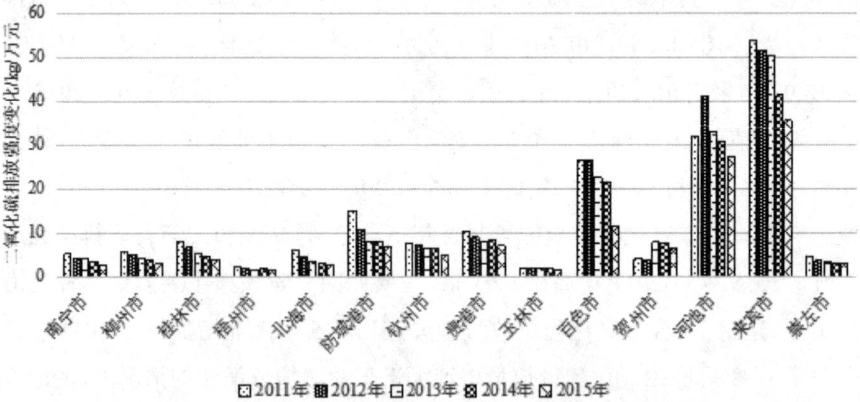

图 2.3-17　二氧化硫排放强度变化

（2）氮氧化物

全区氮氧化物排放强度低于全国排放强度，详见表 2.3-22 及图 2.3-18。

表 2.3-22 氮氧化物排放强度（单位:kg / 万元）

序号	城市名称	2011 年	2012 年	2013 年	2014 年	2015 年
1	南宁市	3.81	4.39	4.24	4.04	2.31
2	柳州市	5.70	4.70	4.32	3.51	2.75
3	桂林市	6.86	6.20	4.83	3.60	2.66
4	梧州市	0.82	0.67	0.56	0.62	0.60
5	北海市	10.34	6.00	4.25	1.54	1.43
6	防城港市	12.86	10.29	7.94	4.98	4.71
7	钦州市	7.92	6.08	6.05	2.91	2.49
8	贵港市	20.49	20.07	18.44	12.77	9.19
9	玉林市	2.39	3.89	3.52	3.79	2.39
10	百色市	11.87	10.45	10.23	11.12	6.96
11	贺州市	3.71	5.64	9.70	7.37	5.68
12	河池市	2.93	4.47	3.64	3.49	2.98
13	来宾市	23.22	24.68	26.94	20.39	13.32
14	崇左市	9.63	8.00	6.56	5.70	6.40
	平均	7.32	6.69	5.99	4.81	3.48

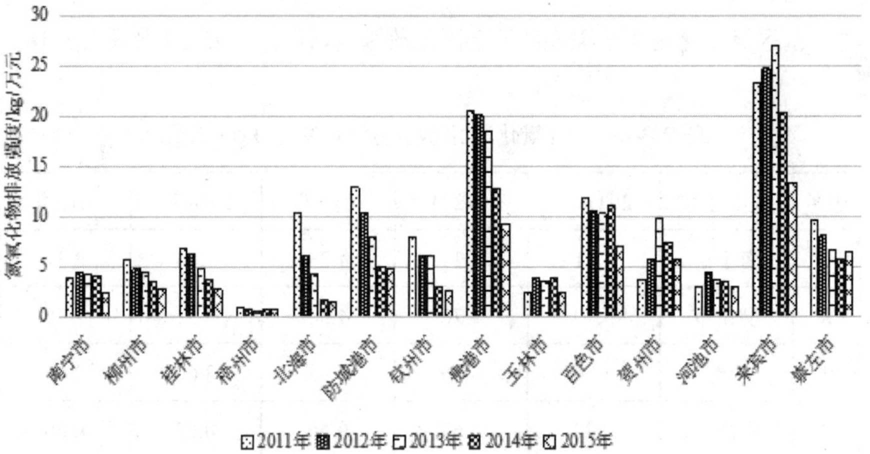

图 2.3–18 氮氧化物排放强度变化

南宁市、柳州市、桂林市、梧州市、北海市、钦州市、玉林市、河池市等八个城市氮氧化物排放强度平均值均低于全区、全国平均水平；防城港市、百色市、贺州市、崇左市等四个城市氮氧化物排放强度平均值略高于全区、全国平均水平，分别高出全区水平 0.44 倍、0.79 倍、0.13 倍、0.28 倍，分别高出全国水平 0.28 倍、0.59 倍、0.01 倍、0.14 倍，贵港市、来宾市氮氧化物排放强度平均值较大程度高于全区、全国平均水平，分别高出全区水平 1.86 倍、2.84 倍，分别高出全国水平 1.54 倍、2.41 倍，来宾市氮氧化物排放强度较高，原因与二氧化硫排放强度较高原因相同，贵港市支柱产业之一的非金属矿物制品业。该产业是氮氧化物排放量较高的行业，非金属矿物制品价格受经济发展、市场价格和国家相关政策等多方面因素的综合影响，其工业增加值增速较小，这使得贵港市氮氧化物排放强度较高，超出全区、全国平均水平。除贺州市外，其他十三个城市氮氧化物排放强度呈逐年下降趋势，贺州市氮氧化物排放强度上升，2015 年较 2011 年高出 0.9 倍，原因与二氧化硫排放强度上升的原因相同。

（3）烟（粉）尘

全区烟（粉）尘排放强度高于全国排放强度，详见表 2.3–23 及图 2.3–19。

表 2.3-23　烟（粉）尘排放强度（单位:kg / 万元）

序号	城市名称	2011 年	2012 年	2013 年	2014 年	2015 年
1	南宁市	4.28	3.54	2.55	2.98	2.24
2	柳州市	6.28	4.91	4.70	7.57	6.39
3	桂林市	3.28	2.74	2.33	2.19	1.43
4	梧州市	3.05	1.91	1.51	1.80	1.11
5	北海市	3.50	2.51	1.73	0.81	1.04
6	防城港市	6.22	6.13	4.75	16.68	13.61
7	钦州市	4.14	3.32	2.34	1.86	1.48
8	贵港市	11.38	23.97	20.93	27.03	21.88
9	玉林市	3.08	2.54	2.49	3.80	2.60
10	百色市	7.81	8.63	7.65	7.50	3.35
11	贺州市	4.59	3.95	3.80	4.43	3.29
12	河池市	7.04	9.49	10.50	16.07	9.08
13	来宾市	9.16	6.26	6.20	2.81	1.66
14	崇左市	8.75	7.30	5.93	6.91	6.20
	平均	5.47	5.20	4.47	6.02	4.55

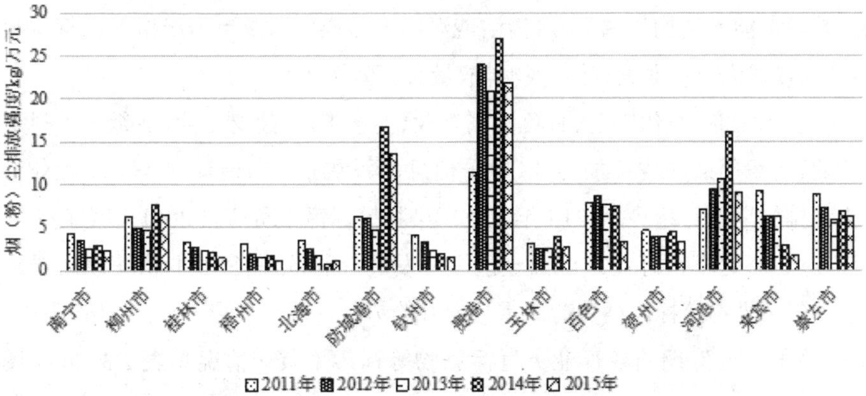

图 2.3-19　烟（粉）尘排放强度变化

南宁市、桂林市、梧州市、北海市、钦州市、玉林市、贺州市等七个城市烟（粉）尘排放强度平均值均低于全区、全国平均水平；柳州市、百色市、来宾市、崇左市烟（粉）尘排放强度平均值略高于全区、全国平均水平，分别高出全区水平 0.16 倍、0.36 倍、0.01 倍、0.36 倍，分别高出全国水平 0.56 倍、0.83 倍、0.37 倍、0.84 倍；防城港市、贵港市、河池市烟（粉）尘排放强度平均值较大程度超出全区、全国平均水平，分别高出全区水平 0.84 倍、3.09 倍、1.03 倍，分别高出全国水平 1.48 倍、4.51 倍、1.73 倍，贵港市烟（粉）尘排放强度较高原因与氮氧化物排放强度较高原因相同，来宾市烟（粉）尘排放强度较高原因与二氧化硫、氮氧化物排放强度较高原因相同。防城港市重点工业行业主要为农副食品加工业、黑色金属冶炼和压延加工业，均是烟（粉）尘排放量较高的行业，同时受经济发展、市场价格和国家相关政策等多方面因素的综合影响，这两个行业的工业增加值增速较小，两个因素共同造成了防城港市烟（粉）尘排放量强度较高。

（二）各行业大气污染物排放情况

“十二五”期间各行业大气污染物排放量大的行业主要是资源类型行业，如电力、热力、燃气和水生产供应业、建材工业、有色金属工业、冶金工业。此外，汽车工业，机械工业，修造船及海洋工程装备，采矿业，电力、热力、燃气和水生产供应业等五个行业污染物排放呈下降趋势，2015 年较 2011 年均有不同程度下降，降低原因主要为汽车工业、机械工业、修造船及海洋工程装备、采矿业均不属于重污染行业，同时工业企业环保意识提高，废气治理措施日益完善，从而降低了大气污染物排放量。此外，火电行业属于重污染行业，但随着国家能源结构的调整，对清洁能源的大力推广以及更为严格的废气排放标准，使得火电行业大气污染物排放量大大降低。

食品工业、石化工业、有色金属工业、冶金工业、建材工业、造纸与木材加工业、纺织服装与皮革加工业、电子信息、医药制造、节能环保等十个行业污染物排放呈上升趋势，2015 年大气污染物等标污染负荷较 2011 年均有不同程度增加，这十个行业是广西全区主要发展行业，这些行业的快速发展导致了大气污染物等标污染负荷比重呈上升趋势。

“十二五”期间各行业大气污染物等标污染负荷情况见表 2.3-24 及图 2.3-20。

表 2.3-24 各行业大气污染物等标污染负荷情况 （单位：%）

序号	行业类别	2011 年	2012 年	2013 年	2014 年	2015 年
1	食品工业	8.60	7.84	8.22	7.04	9.16
2	石化工业	5.72	5.71	5.05	5.12	7.11
3	有色金属工业	9.63	10.06	10.72	13.85	11.31
4	冶金工业	8.91	8.41	8.91	15.46	18.60
5	建材工业	19.22	22.04	23.98	24.58	28.59
6	造纸与木材加工业	5.22	4.85	4.53	4.49	6.52
7	纺织服装与皮革加工业	0.30	0.23	0.23	0.21	0.33
8	汽车工业	0.11	0.09	0.09	0.06	0.08
9	机械工业	0.15	0.10	0.11	0.11	0.11
10	电子信息	0.00	0.01	0.01	0.01	0.01
11	医药制造	0.37	0.27	0.30	0.36	0.54
12	修造船及海洋工程装备	0.01	0.00	0.00	0.00	0.00
13	节能环保	0.00	0.00	0.00	0.01	0.00
14	其他	7.56	10.72	11.36	13.80	4.84
15	采矿业	0.44	0.13	0.10	0.30	0.29
16	电力、热力、燃气和水生产供应业	33.78	29.55	26.39	14.59	12.51
	合计	100	100	100	100	100

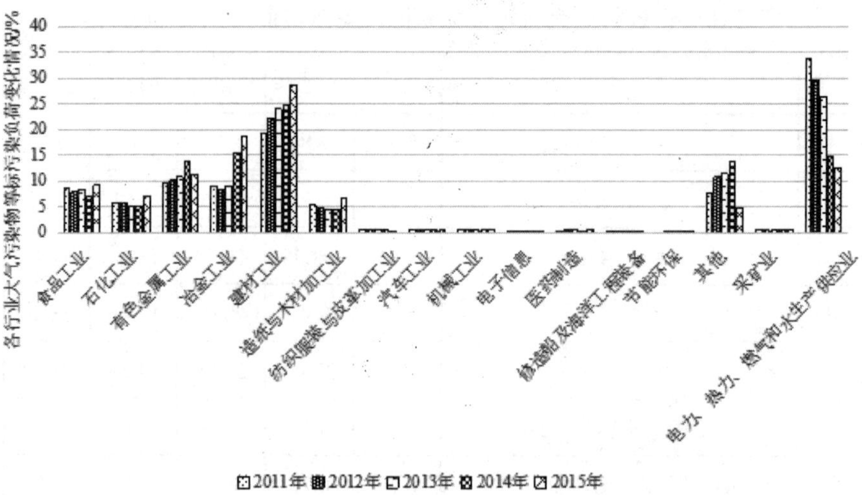

图 2.3-20　各行业大气污染物等标污染负荷变化情况

（1）二氧化硫

“十二五”期间，全区各行业二氧化硫排放强度均呈下降趋势，说明全区各工业行业相应减排措施得到有效执行，二氧化硫排放强度大大降低。详见表 2.3-25 及图 2.3-21。

表 2.3-25　二氧化硫排放强度（单位:kg / 万元）

序号	行业分类	2011 年	2012 年	2013 年	2014 年	2015 年
1	食品工业	4.25	3.62	3.35	2.86	3.13
2	石化工业	9.32	7.53	5.72	5.42	6.31
3	有色金属工业	32.91	30.55	28.18	29.56	18.72
4	冶金工业	7.94	5.83	4.55	5.39	4.31
5	建材工业	16.53	13.87	12.48	11.37	9.77
6	造纸与木材加工业	12.56	8.77	7.05	6.08	5.80
7	纺织服装与皮革加工业	1.03	0.77	0.76	0.69	0.86
8	汽车工业	0.02	0.01	0.01	0.00	0.00

续表

序号	行业分类	2011 年	2012 年	2013 年	2014 年	2015 年
9	机械工业	0.09	0.07	0.05	0.08	0.08
10	电子信息	0.01	0.01	0.02	0.02	0.01
11	医药制造	3.13	2.44	2.04	2.24	2.22
12	修造船及海洋工程装备	0.01	0.01	0.00	0.00	0.00
13	节能环保	0.00	0.01	0.02	0.14	0.00
14	其他	39.88	66.23	54.24	45.16	16.28
15	采矿业	0.60	0.27	0.17	0.72	0.43
16	电力、热力、燃气和水生产供应业	61.75	38.77	26.06	14.83	12.75

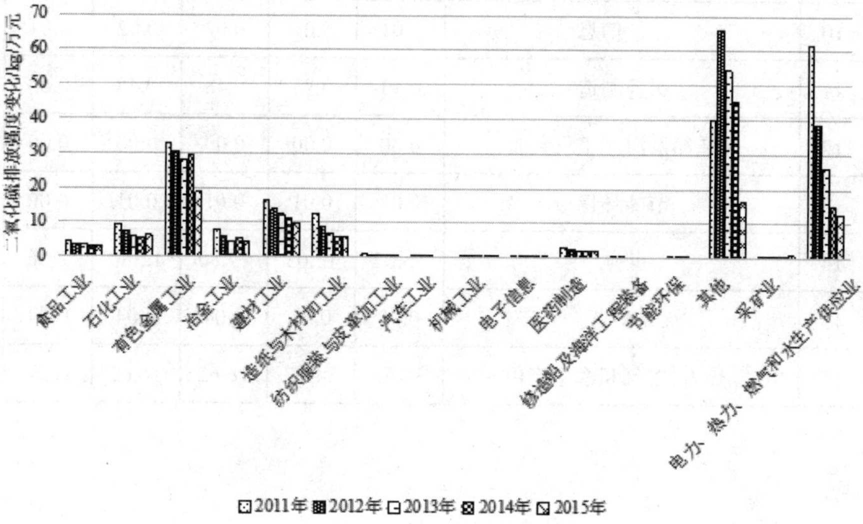

图 2.3-21 二氧化硫排放强度变化

（2）氮氧化物

全区石化工业、医药制造行业氮氧化物排放强度均呈上升趋势，其余行业呈不同程度下降趋势，详见表 2.3-26 及图 2.3-22。

表 2.3-26 氮氧化物排放强度（单位:kg / 万元）

序号	行业分类	2011 年	2012 年	2013 年	2014 年	2015 年
1	食品工业	2.13	1.93	1.67	1.67	1.43
2	石化工业	1.10	1.04	1.24	1.24	1.67
3	有色金属工业	5.04	4.85	6.39	6.39	4.01
4	冶金工业	4.66	3.95	3.99	3.99	3.58
5	建材工业	37.83	33.06	27.44	27.44	19.18
6	造纸与木材加工业	3.00	2.41	2.45	2.45	2.16
7	纺织服装与皮革加工业	0.32	0.26	0.24	0.24	0.25
8	汽车工业	0.01	0.02	0.01	0.01	0.01
9	机械工业	0.03	0.02	0.03	0.03	0.02
10	电子信息	0.01	0.01	0.02	0.02	0.01
11	医药制造	0.43	0.43	0.48	0.48	0.60
12	修造船及海洋工程装备	0.00	0.00	0.00	0.00	0.00
13	节能环保	0.02	0.01	0.01	0.01	0.00
14	其他	16.02	12.03	12.80	12.80	2.26
15	采矿业	0.05	0.05	0.04	0.04	0.04
16	电力、热力、燃气和水生产供应业	39.53	34.17	16.62	16.62	11.62

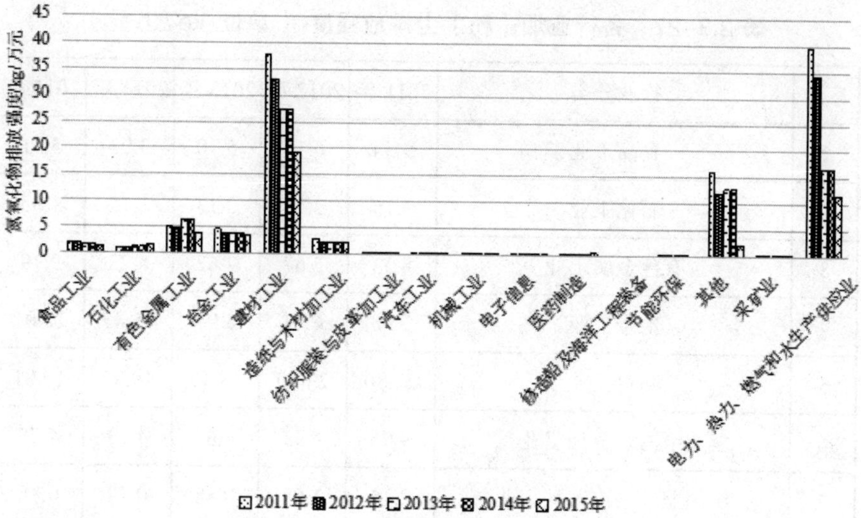

图 2.3-22　氮氧化物排放强度变化

2015 年单位工业增加值氮氧化物排放量较 2011 年分别增加了 51.82%、39.53%。石化工业属于资源类型行业，又为重污染行业，医药制造行业为“十二五”期间快速发展行业，二者氮氧化物排放量的增加速度大于工业增加值增速，从而导致单位工业增加值氮氧化物排放量持续上升。其他行业氮氧化物排放强度均呈下降趋势。

（3）烟（粉）尘

全区冶金工业、节能环保、电力、热力、燃气和水生产供应业烟（粉）尘排放强度均呈上升趋势，2015 年单位工业增加值烟（粉）尘排放量较 2011 年分别增加了 50.5%、20%、62.88%。冶金工业、电力、热力、燃气和水生产供应业属于资源类型行业，又为重污染行业，节能环保行业为“十二五”期间大力发展行业，三者烟（粉）尘排放量的增加速度大于工业增加值增速，从而导致单位工业增加值烟（粉）尘排放量持续上升。其他行业烟（粉）尘排放强度均呈下降趋势。各行业烟（粉）尘排放强度详见表 2.3-27 及图 2.3-23。

表 2.3-27　各行业烟（粉）尘排放强度（单位:kg / 万元）

序号	行业分类	2011 年	2012 年	2013 年	2014 年	2015 年
1	食品工业	9.54	6.14	5.10	3.73	3.11
2	石化工业	3.15	2.16	2.13	2.12	1.85
3	有色金属工业	8.33	5.67	4.62	6.73	2.19
4	冶金工业	7.98	6.84	5.91	15.47	12.01
5	建材工业	22.80	23.40	18.17	19.72	17.81
6	造纸与木材加工业	9.95	7.33	4.61	4.13	4.75
7	纺织服装与皮革加工业	2.15	1.08	0.88	0.72	0.88
8	汽车工业	0.33	0.21	0.18	0.11	0.09
9	机械工业	0.55	0.24	0.23	0.28	0.08
10	电子信息	0.01	0.01	0.01	0.01	0.00
11	医药制造	1.34	1.01	0.79	0.78	0.79
12	修造船及海洋工程装备	0.37	0.06	0.02	0.02	0.00
13	节能环保	0.00	0.10	0.11	0.05	0.02
14	其他	27.30	20.49	15.80	28.35	0.87
15	采矿业	3.68	0.53	0.32	0.71	0.53
16	电力、热力、燃气和水生产供应业	3.61	9.57	8.93	6.64	5.88

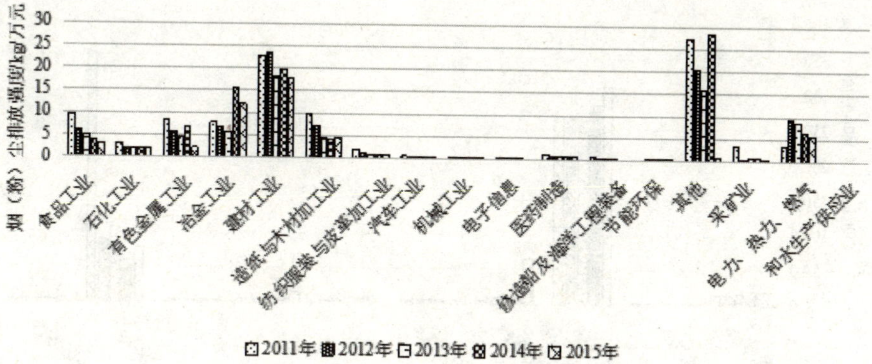

图 2.3–23 烟（粉）尘排放强度变化

2.3.6.3 工业水污染源

（一）全区工业水污染物排放情况

（1）工业水污染物排放量

“十二五”期间全区工业废水污染物排放情况见表 2.3–28 及图 2.3–24。

表 2.3–28 全区工业废水污染物排放情况汇总一览表

序号	污染物	2011 年	2012 年	2013 年	2014 年	2015 年
1	工业废水排放总量 / 万 t/a	101234	110671	89508	72936	55795
2	化学需氧量 / 万 t/a	20.5	20.0	17.5	16.2	14.6
3	氨氮 / 万 t/a	0.8	0.9	0.7	0.7	0.6
4	石油类 /t/a	311.3	283.5	261.9	267.8	267.3
5	挥发酚 /t/a	64.4	14.8	12.8	10.0	4.8
6	氰化物 /t/a	5.1	4.9	4.9	5.5	5.6
7	砷 /t/a	9.1	6.6	8.3	5.0	3.6
8	铅 /t/a	15.6	5.4	6.3	5.0	4.6
9	镉 /t/a	2.5	1.4	1.1	0.9	0.6
10	汞 /kg/a	77.8	45.2	105.3	89.4	355.7
11	六价铬 /t/a	4.3	0.7	0.1	0.1	0.2

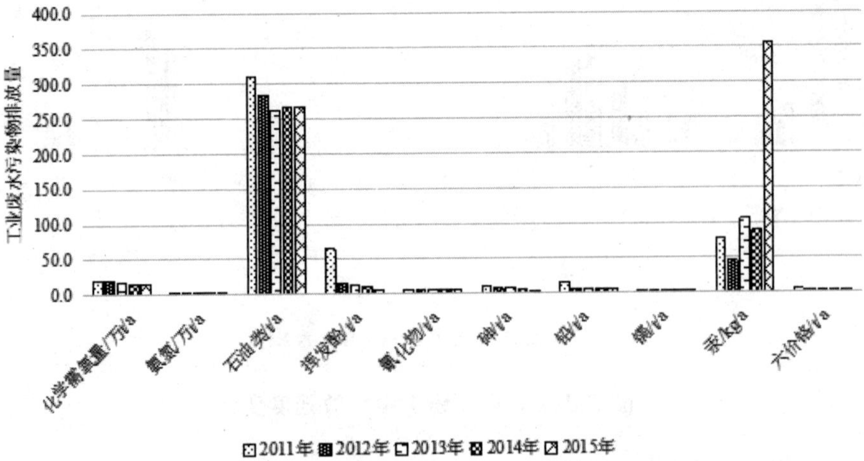

图 2.3-24　工业废水污染物排放情况

“十二五”期间全区化学需氧量、氨氮、石油类、挥发酚、砷、铅、镉、六价铬排放呈下降趋势，2015 年排放量较 2011 年分别下降了 28.58%、25.39%、14.14%、92.6%、59.9%、70.35%、74.74% 和 96.29%；氰化物、汞排放呈波动增长态势，2015 年排放量高于 2011 年，高出倍数分别为 0.09 倍、3.57 倍。

（2）工业水污染物排放强度

“十二五”期间全区单位增加值废水污染物排放强度情况见表 2.3-29 及图 2.3-25。“十二五”期间全区化学需氧量、氨氮、石油类、挥发酚、氰化物、砷、铅、镉、六价铬排放强度均呈下降趋势，2015 年排放量较 2011 年分别下降了 54.29%、50%、42.86%、94.49%、18.83%、70.11%、77.89%、81.07% 和 97.23%；汞排放强度呈波动增长态势，2015 年排放强度高出 2011 年 0.5 倍。

表 2.3-29　全区工业废水污染物排放强度情况汇总一览表

序号	污染物	2011 年	2012 年	2013 年	2014 年	2015 年
1	化学需氧量 /kg/ 万元	4.31	3.86	3.01	2.59	1.97
2	氨氮 /kg/ 万元	0.18	0.17	0.12	0.11	0.09
3	石油类 /kg/ 万元	0.007	0.005	0.004	0.004	0.004

续表

序号	污染物	2011 年	2012 年	2013 年	2014 年	2015 年
4	挥发酚 /kg/ 亿元	13.546	2.871	2.201	1.595	0.747
5	氰化物 /kg/ 亿元	1.073	0.947	0.836	0.882	0.871
6	砷 /kg/ 亿元	1.907	1.283	1.423	0.802	0.57
7	铅 /kg/ 亿元	3.283	1.043	1.075	0.801	0.726
8	镉 /kg/ 亿元	0.523	0.27	0.183	0.152	0.099
9	汞 /kg/ 亿元	0.016	0.009	0.018	0.014	0.024
10	六价铬 /kg/ 亿元	0.904	0.139	0.025	0.021	0.025

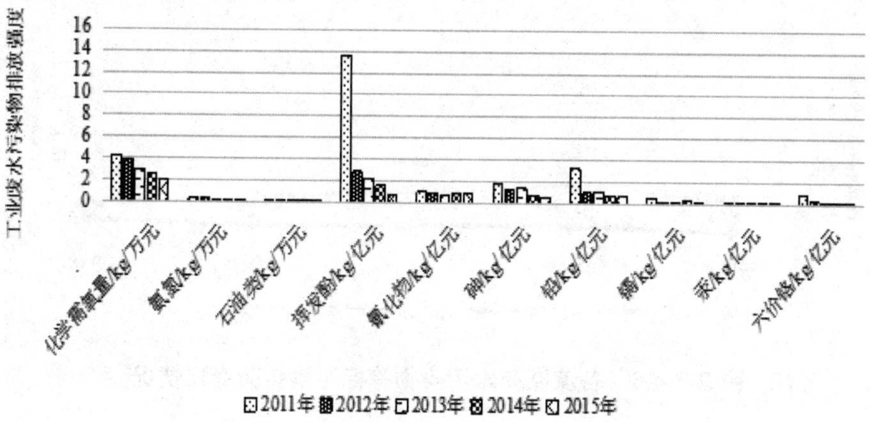

图 2.3–25　全区工业废水污染物排放强度情况

（二）各流域水污染物排放情况

“十二五”期间各流域废水污染物等标污染负荷情况见表 2.3–30 及图 2.3–26。

表 2.3-30 各流域废水污染物等标污染负荷情况（单位：%）

流域名称	2011 年	2012 年	2013 年	2014 年	2015 年
珠江水系	84.34	78.31	80.73	82.41	83.10
流域名称	2011 年	2012 年	2013 年	2014 年	2015 年
长江水系	3.69	5.11	4.86	4.84	6.36
独流入海河流	11.97	16.58	14.41	12.75	10.54
合计	100	100	100	100	100

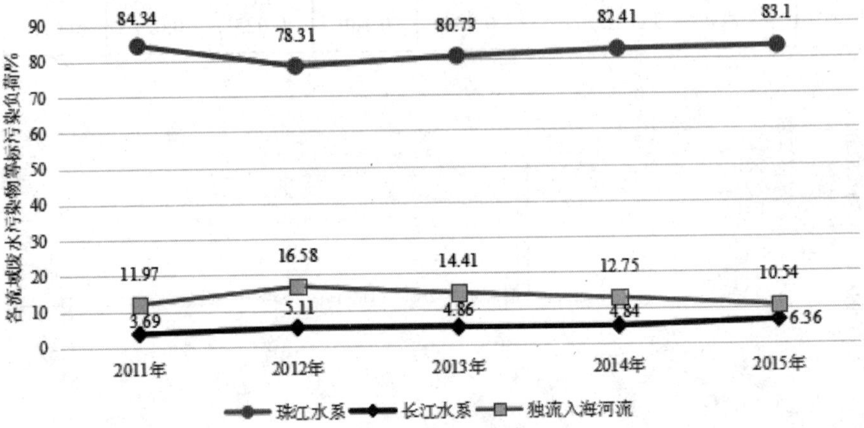

图 2.3-26 各流域废水污染物等标污染负荷变化情况

长江水系废水污染物排放呈上升趋势，2015 年废水污染物等标污染负荷较 2011 年高 2.67%；独流入海河流废水污染物等标污染负荷总体呈下降趋势，2012 年先上升至最高值，之后出现回落，2015 年较 2011 年降低 1.43%；珠江水系废水污染物等标污染负荷最大，平均占比 81.78%，历年变化总体呈下降趋势，2012 年达到最小值，之后出现回升，2015 年较 2011 年降低 1.24%。

（三）各市水污染物排放情况

（1）各市废水污染物等标污染负荷

“十二五”期间各市废水污染物等标污染负荷情况见表 2.3-31 及图 2.3-27。

表 2.3–31　各市废水污染物等标污染负荷情况　（单位：%）

序号	城市名称	2011 年	2012 年	2013 年	2014 年	2015 年
1	南宁市	15.4	18.1	19.3	18.9	21.0
2	柳州市	9.8	11.6	11.4	9.1	10.4
3	桂林市	4.0	5.5	5.3	5.2	6.9
4	梧州市	7.3	13.3	12.5	13.1	12.7
5	北海市	1.5	2.5	3.1	2.3	1.9
6	防城港市	4.1	5.0	3.5	2.7	2.5
7	钦州市	3.9	5.6	4.8	4.5	3.0
8	贵港市	24.8	4.7	4.7	4.7	5.3
9	玉林市	2.4	3.5	3.0	3.2	3.1
10	百色市	7.2	5.2	6.3	7.6	5.0
11	贺州市	4.2	5.8	4.8	6.4	7.8
12	河池市	6.3	7.5	10.4	10.7	11.2
13	来宾市	3.7	4.2	5.1	5.5	4.0
14	崇左市	5.4	7.5	5.8	6.1	5.2
	合计	100	100	100	100	100

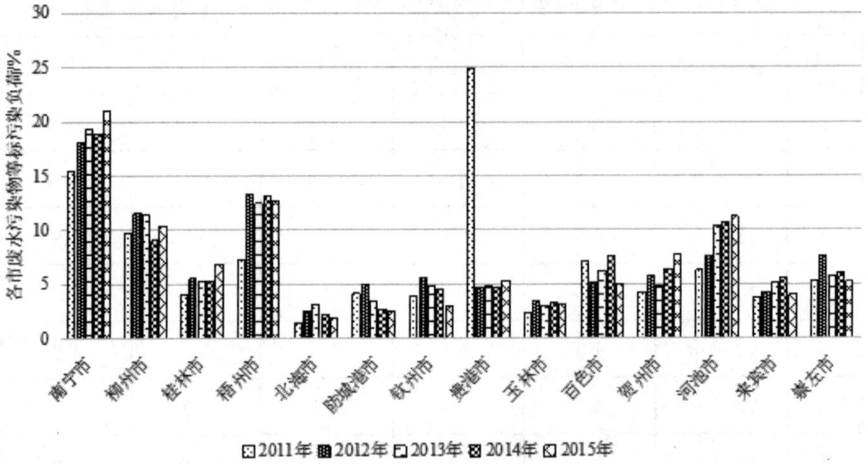

图 2.3-27 各市废水污染物等标污染负荷变化情况

总体来看，废水污染物排放量排名前四的城市依次为南宁市、梧州市、河池市、柳州市，占全区排放量最大比例分别为 21.0%、12.7%、11.2%、10.4%，污染物排放量最少的城市为北海市；南宁市、柳州市、桂林市、梧州市、北海市、玉林市、贺州市、河池市、来宾市等九个城市的废水污染物排放量呈上升趋势；防城港市、钦州市、贵港市、百色市、崇左市等五个城市的废水污染物排放量呈下降趋势。

（2）各市污染物排放强度变化情况

全区化学需氧量排放强度高于全国排放强度，超出全国水平 0.27 倍；柳州市、桂林市、梧州市、玉林市四个城市化学需氧量排放强度均低于全区、全国平均水平；北海市、钦州市化学需氧量排放强度均超出全国平均水平 0.25 倍，但均低于全区平均水平；南宁市、防城港市、贵港市、百色市、贺州市氮氧化物排放强度总体略高于全区、全国平均水平，分别高出全区水平 0.01 倍、0.7 倍、0.44 倍、0.47 倍，分别高出全国水平 0.28 倍、1.03 倍、0.83 倍、0.88 倍；河池市、来宾市、崇左市等三个城市化学需氧量排放强度均较大程度超出全区、全国平均水平，分别高出全区水平 1.75 倍、1.69 倍、2.53 倍，分别高出全国水平 2.5 倍、2.42 倍、3.5 倍；除河池市外，其他十三个城市化学需氧量排放强度总体呈平稳或下降趋势，河池市 2015 年化学需氧量排放强度较 2011

年高出 0.08 倍。“十二五”期间各市化学需氧量排放强度见表 2.3-32 及图 2.3-28。

表 2.3-32　化学需氧量排放强度（单位:kg / 万元）

序号	城市名称	2011 年	2012 年	2013 年	2014 年	2015 年
1	南宁市	4.96	3.79	2.92	2.40	1.77
2	柳州市	1.34	1.18	0.87	0.72	0.66
3	桂林市	1.65	1.67	1.35	1.09	0.70
4	梧州市	2.27	2.16	1.62	1.67	1.49
5	北海市	5.41	3.70	2.71	2.13	1.49
6	防城港市	7.76	6.99	5.18	2.99	2.11
7	钦州市	3.80	4.02	3.03	2.54	2.07
8	贵港市	5.84	7.11	5.61	4.29	3.94
9	玉林市	2.24	2.38	1.38	1.19	0.76
10	百色市	6.00	4.72	4.69	4.68	2.53
11	贺州市	6.89	5.17	3.58	3.67	3.87
12	河池市	7.56	10.00	9.40	8.15	8.13
13	来宾市	8.01	8.32	10.46	8.98	6.50
14	崇左市	16.83	15.15	8.85	8.38	6.35
	平均	4.31	3.86	3.01	2.59	1.97

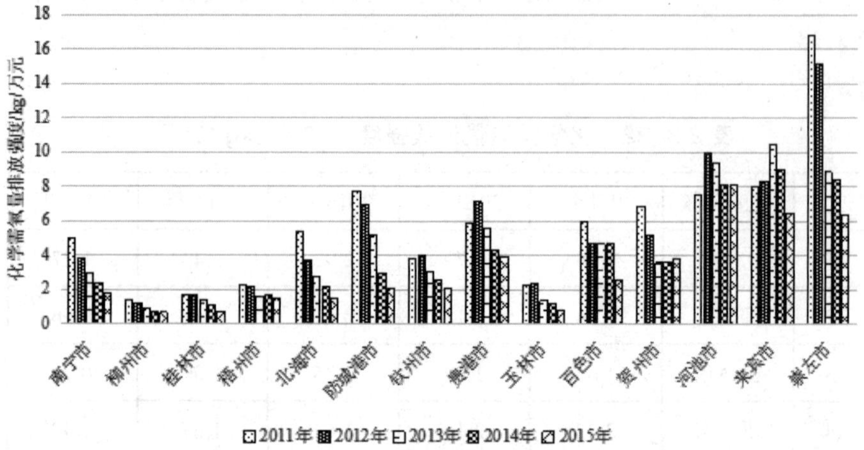

图 2.3-28 化学需氧量排放强度变化

全区氨氮排放强度低于全国排放强度，较全国水平低 19.76%；柳州市、桂林市、梧州市、北海市、防城港市、钦州市、贵港市、玉林市等八个城市氮氧化物排放强度平均值均低于全区、全国平均水平；百色市氨氮排放强度超出全区平均水平 0.15 倍，但低于全国平均水平；南宁市、来宾市、崇左市氮氧化物排放强度平均值略高于全区、全国平均水平，分别高出全区水平 0.34 倍、0.67 倍、0.75 倍，分别高出全国水平 0.01 倍、0.35 倍、0.4 倍；贺州市、河池市氨氮排放强度均较大程度超出全区、全国平均水平，分别高出全区水平 1.82 倍、3.19 倍，分别高出全国水平 1.26 倍、2.37 倍；除河池市外，其他十三个城市氨氮排放强度总体呈平稳或下降趋势，河池市 2015 年氨氮排放强度较 2011 年高出 0.4 倍。“十二五”期间各市氨氮排放强度见表 2.3-33 及图 2.3-29。

表 2.3-33 氨氮排放强度 （单位:kg / 万元）

序号	城市名称	2011 年	2012 年	2013 年	2014 年	2015 年
1	南宁市	0.23	0.21	0.16	0.13	0.11
2	柳州市	0.18	0.16	0.11	0.07	0.06

续表

序号	城市名称	2011 年	2012 年	2013 年	2014 年	2015 年
3	桂林市	0.11	0.11	0.08	0.07	0.05
4	梧州市	0.11	0.10	0.08	0.08	0.06
5	北海市	0.06	0.05	0.01	0.01	0.01
6	防城港市	0.11	0.10	0.07	0.04	0.03
7	钦州市	0.14	0.16	0.10	0.07	0.06
8	贵港市	0.11	0.14	0.12	0.09	0.10
9	玉林市	0.05	0.07	0.06	0.06	0.04
10	百色市	0.19	0.16	0.16	0.16	0.10
11	贺州市	0.65	0.53	0.24	0.24	0.23
12	河池市	0.42	0.62	0.60	0.58	0.59
13	来宾市	0.23	0.19	0.24	0.30	0.17
14	崇左市	0.33	0.30	0.20	0.20	0.14
	平均	0.18	0.17	0.12	0.11	0.09

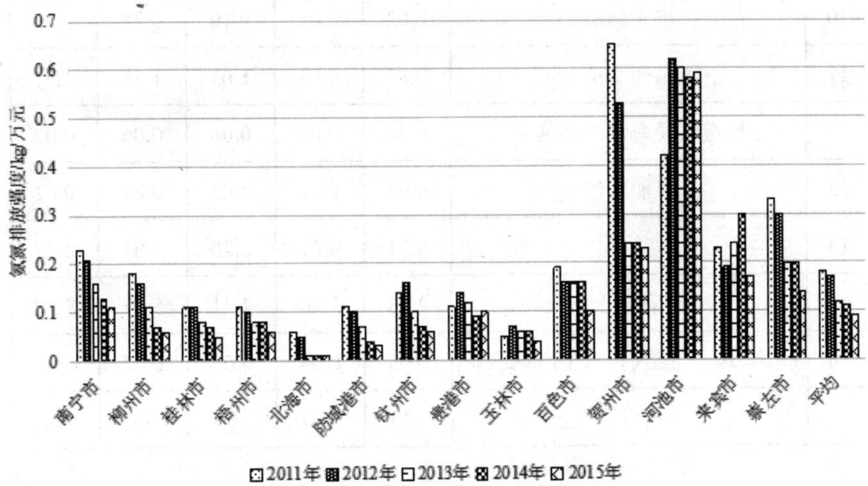

图 2.3-29 氨氮排放强度变化

（四）各行业废水污染物排放情况

（1）各行业废水污染物等标污染负荷情况

“十二五”期间各行业废水污染物等标污染负荷情况见表 2.3-34 及图 2.3-30。

表 2.3-34　各行业废水污染物等标污染负荷情况（单位：%）

序号	行业分类	2011 年	2012 年	2013 年	2014 年	2015 年
1	食品工业	20.29	24.64	24.78	24.29	33.55
2	石化工业	18.15	24.93	23.96	26.82	23.79
3	有色金属工业	4.73	3.67	3.82	1.90	2.00
4	冶金工业	26.26	5.27	5.34	4.47	6.45
5	建材工业	0.72	1.05	1.17	0.82	0.75
6	造纸与木材加工业	17.09	21.59	22.51	20.28	15.67
7	纺织服装与皮革加工业	1.80	3.10	1.81	2.20	2.26
8	汽车工业	0.67	0.65	1.04	1.52	2.14
9	机械工业	0.78	0.92	1.02	0.92	0.81
10	电子信息	0.02	0.05	0.10	0.28	0.85
11	医药制造	0.82	0.93	1.63	1.58	1.97
12	修造船及海洋工程装备	0.04	0.06	0.06	0.06	0.02
13	节能环保	0.02	0.02	0.02	0.01	0.02
14	其他	6.31	9.81	8.30	9.07	2.27
15	采矿业	2.28	3.26	4.41	5.75	7.40
16	电力、热力、燃气和水生产供应业	0.03	0.04	0.01	0.02	0.04
	合计	100	100	100	100	100

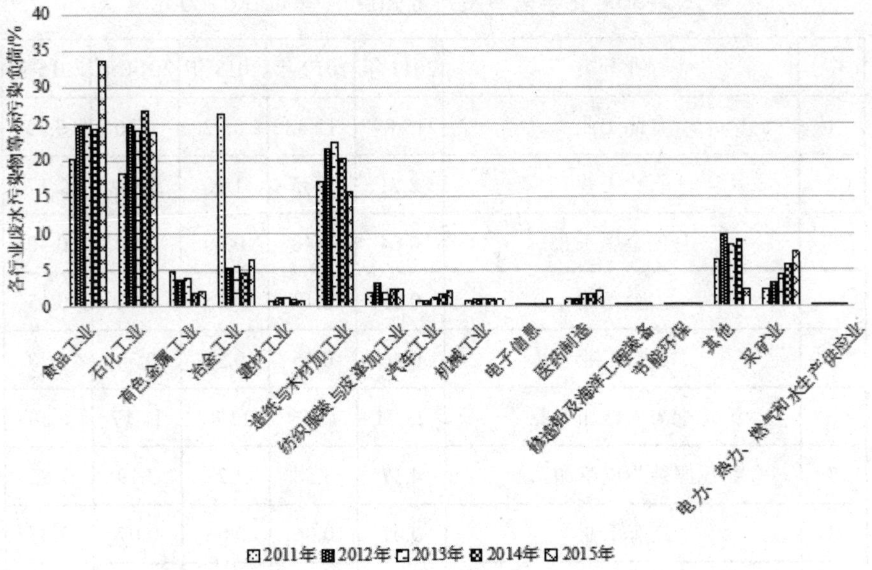

图 2.3-30　各行业废水污染物等标污染负荷变化情况

废水污染物排放量排名前三的行业主要为食品工业、石化工业、造纸与木材加工业；有色金属、冶金工业、造纸与木材加工业等三个行业污染物排放呈明显下降趋势，原因主要为有色金属、冶金工业、造纸与木材加工业属于高水耗行业，随着工业企业清洁生产水平、中水回用率、工业水重复利用率等指标的不断提高，废水污染物排放量进一步降低；修造船及海洋工程装备、建材工业、机械工业、节能环保、电力、热力、燃气和水生产供应业等五个行业废水污染物排放呈平稳趋势，波动较小；食品工业、石化工业、纺织服装与皮革加工业、汽车工业、电子信息、医药制造、采矿业等七个行业废水污染物排放呈上升趋势，这七个行业是广西全区主要发展行业，这些行业的快速发展导致了废水污染物等标污染负荷比重呈上升趋势。

（2）各行业污染物排放强度变化

"十二五"期间各行业化学需氧量、氨氮排放强度见表 2.3-35、表 2.3-36 及图 2.3-31、图 2.3-32。

表 2.3–35 化学需氧量排放强度（单位:kg / 万元）

序号	行业分类	2011 年	2012 年	2013 年	2014 年	2015 年
1	食品工业	15.89	12.43	8.52	6.76	6.32
2	石化工业	2.71	1.85	1.95	2.04	2.17
3	有色金属工业	0.64	0.48	0.40	0.40	0.48
4	冶金工业	0.29	0.19	0.15	0.12	0.15
5	建材工业	0.40	0.45	0.32	0.34	0.28
6	造纸与木材加工业	23.71	17.99	13.87	11.17	6.34
7	纺织服装与皮革加工业	4.37	3.58	2.23	2.19	1.82
8	汽车工业	0.07	0.06	0.06	0.07	0.07
9	机械工业	0.10	0.08	0.06	0.06	0.04
10	电子信息	0.09	0.05	0.06	0.07	0.06
11	医药制造	3.55	3.19	3.62	2.69	2.69
12	修造船及海洋工程装备	0.12	0.04	0.02	0.02	0.05
13	节能环保	0.05	0.04	0.02	0.00	0.01
14	其他	22.06	19.89	14.65	12.45	0.34
15	采矿业	5.44	3.67	2.88	1.90	2.26
16	电力、热力、燃气和水生产供应业	0.01	0.02	0.01	0.01	0.03

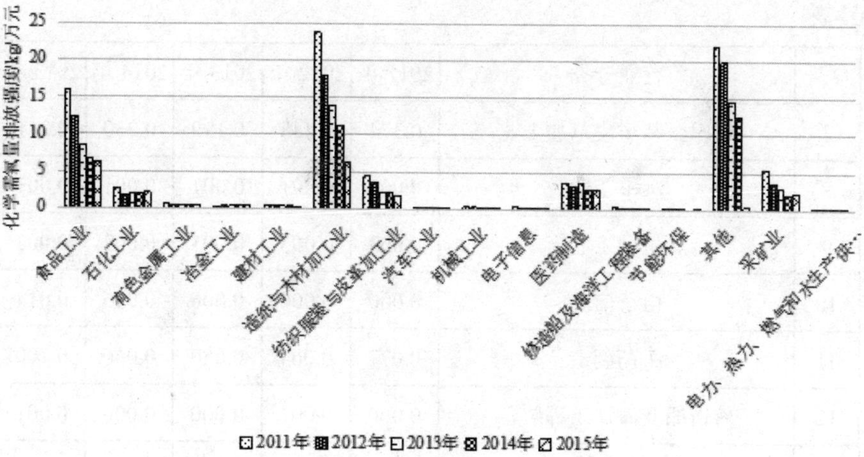

图 2.3-31　化学需氧量排放强度变化

全区除电力、热力、燃气和水生产供应业外，其他各行业化学需氧量排放强度均呈下降趋势，说明全区这些工业行业相应减排措施得到有效执行，化学需氧量排放强度大大降低；电力、热力、燃气和水生产供应业化学需氧量排放强度上升，2015 年高出 2011 年 2 倍，说明随着经济的发展，全区工业行业对能源的需求不断加大，该行业供应能源过程中化学需氧量排放量的增长速度大于工业增加值增速，从而造成其排放强度呈上升趋势。

表 2.3-36　氨氮排放强度（单位:kg / 万元）

序号	行业分类	2011 年	2012 年	2013 年	2014 年	2015 年
1	食品工业	0.304	0.286	0.228	0.200	0.207
2	石化工业	0.657	0.484	0.373	0.309	0.292
3	有色金属工业	0.252	0.165	0.010	0.015	0.030
4	冶金工业	0.013	0.008	0.006	0.008	0.006
5	建材工业	0.020	0.012	0.012	0.012	0.007
6	造纸与木材加工业	0.661	0.461	0.413	0.330	0.191

续表

序号	行业分类	2011 年	2012 年	2013 年	2014 年	2015 年
7	纺织服装与皮革加工业	0.374	0.448	0.199	0.230	0.211
8	汽车工业	0.002	0.001	0.001	0.001	0.001
9	机械工业	0.003	0.003	0.001	0.002	0.002
10	电子信息	0.000	0.000	0.006	0.016	0.014
11	医药制造	0.077	0.064	0.080	0.066	0.100
12	修造船及海洋工程装备	0.000	0.001	0.000	0.000	0.001
13	节能环保	0.000	0.000	0.000	0.000	0.001
14	其他	0.895	0.837	0.617	0.437	0.008
15	采矿业	0.020	0.021	0.014	0.007	0.009
16	电力、热力、燃气和水生产供应业	0.000	0.000	0.000	0.001	0.000

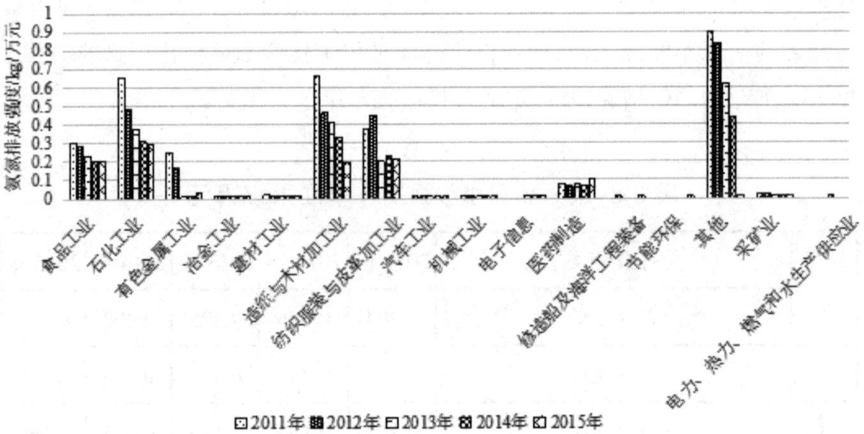

图 2.3-32 氨氮排放强度变化

全区食品工业、石化工业、有色金属工业、冶金工业、建材工业、造纸与木材加工业、纺织服装与皮革加工业、汽车工业、机械工业、采矿业等十个行业氨氮排放强度均呈下降趋势，说明全区这些工业行业相应减排措施得到有效执行，氨氮排放强度大大降低；电子信息、修造船及海洋工程装备、节能环保、电力、热力、燃气和水生产供应业等四个行业氨氮排放强度呈平稳趋势，波动较小；医药制造行业氨氮排放强度上升幅度较大，医药制造行业为“十二五”期间快速发展行业，其氨氮排放量的增加速度大于工业增加值增速，从而导致单位工业增加值氨氮排放量持续上升。

2.3.6.4 工业固体废弃物

（一）全区整体工业固体废物排放情况

“十二五”期间全区固体废物产生情况见表 2.3-37 及图 2.3-33。

表 2.3-37 全区固体废物排放情况汇总一览表（单位：万 t/a）

类　型		一般工业固体废物	危险废物
2011 年	产生量	7430	23
	排放量	2.6	0.0
2012 年	产生量	7964	79
	排放量	0.4	0.0
2013 年	产生量	7676	96
	排放量	0.4	0.0
2014 年	产生量	8038	106
	排放量	0.4	0.0
2015 年	产生量	6476	105
	排放量	0.4	0.0

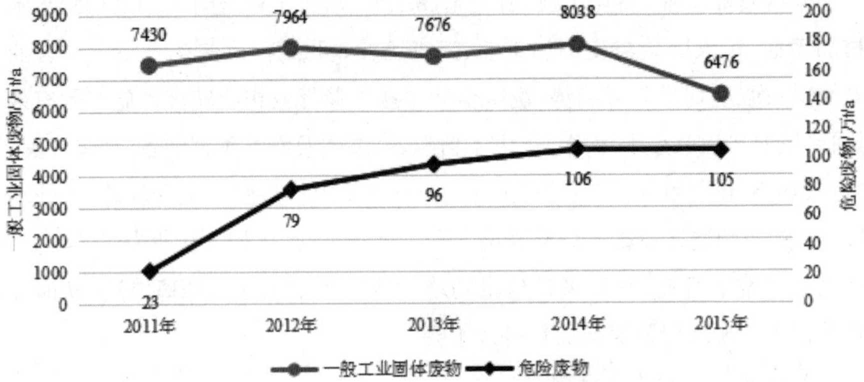

图 2.3-33　固体废物产生情况

“十二五”期间全区一般工业固体废物产生及排放呈下降趋势，2015 年产生量较 2011 年下降 12.83%，排放量较 2011 年下降 84.44%，一般工业固体废物综合利用率达到 99% 以上，可达到《广西壮族自治区“十二五”节能减排综合性实施方案》中“到 2015 年，全区工业固体废物综合利用率达到 80%”的目标要求。危险废物产生呈增长态势，2015 年产生量高出 2011 年 3.58 倍，危险废物排放做到“零排放”。

（二）各市工业固体废物排放情况

“十二五”期间各市一般工业固废污染物产生情况见表 2.3-38 及图 2.3-34。

表 2.3-38　各市一般工业固体废物产生情况（单位：万 t/a）

序号	城市名称	2011 年	2012 年	2013 年	2014 年	2015 年
1	南宁市	348.75	356.49	396.32	361.15	225.11
2	柳州市	1179.02	1184.44	1186.83	1198.54	909.50
3	桂林市	302.65	188.86	210.39	162.97	158.09
4	梧州市	144.56	147.38	169.11	171.94	106.27
5	北海市	369.02	267.44	228.86	300.82	275.49

续表

序号	城市名称	2011 年	2012 年	2013 年	2014 年	2015 年
6	防城港市	171.32	140.89	146.14	246.25	239.30
7	钦州市	144.32	149.74	103.19	104.61	97.23
8	贵港市	328.53	359.51	350.11	345.49	239.86
9	玉林市	253.52	248.62	224.88	222.92	218.79
10	百色市	1985.21	2520.11	2957.8	3186.401	2911.37
11	贺州市	123.64	170.67	260.96	276.67	310.09
12	河池市	1202.63	1343.58	550.57	605.6	80.83
13	来宾市	566.46	548.97	476.78	499.49	392.45
14	崇左市	310.69	337.25	413.7	354.66	312.10
	合计	7430.32	7963.95	7675.64	8037.511	6476.48

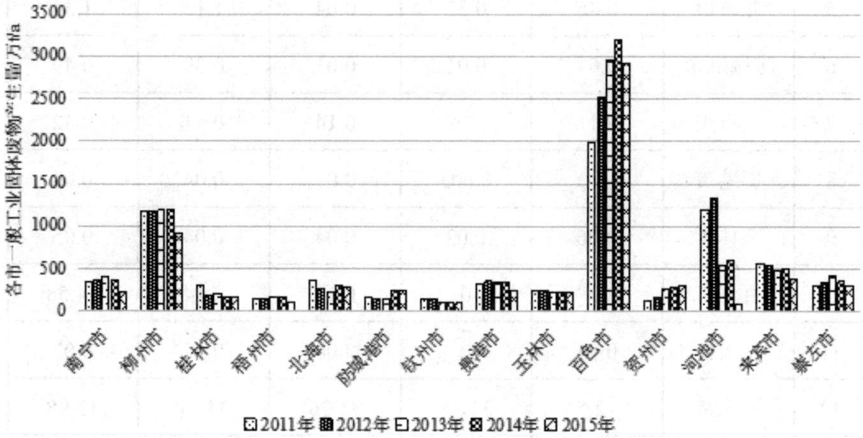

图 2.3-34 各市一般工业固体废物产生情况

2015年一般工业固体废物产生量排名前三的城市为百色市、柳州市、来宾市，产生量分别为2911.37万t/a、909.50万t/a、392.45万t/a，占全区比例分别为44.95%、14.04%、6.06%。

“十二五”期间各市危险废物产生情况见表2.3-39及图2.3-35。2015年危险废物产生量排名前三的城市依次为梧州市、百色市及河池市，产生量分别为65.33万t/a、14.58万t/a、13.98万t/a，占全区比例分别为62.32%、13.91%、13.34%。

表2.3-39 各市危险废物产生情况（单位:万t/a）

序号	城市名称	2011年	2012年	2013年	2014年	2015年
1	南宁市	0.17	0.94	1.1	0.71	0.62
2	柳州市	1.91	2.08	2.16	1.77	1.77
3	桂林市	0.15	0.09	0.1	0.08	0.09
4	梧州市	0.13	39	52.67	59.25	65.33
5	北海市	0.46	0.53	0.04	1.13	1.34
6	防城港市	0.01	0.01	0.01	0.39	0.49
7	钦州市	0.11	0.09	0.14	0.41	0.32
8	贵港市	0	0.003	0.01	0.04	0.00
9	玉林市	0.06	0.03	0.04	0.04	0.05
10	百色市	0.9	0	0.12	0.14	14.58
11	贺州市	0.85	0	0.0003	0.17	0.07
12	河池市	12.5	31.18	31.26	34.11	13.98
13	来宾市	5.63	4.83	8.56	7.42	6.18
14	崇左市	0.01	0.006	0.02	0.06	0.03
	合计	22.89	78.789	96.233	105.72	104.85

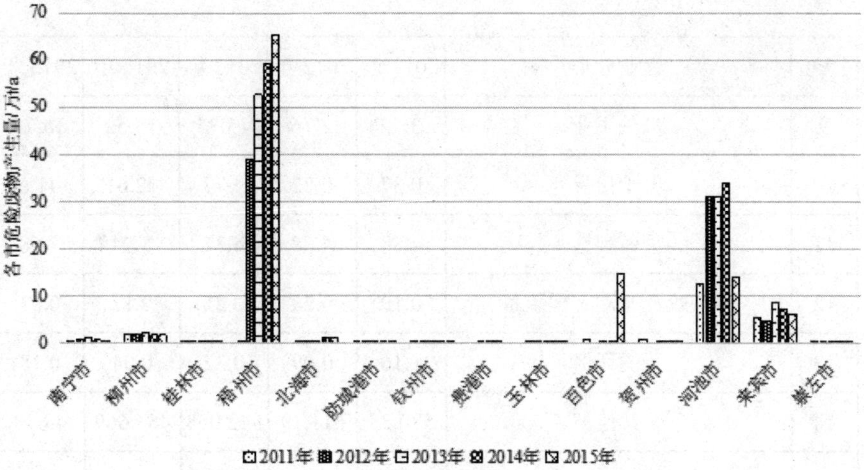

图 2.3-35 各市危险废物产生情况

（三）各行业工业固体废物排放情况

“十二五”期间各行业固废污染物产生情况见表 2.3-40、表 2.3-41 及图 2.3-36、图 2.3-37。

表 2.3-40 各行业一般工业固体废物产生情况（单位：万 t/a）

序号	行业分类	2011 年	2012 年	2013 年	2014 年	2015 年
1	食品工业	795.88	926.73	939.29	933.58	679.08
2	石化工业	341.79	288.06	343.15	350.29	440.21
3	有色金属工业	1732.83	1733.58	2120.52	2588.38	2552.61
4	冶金工业	1096.21	1004.8	1183.2	1129.1	1049.71
5	建材工业	153.68	197.23	173.34	126.48	200.6
6	造纸与木材加工业	162.96	168.64	170.92	207.13	183.89
7	纺织服装与皮革加工业	3.3	3.35	3.07	3.48	3.91
8	汽车工业	11.09	11.7	11.89	10.33	16.13

续表

序号	行业分类	2011 年	2012 年	2013 年	2014 年	2015 年
9	机械工业	3.52	2.76	15.35	15.52	15.77
10	电子信息	0.37	0.22	4.77	42.61	41.6
11	医药制造	4.88	4.08	4.31	5.74	7.68
12	修造船及海洋工程装备	0.19	0.28	0.22	0.17	0.03
13	节能环保	1.16	0.09	0.32	0.04	0.13
14	其他	580.23	511.19	522.068	466.669	4.698
15	采矿业	1799.33	2429.98	1505.71	1557	810.26
16	电力、热力、燃气和水生产供应业	742.9	681.26	677.512	600.992	470.172
	合计	7430.32	7963.95	7675.64	8037.511	6476.48

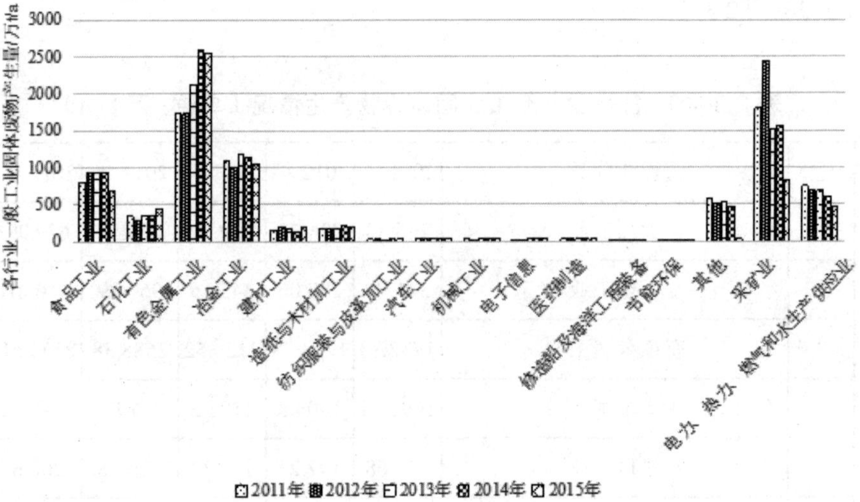

图 2.3-36　各行业一般工业固体废物产生情况

2015 年一般工业固体废物产生量排名前三的行业依次为有色金属工业、冶金工业、采矿业，其产生量分别为2552.61 万 t/a、1049.71 万 t/a、810.26 万 t/a，占全区比例分别为 39.41%、16.21%、12.51%。

表 2.3–41　各行业危险废物产生情况（单位：万 t/a）

序号	行业分类	2011 年	2012 年	2013 年	2014 年	2015 年
1	食品工业	0	0	0	0.05	0.01
2	石化工业	0.99	39.44	52.91	60.66	79.52
3	有色金属工业	19.76	37.1	40.88	42.02	21.28
4	冶金工业	0.08	0.38	0.27	0.37	1.66
5	建材工业	0.04	0	0.01	0.17	0.06
6	造纸与木材加工业	0	0	0	0.01	0.01
7	纺织服装与皮革加工业	0.02	0.02	0	0.01	0
8	汽车工业	0.51	0.6	0.76	0.99	1.09
9	机械工业	0.31	0.21	0.25	0.23	0.19
10	电子信息	0	0	0.03	0.03	0.11
11	医药制造	0	0	0	0	0.01
12	修造船及海洋工程装备	0	0	0	0	0
13	节能环保	0	0	0.47	0.44	0.38
14	其他	0.44	0.289	0.2803	0.36	0.27
15	采矿业	0.74	0.75	0.37	0.13	0
16	电力、热力、燃气和水生产供应业	0	0	0	0.25	0.24
	合计	22.89	78.789	96.2303	105.72	104.83

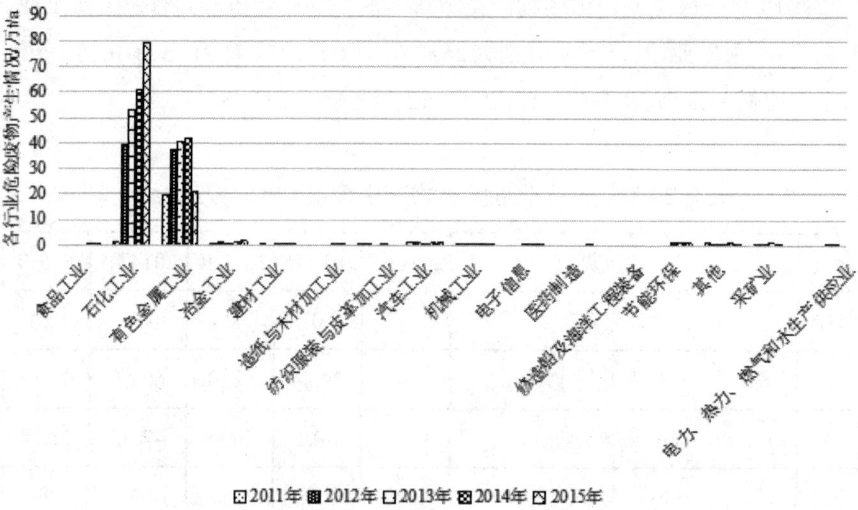

图 2.3–37　各行业危险废物产生情况 / 万 t/a

2015 年广西产生危险废物的主要行业为石化工业、有色金属工业、冶金工业，其产生量分别为 79.52 万 t/a、21.28 万 t/a、1.66 万 t/a，占全区比例分别为 75.86%、20.3%、1.58%。

2.3.6.5 入海污染源

广西近岸海域入海污染源主要包括入海河流、直排海市政排污口、直排海工业污染源。“十二五” 期间全区各类入海污染物排放总量见表 2.3–42 及图 2.3–38。

表 2.3–42　全区各类入海污染物排放总量一览表

序号	污染物	2011 年	2012 年	2013 年	2014 年	2015 年
1	高锰酸盐指数 /t/a	41285.2	46883.5	45585.0	49961.3	50734.7
2	氨氮 /t/a	8740.4	9664.7	8209.7	8853.0	8834.6
3	石油类 /t/a	279.5	101.0	207.3	261.3	219.0
4	总氮 /t/a	37330.4	30605.5	35505.3	33963.6	35671.6
5	总磷 /t/a	2557.2	2445.9	2321.4	2948.2	2433.0
6	重金属 /t/a	285.7	3412.3	3293.9	6513.5	3709.7

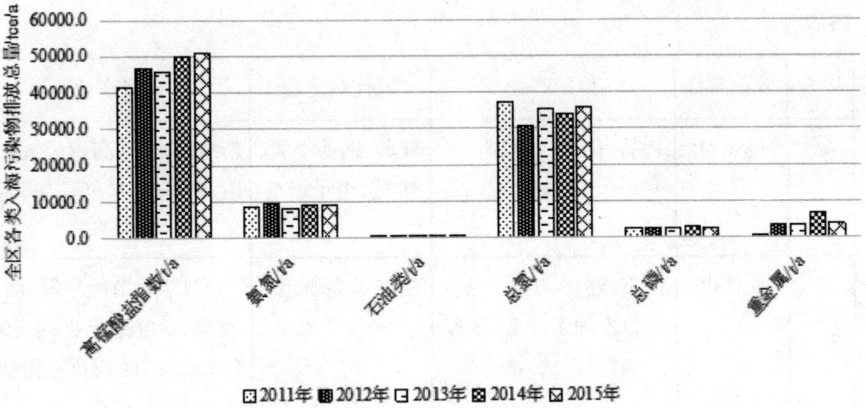

图 2.3-38　全区各类入海污染物排放总量

“十二五”期间全区各类入海污染物中氨氮、总氮、石油类、总磷排放呈稳定小幅度波动态势，氨氮 2015 年排放量较 2011 年略高，总氮、石油类、总磷 2015 年排放量较 2011 年有不同程度降低，降低幅度分别为 4.44%、21.64%、4.86%；高锰酸盐指数、重金属排放呈增长态势。

2.4 “十二五”期间各地区重点产业发展情况

2.4.1 重点产业识别

在全面调查广西十四个市污染物排放、资源能源消耗及其历年变化规律的基础上，识别各市重点产业类别，各市现代产业体系构成见表 2.4-1。

表 2.4-1　各市现代产业体系

序号	城市名称	传统产业	现代制造业	新兴产业
1	南宁市	食品、建材、化工、造纸、纺织服装	机械装备制造、电子信息、铝深加工	清洁能源、生物医药

续表

序号	城市名称	传统产业	现代制造业	新兴产业
2	柳州市	食品、化工、纺织服装、建材	汽车、钢铁产业、机械、电子信息	新能源汽车、高端装备制造、新材料、节能环保、生物制药
3	桂林市	化工、建材、电力、包装与竹木加工产业、橡胶制品产业、冶金	先进装备制造、电子信息	信息技术、节能环保、新材料、大健康产业、生态食品产业、医药及生物制品产业
4	梧州市	食品、陶瓷产业、宝石加工、纺织服装	电子信息、船舶制造、装备制造、医药制造、再生资源产业、再生不锈钢制品产业、钛白制品	新材料、新能源、节能环保、养生长寿健康产业
5	北海市	食品、林纸产业、制糖业、能源、石化	电子信息、船舶修造	临港新材料产业、海洋产业、海洋高端装备制造、信息技术产业、大健康产业
6	防城港市	有色金属、能源、化工、食品	钢铁产业、装备制造产业	生物制药、新能源、新材料
7	钦州市	石化、林浆纸、能源、制糖产业、食品、竹木加工业、建材产业、坭兴陶特色产业、工艺编织业	汽车和装备制造业、修造船业、电子信息产业、铁合金	新能源产业、新材料产业、生物产业
8	贵港市	冶金产业、农产食品加工产业、生物化工产业、纺织服装与羽绒产业、电力产业、皮革产业	混合动力船舶修造产业、电子信息产业	新能源汽车产业、新材料产业、生物制药产业

续表

序号	城市名称	传统产业	现代制造业	新兴产业
9	玉林市	健康食品产业、建材产业、陶瓷产业、电子信息产业、有色金属产业、服装加工业、工艺美术产业、铁锅加工业	医药制造业、机械产业	高端装备制造业、生物医药、节能环保产业、信息产业、新能源汽车产业、新材料产业
10	百色市	石化产业、冶金产业、建材产业、农林产品加工业	机械制造业、碳酸钙产业、铝产业	新材料产业、生物医药产业、节能环保产业、新能源产业
11	贺州市	电力工业、矿产加工	机械制造、钢铁加工、电子信息、碳酸钙及建筑材料产业	新材料、生态健康、微波制造、新能源、节能环保、新能源汽车
12	河池市	有色金属、电力产业、食品产业、化工产业、茧丝绸产业、建材产业	机械产业、碳酸钙产业	节能环保产业、新材料产业、新能源产业、生物医药
13	来宾市	冶金工业（铁合金，电解锰、二氧化锰，锡、锌、铟）、铝精深加工、能源产业、制糖产业	电子信息、汽配机械零部件制造、先进装备制造、碳酸钙及石材产业	生物及民族医药、蚕丝绸及服装产业、养生长寿健康产业、新材料、节能环保
14	崇左市	蔗糖产业、现代矿业（锰、铜、铝、稀土、铁）、建材、电力、特色食品、红木	装备制造	新能源产业、新材料产业、新能源汽车产业、节能环保产业、民族生物医药

2.4.2 重点产业规模及结构

本次研究对“十二五”期间各市重点产业发展规模及结构发展情况进行分析。

（1）南宁市

2015 年与 2011 年相比，南宁市重点产业产值总和占全市总产值比例下降 0.54%。各项重点产业产值均有所上升，上升幅度为 26.22%（造纸和纸制品业）～ 127.28%（非金属矿物制品业），详见表 2.4-2。

表 2.4-2　南宁市重点产业发展规模及结构

序号	行业	2011 年		2015 年		2015 年较 2011 年产值增长量 /%
		产值 / 万元	占全区行业产值百分比 /%	产值 / 万元	占全区行业产值百分比 /%	
1	非金属矿物制品业	1110833	12.75	2524679	14.84	127.28
2	造纸和纸制品业	807944	33.61	1019762	26.60	26.22
3	化学原料和化学制品制造业	1411377	20.69	2530988	20.95	79.33
4	电力、热力生产和供应业	906962	10.77	1354311	10.86	49.32
5	农副食品加工业	3410123	23.42	4596585	19.56	34.79
6	酒、饮料和精制茶制造业	684193	24.87	1247218	23.08	82.29
	合计	8331432		13273543		59.32
	占全市总产值百分比 %	41.54		41.00		

（2）柳州市

2015 年与 2011 年相比，柳州市重点产业产值总和占全市总产值比例上升 2.23%。各项重点产业产值均有所上升，上升幅度为 7.62%（黑色金属冶炼和压延加工业）～ 159.25%（纺织业），详见表 2.4–3。

表 2.4–3　柳州市重点产业发展规模及结构

序号	行业	2011 年		2015 年		2015 年较 2011 年产值增长量 /%
		产值 / 万元	占全区行业产值百分比 /%	产值 / 万元	占全区行业产值百分比 /%	
1	非金属矿物制品业	803269	9.22	1076737	6.33	34.04
2	造纸和纸制品业	135495	5.64	230324	6.00	69.99
3	黑色金属冶炼和压延加工业	6810079	47.34	7328760	29.95	7.62
4	化学原料和化学制品制造业	980227	14.37	1200634	9.94	22.49
5	电力、热力生产和供应业	817189	9.70	1076868	8.63	31.78
6	农副食品加工业	754792	5.18	1080704	4.60	43.18
7	汽车制造业	11402916	89.25	22289822	90.80	95.47
8	食品制造业	147136	8.03	280026	7.21	90.32
9	纺织业	311492	22.25	807548	29.11	159.25
	合计	22162595		35371423		59.60
	占全市总产值百分比 %	77.16		79.39		

（3）桂林市

2015年与2011年相比，桂林市重点产业产值总和占全市总产值比例下降3.36%。各项重点产业产值均有所上升，上升幅度为36.51%（电力、热力生产和供应业）～147.79%（酒、饮料和精制茶制造业），详见表2.4-4。

表 2.4-4 桂林市重点产业发展规模及结构

序号	行业	2011年		2015年		2015年较2011年产值增长量/%
		产值/万元	占全区行业产值百分比/%	产值/万元	占全区行业产值百分比/%	
1	非金属矿物制品业	1018534	11.69	1903085	11.18	86.85
2	造纸和纸制品业	359272	14.95	554520	14.47	54.35
3	黑色金属冶炼和压延加工业	900705	6.26	1333200	5.45	48.02
4	有色金属冶炼和压延加工业	283684	3.71	408343	3.22	43.94
5	有色金属矿采选业	908284	36.05	1324263	40.20	45.80
6	化学原料和化学制品制造业	608594	8.92	1283386	10.62	110.88
7	电力、热力生产和供应业	846885	10.06	1156064	9.27	36.51
8	农副食品加工业	820999	5.64	1805335	7.68	119.89
9	酒、饮料和精制茶制造业	1236957	44.96	3065034	56.71	147.79
	合计	6983914		12833230		83.75
	占全市总产值百分比%	55.22		51.86		

（4）梧州市

2015 年与 2011 年相比，梧州市重点产业产值总和占全市总产值比例下降 0.13%。除有色金属矿采选业产值下降 39.44% 外，其他各项重点产业产值均有所上升，上升幅度为 19.24%（电力、热力生产和供应业）～ 228.6%（黑色金属冶炼和压延加工业），详见表 2.4–5。

表 2.4–5 梧州市重点产业发展规模及结构

序号	行业	2011 年		2015 年		2015 年较 2011 年产值增长量 /%
		产值 / 万元	占全区行业产值百分比 /%	产值 / 万元	占全区行业产值百分比 /%	
1	非金属矿物制品业	1386641	15.91	3326822	19.55	139.92
2	造纸和纸制品业	124186	5.17	209468	5.46	68.67
3	黑色金属冶炼和压延加工业	1507042	10.48	4952150	20.24	228.60
4	有色金属冶炼和压延加工业	327808	4.29	622170	4.92	89.80
5	有色金属矿采选业	570067	22.63	345222	10.48	－39.44
6	化学原料和化学制品制造业	986979	14.47	1772725	14.68	79.61
7	电力、热力生产和供应业	449591	5.34	536100	4.30	19.24
8	农副食品加工业	398799	2.74	480572	2.05	20.50
9	医药制造业	359437	15.91	720160	16.41	100.36
10	木材加工和木、竹、藤、棕、草制品业	720634	16.61	1314192	12.60	82.37
	合计	6831184		14279581		109.04
	占全市总产值百分比 /%	67.24		67.11		

（5）北海市

2015 年与 2011 年相比，北海市重点产业产值总和占全市总产值比例上升 0.11%。各项重点产业产值均有所上升，上升幅度为 161.60%（电力、热力生产和供应业）～ 352.85%（酒、饮料和精制茶制造业），详见表 2.4–6。

表 2.4–6　北海市重点产业发展规模及结构

序号	行业	2011 年		2015 年		2015 年较 2011 年产值增长量 /%
		产值 / 万元	占全区行业产值百分比 /%	产值 / 万元	占全区行业产值百分比 /%	
1	非金属矿物制品业	112400	1.29	421053	2.47	274.60
2	黑色金属冶炼和压延加工业	794100	5.52	2840766	11.61	257.73
3	化学原料和化学制品制造业	104900	1.54	450030	3.73	329.01
4	电力、热力生产和供应业	257500	3.06	673613	5.40	161.60
5	农副食品加工业	576300	3.96	2518090	10.72	336.94
6	酒、饮料和精制茶制造业	111700	4.06	505836	9.36	352.85
7	皮革、毛皮、羽毛及其制品和制鞋业	118800	12.89	461477	34.61	288.45
	合计	2075700		7870865		257.73
	占全市总产值百分比 %	41.95		42.06		

（6）防城港市

2015 年与 2011 年相比，防城港市重点产业产值总和占全市总产值比例下降 0.7%；除化学原料和化学制品制造业产值下降 1.78% 外，其他各项重点产业产值均有所上升，新增有色金属冶炼和压延加工业，其余产业产值上升幅度为 6.96%（电力、热力生产和供应业）～207.85%（黑色金属冶炼和压延加工业），详见表 2.4-7。

表 2.4-7　防城港市重点产业发展规模及结构

序号	行业	2011 年		2015 年		2015 年较 2011 年产值增长量 /%
		产值 / 万元	占全区行业产值百分比 /%	产值 / 万元	占全区行业产值百分比 /%	
1	非金属矿物制品业	336701	3.86	729662	4.29	116.71
2	黑色金属冶炼和压延加工业	907097	6.31	2792485	11.41	207.85
3	有色金属冶炼和压延加工业	0	0	1167545	9.23	-
4	化学原料和化学制品制造业	519071	7.61	509809	4.22	－1.78
5	电力、热力生产和供应业	450530	5.35	481903	3.86	6.96
6	农副食品加工业	2645243	18.17	4292776	18.27	62.28
7	酒、饮料和精制茶制造业	154694	5.62	234379	4.34	51.51
	合计	5013336		10208559		103.63
	占全市总产值百分比 /%	78.88		78.18		

（7）钦州市

2015 年与 2011 年相比，钦州市重点产业产值总和占全市总产值比例下降 22.45%；除石油加工、炼焦和核燃料加工业产值下降 42.12% 和农副食品加工业产值下降 8.68% 外，其他各项重点产业产值均有所上升，上升幅度为 42.67%（黑色金属冶炼和压延加工业）～611.23%（有色金属矿采选业），详见表 2.4-8。

表 2.4-8 钦州市重点产业发展规模及结构

序号	行业	2011 年		2015 年		2015 年较 2011 年产值增长量 /%
		产值 / 万元	占全区行业产值百分比 /%	产值 / 万元	占全区行业产值百分比 /%	
1	非金属矿物制品业	164986	1.89	749046	4.40	354.01
2	造纸和纸制品业	149806	6.23	543900	14.19	263.07
3	黑色金属冶炼和压延加工业	519538	3.61	741239	3.03	42.67
4	有色金属矿采选业	52131	2.07	370769	11.25	611.23
5	石油加工、炼焦和核燃料加工业	6023035	90.98	3486273	51.68	−42.12
6	化学原料和化学制品制造业	348600	5.11	1584359	13.12	354.49
7	电力、热力生产和供应业	859725	5.90	1479750	6.30	72.12
8	农副食品加工业	525480	6.24	479880	3.85	−8.68
	合计	8643301		9435216		9.16
	占全市总产值百分比 /%	91.90		69.45		

（8）贵港市

2015 年与 2011 年相比，贵港市重点产业产值总和占全市总产值比例下降 3.09%；除黑色金属冶炼和压延加工业产值下降 8.84% 和电力、热力生产和供应业产值下降 17.16% 外，其他各项重点产业产值均有所上升，上升幅度为 12.09%（造纸和纸制品业）～ 197.96%（纺织服装、服饰业），详见表 2.4-9。

表 2.4-9　贵港市重点产业发展规模及结构

序号	行业	2011 年		2015 年		2015 年较 2011 年产值增长量 /%
		产值 / 万元	占全区行业产值百分比 /%	产值 / 万元	占全区行业产值百分比 /%	
1	非金属矿物制品业	1043895	11.98	1699341	9.99	62.79
2	造纸和纸制品业	132610	5.52	148639	3.88	12.09
3	黑色金属冶炼和压延加工业	563417	3.92	513600	2.10	−8.84
4	化学原料和化学制品制造业	375988	5.51	464183	3.84	23.46
5	电力、热力生产和供应业	660309	7.84	547009	4.38	−17.16
6	农副食品加工业	767965	5.27	1335935	5.69	73.96
7	酒、饮料和精制茶制造业	135488	4.92	298533	5.52	120.34
8	纺织服装、服饰业	274427	27.66	817684	59.31	197.96
	合计	3954099		5824924		47.31
	占全市总产值百分比 %	71.15		68.06		

（9）玉林市

2015 年与 2011 年相比，玉林市重点产业产值总和占全市总产值比例上升 3.4%；除造纸和纸制品业产值下降 15.78% 外，其他各项重点产业产值均有所上升，上升幅度为 33.14%（电力、热力生产和供应业）～ 132.27%（酒、饮料和精制茶制造业），详见表 2.4-10。

表 2.4-10　玉林市重点产业发展规模及结构

序号	行业	2011 年		2015 年		2015 年较 2011 年产值增长量 / %
		产值 / 万元	占全区行业产值百分比 /%	产值 / 万元	占全区行业产值百分比 /%	
1	非金属矿物制品业	1605043	18.42	2718578	15.98	69.38
2	造纸和纸制品业	121151	5.04	102036	2.66	−15.78
3	黑色金属冶炼和压延加工业	295531	2.05	510177	2.08	72.63
4	有色金属冶炼和压延加工业	284836	3.73	633354	5.01	122.36
5	化学原料和化学制品制造业	457951	6.71	741797	6.14	61.98
6	电力、热力生产和供应业	436507	5.18	581151	4.66	33.14
7	农副食品加工业	1345575	9.24	1817778	7.74	35.09
8	酒、饮料和精制茶制造业	199260	7.24	462829	8.56	132.27
9	皮革、毛皮、羽毛及其制品和制鞋业	427587	46.38	576321	43.22	34.78
10	纺织服装、服饰业	126742	12.77	228554	16.58	80.33
	合计	5300183		8372575		
	占全市总产值百分比 /%	51.53		54.93		

（10）百色市

2015 年与 2011 年相比，百色市重点产业产值总和占全市总产值比例下降 6.77%。各项重点产业产值均有所上升，上升幅度为 29.26%（电力、热力生产和供应业）～ 122.18%（农副食品加工业），详见表 2.4-11。

表 2.4-11　百色市重点产业发展规模及结构

序号	行业	2011 年		2015 年		2015 年较 2011 年产值增长量 /%
		产值 / 万元	占全区行业产值百分比 /%	产值 / 万元	占全区行业产值百分比 /%	
1	非金属矿物制品业	474307	5.44	671755	3.95	41.63
2	造纸和纸制品业	255557	10.63	457158	11.93	78.89
3	黑色金属冶炼和压延加工业	558824	3.88	807561	3.30	44.51
4	有色金属冶炼和压延加工业	3454774	45.22	6367644	50.33	84.31
5	化学原料和化学制品制造业	369074	5.41	485126	4.02	31.44
6	电力、热力生产和供应业	828459	9.84	1070843	8.58	29.26
7	农副食品加工业	309736	2.13	688175	2.93	122.18
	合计	6250731		10548262		68.75
	占全市总产值百分比 /%	88.71		81.94		

（11）贺州市

2015年与2011年相比，贺州市重点产业产值总和占全市总产值比例上升0.61%。除造纸和纸制品业产值下降39.02%和有色金属矿采选业产值下降85.01%外，其他各项重点产业产值均有所上升，上升幅度为37.09%（黑色金属冶炼和压延加工业）～336.04%（有色金属冶炼和压延加工业），详见表2.4-12。

表2.4-12　贺州市重点产业发展规模及结构

序号	行业	2011年		2015年		2015年较2011年产值增长量/%
		产值/万元	占全区行业产值百分比/%	产值/万元	占全区行业产值百分比/%	
1	非金属矿物制品业	197819	2.27	706055	4.15	256.92
2	造纸和纸制品业	62074	2.58	37855	0.99	−39.02
3	黑色金属冶炼和压延加工业	681386	4.74	934131	3.82	37.09
4	有色金属冶炼和压延加工业	93351	1.22	407050	3.22	336.04
5	有色金属矿采选业	257816	10.23	38643	1.17	−85.01
6	化学原料和化学制品制造业	59938	0.88	136039	1.13	126.97
7	电力、热力生产和供应业	358142	4.25	612385	4.91	70.99
8	农副食品加工业	112959	0.78	234355	1.00	107.47
9	酒、饮料和精制茶制造业	35195	1.28	52964	0.98	50.49
10	食品制造业	87204	4.76	163531	4.21	87.53
	合计	1945884		3323008		70.77
	占全市总产值百分比/%	77.70		78.31		

（12）河池市

2015 年与 2011 年相比，河池市重点产业产值总和占全市总产值比例上升 5.97%。除有色金属冶炼和压延加工业产值下降 33.74% 和农副食品加工业产值下降 22.79% 外，其他各项重点产业产值均有所上升，上升幅度为 13.42%（化学原料和化学制品制造业）～ 206.13%（酒、饮料和精制茶制造业），同时新增造纸和纸制品业，详见表 2.4-13。

表 2.4-13　河池市重点产业发展规模及结构

序号	行业	2011 年		2015 年		2015 年较 2011 年产值增长量 /%
		产值 / 万元	占全区行业产值百分比 /%	产值 / 万元	占全区行业产值百分比 /%	
1	非金属矿物制品业	124473	1.43	153383	0.90	23.23
2	造纸和纸制品业	0	0	31595	0.82	新增
3	有色金属冶炼和压延加工业	1481137	19.39	981416	7.76	－33.74
4	化学原料和化学制品制造业	153800	2.26	174439	1.44	13.42
5	电力、热力生产和供应业	763932	9.07	951544	7.63	24.56
6	农副食品加工业	358039	2.46	276452	1.18	－22.79
7	酒、饮料和精制茶制造业	157401	5.72	481858	8.92	206.13
	合计	3038782		3050687		0.39
	占全市总产值百分比 /%	77.95		83.92		

（13）来宾市

2015 年与 2011 年相比，来宾市重点产业产值总和占全市总产值比例下降 4.2%。黑色金属冶炼和压延加工业、有色金属冶炼和压延加工业等四个行业产值有所下降，下降幅度为 4.5%（电力、热力生产和供应业）～ 53.37%（黑色金属冶炼和压延加工业）。非金属矿物制品业、造纸和纸制品业等四个行业产值上升，上升幅度为 33.30%（有色金属矿采选业）～ 95.65%（非金属矿物制品业），详见表 2.4-14。

表 2.4-14　来宾市重点产业发展规模及结构

序号	行业	2011 年		2015 年		2015 年较 2011 年产值增长量 /%
		产值 / 万元	占全区行业产值百分比 /%	产值 / 万元	占全区行业产值百分比 /%	
1	非金属矿物制品业	233994	2.68	457810	2.69	95.65
2	造纸和纸制品业	179423	7.46	247860	6.47	38.14
3	黑色金属冶炼和压延加工业	636633	4.42	296837	1.21	−53.37
4	有色金属冶炼和压延加工业	921384	12.06	833098	6.58	−9.58
5	有色金属矿采选业	80443	3.19	107230	3.25	33.30
6	化学原料和化学制品制造业	132195	1.94	238139	1.97	80.14
7	电力、热力生产和供应业	1017457	12.08	971675	7.79	−4.50
8	农副食品加工业	963238	6.62	872552	3.71	−9.41
	合计	4164767		4025201		−3.35
	占全市总产值百分比 /%	82.99		78.79		

（14）崇左市

2015 年与 2011 年相比，崇左市重点产业产值总和占全市总产值比例下降 3.29%。各项重点产业产值均有所上升，上升幅度为 14.4%（电力、热力生产和供应业）～ 361.44%（造纸和纸制品业），详见表 2.4-15。

表 2.4-15 崇左市重点产业发展规模及结构

序号	行业	2011 年		2015 年		2015 年较 2011 年产值增长量 /%
		产值 / 万元	占全区行业产值百分比 /%	产值 / 万元	占全区行业产值百分比 /%	
1	非金属矿物制品业	215015	2.47	267505	1.57	24.41
2	造纸和纸制品业	40021	1.67	184674	4.82	361.44
3	黑色金属冶炼和压延加工业	619336	4.31	891177	3.64	43.89
4	化学原料和化学制品制造业	416284	6.10	560036	4.64	34.53
5	电力、热力生产和供应业	360190	4.28	412046	3.30	14.40
6	农副食品加工业	1813370	12.45	3101256	13.20	71.02
	合计	3464216		5416694		
	占全市总产值百分比 /%	86.58		83.29		

综上所述，广西十四个城市中，2015 年柳州市、北海市、玉林市、贺州市、河池市等五个城市重点产业产值较 2011 年有所上升，其他九个城市重点产业产值较 2011 年均有不同程度的下降，各市重点产业发展情况见表 2.4-16。

表 2.4–16 “十二五”期间各市重点产业发展情况

序号	城市	传统产业	现代制造业
1	南宁市	造纸和纸制品业、农副食品加工业	非金属矿物制品业
2	柳州市	非金属矿物制品业、化学原料和化学制品制造业	汽车制造业、纺织业
3	桂林市	黑色金属冶炼和压延加工业、有色金属冶炼和压延加工业	酒、饮料和精制茶制造业、农副食品加工业、化学原料和化学制品制造业
4	梧州市	有色金属矿采选业	黑色金属冶炼和压延加工业
5	北海市	——	全部重点产业
6	防城港市	化学原料和化学制品制造业	黑色金属冶炼和压延加工业、有色金属冶炼和压延加工业
7	钦州市	石油加工、炼焦和核燃料加工业、农副食品加工业	化学原料和化学制品制造业、造纸和纸制品业、非金属矿物制品业、有色金属矿采选业
8	贵港市	黑色金属冶炼和压延加工业	纺织服装、服饰业
9	玉林市	造纸和纸制品业	酒、饮料和精制茶制造业、有色金属冶炼和压延加工业
10	百色市	化学原料和化学制品制造业、黑色金属冶炼和压延加工业	农副食品加工业
11	贺州市	造纸和纸制品业、有色金属矿采选业	非金属矿物制品业、有色金属冶炼和压延加工业
12	河池市	有色金属冶炼和压延加工业、农副食品加工业	造纸和纸制品业
13	来宾市	黑色金属冶炼和压延加工业、有色金属冶炼和压延加工业、农副食品加工业	非金属矿物制品业、化学原料和化学制品制造业
14	崇左市	非金属矿物制品业	造纸和纸制品业

2.4.3 重点产业布局

结合重点产业识别，得出重点产业布局情况，详见表 2.4-17。

表 2.4-17　各市重点布局

序号	城市	规模大幅减少产业
1	非金属矿物制品业	全区十四个市
2	造纸和纸制品业	南宁市、柳州市、桂林市、梧州市、钦州市、贵港市、玉林市、百色市、贺州市、河池市、来宾市、崇左市
3	黑色金属冶炼和压延加工业	柳州市、桂林市、梧州市、北海市、防城港市、钦州市、贵港市、玉林市、百色市、贺州市、来宾市、崇左市
4	有色金属冶炼和压延加工业	桂林市、梧州市、防城港市、玉林市、百色市、贺州市、河池市、来宾市
5	有色金属矿采选业	桂林市、梧州市、钦州市、贺州市、来宾市
6	石油加工、炼焦和核燃料加工业	钦州市
7	化学原料和化学制品制造业	全区十四个市
8	电力、热力生产和供应业	全区十四个市
9	农副食品加工业	全区十四个市
10	酒、饮料和精制茶制造业	南宁市、桂林市、北海市、防城港市、贵港市、玉林市、贺州市、河池市
11	汽车制造业	柳州市
12	食品制造业	柳州市、贺州市
13	纺织业	柳州市
14	医药制造业	梧州市
15	木材加工和木、竹、藤、棕、草制品业	梧州市

续表

序号	城市	规模大幅减少产业
16	皮革、毛皮、羽毛及其制品和制鞋业	北海市、玉林市
17	纺织服装、服饰业	贵港市、玉林市

2.5 环境质量现状评价

本次研究环境质量数据引用《广西壮族自治区环境质量报告书》（2011—2014 年度，广西壮族自治区环境保护厅编）、《广西壮族自治区环境状况公报》（2015 年）和《广西环境质量报告》（2011—2015 年，广西壮族自治区环境保护厅编），主要作用表明环境质量变化情况。

2.5.1 大气环境质量分析

2.5.1.1 城市空气质量

（一）区域城市环境空气质量

（1）二氧化硫

广西各市 2011—2015 年 SO_2 年均浓度值见表 2.5-1 及图 2.5-1。

表 2.5-1　广西各市 SO_2 年均浓度变化（2011—2015 年）（单位：mg/m^3）

序号	城市名称	2011 年	2012 年	2013 年	2014 年	2015 年
1	南宁市	0.026	0.019	0.019	0.015	0.013
2	柳州市	0.064	0.048	0.034	0.032	0.024
3	桂林市	0.035	0.023	0.027	0.022	0.021
4	梧州市	0.026	0.014	0.017	0.020	0.017

续表

序号	城市名称	2011 年	2012 年	2013 年	2014 年	2015 年
5	北海市	0.023	0.018	0.018	0.013	0.009
6	防城港市	0.015	0.009	0.010	0.008	0.006
7	钦州市	0.019	0.018	0.017	0.017	0.017
8	贵港市	0.019	0.017	0.031	0.013	0.022
9	玉林市	0.041	0.044	0.049	0.036	0.032
10	百色市	0.051	0.048	0.047	0.037	0.016
11	贺州市	0.016	0.020	0.021	0.018	0.016
12	河池市	0.045	0.023	0.026	0.018	0.024
13	来宾市	0.030	0.015	0.025	0.027	0.020
14	崇左市	0.024	0.014	0.015	0.013	0.010
	全区	0.031	0.024	0.025	0.021	0.018

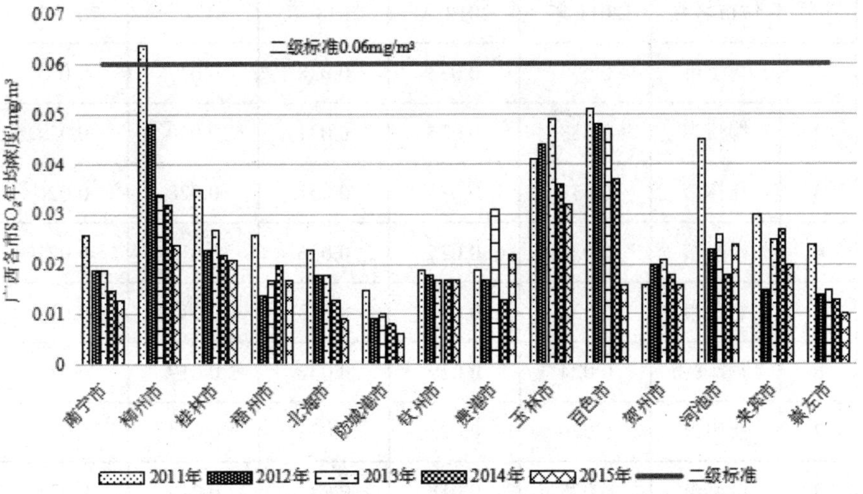

图 2.5-1 广西各市 SO_2 年均浓度变化（2011—2015 年）

由图表可知，2011 年柳州市 SO_2 年均浓度超过《环境空气质量标准》（GB3095-2012）二级标准，主要是黑色金属冶炼和压延加工业，电力、热力生产和供应业对 SO_2 超标贡献率较大，其他各年份各市 SO_2 年均浓度均达到国家二级标准。南宁市、桂林市、柳州市、北海市、钦州市、百色市、防城港市、崇左市、玉林市、贺州市 SO_2 年均浓度的变化总体呈下降趋势，其中南宁市、柳州市、北海市、钦州市、百色市 SO_2 年均浓度均呈逐年下降趋势，桂林市、防城港市、崇左市、玉林市、贺州市 2013 年 SO_2 年均浓度较 2012 年有一定的波动上升，但总体趋势仍为下降；梧州市、贵港市、河池市、来宾市 SO_2 年均浓度呈波动变化，变化趋势不明显。柳州市、玉林市、百色市等三市 SO_2 年均浓度较高，普遍超过标准值的 50%，主要与各市主导产业有关，柳州市以汽车工业、冶金工业为主，玉林市以食品加工、建材工业为主，百色市以有色金属工业为主，以上行业均为我国 SO_2 排放主要行业，且行业生产过程需要以热为基本能源，供热过程中的燃料燃烧也会排放 SO_2。

（2）二氧化氮

广西各市 2011—2015 年 NO_2 年均浓度值见表 2.5-2 及图 2.5-2。

表 2.5-2 广西各市 NO_2 年均浓度变化（2011—2015 年）（单位：mg/m^3）

序号	城市名称	2011 年	2012 年	2013 年	2014 年	2015 年
1	南宁市	0.033	0.033	0.038	0.037	0.033
2	柳州市	0.033	0.026	0.031	0.030	0.024
3	桂林市	0.031	0.036	0.031	0.028	0.026
4	梧州市	0.022	0.025	0.026	0.015	0.021
5	北海市	0.020	0.013	0.013	0.014	0.014
6	防城港市	0.024	0.019	0.022	0.019	0.012
7	钦州市	0.026	0.023	0.025	0.024	0.019
8	贵港市	0.025	0.018	0.021	0.029	0.020
9	玉林市	0.019	0.021	0.021	0.022	0.023

续表

序号	城市名称	2011 年	2012 年	2013 年	2014 年	2015 年
10	百色市	0.022	0.018	0.021	0.021	0.017
11	贺州市	0.022	0.021	0.019	0.022	0.015
12	河池市	0.028	0.021	0.023	0.024	0.023
13	来宾市	0.032	0.021	0.025	0.030	0.024
14	崇左市	0.019	0.015	0.019	0.017	0.018
	全区	0.025	0.022	0.024	0.024	0.021

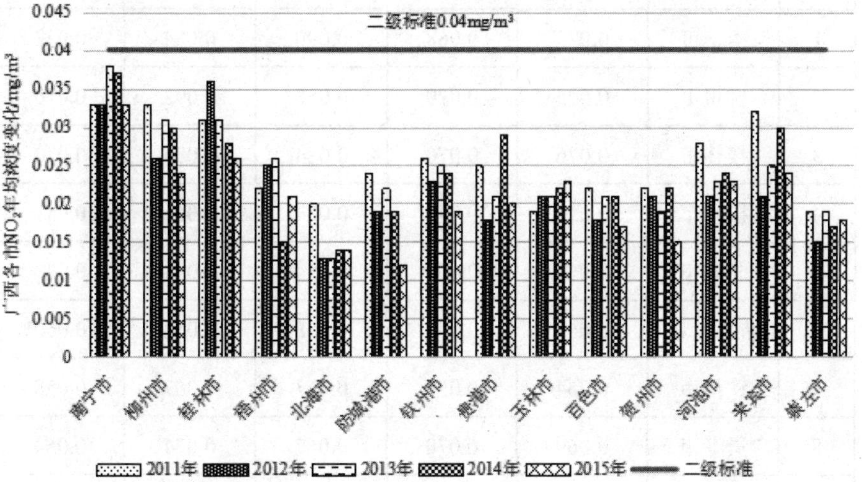

图 2.5-2 广西各市 NO_2 年均浓度变化（2011—2015 年）

由图表可知，广西各市 NO_2 年均浓度均达到《环境空气质量标准》（GB3095-2012）二级标准。玉林市 NO_2 年均浓度呈现明显的上升趋势，其他城市 NO_2 年均浓度变化趋势不明显，其中柳州市、桂林市、防城港市、钦州市、百色市、贺州市在 2015 年 NO_2 年均浓度较前几年明显下降；南宁市、梧州市表现为前几年上升，近两三年间略有下降趋势；北海市、贵港市、河池市、来宾市、崇左市 NO_2 年均浓度呈波动变化，变化趋势不明显。柳州市、桂林市、南宁市等三市 NO_2 年均浓度较高，普遍达到标准值的 60%，桂林市是旅游城市，工业发展以污染物排放量较小的战略新兴产业和生产性服务行业为主，其 NO_2 年均浓度较高主要与城市大量机动车尾气排放有关；柳州市、南宁市 NO_2 年均浓度较高，主要与城市主导产业有关，柳州市汽车工业、冶金工业占比达到70% 以上，南宁市食品加工、石化工业占比达 40% 以上，冶金工业、石化行业是我国 NO_2 排放主要行业，且两市主导行业生产过程需要以热为基本能源，供热过程中的燃料燃烧也会排放 NO_2。

（3）PM_{10}

广西各市 2011—2015 年 PM_{10} 年均浓度值见表 2.5-3 及图 2.5-3。

表 2.5-3　广西各市 PM_{10} 年均浓度变化（2011—2015 年）（单位：mg/m^3）

序号	城市名称	2011 年	2012 年	2013 年	2014 年	2015 年
1	南宁市	0.073	0.068	0.090	0.084	0.072
2	柳州市	0.075	0.070	0.088	0.092	0.070
3	桂林市	0.076	0.070	0.084	0.086	0.070
4	梧州市	0.043	0.048	0.054	0.066	0.057
5	北海市	0.060	0.053	0.054	0.058	0.048
6	防城港市	0.065	0.053	0.058	0.055	0.050
7	钦州市	0.064	0.058	0.063	0.067	0.058
8	贵港市	0.069	0.070	0.067	0.074	0.064
9	玉林市	0.051	0.042	0.043	0.060	0.057
10	百色市	0.060	0.052	0.059	0.074	0.067
11	贺州市	0.041	0.045	0.051	0.068	0.060
12	河池市	0.064	0.064	0.065	0.062	0.069
13	来宾市	0.074	0.056	0.056	0.067	0.061
14	崇左市	0.058	0.054	0.060	0.058	0.056
	全区	0.062	0.057	0.064	0.069	0.061

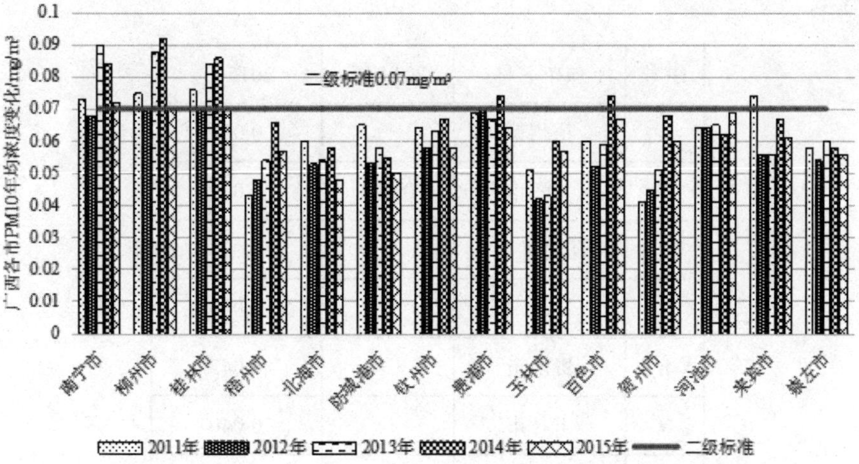

图 2.5-3 广西各市 PM_{10} 年均浓度变化（2011—2015 年）

由图表可知，梧州市、北海市、防城港市、钦州市、玉林市、贺州市、河池市、崇左市 PM_{10} 年均浓度均达到《环境空气质量标准》（GB3095-2012）二级标准，其他城市个别年份 PM_{10} 年均浓度超过国家二级标准。北海市、防城港市、钦州市、贵港市在 2015 年 PM_{10} 年均浓度较前几年明显下降；河池市在 2015 年 PM_{10} 年均浓度较前几年明显上升；南宁市、柳州市、桂林市、梧州市、百色市、贺州市表现为前几年上升，近两三年间略有下降趋势；玉林市、来宾市、崇左市 PM_{10} 年均浓度呈波动变化，变化趋势不明显。广西各市 PM_{10} 年均浓度较高，普遍达到标准值的 70%，造成超标的原因主要与各市产业结构、工业布局、燃煤消耗、地面扬尘、建筑施工、交通等因素有关。

（4）$PM_{2.5}$

广西各市 2011—2015 年 $PM_{2.5}$ 年均浓度值见表 2.5-4 及图 2.5-4。

表 2.5-4 广西各市 $PM_{2.5}$ 年均浓度变化（2014—2015 年）（单位：mg / m³）

序号	城市名称	2014 年	2015 年
1	南宁市	0.049	0.041
2	柳州市	0.067	0.050
3	桂林市	0.065	0.051

续表

序号	城市名称	2014 年	2015 年
4	梧州市	—	0.036
5	北海市	0.029	0.029
6	防城港市	—	0.031
7	钦州市	—	0.036
8	贵港市	—	0.042
9	玉林市	—	0.040
10	百色市	—	0.044
11	贺州市	—	0.040
12	河池市	—	0.046
13	来宾市	—	0.044
14	崇左市	—	0.038
	全区	—	0.041

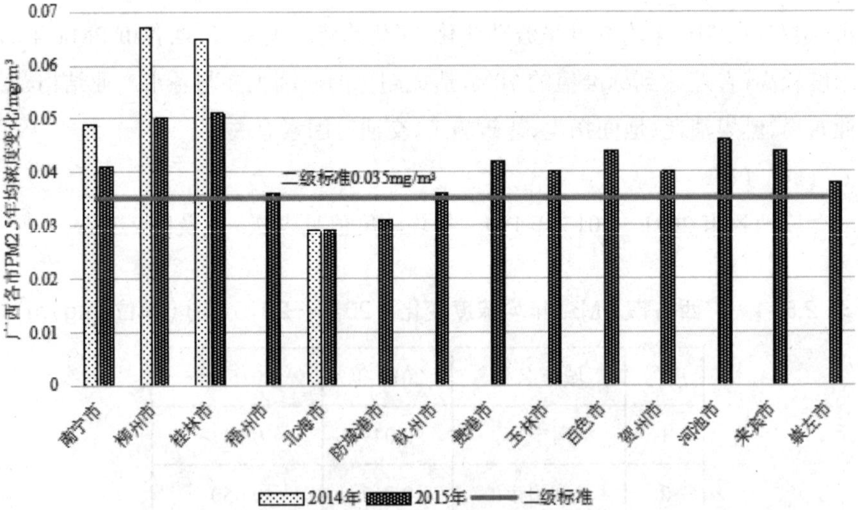

图 2.5–4　广西各市 $PM_{2.5}$ 年均浓度变化（2014—2015 年）

由图表可知，北海市、防城港市 2015 年 $PM_{2.5}$ 年均浓度均达到《环境空气质量标准》（GB3095-2012）二级标准，其他各市 $PM_{2.5}$ 年均浓度均超过国家二级标准。$PM_{2.5}$ 是综合性的污染物，相当一部分是氮氧化合物、二氧化硫、挥发性有机物在空气中发生化学转化生成的，这些城市 SO_2、NO_2、PM_{10} 浓度普遍较高，达到标准值的 50% 以上，通过化学转化从而导致 $PM_{2.5}$ 年均浓度超标。

（5）全区空气污染综合指数

全区空气污染综合指数见表 2.5-5 和图 2.5-5。

表 2.5-5　全区空气污染综合指数一览表

年份	2011 年	2012 年	2013 年	2014 年	2015 年
空气污染综合指数	2.04	1.77	1.93	1.93	1.69

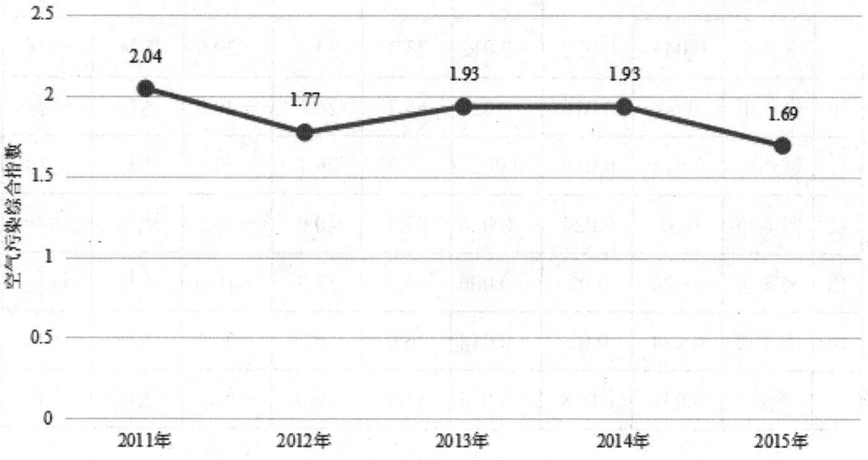

图 2.5-5　全区空气污染综合指数变化趋势图

由图 2.5-5 可见，2011—2015 年，全区空气污染综合指数总体呈下降趋势，说明广西的环境空气质量正逐渐改善。

（二）各市大气环境质量变化情况

各市“十二五”期间大气环境质量变化情况见表 2.5-6—2.5-8。

表 2.5-6 “十一五”末期与“十二五”末期 SO_2 变化的对比情况

序号	城市名称	年均浓度 /mg/m³			占标率 / %			达标情况	
		2010 年	2015 年	增幅	2010 年	2015 年	增幅	2010 年	2015 年
1	南宁市	0.028	0.013	−0.015	46.7	21.7	−25.0	达标	达标
2	柳州市	0.073	0.024	−0.049	121.7	40.0	−81.7	未达标	达标
3	桂林市	0.039	0.021	−0.018	65.0	35.0	−30.0	达标	达标
4	梧州市	0.027	0.017	−0.01	45.0	28.3	−16.7	达标	达标
5	北海市	0.019	0.009	−0.01	31.7	15.0	−16.7	达标	达标
6	防城港市	0.016	0.006	−0.01	26.7	10.0	−16.7	达标	达标
7	钦州市	0.017	0.017	0	28.3	28.3	0.0	达标	达标
8	贵港市	0.019	0.022	0.003	31.7	36.7	5.0	达标	达标
9	玉林市	0.044	0.032	−0.012	73.3	53.3	−20.0	达标	达标
10	百色市	0.04	0.016	−0.024	66.7	26.7	−40.0	达标	达标
11	贺州市	0.014	0.016	0.002	23.3	26.7	3.3	达标	达标
12	河池市	0.05	0.024	−0.026	83.3	40.0	−43.3	达标	达标
13	来宾市	0.026	0.02	−0.006	43.3	33.3	−10.0	达标	达标
14	崇左市	0.024	0.01	−0.014	40.0	16.7	−23.3	达标	达标
	全区	0.031	0.018	−0.013	51.7	30.0	−21.7	达标	达标

表 2.5–7 “十一五”末期与“十二五”末期 NO_2 变化的对比情况

序号	城市名称	年均浓度 /mg/m³			占标率 / %			达标情况	
		2010 年	2015 年	增幅	2010 年	2015 年	增幅	2010 年	2015 年
1	南宁市	0.030	0.033	0.003	75	82.5	7.5	达标	达标
2	柳州市	0.027	0.024	−0.003	67.5	60	−7.5	达标	达标
3	桂林市	0.027	0.026	−0.001	67.5	65	−2.5	达标	达标
4	梧州市	0.021	0.021	0	52.5	52.5	0	达标	达标
5	北海市	0.015	0.014	−0.001	37.5	35	−2.5	达标	达标
6	防城港市	0.029	0.012	−0.017	72.5	30	−42.5	达标	达标
7	钦州市	0.028	0.019	−0.009	70	47.5	−22.5	达标	达标
8	贵港市	0.018	0.020	0.002	45	50	5	达标	达标
9	玉林市	0.016	0.023	0.007	40	57.5	17.5	达标	达标
10	百色市	0.020	0.017	−0.003	50	42.5	−7.5	达标	达标
11	贺州市	0.036	0.015	−0.021	90	37.5	−52.5	达标	达标
12	河池市	0.026	0.023	−0.003	65	57.5	−7.5	达标	达标
13	来宾市	0.024	0.024	0	60	60	0	达标	达标
14	崇左市	0.022	0.018	−0.004	55	45	−10	达标	达标
	全区	0.024	0.021	−0.003	60	52.5	−7.5	达标	达标

表 2.5-8 “十一五”末期与“十二五”末期 PM_{10} 变化的对比情况

序号	城市名称	年均浓度 /mg/m³			占标率 / %			达标情况	
		2010 年	2015 年	增幅	2010 年	2015 年	增幅	2010 年	2015 年
1	南宁市	0.030	0.033	0.003	75	82.5	7.5	达标	达标
2	柳州市	0.027	0.024	−0.003	67.5	60	−7.5	达标	达标
3	桂林市	0.027	0.026	−0.001	67.5	65	−2.5	达标	达标
4	梧州市	0.021	0.021	0	52.5	52.5	0	达标	达标
5	北海市	0.015	0.014	−0.001	37.5	35	−2.5	达标	达标
6	防城港市	0.029	0.012	−0.017	72.5	30	−42.5	达标	达标
7	钦州市	0.028	0.019	−0.009	70	47.5	−22.5	达标	达标
8	贵港市	0.018	0.020	0.002	45	50	5	达标	达标
9	玉林市	0.016	0.023	0.007	40	57.5	17.5	达标	达标
10	百色市	0.020	0.017	−0.003	50	42.5	−7.5	达标	达标
11	贺州市	0.036	0.015	−0.021	90	37.5	−52.5	达标	达标
12	河池市	0.026	0.023	−0.003	65	57.5	−7.5	达标	达标
13	来宾市	0.024	0.024	0	60	60	0	达标	达标
14	崇左市	0.022	0.018	−0.004	55	45	−10	达标	达标
	全区	0.024	0.021	−0.003	60	52.5	−7.5	达标	达标

由表 2.5-6—表 2.5-8 可见，“十二五”期间全区 SO_2 年均浓度占标率由 51.7% 降至 30%，NO_2 年均浓度占标率由 60% 降至 52.5%，可吸入颗粒物年均浓度占标率由 84.3% 上升至 87.1%。大部分城市的主要大气污染物年均浓度均下降，“十二五”末期各城市的各项主要污染物指标均达标，环境空气质量达标情况整体优于“十一五”末期。

2.5.1.2 各市降水酸雨情况分析

（一）各市降水酸雨现状

（1）各市降水平均 pH 值

广西各市 2011—2015 年降水平均 pH 值见表 2.5-9 及图 2.5-6。

表 2.5-9 广西各市降水平均 pH 值变化（2011—2015 年）

序号	城市	2011 年	2012 年	2013 年	2014 年	2015 年
1	南宁市	6.21	5.87	6.09	6.34	6.52
2	柳州市	5.80	5.87	5.24	5.55	5.34
3	桂林市	4.80	4.67	5.04	4.84	5.23
4	梧州市	5.80	5.57	5.77	5.58	5.96
5	北海市	6.22	6.86	5.77	6.36	6.32
6	防城港市	5.42	5.90	5.72	5.86	5.62
7	钦州市	6.30	5.86	5.35	5.63	5.72
8	贵港市	5.07	5.60	5.65	5.65	5.78
9	玉林市	6.14	6.10	6.09	6.16	6.16
10	百色市	6.06	6.26	5.16	4.34	5.41
11	贺州市	6.36	6.57	5.93	6.21	5.77
12	河池市	5.18	5.05	5.73	5.07	5.34
13	来宾市	4.97	5.28	5.57	5.51	5.66
14	崇左市	6.18	6.17	4.92	5.27	5.61

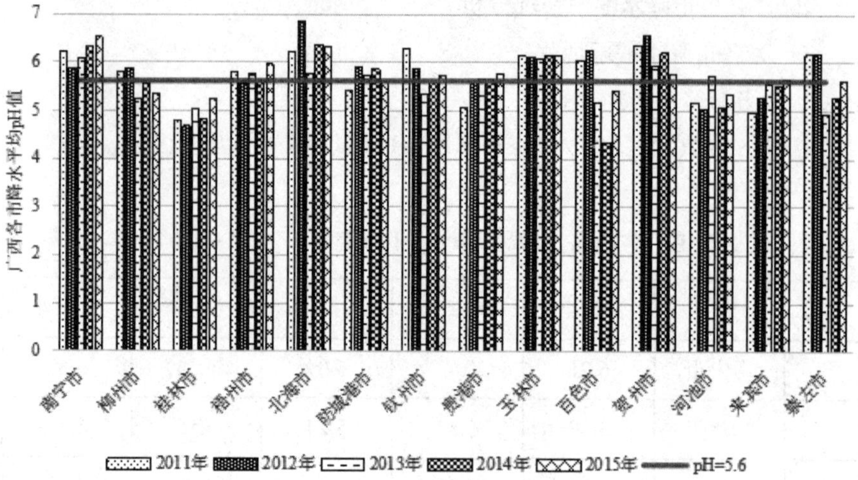

图 2.5–6　广西各市降水平均 pH 值变化（2011—2015 年）

由图表可知，2011—2015 年 pH 年均值均低于 5.6 的城市为桂林市；pH 年均值均高于 5.6 的城市为南宁市、北海市、玉林市、贺州市；柳州市、百色市 pH 年均值变化总体呈现下降趋势；贵港市、来宾市呈逐年上升趋势；钦州市、崇左市表现为前几年下降，近两三年间略有上升趋势；防城港市表现为前几年上升，近两三年间略有下降趋势；梧州市、河池市 pH 年均值呈波动变化，变化趋势不明显。一般将 pH 值≤ 5.6 的降水称为酸雨，广西各市降雨 pH 值均接近 5.6。酸雨的成因主要是酸性污染物的排放（包括燃烧含硫量高的煤、机动车排放的尾气）、天气形势、大气中的氨浓度（主要来源是有机物的分解和农田施用的氮肥的挥发，其作用是与空气中酸性物质中和）、大气中颗粒物的酸度（其作用一是所含的催化金属促使 SO_2 氧化成酸；二是对酸起中和作用）共同作用导致的。

（2）各市降水平均酸雨频率值

广西各市 2011—2015 年降水平均酸雨频率值见表 2.5–10 及图 2.5–7。

表 2.5-10　广西各市降水平均酸雨频率值变化（2011—2015 年）（单位:%）

序号	城市	2011 年	2012 年	2013 年	2014 年	2015 年
1	南宁市	1.8	7.7	1.1	0	0
2	柳州市	17.9	11.3	39.5	22.0	23.1
3	桂林市	72.8	78.7	56.3	64.8	42.5
4	梧州市	7.5	19.9	6.7	3.6	5.1
5	北海市	11.1	0	5.1	1.8	1.5
6	防城港市	39.4	16.1	10.5	15.0	24.2
7	钦州市	0	8.1	28.0	25.0	11.1
8	贵港市	20.9	14.0	7.1	6.0	9.6
9	玉林市	0	0	0	0	0
10	百色市	17.7	10.8	43.3	41.3	28.3
11	贺州市	1.5	0	7.8	8.1	12.4
12	河池市	26.8	33.8	9.2	38.1	25.0
13	来宾市	38.9	50.4	24.4	33.5	22.1
14	崇左市	1.0	0.9	20.0	22.6	16.9

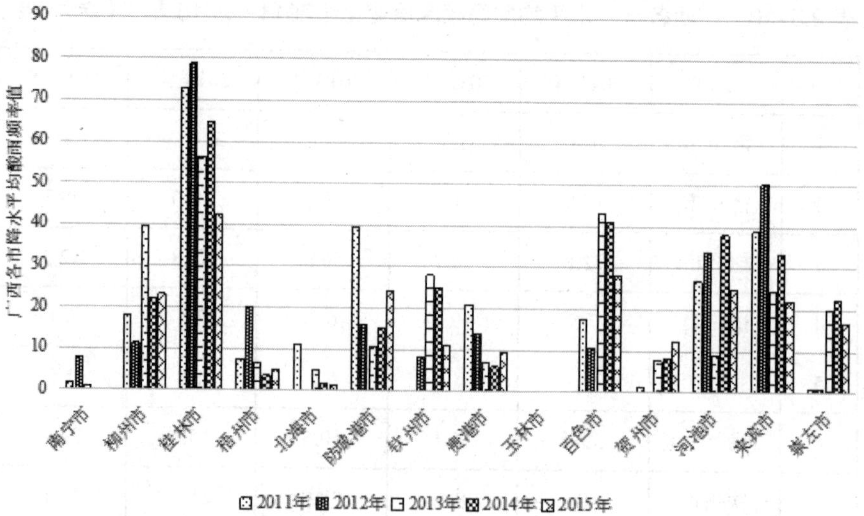

图 2.5-7 广西各市降水平均酸雨频率值变化（2011—2015 年）

由图表可知，2011—2015 年玉林市未出现酸雨，降水平均酸雨频率为 0；柳州市、钦州市、百色市、贺州市、河池市、崇左市降水平均酸雨频率变化总体呈上升趋势；南宁市、桂林市、梧州市、北海市、防城港市、贵港市、来宾市降水平均酸雨频率变化总体呈现下降趋势；降水平均酸雨频率出现最高的城市为桂林市，大于 40%。

（3）全区降水平均 pH 值、酸雨平均频率变化

2011—2015 年全区降水平均 pH 值、酸雨平均频率变化趋势见表 2.5-11 和图 2.5-8。

表 2.5-11 全区降水平均 pH 值、酸雨平均频率值一览表

年份	2011 年	2012 年	2013 年	2014 年	2015 年
降水平均 pH 值	5.37	5.32	5.5	5.3	5.59
降水平均酸雨频率 %	20.9	23.9	17.9	21.6	16.9

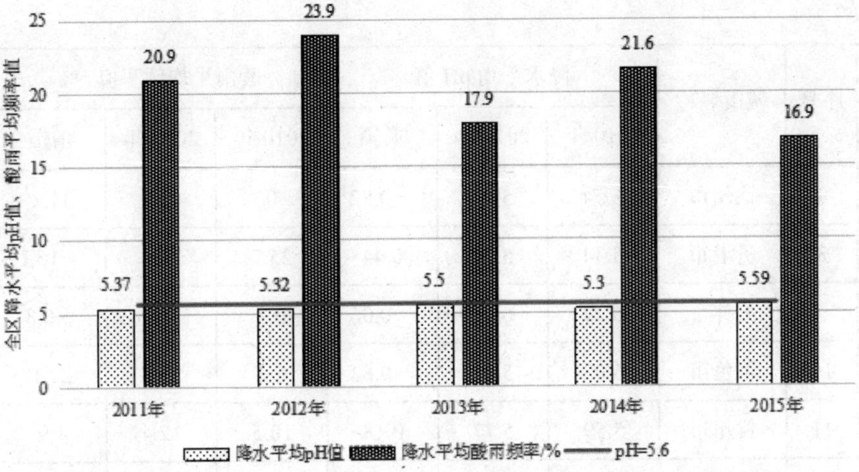

图 2.5-8　全区降水平均 pH 值、酸雨平均频率值变化趋势图

由图表可知，广西 14 个设区市辖区均受不同程度的酸雨影响，酸雨平均 pH 值升高，酸雨平均频率减小。pH 值较高时，酸雨频率低；反之，pH 值相对较低时，酸雨频率高，二者之间呈现出较为显著的负相关性特征。

（二）各市降水酸雨变化情况

区域各地市降水平均 pH 值、酸雨平均频率值比较情况见表 2.5-12。

表 2.5-12　近五年区域降水平均 pH 值、酸雨平均频率值变化情况

序号	城市名称	降水平均 pH 值			酸雨平均频率值 / %		
		2010 年	2015 年	增幅	2010 年	2015 年	增幅
1	南宁市	5.6	6.52	0.92	23	0	-23
2	柳州市	5.65	5.34	−0.31	17.4	23.1	5.7
3	桂林市	4.39	5.23	0.84	90.1	42.5	−47.6
4	梧州市	5	5.96	0.96	58.7	5.1	−53.6
5	北海市	6.54	6.32	−0.22	2.7	1.5	−1.2
6	防城港市	5.65	5.62	−0.03	26.1	24.2	−1.9

续表

序号	城市名称	降水平均 pH 值			酸雨平均频率值 / %		
		2010 年	2015 年	增幅	2010 年	2015 年	增幅
7	钦州市	6.54	5.72	−0.82	0	11.1	11.1
8	贵港市	5.34	5.78	0.44	25.7	9.6	−16.1
9	玉林市	6.22	6.16	−0.06	0.8	0	−0.8
10	百色市	6.03	5.41	−0.62	6.2	28.3	22.1
11	贺州市	5.59	5.77	0.18	10.5	12.4	1.9
12	河池市	5.54	5.34	−0.2	18.9	25	6.1
13	来宾市	5.09	5.66	0.57	45.2	22.1	−23.1
14	崇左市	5.19	5.61	0.42	48.9	16.9	−32
	全区	5.05	5.59	0.54	33.2	16.9	−16.3

由表 2.5-12 可见，“十二五”期间全区降水平均 pH 值由 5.05 升至 5.59，酸雨平均频率由 33.2% 降至 16.9%，说明全区酸雨污染有所改善，呈减轻趋势。与“十一五”末期相比，“十二五”末期，柳州市、百色市、河池市酸雨污染加重；桂林市、梧州市、贵港市、贺州市、来宾市、崇左市酸雨污染减轻。柳州市、钦州市、百色市、贺州市、河池市酸雨平均频率有所增加，最大增幅为百色市 22.1%，最小增幅为贺州市 1.9%；其余城市酸雨平均频率均有所降低，最大降幅为梧州市 53.6%，最小降幅为玉林市 0.8%。

2.5.2 地表水环境质量分析

广西境内实施例行监测的区控以上河流可分为珠江水系、长江水系和独流入海河流，2011—2015 年广西 14 个设区市辖区的环境监测站及部分县级监测站对全区 39 条主要河流、72 个国（区）控断面进行了监测，主要监测因子包括：pH 值、溶解氧、高锰酸盐指数、生化需氧量、氨氮、石油类、挥发酚、汞、铅、化学需氧量、总磷、铜、锌、氟化物、硒、砷、镉、六价铬、氰化物、阴离子表面活性剂、硫化物等 21 项。

2.5.2.1 主要河流水质分析

2011—2015 年，全区主要河流水质达标情况见表 2.5-13，水质变化趋势见图 2.5-9。

表 2.5-13　全区主要河流水质达标情况

年份	水质达到Ⅲ类标准比例（%）	满足水环境功能区要求比例（%）
2011 年	95.9	94.5
2012 年	97.2	97.2
2013 年	95.8	95.8
2014 年	93.1	93.1
2015 年	93.1	93.1

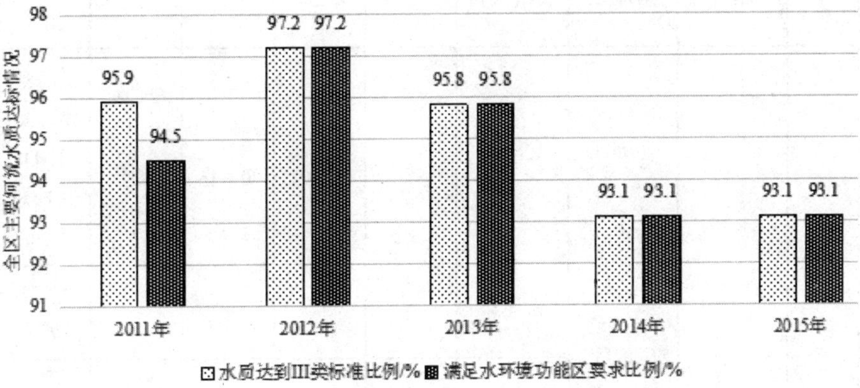

图 2.5-9　全区主要河流水质变化趋势

由图表可见，全区主要河流水质达到Ⅲ类标准比例和满足水环境功能区要求比例总体呈现下降趋势，在 2012 年出现最高值，此后三年明显下降。2011—2015 年，全区主要河流超标情况见表 2.5-14。2015 年河流断面主要是氨氮、总磷等非持久性污染物超标。玉林市河流断面超标主要由养殖业废水排放和畜禽粪便还田造成面源污染导致；崇左市河流断面超标主要是上游来水水质超标导致；北海市河流断面超标主要由上游来水超标、农业面源污染（如含磷化肥）和生活污水（如含磷洗衣粉）污染共同导致。

表 2.5-14 全区主要河流超标因子和超标倍数

序号	城市名称	河流名称	断面名称	2011 年	2012 年	2013 年	2014 年	2015 年
1	崇左	下雷河	弄欣	氨氮/0.694	氨氮/0.58	–	氨氮/0.775	氨氮/0.4
2	百色	右江	东笋	溶解氧/0.033	–	–	–	–
3	柳州	洛清江	渔村	总磷/0.34	总磷/0.395	总磷/0.075	–	–
			百鸟滩	汞/0.16	–	–	–	–
4	北海	南流江	江口大桥	–	–	–	–	总磷/0.4
5	玉林	九洲江	文车桥	–	–	氨氮/0.045	氨氮/0.637、总磷/0.015	氨氮/0.5、BOD_5/0.1、总磷/0.2
		南流江	六司桥	–	–	–	–	总磷/0.4
			横塘	–	–	–	–	氨氮/0.1、总磷/0.1

注："/" 后为超标倍数；"–" 表示不超标。

2011—2015 年各水系主要河流地表水水质定性分析情况见表 2.5-15。

表 2.5-15　全区主要河流水质状况

流域	支流名称	河流名称	2011 年	2012 年	2013 年	2014 年	2015 年
珠江水系	西江干流	刁江	良好	优	优	良好	优
		红水河	良好	优	优	优	优
		黔江	轻度污染	良好	良好	良好	优
		浔江	轻度污染	优	良好	良好	优
		西江	良好	良好	优	优	—
		北流江	良好	良好	良好	良好	良好
		黄华河	良好	良好	良好	良好	优
		杨梅河	良好	良好	良好	良好	优
	柳江	都柳江	良好	良好	良好	良好	—
		融江	良好	良好	良好	优	优
		洛清江	重度污染	中度污染	轻度污染	良好	良好
		龙江	良好	优	良好	良好	优
		柳江	良好	良好	良好	良好	优
		大环江	良好	良好	良好	良好	优
	桂江	漓江	优	良好	良好	优	优
		桂江	优	优	优	优	良好
	郁江	归春河	优	良好	优	优	优
		难滩河	优	优	优	优	优
		下雷河	重度污染	重度污染	重度污染	重度污染	—
		黑水河	良好	良好	良好	良好	优

续表

流域	支流名称	河流名称	2011 年	2012 年	2013 年	2014 年	2015 年
珠江水系	郁江	水口河	优	良好	优	优	优
		平而河	良好	良好	良好	良好	优
		明江	良好	轻度污染	良好	良好	优
		左江	良好	良好	良好	良好	优
		右江	良好	良好	优	良好	优
		邕江	轻度污染	良好	轻度污染	良好	优
		郁江	轻度污染	良好	轻度污染	轻度污染	优
		剥隘河	良好	良好	优	优	—
	贺江	贺江	良好	良好	良好	良好	良好
长江水系		湘江	良好	良好	良好	优	—
独流入海水系		资江	优	良好	良好	良好	—
		南流江	良好	优	轻度污染	中度污染	轻度污染
		武利江	良好	良好	重度污染	轻度污染	优
		九洲江	良好	良好	轻度污染	重度污染	—
		北仑河	轻度污染	良好	良好	良好	优
		防城江	良好	良好	良好	良好	良好
		钦江	轻度污染	重度污染	良好	轻度污染	良好
		茅岭江	良好	重度污染	重度污染	重度污染	良好
		大风江	良好	良好	良好	良好	优

2.5.2.2 跨省断面水质分析

广西与广东交界的西江界首、贺江扶隆码头、九洲江文车桥、黄华河宝珠围、杨梅河爽底坪5个断面，年均水质达标率和水环境功能区目标达标率均为80%（文车桥断面为V类水质）。

贵州与广西交界的红水河六排、龙江六甲、都柳江梅林3个断面，年均水质达标率和水环境功能区目标达标率均为100%。

广西与湖南交界的湘江庙头、资江随滩断面年均水质达标率和水环境功能区目标达标率均为100%，水质状况为“优”。

广西与云南交界的剥隘河罗村口断面年均水质达标率和水环境功能区目标达标率均为100%，水质状况为“优”。

2015年，11个省界断面水质类别详见表2.5-16。

表2.5-16　全区主要河流超标因子和超标倍数

序号	城市名称	河流名称	断面名称	断面交界类型	断面所在地	水环境功能目标	实际监测类别	是否达到要求
1	梧州市	西江	界首	广西—广东	梧州	III	II	是
		黄华河	宝珠围		梧州	III	II	是
2	贺州市	贺江	扶隆码头		贺州	III	III	是
3	玉林市	九洲江	文车桥		玉林	III	V	否
		杨梅河	爽底坪		玉林	III	II	是
4	河池市	红水河	六排	贵州—广西	河池	III	II	是
		龙江	六甲			III	II	是
5	柳州市	都柳江	梅林		柳州	II	II	是
6	桂林市	湘江	庙头	广西—湖南	桂林	III	II	是
		资江	随滩			III	II	是
7	百色市	剥隘河	罗村口	广西—云南	百色	III	I	是

由表 2.5-16 可知，除玉林市九洲江文车桥断面超标外，其余河流断面均达到相应水环境质量标准。超标原因一是由于农村养殖污染源增加，养殖场大部分的废水未经治理直接排入江河；二是沿途生活污染源和工业污染源大部分的污水直接排入江河造成。

2.5.2.3 主要河流水环境质量变化情况

“十一五”与“十二五”期间地表水环境质量变化的对比情况见表 2.5-17。

表 2.5-17 “十一五”与“十二五”期间地表水环境质量变化的对比情况

年份	水质达到III类标准比例（%）	满足水环境功能区要求比例（%）
2006 年	86.2	89.2
2007 年	91.9	95.2
2008 年	95.5	95.5
2009 年	96.8	95.5
2010 年	96.9	96.9
2011 年	95.9	94.5
2012 年	97.2	97.2
2013 年	95.8	95.8
2014 年	93.1	93.1
2015 年	93.1	93.1

由表 2.5-17 可知，广西主要河流“十二五”期间水质达到III类标准比例及满足水环境功能区要求的比例整体明显低于“十一五”期间，“十二五”末期水质达到III类标准比例及满足水环境功能区要求的比例均比“十一五”末期降低了 3.8%。

2.5.3 近岸海域环境质量分析

2.5.3.1 海水环境质量

全区近岸海域海水环境功能区平均达标率变化趋势见表 2.5-18 和图 2.5-10。

表 2.5-18　全区近岸海域海水环境功能区平均达标率一览表

年份	2011 年	2012 年	2013 年	2014 年	2015 年
近岸海域海水环境功能区达标率 %	88.6	90.9	88.6	84.1	90.9

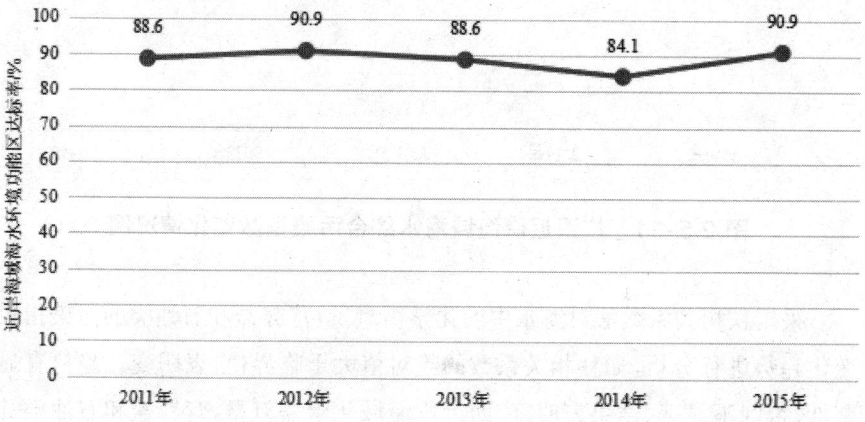

图 2.5-10　全区近岸海域海水环境功能区平均达标率变化趋势图

由图表可知，全区近岸海域海水质量呈小幅度波动变化，变化趋势不明显，总体上看，近岸海域海水质量未恶化。

2.5.3.2 海水综合污染指数变化趋势

海水综合污染指数是在单项污染指数评价的基础上计算得到的，评价项目包括 pH、溶解氧、化学需氧量、无机氮、非离子氨、活性磷酸盐、铜、铅、锌、镉、汞、砷、石油类等 13 项。2010—2014 年广西近岸海域海水综合污染指数见表 2.5-19，变化趋势见图 2.5-11。由图表可知，2010—2013 年广西近岸海域海水综合污染指数逐年上升，2014年略有下降，但仍高于2010年、2011年，总体上看，近岸海域海水质量未恶化。

表 2.5-19 广西近岸海域综合污染指数情况

年份	2010年	2011年	2012年	2013年	2014年
综合污染指数	1.94	2.08	2.23	2.42	2.16

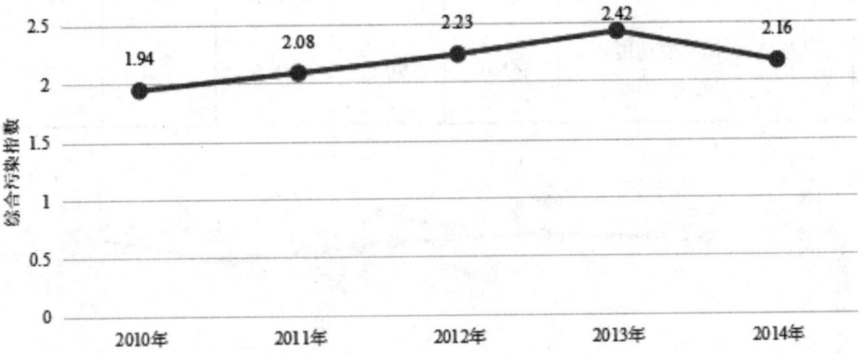

图 2.5-11 广西近岸海域海水综合污染指数变化情况图

采用秩相关系数法对海水中的化学需氧量、营养盐和石油类的污染指数变化趋势进行分析，如秩相关系数的绝对值大于临界值，表明变化趋势有显著性，否则不显著。结果表明，广西近岸海域化学需氧量、营养盐和石油类等三项指标污染指数变化趋势不显著，详见表 2.5-20。

表 2.5-20 广西近岸海域水质污染指数年际变化趋势结果

海域	污染物类型	2011年	2012年	2013年	2014年	2015年	平均	秩相关系数 r_s	变化趋势
北海市	化学需氧量	0.51	0.57	0.55	0.53	0.46	0.52	−0.40	不显著
	营养盐	0.52	1.04	0.70	0.73	1.06	0.81	0.70	不显著
	石油类	0.20	0.16	0.15	0.16	0.16	0.17	−0.65	不显著

续表

海域	污染物类型	2011年	2012年	2013年	2014年	2015年	平均	秩相关系数 r_s	变化趋势
钦州市	化学需氧量	0.71	0.65	0.76	0.67	0.60	0.68	−0.50	不显著
	营养盐	2.03	2.23	2.77	2.97	1.92	2.38	0.00	不显著
	石油类	0.26	0.24	0.21	0.24	0.19	0.23	−0.75	不显著
防城港市	化学需氧量	0.63	0.44	0.52	0.65	0.57	0.56	0.20	不显著
	营养盐	0.66	0.79	1.01	0.93	0.97	0.87	0.70	不显著
	石油类	0.16	0.17	0.24	0.25	0.16	0.20	0.05	不显著
广西	化学需氧量	0.59	0.56	0.60	0.60	0.53	0.58	−0.05	不显著
	营养盐	0.89	1.30	1.35	1.40	1.27	1.24	0.40	不显著
	石油类	0.20	0.18	0.19	0.20	0.31	0.22	0.65	不显著

注：变化趋势可信度为0.05，对照决策与预测相关系数临界值表，临界值为0.7545。r_s是指2010—2014年的秩相关系数。

2.5.3.3 海洋沉积物综合污染指数变化趋势

海洋沉积物综合污染指数是在单项污染指数评价的基础上计算得到的，评价项目包括砷、铜、铅、镉、汞、锌、铬、石油类、硫化物、有机碳等共10项。2002—2014年广西近岸海域表层沉积物综合污染指数统计结果见表2.5-21。采用秩相关系数法进行检验，如秩相关系数的绝对值大于临界值，表明变化趋势有显著性，否则不显著。结果表明，2002—2014年广西近岸海域沉积物环境质量变化趋势不显著。

表 2.5-21　沉积物污染综合指数

年份	2002年	2003年	2005年	2007年	2009年	2011年	2012年	2013年	2014年	秩相关系数 r_s	变化趋势
综合污染指数	2.14	1.35	2.10	2.61	2.03	2.45	2.34	1.73	2.11	0.07	不显著

注：变化趋势可信度为 0.05，对照决策与预测相关系数临界值表，临界值为 0.6021。r_s 是指 2002–2014 年的秩相关系数。

2.5.4 生态环境质量分析

2011—2015 年全区生态环境状况分指数见表 2.5-22 和图 2.5-12。

表 2.5-22　全区生态环境状况分指数情况

年份	植被覆盖指数	生物丰度指数	水网密度指数	土地胁迫指数	污染负荷指数
2011 年	90.09	56.61	56.65	9.30	92.46
2012 年	89.69	56.48	65.96	9.40	58.03
2013 年	92.27	56.53	65.26	9.42	54.68
2014 年	88.90	61.39	56.68	10.08	56.00
2015 年	88.15	61.25	60.46	10.11	46.23

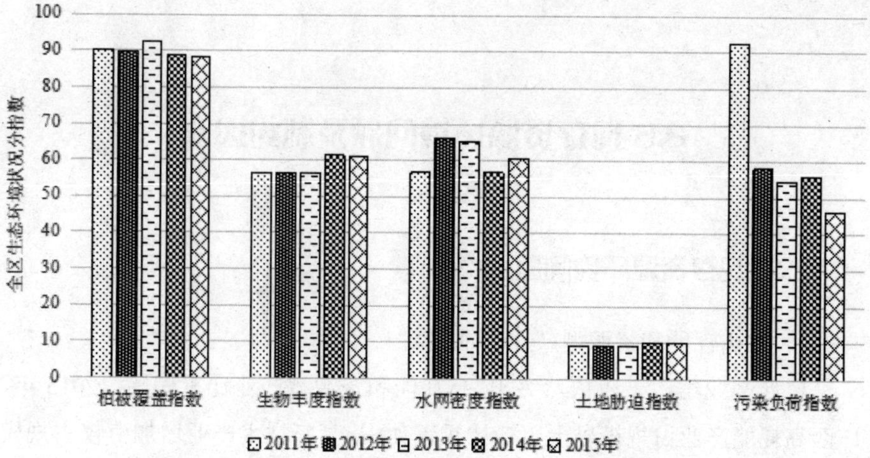

图 2.5-12　全区生态环境状况分指数情况图

广西植被覆盖指数呈现先升高后降低，以 2013 年的 92.27 为最高，以 2015 年的 88.15 为最低，2015 年广西植被覆盖指数较 2011 年降低了 1.94。广西生物丰度指数前三年上下波动不大，2014 年有显著提高，大体呈上升趋势，以 2014 年的 61.39 为最高，2015 年广西生物丰度指数较 2011 年提高了 4.64。广西水网密度先升高后降低，以 2012 年的 65.96 为最高，2015 年广西水网密度指数较 2011 年提高了 3.81。广西土地胁迫指数在前三年维持稳定，从 2014 年开始增高，以 2015 年的 10.11 为最高，总体呈上升趋势，2015 年广西土地胁迫指数较 2011 年提高了 0.81。广西污染负荷指数总体呈下降趋势，以 2011 年的 92.46 为最高，2012 年大幅下降，2015 年又出现较为明显的下降，2015 年广西污染负荷指数比 2011 年降低了 46.23。

2.6 现存资源环境问题及制约因素

2.6.1 现存资源环境问题

（一）高耗能和资源型产业比重偏高

广西产业结构矛盾依然突出，高耗能和资源型产业比重偏高。2015 年，广西高耗能产业占规模以上工业比重近 40%，高新技术产业增加值仅占规模以上工业增加值的 8.6%。产业层次偏低，支柱产业主要集中在能耗高、排放大的冶金、有色金属、制糖、水泥等传统行业，资源型工业占比高的经济结构没有根本改变。

全区能源资源消耗量从 2011 年的 8005.79 万 tce/a 增加到 2015 年的 9760.66 万 tce/a，增长了 0.22 倍，平均年增长率为 5.09%，2015 年单位工业增加值能耗 1.53tce/ 万元，虽比 2011 年降低了 9.47%，但仍未达到《工业节能“十二五”规划》中“‘十二五’单位工业增加值能耗较‘十一五’末降低 21%”的目标。

（二）能源结构仍需进一步优化

2015 年，广西一次能源生产总量为 3300 万 tce/a 左右，90% 的煤炭和几乎全部的石油、天然气依靠外省或者进口；化石能源消费比重仍超过 70%，煤炭消费依然保持较高比重，向清洁低碳高效转型发展的压力较大；电力结构有待多元化，水电能源虽然清洁且装机容量占比大，但受丰枯期季节性因素影响较大；核电、太阳能发电仍处于起步阶段，风电、太阳能发电并网问题没有得到根本解决，新能源和可再生能源规模依然不大，发挥替代效应尚需时日。

（三）环境基础设施总体滞后于区域发展

区内环境基础设施在建设规模和进程上总体滞后于区域的发展，截至 2015 年底，广西全省共计 134 个工业园区，325 个片区，其中已建污水处理厂的片区有 39 个，占所有片区的 12%；区内危险废物处置类别不能满足实际处置要求，危险废物存在跨省转移现象。

（四）资源环境承载力下降

南宁市 2015 年 PM_{10} 年均浓度超过《环境空气质量标准》（GB3095-2012）二级标准，超标倍数 0.03 倍。除北海市、防城港市外，其他各市 2015 年 $PM_{2.5}$ 年均浓度均超过《环境空气质量标准》（GB3095-2012）二级标准，超标倍数范围 0.03（梧州市、钦州市）～0.46（桂林市）。

“十二五”期间广西主要河流水质达到Ⅲ类标准比例及满足水环境功能区要求的比例整体明显低于“十一五”期间，“十二五”末期水质达到Ⅲ类标准比例及满足水环境功能区要求的比例均比“十一五”末期降低了 3.8%。柳州市洛清江百鸟滩断面检测出重金属汞超标，超标 0.16 倍，崇左市下雷河弄欣断面、百色市右江东笋断面、柳州市洛清江渔村断面、北海市南流江江口大桥断面、玉林市九洲江文车桥断面、玉林市南流江六司桥和横塘断面主要是氨氮、总磷等非持久性污染物超标。广西与广东交界的九洲江文车桥断面水环境功能现状为Ⅴ类水质，未达到Ⅲ类水质目标。

（五）污染减排形势依然严峻

“十二五”时期，随着经济快速发展，广西工业化学需氧量、氨氮、二氧化硫、氮氧化物、烟（粉）尘等主要污染物排放量依然较大。全区烟（粉）尘排放强度高于全国排放强度，超出 0.35 倍，化学需氧量排放强度高于全国排放强度，超出全国水平 0.27 倍。全区二氧化硫、氮氧化物、氨氮排放强度虽低于全国排放强度，但个别城市相对较高，如百色市、河池市、来宾市二氧化硫排放强度超出全区、全国平均水平，防城港市、百色市、贺州市、崇左市、贵港市、来宾市氮氧化物排放强度高于全区、全国平均水平，南宁市、来宾市、崇左市、贺州市、河池市氮氧化物排放强度高于全区、全国平均水平。此外，来宾市氮氧化物实际削减率为 52.42%，未实现“十二五”规划计划削减率 53.48%。

（六）环境管理有待进一步加强

从发展环境看，广西节能减排降碳和循环经济发展的法规政策、体制机制还不健全，企业融资难、融资贵的问题依然存在。从技术方面看，实力雄厚、装备先进、技术领先的科研机构少，科研人员和管理专家严重缺乏，从事节能减排降碳和发展循环经济的科技人才缺乏的状况没有根本改变，节能减排技术与装备创新能力和水平仍不足，成果应用转化周期长、转化率还不够高。

（七）土地利用水平有待进一步提升

“十二五”期间，全区土地集约利用水平稳步提升，但部分区域土地资源开发仍存在利用粗放、开发程度低、结构不合理和效益差的问题。2015 年全区单位城镇工矿用地工业增加值为 2.45 亿元 /km^2，单位城镇工矿用地产值为 8.63 亿元 /km^2，南宁市、钦州市、贵港市、玉林市、贺州市、河池市、来宾市、崇左市等八个城市单位城镇工矿用地工业增加值和单位城镇工矿用地产值均低于全区平均水平，土地利用水平有待进一步提升。

2.6.2 资源环境制约因素

（一）区域涉及敏感保护目标较多，规划实施受到生态红线的制约

截至 2016 年底，广西已建立各类保护区 211 个，生态红线的管控要求将对生态红线区域的具体开发建设活动形成制约。本次规划的实施需严格按照环境准入条件，使得各类生态红线区域能够得到有效的保护。

（二）规划实施导致开发强度、建设规模增加，与环境质量改善之间存在矛盾

本次规划实施期间，开发强度、建设规模、经济总量等的增加必然会导致总能耗、水耗的增加，污染物排放对环境的压力仍然存在。区域大气污染防治、水环境整治等对当地大气、水环境质量改善提出了明确要求。可见，规划规模、开发强度的增加与环境质量改善之间存在着较为突出的矛盾，须积极采取各种污染控制与防治措施，以改善环境质量。

（三）区域经济发展受矿产资源的制约

广西矿产资源种类多、储量大，但其开采量无法自给自足，仍需外部进口。随着规划的实施，区内金属制品业、有色金属冶炼和压延加工业、黑色金属冶炼和压延加工业、非金属矿物制品业将快速发展。从长远看，区域经济将受到矿产资源的制约，须通过提高矿产资源综合利用率和循环再利用水平，保障经济可持续发展。

（四）重点项目落地受城市土地利用总体规划的制约

土地利用总体规划前瞻性不够，存在各类项目建设用地规划数量不足、空间分布不当、地块规划用途与现实发展需要不相符、储备土地与项目建设用地需求间存在差异等问题，这些因素都会导致规划实施过程中重点项目的落地受到制约。

3 规划方案分析

3.1 规划方案简述

3.1.1 规划发展目标

“十三五”期间，全区工业和信息化发展要主动适应和引领经济发展新常态，紧抓重大战略机遇，全面打造现代工业体系，不断优化产业空间布局，加快推进信息化和工业化深度融合，在新常态中加快提质增效，努力实现转型升级发展。到 2020 年，力争实现“一壮大、一优化、四提升”发展目标，即总体规模实现稳步壮大、产业结构实现明显优化、创新发展能力显著提升、质量效益水平显著提升、两化融合水平显著提升、绿色发展能力显著提升。

（一）总体规模

“十三五”期间，千亿元产业和园区规模稳步壮大，力争工业总产值年均增速达到 7.5%、工业增加值年均增速达到 7.5% 以上。到 2020 年，力争全区工业投资规模达到 11250 亿元，技改投资规模达到 9000 亿元，超 5000 亿元产业实现突破，超 3000 亿元产业达到 5 个，超 2000 亿元园区达到 2 个，超千亿元园区达到 5 个，形成一批具有国际竞争力的大企业大集团，超千亿元企业达到 2 家。

（二）结构优化

“十三五”期间，先进制造业、战略性新兴产业和现代生产性服务业实现统筹发展，产业结构、空间结构、产品结构调整优化加快推进。到 2020 年，六大高耗能行业增加值占全区工业增加值比重进一步下降，先进制造业、战略性新兴产业和高技术产业在全区工业所占比重明显提高，工业园区对全区工业发展的主导支撑力进一步提升。

（三）创新驱动

“十三五”期间，高新技术企业、创新型团队和创新平台不断集聚提升，企业研发投入强度和制造业发明专利产出明显提高，产业创新体系基本形成。到2020年，国家级企业技术中心和技术创新示范企业数量稳步增加，自治区级企业技术中心和技术创新示范企业数量明显增加，大中型企业研发投入占主营业务收入比重显著提高，规模以上制造业每亿元主营业务收入有效发明专利件数实现翻番以上。

（四）质量效益

“十三五”期间，工业产业转型升级专项行动取得明显成效，培育一批品牌产业、品牌企业、品牌产品，工业产品质量和企业效益得到进一步提升，产业集群规模效益和集约节约水平进一步提高。到2020年，制造业增加值率、全员劳动生产率、工业企业主营业务收入利润率稳步提升。

（五）两化融合

“十三五”期间，深入推进两化深度融合发展，将物联网、大数据、云计算等技术充分融入产业链延伸、技术改造升级、设备更新换代，网络化、智能化、服务化、协同化的两化深度融合产业体系基本建成。到2020年，形成一批国家两化融合贯标试点企业，两化融合发展水平指数、工业企业关键工序数控率、数字化研发设计工业普及率和应用电子商务开展采购、销售等业务的企业比例稳步提高。

（六）绿色发展

“十三五”期间，组织实施钢铁、有色、化工、建材、轻工、印染等传统制造业绿色改造，绿色制造体系基本形成。到2020年，重点行业单位工业增加值能耗、物耗及污染物排放控制在国家标准范围之内，规模以上单位工业增加值能耗、单位工业增加值二氧化碳排放量、单位工业增加值用水量均较2015年实现显著下降，工业固体废弃物综合利用率显著提高，全部国家级园区和30%的自治区级园区完成生态化改造。

3.1.2 规划产业发展方向

积极践行《中国制造2025》，按照“智能、绿色、低碳、循环”的转型升级要求，坚持分业施策，以提质增效为核心，鼓励用信息技术整合和重构传统产业链，在优化结构中做大总量、在加快发展中提质增效、在融合互动中转型升级，调整存量、做优增量、做大总量，通过改造提升、产业转型、优化重组、载体升级等途径，持续推动产业发展向中高端迈进，全面打造工业和信息化发展升级版，加快形成创新驱动、结构优化、质效提升、特色鲜明的现代工业体系。

3.1.2.1 全面实施《中国制造2025》

（一）推动制造业跨越发展。

深入贯彻落实《中国制造2025》总体部署，主动适应和引领经济发展新常态，加强制造业统筹规划和前瞻布局，以加快新一代信息技术与制造业深度融合为重点，以推进智能制造和“互联网+”为导向，不断提高智能制造水平，不断增强创新发展能力，改造提升传统产业，加快发展先进制造业，培育壮大战略性新兴产业，加快推进制造业服务化，突出创新驱动，强化技术改造，凝聚产业升级新动能。积极创建《中国制造2025》试点示范城市。到2020年，制造业信息化水平显著提升，掌握一批重点行业、重点领域关键核心技术，优势领域竞争力进一步增强，产品质量和品牌建设得到较大提高。制造业数字化、网络化、智能化发展取得明显进展，重点行业单位工业增加值能耗、物耗及污染物排放明显下降。力争通过“三步走”实现制造业跨越发展的战略目标。

表3.1-1《中国制造2025》广西发展目标

类别	指标	2020年
创新能力	规模以上制造业研发经费内部支出占主营业务收入比重（%）	0.89
	规模以上制造业每亿元主营业务收入有效发明专利数（件）	0.24
质量效益	制造业增加值率提高（百分点）	2
	制造业全员劳动生产率增速（%）	6

续表

类别	指标	2020 年
两化融合	数字化研发设计工具普及率（%）	74
	关键工序数控化率（%）	52
绿色发展	规模以上单位工业增加值能耗下降幅度（%）	[15]
	单位工业增加值二氧化碳排放量下降幅度（%）	[16]
	单位工业增加值用水量下降幅度（%）	[18]
	主要资源型工业行业固体废物综合利用率（%）	73

注：[ ] 内为 2015—2020 年累计数。

（二）重点领域和主攻方向

立足现有产业基础，着眼产业未来发展，紧抓新一轮科技革命和产业变革的历史性机遇，选择一批重点产业和领域予以重点突破，继续发展壮大千亿元产业，推动产业转型升级。加快培育壮大新一代信息技术、新材料、先进装备制造、节能与新能源汽车、节能环保、生物医药和医疗器械等具有一定基础或优势的战略性新兴产业。重点在先进轨道交通装备、修造船及海洋工程装备、新型农机装备、通用航空产品、数控机床和机器人、电力装备等新兴领域积极布局。突破一批关键技术，研发一批有市场竞争力的标志性产品，进一步提升先进制造业和战略性新兴产业的发展层次，走出一条广西制造业转型升级的新路径。

表 3.1-2 《中国制造 2025》广西重点工程

创新能力提升工程。重点开展行业基础和共性关键技术研发和产业化应用示范，培育一批拥有自主知识产权、具有引领带动作用的高层次公共技术创新服务平台。到 2020 年，形成一批制造业创新中心（工业技术研究基地）。

工业强基工程。以提升制约制造业技术水平的核心基础部件（元器件）、先进基础工艺、关键基础材料、产业技术基础为重点，突出重点领域和共性关键环节，支持核心基础零部件（元器件）、先进基础工艺、关键基础材料推广应用。

续表

智能制造工程。开展新一代信息技术与制造装备融合的集成创新和工程应用，夯实智能制造综合标准体系、工业网络基础设施、信息安全保障系统三大基础，形成智能工厂（车间）、网络协同制造、个性化定制、智能服务等新模式。到2020年，重点领域智能化水平显著提升，试点示范项目运营成本降低20%。 绿色制造工程。实施能效提升、清洁生产、节水治污、循环利用等技术改造，开展节能环保、资源综合利用、再制造、低碳技术产业化示范。到2020年，建成一批绿色示范工厂，培育一批生态设计（绿色）产品。 质量品牌建设工程。建设一批高水平的制造业产品质量控制和技术评价实验室、产品质量监督检验中心，鼓励建立专业检测技术联盟，推广实施卓越绩效等先进质量管理方法。支持创建国内国际知名品牌。到2020年，全区制造业产品质量合格率达到95%以上。 服务型制造工程。发展工业设计、总集成总承包、个性化定制、全生命周期管理、产品远程故障诊断、远程在线运行维护等新型业态。壮大第三方物流、检验检测认证、电子商务、服务外包、融资租赁、售后服务等生产性服务业。选择基础条件较好的市县和企业开展制造业服务化试点工作。 制造业国际化工程。推动优势企业走出去、富余产能转出去、技术标准带出去，促进引进外资和对外投资平衡。开展国际化企业示范试点。到2020年，全区制造业投资领域进一步拓展，投资方式更为多元，企业国际化水平有较大提升。

3.1.2.2 改造提升传统优势产业

推动食品、石化、有色金属、冶金、建材、电力、造纸与木材加工、纺织服装与皮革加工等传统优势产业改造提升，促进企业技术改造，加快向产业价值链中高端转移，实现传统优势产业提质增效和转型升级。到2020年，传统优势产业实现工业总产值20000亿元。

（一）食品工业

以提升质量、优化布局、突出特色、创建品牌、食品安全为重点，以增加有效供给、引导消费升级为发展方向，重点发展饮料、乳制品、果蔬加工、肉禽加工、精制茶等食品制造业，稳步发展大米加工及冷冻食品等农副食品加工业，加快提升制糖、烟草产业产品品质，培育休闲食品、养生食品等特色产品，推进智能检测、全产业链追溯，提升食品安全水平，实现食品生产和质量安全，大力发展食品工业互联网新经济。到2020年，食品工业实现工业总产值5000亿元。其中，农副食品加工业工业总产值3000亿元，食品制造业工业总产值800亿元，饮料制造业工业总产值900亿元，烟草制品业主营业务收入300亿元。

——制糖。实施糖业二次创业，稳定糖料蔗种植面积，加强蔗田基础设施建设，重点推进500万亩优质高产高糖糖料蔗“双高”基地建设，基本实现经营规模化、种植良种化、生产机械化、水利现代化，稳定糖业“第一车间”。加强产学研合作和科研成果产业化，拓展综合利用新领域。探索甘蔗多样性产业发展新途径，加快向生物化工、食品、发酵等高附加值产品生产转化，提高制糖效益。推动企业战略重组，提高产业集中度和资源配置效率。建设糖业大数据服务和食糖电子商务平台。“十三五”期间，全区甘蔗种植面积稳定在1200万亩～1500万亩之间，甘蔗产量稳定在6000万吨～9000万吨之间，食糖产量稳定在600万吨～900万吨之间，糖业销售收入（含综合利用）700亿元～1000亿元，综合利用产品产值达到食糖产值的75%左右。

——农副食品加工业。重点发展粮油、肉禽、水产品、森林食品精深加工，积极发展主食和方便食品加工，大力发展坚果、果脯等休闲食品，建设一批畜牧、粮食、特色食用油、水产、林产品、胶原蛋白肠衣等加工基地和产业聚集区。发展一体化大型屠宰及冷链加工，打造大型肉类加工企业集团。以主食产业化为方向，推进大米精深加工，继续发展大豆油、花生油、菜籽油等食用植物油，扩大发展特色山茶油。发展附加值高的天然绿色果蔬产品，加强冷链设施建设，促进冷藏食品发展。

——食品制造业。重点发展乳制品、休闲食品、烘焙食品、方便食品等食品制造业。加快发展糖果、蜜饯等休闲食品和饼干、坚果、膨化食品等烘焙食品。建设水牛奶产业基地，提高乳制品品牌知名度。加快发展速冻食品、方便米粉、方便面、罐头、酱油等方便食品和调味品。开发生产食品添加剂、调味剂及食用色素等高附加值产品。

——酒、饮料和精制茶制造业。重点发展果蔬饮料、包装饮用水、蛋白饮料、精制茶等，加快发展生物食品制造业。扩大蛋白饮料、茶产品、茶饮料生产，推进产品上规模、上水平。培育高端饮用水产业，打造高端品牌，做大做强包装饮用水产业。发展精制茶产业，做大做优红茶、六堡茶、绿茶等产品。做强白酒以及啤酒、葡萄酒、果露酒、养生酒等，开发朗姆酒等糖蜜发酵饮品。

——烟草制品业。调整优化产品结构，做精品牌，提高产品质量，做大重点规格产品，加大“真龙”品牌产品的培育和消费引导，统筹烟草种植、加工生产、印刷包装、销售物流等联动配套和产业集群发展，实现烟草产业全产业链发展。

（二）石化工业

推进炼化一体化，科学发展生物化工、新型现代煤化工产业，围绕原料优化、节能降耗等领域，加速氯碱、化肥、橡胶、生物化工、林产化工、农药等传统化工产业技术改造和供给侧改革，延伸石化产业链，促进企业设备更新。加快城市危险化学品企业搬迁改造。推动移动互联网、云计算、大数据、物联网等与石化产业结合，改造生产工艺和业务流程，提高管理水平和生产效率。到2020年，石化工业实现工业总产值3200亿元，主营业务收入2970亿元，原油加工量1700万吨，化肥产量（折纯）130万吨，烧碱产量60万吨，盐酸产量45万吨。

——炼化一体化。重点建设钦州大型炼化一体化石化综合产业园区、铁山港石化综合产业园区、防城港大西南临港工业区和田东石化园区。加快推进石油裂解制烯烃、芳烃及其深加工装置的建设，加快推进炼油行业向炼化一体化转变。推进烯烃原料多元化，发展煤（甲醇）制烯烃和丙烷脱氢制丙烯。

——氯碱。重点建设田东石化产业园区、鹿寨化工循环经济产业园，引进开发高附加值氯产品和烧碱下游产品。

——化肥。重点建设柳州化工产业园区、河池化工产业园区。积极推进氮肥去产能，引导化肥企业开展并购重组，鼓励由以生产单质肥料为主向以生产混配肥料为主转变。生产精深加工产品，形成合成氨－精细化工产业链。

——橡胶。建设以中国化工橡胶桂林有限公司、广西玲珑轮胎有限公司为核心的桂北橡胶加工基地，提高半钢子午线轮胎、全钢子午线轮胎的性能及生产能力。

——生物化工。建设河池化工产业基地，利用甘蔗、糖蜜、秸秆等生物质资源，打造生物质资源—酒精—乙烯—醋酸乙烯（VAC）、聚乙烯醇、醋酸乙烯—乙烯共聚乳液（VAE）及乙烯下游产品等生物基化学品循环经济产业链，促进生物燃料规模化商业应用。

——林产化工。在梧州、玉林、防城港等有资源优势和产业基础的地区规划建设3个以上现代林化产业加工园区，提升电子交易水平，建设林化产品交易中心（市场）。

——农药。引进先进的农药生产技术，加快发展低毒绿色农药新品种、新剂型。

（三）有色金属工业

积极推进资源开发，提高资源保障能力，大力发展铝、铜、铅锌、锡、锑、镍合金、稀土等，加强有色金属冶炼技术集成创新，实现绿色低碳循环发展。加快产业结构转型升级和产品技术创新，开拓有色金属终端消费市场，构建资源保障、结构优化、技术先进、绿色友好的有色金属产业体系。到 2020 年，有色金属实现工业总产值 2100 亿元。

——铝工业。实施铝业二次创业，重点发展高性能铝合金及精深加工产品，发展各类新型铝合金终端部件，扩大铝结构在建筑领域的应用。加强铝土矿资源勘探与保护，开发铝冶炼重大节能前沿关键技术和赤泥综合利用技术。加快建成百色生态型铝示范基地内煤电铝一体化项目，支持贺州打造铝电子加工特色产业链，支持来宾建设铝精深加工基地，支持桂中高铁三水铝开发利用及低品质铝土矿开发利用技术攻关，解决产品结构失调、就地转化率低等问题。以区域电网建设为契机，结合电力体制改革，扭转部分技术水平高、资源条件好的电解铝企业长期因用电成本过高造成的亏损局面。

——铜工业。利用海外资源，加大资源整合力度，加强资源开发，提高资源保障。开展冶炼、综合利用技术和余热利用节能环保关键技术创新，发展铜精深加工产品。

——镍合金。依托沿海港口优势和产业发展基础，重点布局防城港和玉林等，大力发展镍基高温合金、镍基耐蚀合金、镍基耐磨合金及镍新材料，引进先进技术、装备、工艺，提升节镍型高性能不锈钢材料性能及制备技术水平。

——铅锌工业。加强资源勘探和保护，支持大企业集团实施资源整合，加快规模化、规范化矿山建设步伐。加快中低品位氧化矿、高铁闪锌矿利用技术研发和推广，提高共伴生元素回收利用率。促进铅锌冶炼工业生产工艺和污染治理技术进步，推进铅锌冶炼产业升级与产能控制。淘汰落后工艺装备，加强有价元素的综合回收利用。

——锡工业。加大地质勘查和找矿投入，增加资源储量。加强矿权管理，推进资源整合，控制开采总量，提高资源利用水平。稳定冶炼规模，推进企业重组，提高产业集中度。

——稀贵金属及深加工。加强锗、铟、金、银、铂、钯、镓等稀贵金属的回收利用，加快锗、铟、镓深加工步伐，集中建设锗提纯中心。引进先进技术，高起点发展氧化铟锡（ITO）靶材、铜铟镓硒薄膜光伏材料，加快医药用有机锗、铟基合金、浆料、粉体材料的开发和产业化步伐。加快新型贵金属功能材料、汽车尾气催化剂、微电子浆料的研发和产业化进程。

——稀土。利用稀土资源优势，大力发展稀土下游产业，支持企业参与新产品、新技术研发及产业化，构建面向高端需求的新型稀土功能材料产业链，提升现有稀土分离冶炼性能和装备制造水平。建立稀土矿、冶炼分离及深加工产品信息库，推进稀土产品追溯平台体系建设。

（四）冶金工业

以调整结构为主攻方向，严格控制产能无序扩张，加速淘汰落后装备和产能，促进产业结构优化升级，力争打造1～2家具有核心竞争力和较强区域影响力的大型企业集团。到2020年，冶金工业实现工业总产值3300亿元，重点钢铁企业产业集中度达到全区钢铁行业的85%以上。

——钢铁。有效满足区内及周边地区机械制造、建筑高强钢筋、汽车产业对高强度钢材和高性能汽车用钢等产品需求，向建筑、轨道、船舶、电力、家电用各种高性能终端部件制造方向发展。促进钢铁企业与下游用户合作，推进钢材在汽车、机械装备、电力、船舶等领域扩大应用和升级。大力发展新型特种钢。推广应用钢结构建筑，大幅提高钢结构应用比例。对达不到环保、能耗、质量、安全、技术的法律法规和产业政策要求的钢铁产能要依法退出。推动城市钢铁企业向沿海地区搬迁转移。

——铁合金。控制产能总量规模，持续优化生产工艺，引进先进环保处理技术，淘汰落后产能，推广原材料预处理等工艺实现精料入炉，有效利用能源、资源，优化产业结构和产品结构，提升产业规模度和集中度。

——电解锰。控制发展电解金属锰，适度发展电解二氧化锰，优化产品结构，开发高终端产品，淘汰落后产能，壮大企业规模，提升发展水平。

（五）建材工业

完善沿江、沿海、沿线水泥工业布局，发挥新型墙体材料、陶瓷、非金属矿等行业中小企业多、贴近市场、机制灵活的优势，引导产业链各类企业加强分工协作，形成以优势骨干企业为龙头、大中小企业协调发展的格局。引导建材企业联合重组，鼓励规模大实力强的龙头企业跨地区、跨所有制实施兼并重组，推进南方、海螺、华润、台泥等知名水泥企业兼并重组小水泥生产企业。支持优势企业搭建产能整合平台，利用市场化手段推进联合重组，优化产能布局，提高生产集中度，并结合技术改造，优化生产要素配置，主动压减竞争乏力的过剩产能。依托现有新型干法水泥熟料生产线进行不扩产能的改造。推进水泥企业资源化利用尾矿、粉煤灰、煤矸石、电石渣、建筑垃圾等废弃物。大力发展绿色建材和精深加工制品，着力延伸产业链，提高产品附加值和技术含量，提升产品档次。加快淘汰落后产能、低效产能，通过淘汰落后产能等量置换的方式，发展以协同处置各类废弃物为主的新型干法水泥熟料生产线和满足海洋、港口、隧道等工程需要的特种水泥生产线。支持企业建设和使用脱硝和处理固体废弃物装置，支持脱硝、水泥窑垃圾焚烧等装备研发和生产项目。发展环保型碳酸钙精加工，提高优质重钙和轻钙附加值，提高高岭土、大理石花岗岩等非金属矿产业附加值，减少环境破坏和推广再生资源循环利用等。积极发展节能环保玻璃、钢化玻璃、汽车玻璃、液晶玻璃、高性能泡沫玻璃、微晶玻璃、电子玻璃等。大力发展钢结构和装配式建筑，逐步建立钢结构住宅系统产品体系。到 2020 年，建材工业实现工业总产值 2500 亿元。

（六）电力工业

优化电力资源配置，调整电源结构，优化电网结构和电源布局，推进电力工业与经济、社会、环境和资源协调发展。到 2020 年，电力工业实现销售收入 1500 亿元，增加值 950 亿元。

电源建设。深度开发利用红水河、郁江和柳江等干流水电资源，抓好大藤峡电站建设，因地制宜发展中小型水电，合理布局抽水蓄能电站。在总量控制规模内，优先建设“上大压小”煤电、热电联产综合利用和高效燃煤火电等，鼓励发展清洁高效、大容量燃煤机组。优化电源布局，引导煤电在内陆布点，推进现有燃煤机组清洁化改造。安全发展核电，因地制宜地有序开发风电、生物质能源和太阳能等新能源。加快分布式电源布局。支持电力用户与发电企业开展直接交易。

电网建设。利用现有西电东送网架，合理规划沿海电源基地送出网络，注重上下级电网协调发展，建设适应负荷发展需要和区内外电力接入的主网架，由通道型电网逐步向交直流混合受端型电网转变，提高整个网架对外电送入不确定性的适应性，加强城乡配网建设，加快向智能配电网转型升级，提高电力资源优化配置能力，构建智能、高效、可靠、绿色现代电网。

（七）造纸与木材加工业

坚持生态、清洁、绿色发展模式，推动造纸和木材加工业规模化、清洁化、品牌化、现代化发展，合理布局、强化监管，推进林（竹）浆纸一体化，努力把造纸与木材加工业发展成为资源节约型、环境友好型、科技创新型的生态工业。到 2020 年，造纸与木材加工业实现工业总产值 2000 亿元，纸和纸板产量 400 万吨，人造板产量 4000 万立方米，木材精深加工率达到 80% 以上，木地板、木家具、木门等精深加工产品产值占木材加工业产值 40% 以上。

——造纸。科学种植速生丰产林，充分利用蔗渣、桑秆、废纸资源，科学推进林（竹）浆纸一体化，支持糖纸结合，提高蔗渣制浆造纸的生产集中度和中高档产品比重。

——木材加工。加快发展高品质胶合板、ED 级及无醛中 / 高密度纤维板、定向刨花板、定向结构材、木质包装等，推进林板家具一体化，延长人造板产业链。

（八）纺织服装与皮革加工业

积极承接东部地区产业转移，促进结构调整和优化升级，以茧丝绸行业做大做强为突破口，加快发展棉纺织、服装、皮革、家用和产业用纺织品、化学纤维等产业，积极发展精深加工产品和特色产品，着力提高产品附加值，培育一批特色鲜明、品牌知名度高、市场竞争力强的企业。到 2020 年，纺织服装与皮革加工业实现销售收入 800 亿元，销售桑蚕丝 4 万吨、蚕丝被 200 万床、纱线 20 万吨、丝织品 2 亿米、服装 6 亿件（套）、轻革 4000 万平方米。

——茧丝绸。巩固东桑西移成果，推进东绸西移。建设优质蚕茧基地，加强产业化技术研究，发展丝绸深加工和蚕桑资源多元化应用，提高产品附加值，加快推动茧丝绸业由资源型向加工制造型转变。

——棉纺织。重点发展特种、高档产品，发展适应市场需求的无棉卷、无接头、无梭、高支精梳“三无一精”新技术、新产品，开发新型竹节纱、色纺纱、新纤维混纺纱和高档家纺面料、高档纯棉服装面料等产品。

——服装。通过代理贴牌加工、合资合作、外来投资办厂等方式，承接国内外产业转移。建设纺织服装加工区，整合量大面广的服装加工小企业，促进服装自主品牌建设和产业升级。培育一批销售网络广、综合实力强的优势企业。

——皮革制品。加快提升装备水平，增强自主设计和开发能力，降低污染物排放，打造自主品牌，通过技术改造提升产品档次及附加值，促进产品升级换代。

——家用和产业用纺织品。积极发展环保绿色、保健、多功能等中高档家用装饰产品，重点发展汽车配套用纺织品、过滤材料、传输带及卫生保健等产品。

3.1.2.3 大力发展现代制造业

按照《中国制造 2025》的战略部署，突出整装配套、核心部件发展，加快汽车、机械、电子信息、医药制造和修造船及海洋工程装备等现代制造业集群发展，支持重点企业战略合作重组，延伸产业链条。到 2020 年，先进制造业实现工业总产值达到 12000 亿元以上。

（一）汽车工业

重点提升微型车、多功能乘用车等优势产品，加快发展中型越野车、大中型客车、城市公交车和专用车，稳步发展中重型载货汽车，紧抓低速货车升级并轨机遇，加快推进轻型载货汽车发展。注重传统汽车的节能降耗，通过研发先进内燃机技术、先进汽车的车身和底盘，推动传统汽车节能技术不断升级。力争在低碳化、轻量化、电动化、智能化和网络化等方面形成具有国际先进水平的研发和生产能力。加快发展节能与新能源汽车。抓紧全球汽车产业格局调整契机，在东盟等战略性市场进行产品布局、生产布局、营销网络布局策划，形成海外事业可持续发展能力。大力发展通用化、规模化汽车配套产业，推进零部件等汽车配套产业通用化、模块化，延伸汽车配套产业链，增强对整车配套协调能力。积极发展标准化、厢式化、专业化的公路货运车辆。到 2020 年，汽车工业实现销售收入 3500 亿元。

（二）机械工业

重点发展工程机械、电工电器、农业机械（甘蔗机械、林用机械等）、石化通用机械和专业物流装备等，积极发展冶金机械、食品及包装机械和环保通用机械等。工程机械重点提升轮式装载机的领先优势，大力发展装载机、履带液压挖掘机、预应力机具以及高精度、高可靠性液压控制元件等，发展低排放、低噪声柴油机以及高强度、高寿命、低污染汽油机。电工电器重点发展高压和特高压输配电设备、电网自动化系统、电力电容器、互感器和电力电缆等。农业机械重点发展甘蔗种植、田间收集、转运及收获机械、拖拉机等。石化通用机械重点发展大型气体压缩机、大中型螺杆压缩机、硫化机、轮胎成型机以及压力容器等。专业物流装备重点发展食品冷链、医药、烟草、机械、汽车、干散货、危险化学品等行业物流装备。到 2020 年，机械工业实现销售收入 3200 亿元。

（三）电子信息

坚持创新引领、应用驱动、融合发展，突破重点领域核心关键技术，夯实产业发展基础，深化电子信息技术应用，重点发展计算机、视听产品、可穿戴设备，通信、电子元器件、电子原材料产品和汽车电子信息设备，电子节能、太阳能光伏产品，北斗导航、遥感遥测产品，集成电路及专用装备，智能制造电子信息设备，加快发展云计算、大数据、移动互联网和工业软件、行业解决方案与信息安全服务。到 2020 年，电子信息产业总产值突破 4000 亿元，其中，电子信息制造业实现工业总产值 3800 亿元以上，软件与信息服务业实现主营业务收入 200 亿元以上。

（四）医药制造

重点发展中医药民族医药制造产业，扩大发展化学药制造产业，探索发展海洋生物药品，积极培育生物技术药物及医疗仪器设备制造业新的增长点。加快医药制造业产业结构调整和转型升级，整合优势资源，促进企业兼并重组，做大做强做优医药制造企业和品牌。重点打造南宁、桂林、柳州、玉林等现代医药产业集群，支持发展梧州、贵港、贺州等特色医药产业集群，支持打造来宾、百色、河池等民族医药产业集群。到 2020 年，力争实现医药制造业总产值 1000 亿元，其中中医药民族医药制造业总产值 600 亿元。

——中医药民族医药。积极推进南方民族药基地、国家基本药物及重大疾病原料药广西基地建设，落实中药材保护和发展规划。突破中药材有效成分提取、分离与纯化技术和大规模培养技术，研究中医药民族药制剂技术。开发疗效确切的壮瑶药制剂，推动壮瑶药进入国家药典。支持中医药民族医药企业兼并重组，打造一批广西特色中医药民族药成药知名品牌。

——化学药。引进化学原料药及制剂新产品和新技术，开展仿制药一致性评价工作，提高化学原料药及制剂仿制的起点和水平，推进安全、高效、创新的化学药产业化发展。开发疗效确切、市场需求大的化学药新产品，推进抗癌、病毒性肝炎和艾滋病创新药物产业化，支持抗肿瘤领域、心脑血管领域等相关药物研发和产业化。加快市场潜力大、临床价值高的国外专利到期药品仿制。

——生物技术药。依托优势企业，建设完善产学研紧密结合的新药研发平台。重点开发具有显著疗效的生物药物和生物技术新药。发展氨基酸、血液制品、生物酶制剂、治疗性基因工程药物及生物提取物，支持核酸药物、干细胞等前沿技术创新。加强疫苗、重组蛋白类药物和抗体药物等生物医药新兴领域产品的研发及产业化。支持利用基因工程、酶工程等现代生物技术改造传统制药工艺和流程。

——医疗器械。发展高性能医疗系统工程技术和设备，开发临床用量大、技术含量高的影像、体外诊断治疗等高端诊疗设备，促进先进性、低成本、高性能医疗系统工程技术和设备发展。通过要素整合和技术集成，开展设备自主研发设计、专业化制造和配套服务。

——海洋生物医药。推动海洋生物医药关键技术和优势药物的研发与突破，深入研究海洋生物活性物质的提取、结构和功能，解决产品高效制备、合成和质量控制等药源生产关键技术。建立符合国际规范的海洋药物创新体系和功能完备的海洋药物研发技术平台。推动北海海洋生物科技园建设，引进国内海洋生物医药龙头企业和研发团队，打造海洋生物制药研发生产基地。

（五）修造船及海洋工程装备

——修造船。以中船钦州大型海工装备及保障基地和防城港海工装备制造项目为重点，加强与国内大型船舶企业集团和国际造船大企业的合作，发挥骨干造船企业技术、人才等优势，推动产学研联合，参与国内船舶行业关键共性技术攻关。开发符合西江水系和北部湾船舶标准化船型，优化产品结构，提升船舶行业创新水平。到 2020 年，修造船工业实现销售收入 200 亿元。

——海洋工程装备。针对南海油气资源及北部湾开发需要，深化与高等院校、科研机构合作，联合组建技术研发平台和产业创新联盟。突破海洋工程设备、船用甲板机械、海洋油气钻井装备、海洋油气生产装备、海洋工程辅助工作船关键技术，重点发展海洋矿产资源开发装备、船舶海工配套产品、海洋风能工程装备、海水淡化和综合利用装备等。打造海洋工程装备制造全产业链，形成造、修、拆、配套、服务协调发展的产业格局。到2020年，海洋工程装备工业实现销售收入100亿元。

3.1.2.4 壮大提升战略性新兴产业

鼓励全区各地着眼长远发展布局，根据本地资源禀赋特点和优势选择重点发展领域，加强错位发展和差异发展，以市场终端消费为主导，带动和促进战略性新兴产业。到2020年，战略性新兴产业力争实现工业总产值5000亿元以上。

（一）新材料

依托丰富的铝、锰、锡、锑、铟、钛、稀土和碳酸钙等优势资源，立足现有企业和园区，大力发展特种金属功能材料、高端金属结构材料等具有广西特色的新材料产业，积极发展与智能制造相关的功能材料、纳米材料、增材制造材料、稀土材料等。以产业集约提高资源利用率，以产业集聚提升市场影响力，以基地服务改善产业发展环境，建立创新驱动、规模较大、配套齐全的新材料产业体系，打造一批具有高技术水准、全球首创或国内唯一的新材料产品。加强新材料产业与原材料工业融合发展，在原材料工业改造提升中不断催生新材料，在新材料产业创新发展中带动原材料工业升级换代。研发生产与传统材料产业关联融合的新材料产品。加强材料技术协同创新和重点材料技术攻关，推动重大科技成果产业化。

（二）节能环保

以推广示范为先导，以重点工程为依托，重点发展高效节能、先进环保装备和产品，加快“城市矿产”示范基地建设，推进实施绿色再制造、农林废弃物综合利用、矿产资源综合利用、工业固废资源化利用、城镇生活垃圾等资源循环利用项目，推动传统装备智能化改造和升级。

——高效节能与先进环保装备。重点发展高效节能装备和产品、先进环保设备和产品。高效节能装备和产品方面，支持开发高效节能锅炉及产业化，大力推广在线能源计量、检测技术和设备，示范应用半导体通用照明和推广低汞型高效照明产品，加快研发和示范先进发动机节能技术、节能减排技术和装备。先进环保装备和产品方面，重点发展污水处理、垃圾处理、大气污染控制等领域设备和产品。

——大宗工业固体废物综合利用。以共伴生矿产资源回收利用、尾矿稀有金属分选和回收、冶炼二次物料综合回收和冶炼废渣综合利用、大宗固体废物大掺量高附加值利用为重点，推动资源综合利用基地建设，形成以示范基地（工业园区）和龙头企业为依托的发展格局，推动河池工业固废综合利用基地建设。利用废弃陶瓷、陶瓷废渣和尾矿等固体废弃物，生产发泡陶瓷板材、发泡陶瓷化学保温材料和防腐砖。提高钽铌尾矿资源综合利用率，推进红土镍矿渣的资源化利用，积极开发掺和量大、低污染、低成本、低能耗、短流程的电炉镍铁冶炼渣处理新工艺与装备及其高效控制技术。

——再生资源加工和再制造。建设“城市矿产”示范基地，支持回收体系、资源再生利用产业化、污染治理设施和服务平台建设，推动废弃机电设备、电线电缆、电器电子产品、汽车、铅酸电池、塑料、橡胶等再生资源的循环利用、规模利用和高值利用。实施高端再制造、智能再制造、在役再制造，推进产品认定。突出核心零部件的修复技术，推进零部件再制造、整机再制造的业务组合。

（三）生物医药

依托丰富的药用植物资源和独特的地理气候条件，重点发展针对重大疾病的中医药民族医药、生物技术药物新产品，推动海洋生物药品创新发展。积极推动肿瘤、心脑血管、糖尿病、高发性免疫、高传染性等重大疾病治疗原创药品产业化。注重现代中成药新工艺和新剂型开发，加强名优中医药民族医药成药的二次开发，培育中医药民族医药大品种。强化创新、仿创结合，大力推进化学药产业化发展。重点开发单抗药物、靶向药物、治疗性疫苗、多肽药物等生物技术新药，提升生物技术药物规模化生产能力。推进企业并购重组，培育发展生物医药品牌企业，打造具有“资源集聚力、市场竞争力、行业影响力”的生物医药领军企业。

（四）高端装备制造

重点发展智能制造装备、轨道交通装备、航空装备、卫星及应用装备和海洋工程装备。智能制造装备方面，大力发展数控机床及基础制造装备、自动化生产线、智能（自动化）传感器与仪器仪表、数显量具、柔性印刷机等，重点突破关键智能技术、核心智能测控装置与部件，开发智能基础制造装备和重大智能制造成套装备，大力推进示范应用，全面提升智能制造创新能力，推进制造过程智能化升级改造。轨道交通装备方面，主要发展技术先进、安全可靠、节能环保的轨道交通装备及其关键系统。推进发展高端地下工程施工智能装备。航空装备方面，主要发展通用飞机和航空配套装备。卫星及应用装备方面，主要加强航天运输系统、应用卫星系统、地面与应用天地一体化系统建设，形成航天器制造、发射服务、应用设备制造和卫星运营服务构成的完整产业链。

（五）新一代信息技术

重点推进新一代移动通信、“三网融合”、物联网、大数据、云计算、云存储、移动互联网等新一代信息技术的研发和推广应用。加快布局工业互联网及相关基础设施建设项目，推动“宽带广西”、无线局域网、电子支付、网络视听、互动娱乐等项目建设。着力发展集成电路设计，大力发展新一代宽带光通信、移动通信、数字集群、宽带无线接入、专用特种通信和物联网等通信系统设备及关键零部件和智能信息终端产品。加快推进背板工艺 / 高画质、低功耗、3D 及触摸（Touch）应用等方向的技术能力突破和工艺水平的提升。推广应用传感网络技术，推进新型显示、网络和通信、集成电路、汽车电子等产业发展。鼓励构建云计算公共服务平台，推动基于互联网技术的国产基础软件、工业软件和行业应用软件研发及产业化。

（六）节能与新能源汽车

以加快节能与新能源汽车技术攻关和示范推广为方向，重点发展纯电动公交客车、小型纯电动汽车、新能源专用车、混合动力客车、插电式混合动力客车、增程式纯电动汽车关键总成与零部件等。加强驱动电机及核心材料、电控等关键零部件研发和产业化，示范推广纯电动汽车和插电式混合动力汽车等。加快完善配套产业和充电设施，制定实施新能源汽车充电设施发展规划，制定切实可行的充换电设施建设费用补贴标准，对充换电设施建设费用给予财政补贴。鼓励社会资本进入充电设施建设领域，推进充电设施项目建设，完善充电设施布局。重点推进上汽通用五菱汽车股份有限公司宝骏基地 20 万辆新能源车、东风柳汽新能源汽车、广西源正新能源汽车有限公司全铝车身新能源汽车生产基地、广西华奥汽车制造有限公司客车生产和梧州比亚迪电动大巴生产基地、贺州纯电动汽车生产基地等项目建设。

3.1.2.5 培育发展新兴先导产业

立足现有产业基础，整合内外先进要素，充分发挥国家级高新区、开发区等平台载体作用，实施机器人、增材制造、云计算、卫星导航、石墨烯、通用航空等新兴先导产业壮大工程，努力抢占未来产业发展制高点。到2020年，新兴先导产业力争实现工业总产值1000亿元以上。

（一）机器人

加快引进和开发机器人技术，开发移动机器人工作系统，立足汽车、机械、食品、医药、电子信息等产业，开发适宜性的焊接、装配、搬运、专用等工业机器人。以汽车、机械等产业大型骨干企业和优势企业为基础，策划引进国际国内主要机器人生产企业，共建中国-东盟机器人产业基地（联盟），创建机器人整机、关键零部件制造及集成应用产业集聚区及专业基地。培养一批工业机器人研发、应用和技术服务的专业人才和创新团队。研发生产农业机器人和服务机器人。研究出台工业企业应用机器人补贴资金管理办法。到2020年，将南宁、柳州、桂林、梧州、钦州建设成为机器人产业研发创新和生产基地，建立工业机器人应用示范企业50家以上，在汽车与机械产业关键焊接工序上，机器人应用率达到100%，生产效率提高30%～40%。

（二）增材制造

重点围绕汽车及零部件、生物医药、新材料、智能装备制造、家电、电子电器、文化创意等应用领域，聚焦材料、装备、工艺、软件等关键环节，加快布局发展增材制造（3D打印）产业。在南宁市、柳州市、桂林市等建设3D打印产业基地，大力推进快速制造国家工程研究中心柳州3D打印示范中心平台建设，加快建立3D打印快速制造技术应用研究中心。加强3D打印基础设施建设，建立3D打印中心，为中小企业提供3D打印设施和员工培训。培育和扶持一批3D打印企业，促进3D打印产业集群集聚发展。

（三）云计算

鼓励电信运营商、第三方数据中心与各行业合作，建设节能、环保、低碳的云计算基础设施，推动传统信息基础设施向云计算模式转型。加快推进南宁、柳州、桂林等云计算项目建设。争取国家级大型数据中心、灾备中心、区域性云计算中心等大型项目落户，主动承担国家云计算基础设施核心支撑节点的建设。引进云计算产业链的硬件厂商、系统集成商，鼓励有实力的大型企业兼并重组。利用北海、南宁、桂林等电子信息产业发展基础，鼓励设备厂商和互联网厂商向云计算产业链上下游延伸拓展，加强云计算平台大规模资源管理与调度、运行监控与安全保障、艾字节级数据存储与处理、大数据挖掘分析等关键技术应用研究。积极探索云计算大数据产业链上下游合作共赢的新型商业模式。支持企业发展有利于扩大市场需求的云计算服务。支持云计算与移动互联网、互联网金融、电子商务等技术和服务的融合发展与创新应用。推动建设中小企业云、工业云等一批行业公共云平台。支持信息技术企业加快向云计算产品和服务提供商转型。

（四）卫星导航

建设面向东盟的北斗卫星导航应用与运营服务中心和卫星导航生产制造基地，重点发展北斗卫星及多模式兼容的移动导航信息系统应用产品、无人航空器，推动北斗卫星导航系统在经济社会领域的应用及产业化。创建国家级北斗导航应用及产业化示范省区，优化卫星导航产业的空间布局，加快形成集产品研发、推广应用、技术服务于一体的北斗导航产业链，加快建设立足广西、面向东盟的北斗卫星导航时空信息枢纽。

（五）石墨烯

积极引进和发展石墨烯产业及技术，建立石墨烯产业园、公共服务平台，重点研发生产石墨烯制备、粉体、薄膜和储能材料、导热材料、复合材料等。加强石墨烯人才培养和团队引进，创建广西石墨烯研究院，发展石墨烯宏量制备、石墨烯复合材料、石墨烯环保吸附材料等应用示范项目。推进石墨烯产业与传统产业融合发展，提升传统产业产品档次和质量效益。

（六）通用航空

加强与国际知名通用航空公司合作，建设通用航空制造基地，大力引进通用飞机、直升机和无人机等通用航空装备总装项目，重点开发铝合金、复合材料、钛合金等核心材质零部件，积极发展飞机起落架、飞机操控系统、电子导航、无线电通信系统、空气调节系统。加强无人航空测绘系统、应用卫星系统及航天关键零部件的开发。积极开发各类无人机等航空装备，大力发展继电器、电连接器、特种开关、功能组件等航天装备零部件。利用铝资源优势以及铝加工技术优势，发展航空铝业。打造桂林、南宁通用航空产业基地。

3.1.2.6 加快发展生产性服务业

按照国家和自治区各项决策部署，科学规划布局，放宽市场准入，完善行业标准，提升地方标准，创造环境条件，以产业转型升级需求为导向，加快生产性服务业创新发展，实现服务业与工业在更高水平上有机融合，推动产业结构优化调整，促进工业产业提质增效升级。

（一）现代仓储物流

加快传统运输业、仓储业向现代物流业转型，鼓励物流企业与制造企业深化战略合作，建设与制造业企业紧密配套、有效衔接的仓储配送设施和物流体系及信息平台，鼓励各类产业聚集区和功能区配套建设公共外仓，引进第三方物流企业。加快应用物联网、云计算、北斗导航、移动互联及地理信息等现代信息技术，大力发展智慧物流、绿色物流，推广装卸搬运、分拣包装、加工配送等专用物流装备和智能标签、跟踪追溯、路径优化等技术。采用北斗卫星导航及物联网技术开放应用货运车辆智能调度系统。发展海铁联运、铁水联运、公铁联运、陆空联运，加快推进大宗散货水铁联运、集装箱多式联运。按照节约、集约用地的原则，加快整合与合理布局工业物流园区，加快现代化立体仓库和信息平台建设。

（二）工业设计服务

按照“广西制造”向“广西创造”转变的发展思路，围绕汽车、电子信息、装备制造、食品、工程机械、医药制造等产业，针对外观造型、功能创新、结构优化、包装展示以及节材节能、新材料使用等重点环节开展工业设计。在南宁、柳州、桂林等地创建工业设计产业园区，重点策划发展实体性研究院、国家级企业技术中心、工程技术研究中心等形式的工业设计公共服务平台，引进和培育一批工业设计师、工业设计企业和团队，建立专业化、开放型的工业设计企业和工业设计服务中心，促进工业企业与工业设计企业融合发展，加快推进工业设计向高端综合设计服务转变。

（三）信息技术服务

积极运用云计算、物联网等信息技术，推动制造业的智能化、柔性化和服务化，促进定制生产等模式创新发展。加快面向工业重点行业的知识库建设，创新面向专业领域的信息服务方式，提升服务能力。加强相关软件研发，提高信息技术咨询设计、集成实施、运行维护、测试评估和信息安全服务水平，面向工业行业应用提供系统解决方案，促进工业生产业务流程再造和优化。推动工业企业与软件提供商、信息服务提供商联合提升企业生产经营管理全过程的数字化水平。支持工业企业所属信息服务机构面向行业和社会提供专业化服务。推进广西数字证书在全区各行业、各领域的推广应用。开展北斗导航、遥感遥测信息技术服务，加强导航定位卫星应用的技术研究、产品开发。

（四）节能环保服务

培育多元化规模化节能环保服务中介机构，发展第三方节能环保服务业，鼓励推行合同能源、合同环境服务方式，支持节能减排投融资、节能评估环境评价、节能环保工程设计及承建、污染治理、环境修复、节能和环境监测等。推广合同能源管理，建设“一站式”合同能源管理综合服务平台，积极探索节能市场化交易。鼓励大型重点用能单位依托自身技术优势和管理经验，开展专业化节能环保服务。规范引导建材、冶金、能源企业协同开展城市及产业废弃物的资源化处理。鼓励制造业与相关产业协同处置工业“三废”（废气、废水、固体废弃物）及社会废弃物。积极发展再制造专业技术服务，建立再制造旧件回收、产品营销、溯源等信息化管理系统。推行环境污染第三方治理。

（五）现代电子商务

围绕有色金属、汽车、制糖、桑蚕、红木等特色优势产业，鼓励电子、轻纺、食品、医药等行业企业积极利用电子商务平台优化采购、分销体系，培育一批有一定市场占有率、对行业定价有重要影响的行业电子商务交易平台。鼓励和支持行业企业间（B2B）电子商务平台、综合物流服务平台发展。提高企业应用电子商务开展采购、销售等业务能力。推动各类专业市场线上转型，引导传统商贸流通企业与电子商务企业整合资源，积极向供应链协同平台转型。鼓励生产制造企业面向个性化、定制化消费需求深化电子商务应用，支持设备制造企业利用电子商务平台开展融资租赁服务，鼓励中小微企业扩大电子商务应用。

（六）现代服务外包

培育发展金融、工程设计、产品研发、医药技术等领域的知识流程外包，促进汽车、制糖、有色金属、食品等重点行业的基础数据库、智能管理信息系统软件研发和相关业务服务外包。鼓励开展工程项目、工业设计、产品技术研发和检验检测、工艺诊断、流程优化再造、技能培训等服务外包。积极发展行业应用软件、嵌入式软件、动漫游戏等软件业，引进和培育第三方信息服务提供商、系统集成商和方案解决商。加快完善咨询、培训、认证等配套支撑体系，提升服务外包产业层次。加快南宁、桂林、北海、柳州等服务外包集聚区建设，力争将南宁建设成为发展环境优良、人才聚集度较高、国际竞争力较强的中国服务外包示范城市。

（七）专业会展服务

坚持专业化、国际化、品牌化、信息化方向，围绕工业和信息化发展需求，扶持培育具有广西特色的汽车、工程机械、有色金属、食品等专业会展品牌，加快推进中国－东盟（柳州）汽车、工程机械及零部件博览会升级为中国－东盟（柳州）先进制造业博览会。将广西工业和信息化博览会打造成为面向中国－东盟自贸区、具有全国影响、辐射西南中南的大型工业博览会。进一步提升中国（玉林）中医药博览会、中国（广西贺州）国际石材·碳酸钙工业展览会、中国（北流）国际陶瓷博览会、梧州国际宝石节等专业特色型博览会品牌知名度和区域影响力。推进举办中国－东盟新一代信息技术博览会。

（八）检验检测认证

加强测试方法、测试技术等基础能力建设，发展面向设计开发、生产制造、售后服务全过程的分析、测试、检验、计量、标准、认证等服务。加强先进制造、新材料、新能源汽车等领域的第三方检验检测服务，重点建设汽车、工业锅炉等国家质检中心和电子信息等自治区质检中心，加快发展药品检验检测、医疗器械检验、进出口检验检疫、食品安全检测等，发展在线检测，完善检验检测认证服务体系。推进中国－东盟检验检测认证高技术服务集聚区建设，积极引进国内外知名检验检测认证机构，高起点合作共建计量、特检、质检、标准、编码、认证等检验检测认证中心，打造服务西南中南地区、面向东盟的高水平检验检测认证公共服务平台。

3.1.3 规划产业发展布局

按照“双核驱动、三区统筹”战略布局，立足产业发展基础，发挥区位优势、资源优势、生态优势，着力优化产业布局，引导产业集聚集群发展，加快推进广西北部湾经济区升级发展、珠江－西江经济带开放发展、左右江革命老区振兴发展，统筹沿海沿边沿江沿线产业发展，促进各类工业园区、产业集聚区形成优势互补、协调发展的新格局。

3.1.3.1 推进临海工业集聚发展

依托平台载体和开放合作优势，重点发展石化、钢铁、电子信息、装备制造、新能源、新材料等先进制造业和战略性新兴产业，进一步提升产业一体化水平，加快北部湾经济区升级发展，充分发挥引领示范效应，带动全区工业转型升级，构建具有国际竞争力的现代产业体系。

（一）南宁市

充分发挥江海联动优势，实施大项目、大企业、大基地带动战略，集中优势资源，突出发展电子信息、装备制造、生物医药三大产业，大力发展新一代信息技术、节能环保、清洁能源、新材料等战略性新兴产业，优化提升食品、化工、建材、造纸和木材加工、轻纺等传统优势产业，积极发展服务型制造业和生产性服务业。加快实施“互联网 +”战略，推动工业化与信息化深度融合，促进产业链配套延伸，打造产业层次高、资源消耗低、环境污染小的工业结构，着力建设立足广西、面向西南中南地区、辐射东盟的区域性加工制造业基地，走首府特色新型工业化道路。到 2020 年，力争实现工业总产值 6000 亿元、工业增加值 1600 亿元。

（二）北海市

坚持做大总量与优化结构并重，注重提高产品质量，实施产业转型升级战略，着力打造电子信息、石油化工、临港新材料三大主导产业链，积极发展海洋装备制造业、海洋生物医药、北斗导航、软件和信息服务业等新兴产业，优化提升农产品加工、建材、木材加工、能源等传统产业，大力发展高新技术产业和生产性服务业。促进工业企业向产业园区聚集，构建“两核七园一带”工业布局，建设成为中西部地区重要的信息产业制造基地、面向东盟的电子产品出口基地和承接东部产业转移示范基地，积极打造北部湾“硅谷”和南方海洋科技城。到 2020 年，力争实现工业总产值 3000 亿元、工业增加值 700 亿元。

（三）钦州市

依托中马钦州产业园区等国家级产业园区平台，以“龙头企业 + 产业链”为路径，加快大企业、大产业集群，着力打造以石化、装备制造为龙头的先进制造业，加快形成现代临港工业集群。推进石化、粮油食品加工、林浆纸等产业升级发展，培育壮大电子信息和新一代信息技术、新能源、生物医药、修造船及海工装备、新材料、节能环保等战略性新兴产业，积极布局高端装备和智能制造产业。加快建设重要的石化产业基地、装备制造业基地、战略性新兴产业基地，打造成为北部湾临海核心工业区和国际区域信息交流与服务中心的重要节点。到2020年，力争实现工业总产值3000亿元以上、工业增加值700亿元。

（四）防城港市

紧抓实施"一带一路"建设，全面打造边海经济带，以"龙头带动、产业延伸、循环提升、规模集聚"为主线，加大产业资源整合引进力度，重点发展钢铁、有色金属、石化、装备制造、食品、能源六大传统优势产业，积极推动骨干企业技术装备和生产工艺改造升级，构建循环型工业体系。培育壮大千亿元主导产业和百亿元战略性新兴产业，加快建设全国重要的粮油食品基地、能源基地、钢铁基地，打造现代临海工业示范区。到2020年，力争实现工业总产值3000亿元、工业增加值700亿元。

3.1.3.2 构建沿江现代产业体系

依托珠江－西江经济带开放发展，紧抓广东、广西经济一体化和高铁经济带建设机遇，充分发挥柳州龙头带动作用，进一步强化沿江、沿线产业分工合作，建设桂东国家承接产业转移示范区，重点发展汽车、装备制造、食品、电子信息、建材等产业集群，打造优势互补、协作配套的沿江产业带，加快推进珠江－西江经济带开放发展。

（一）柳州市

围绕"创新驱动、转型升级，智能制造、跨越发展"的基本主线，加快创建《中国制造2025》试点示范城市。稳定发展汽车、钢铁、机械三大支柱产业，优化提升食品、化工、纺织、建材四大传统产业，培育壮大新能源汽车、高端装备制造业、电子信息、新材料、节能环保、生物与制药六大战略性新兴产业。加快建设广西柳州汽车城、阳和工业新区、河西工业园等先进制造业核心产业区，形成"双核一圈一带"工业发展布局。鼓励企业开展协同创新和自主创新，推进柳南河西工业园区等老工业基地振兴发展。加强信息化建设，着力推进智能制造和"互联网＋"发展，加快工业和信息化深度融合，建设成为珠江－西江经济带先进制造业基地和信息中心，示范带动全区工业和信息化转型升级发展。到2020年，力争实现工业总产值6500亿元、工业增加值1700亿元。

（二）桂林市

抓紧桂林国际旅游胜地建设和打造贵广高速铁路经济带等重大机遇，以高端、低碳、绿色、生态为发展导向，壮大发展电子信息、医药及生物制品、先进装备制造、生态食品四大重点产业，加快发展新一代信息技术、新能源、新材料、节能环保等战略性新兴产业，培育发展信息服务、现代物流、工业设计等生产性服务业，发展工业互联网，建设智慧示范园区，推广智能制造生产模式，构建以高新技术产业为主导的新型工业产业体系。加快老工业基地调整改造，建设国家新型工业化（电子信息）示范基地、国家两化深度融合试验区。到2020年，力争实现工业总产值4000亿元、工业增加值1200亿元。

（三）梧州市

加强产业园区整合，突出粤桂合作平台载体建设，完善现有产业链，加大技术改造力度，推动再生资源、再生不锈钢制品、电子信息、陶瓷建材、林产林化、食品、医药制造、船舶及机械制造、有色金属、钛白化工、电力、人工宝石、纺织服装等产业链延伸、附加值提高，促进产品升级换代、生产集中度提高。大力发展节能环保、新材料、新能源、先进装备制造业、新一代信息技术等战略性新兴产业。推动园区体制机制改革创新，促进工业园区向创新型园区转型，发展专业化、特色化、生态化、智能化园区。打造成为粤桂经济一体化产业合作示范区、珠江－西江经济带的先进制造业基地和南广高铁经济带先行先试区。到2020年，力争实现工业总产值3200亿元、工业增加值770亿元。

（四）贵港市

依托珠江－西江经济带开放发展，坚持“工业兴市、工业强市”发展主基调，实施创新驱动、东进融合、港产城互动三大战略，改造提升冶金、建材、食品加工、生物化工、造纸与竹木材加工、电力、纺织服装与羽绒七大传统产业，加快发展新能源汽车、船舶修造、生物制药、新材料、电子信息、皮革加工等成长性产业。加快产城互动发展和产业承接步伐，提升园区承载能力，加快建设粤桂（贵港）热电循环经济产业园和贵钢钢材加工物流园等特色园区，积极打造西江经济带新兴工业基地。到2020年，力争实现工业总产值2000亿元、工业增加值650亿元。

（五）来宾市

围绕“集约集聚、提质增效、绿色低碳、空间优化”的基本主线，利用好资源枯竭型城市优惠政策，重点推进冶金、能源、铝精深加工、制糖及综合利用四大特色优势产业转型升级，培育壮大高新技术产业、茧丝绸、碳酸钙、汽车配件等产业，引进上中下游项目及企业入园，实现就地精深加工和产业链优化，鼓励有条件、有基础的新型企业通过设立企业技术中心、工程中心，创新高新区体制机制和管理运营模式。推进大工业区域电网项目，在河南工业园区组建配售电主体，先行开展售电侧市场改革试点。加快形成“一廊一带四区八基地”的工业空间布局，构建“东承粤港、南融首府、北接柳州”的产业发展格局。打造成为桂中地区战略性新兴产业集聚地和珠江－西江经济带新兴工业基地。到 2020 年，力争实现工业总产值 900 亿元、工业增加值 300 亿元。

（六）玉林市

深入实施“大交通、大城市、大产业、大商贸、大田园”五大战略，加快推进产业转型升级攻坚战，加快机械制造、健康食品、有色金属、电子信息、陶瓷等产业转型升级。支持玉柴二次创业，推进玉柴智能制造，打造千亿玉柴，重点发展先进装备制造、新能源、新材料、节能环保、生物制药、新一代信息技术等新兴产业。加快建设龙潭产业园、中医药健康产业园、玉柴产业新城等，创建自治区级高新技术产业园区，打造现代智能农机产业基地、中国“南方药都”和国家非公经济示范城市。到 2020 年，力争实现工业总产值 2500 亿元、工业增加值 850 亿元。

（七）贺州市

实施“创新驱动、绿色崛起、向东开放、人才兴贺、新型城镇化”战略，依托珠江－西江经济带开放发展和贵广高铁经济带建设，发展壮大碳酸钙、新型装配式建筑材料两大千亿元产业集群，优先发展稀土新材料、电子信息（铝电子）、生态健康、新能源、新能源汽车、节能环保等新兴产业，改造提升电力、林产、矿业、钢铁、机械制造等传统特色产业，积极发展工业设计、现代物流、电子商务、科技服务、信息服务等生产性服务业。利用好资源枯竭型城市政策优势，加快建设粤桂产业合作示范区，打造国家级装配式建筑材料生产基地和碳酸钙、新型建筑材料示范基地。到 2020 年，力争实现工业总产值 1000 亿元、工业增加值 300 亿元。

3.1.3.3 加强生态型特色产业集聚发展

充分发挥矿产、水能、生物、养生健康等资源优势，加快沿边开放开发和跨省合作园区建设，强化协同创新，延长产业链条，大力发展有色金属、建材、农林产品加工、生物医药和新材料、新能源等产业，构建以生态经济为特色的现代产业体系，加快推进左右江革命老区振兴发展。

（一）百色市

按照“生态产业化、产业生态化”发展思路，立足生态铝产业基地建设，加快推进煤电铝网一体化，构建高效利用、科技含量高、产出率高、外向度与集聚度高的生态铝产业体系。优化提升发展锰产业、石化产业、糖纸产业等传统特色产业，大力发展现代农副产品加工业、民族医药、碳酸钙等特色优势产业，加快培育发展新材料、新能源等战略性新兴产业。打造国家级生态铝产业示范基地和国家级生态工业示范园区。到 2020 年，力争实现工业总产值 2500 亿元、工业增加值 750 亿元。

（二）河池市

依托龙江河沿江经济带和红水河沿江经济带建设，调整优化产业结构，加快有色金属产业转型升级，大力发展茧丝绸、食品、生物医药、碳酸钙等特色优势产业，加快发展有色金属、化工、建材等特色循环经济，统筹发展高端饮用水产业，建设河池大宗固体废弃物综合利用示范基地，以河池市工业园区、广西宜州经济开发区、河池 · 南丹有色金属新材料工业园区为平台载体，整合发挥世界长寿之乡品牌效应，推进产业规模化、品牌化、高端化、特色化发展，建成具有河池特色的现代生态工业体系。到 2020 年，力争实现工业总产值 650 亿元、工业增加值 210 亿元。

（三）崇左市

依托南崇经济产业带和沿边产业带建设，充分发挥连接东盟和资源富集优势，着力改造提升糖业、生态型锰业等传统产业，巩固壮大有色金属、建材、林产林化、特色食品、红木加工等特色优势产业，着力培育新材料、新能源、节能环保等战略性新兴产业，打造全国蔗糖循环经济示范基地、国家生态型锰业产业基地，加快推进生态环保型有色金属产业示范基地和进出口加工产业示范基地建设。到 2020 年，力争实现工业总产值 1300 亿元、工业增加值 370 亿元。

3.2 规划协调性分析

3.2.1 规划层次分析

从社会、经济、环境协调角度，结合“多规合一”相关要求，分析规划方案与各层次相关法规、政策、规划的符合及协调性，找出矛盾、存在的问题，并提出相应环评建议，促进区域可持续发展。本次研究从国家相关政策、区域总体发展纲要、城镇总体规划、土地利用规划、各类专项规划等几个方面进行筛选，主要侧重资源能源、环境保护及产业发展等相关政策要求及规划。

由于本次规划为省级工业和信息化发展专项规划，其上层位规划为《信息化和工业化融合发展规划（2016—2020 年）》；下层位规划为广西三大分区（即左右江革命老区、西江经济带、北部湾经济区）工业和信息化发展“十三五”规划以及各市工业和信息化“十三五”发展规划；从资源环境角度分析，同层重点规划为《广西环境保护和生态建设“十三五”规划》《广西节能减排降碳和能源消费总量控制“十三五”规划》，同时本次规划应满足相关环境保护政策的相关要求。结合上述分析，本次研究重点分析与上层位法规政策及相关规划符合性以及与同层位政策规划协调性。

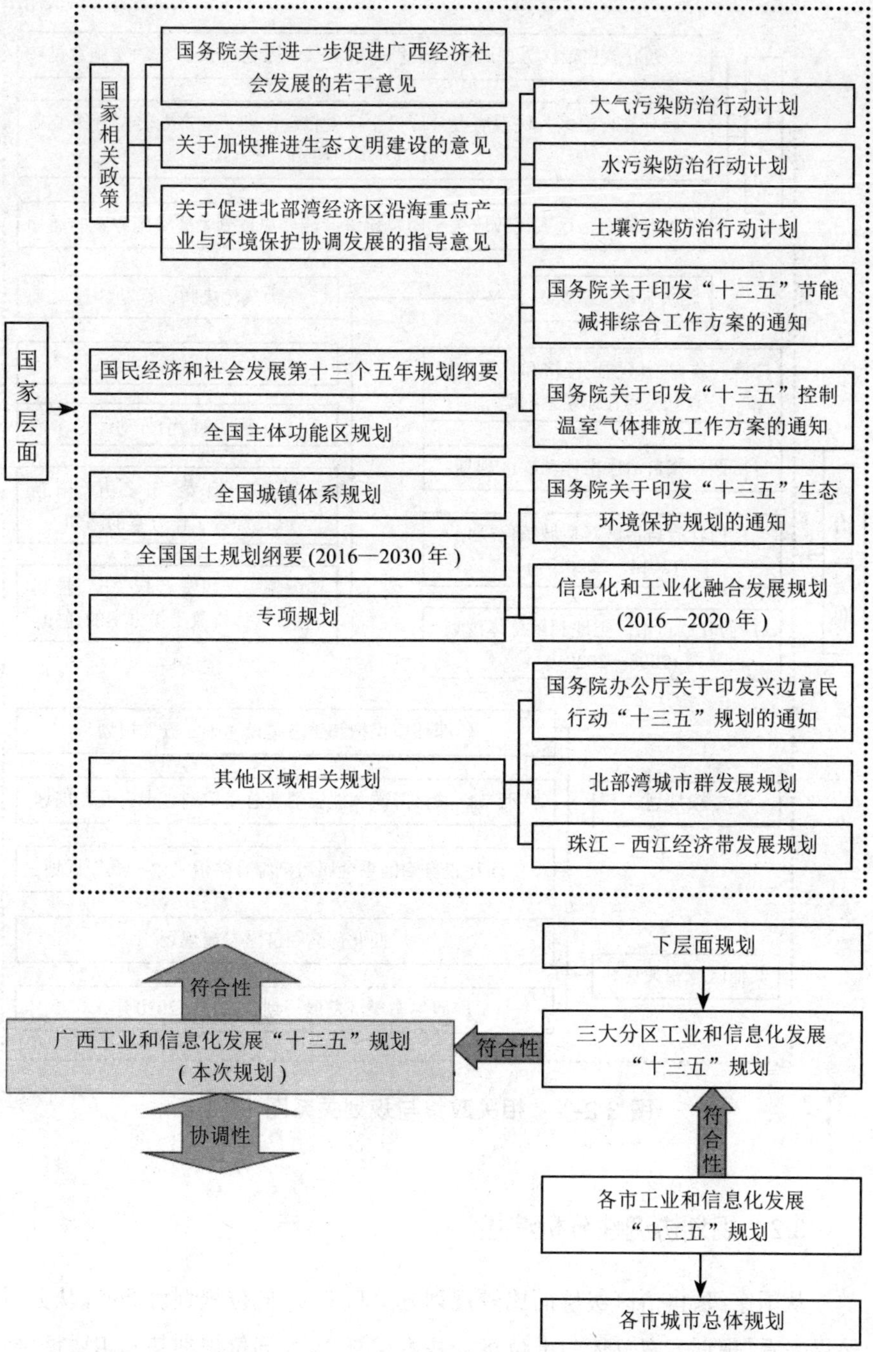

图 3.2–1　相关政策与规划关系图（a）

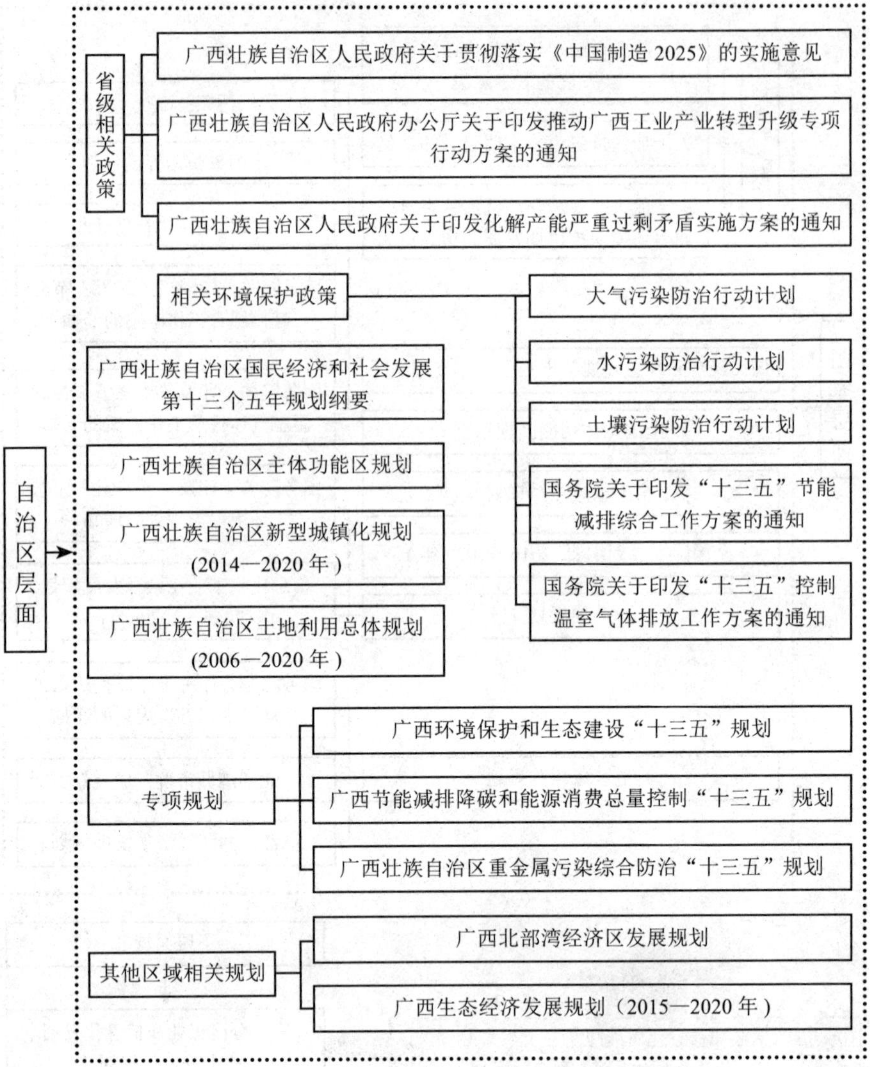

图 3.2–1　相关政策与规划关系图（b）

3.2.2 规划协调性分析综述

从国家级、自治区级层面比较规划方案与上位、同位规划协调性，从分析结果来看，规划方案总体与上位规划基本相符合，与同位规划基本相协调。研究依据系统协调性分析结论，对规划方案提出初步调整建议。

（1）规划产业发展方向协调性分析

根据《北部湾城市群发展规划》《珠江－西江经济带发展规划》《广西壮族自治区主体功能区规划》《关于促进北部湾经济区沿海重点产业与环境保护协调发展的指导意见》，初步建议“十三五”期间区域突出侧重产业转型升级，加强基础设施建设，推进重点行业清洁生产技术改造，严格重金属项目环境准入，实施重金属污染分区防控及环境管理政策。重点发展电子信息、高端装备制造、生物医药、新能源汽车等产业。此外，石化产业应优先发展中下游产品，提高附加值，区域内原则上不适宜新布局煤化工产业。

（2）规划产业发展布局协调性分析

根据《广西壮族自治区主体功能区规划》《广西海洋生态红线划定方案》和《广西陆域生态保护红线划定方案》（征求意见稿）相关要求，初步建议涉及重点生态功能区、限制开发区域原则上不再新设开发区和扩大现有工业园区面积，已有的工业园区要逐步改造成为低消耗、可循环、少排放、零污染的生态型工业园区。实行更加严格的产业准入环境标准。严把项目准入关，禁止布局与重点生态功能区不相适应的各类产业和项目，坚决淘汰落后产能，关闭生产工艺落后、“三废”排放不达标的企业。

涉及禁止开发区域，应依据法律法规、相关规定和有关规划实施强制性保护，严格控制人为因素对自然生态和文化自然遗产原真性、完整性的干扰，严禁不符合主体功能定位的开发活动，引导人口逐步有序转移，实现污染物“零排放”，提高生态环境质量。结合现有生态红线划定方案及管控要求，严格生态红线管控，加强生态环境保护措施，新增产业项目选址应严格对照划定方案，严格禁止生态红线范围占用。

（3）产业准入

根据《北部湾城市群发展规划》《珠江－西江经济带发展规划》《广西壮族自治区主体功能区规划》《大气污染防治行动计划（2013）》《水污染防治行动计划》《土壤污染防治行动计划》《关于促进北部湾经济区沿海重点产业与环境保护协调发展的指导意见》等，初步建议结合各地区现状产业发展及资源环境承载能力，严格各地区产业发展准入条件，推动产业升级改造及高端化发展，逐步提升资源环境利用效率，加强工业绿色发展。鼓励电子信息、高端装备制造等高附加值产业引入。补充相应资源环境效率要求，严格环境准入。

（4）环境保护目标

根据《广西生态经济发展规划（2015—2020年）》《国务院关于印发“十三五”节能减排综合工作方案的通知》《广西节能减排降碳和能源消费总量控制“十三五”规划》《关于印发广西生态经济发展规划（2015—2020年）的通知》等，建议规划进一步补充单位耗水量、单位能耗、重点耗能行业能源利用效率、污染物总量控制指标等指标。

（5）环境保护措施

根据《国务院关于印发全国国土规划纲要（2016—2030年）的通知》《土壤污染防治行动计划》《大气污染防治行动计划》《水污染防治行动计划》《关于印发化解产能严重过剩矛盾实施方案的通知》《广西壮族自治区重金属污染综合防治“十三五”规划》等，初步建议以钢铁、石化、有色金属、电力、建材、制糖、造纸等行业为重点，推广“源头减量、过程控制、末端再生”循环型生产方式，促进企业上、下游原料与产品的生态链接，引导上下端资源利用企业对资源的共同利用开发。开展重点产业园区能源资源循环化改造，建设热电联产循环经济生态产业园区，创建规模布局合理、功能互补、废弃物循环利用的循环经济产业园区。严格资源节约和环境准入门槛，提高能源资源利用效率，减少污染物排放，防控环境风险。鼓励钢铁、纺织印染、造纸、石油石化、化工、制革等高耗水企业废水深度处理回用。

建议以农用地和重点行业企业用地为重点，开展土壤污染状况详查，建设土壤环境质量监测网络，提升土壤环境信息化管理水平。严格防控有色金属冶炼、石油加工、化工、焦化、电镀、制革等行业企业土壤污染，现有相关行业企业要采用新技术、新工艺，加快提标升级改造步伐。应加大区域综合治理力度，增加环境保护相关具体要求。积极推进重点行业技术改造，发展绿色循环工业。积极组织完成区域水资源、水环境承载能力现状分析。高耗水行业应达到先进定额标准，同时增加单位工业增加值用水量减少比例。确定各产能过剩行业具体产量及产品比重，同时推动行业技术改造。电解锰行业采用无铬钝化生产工艺。

3.3 不确定性分析

3.3.1 本次规划的不确定性因素分析

广西工业和信息化发展受区域整体社会经济发展的影响，与国际、国内产业发展水平、相关产业政策及资源环境需求密不可分。随着国际、国内经济技术的不断发展，本次规划的制定和实施将面临诸多不确定性。在规划实施过程中，规划的不确定性所造成的环境影响也相应地具有不确定性。

（1）规划目标的不确定性分析

规划发展目标为"'十三五'期间，全区工业和信息化发展要主动适应和引领经济发展新常态，紧抓重大战略机遇，全面打造现代工业体系，不断优化产业空间布局，加快推进信息化和工业化深度融合，在新常态中加快提质增效，努力实现转型升级发展。到 2020 年，力争实现'一壮大、一优化、四提升'发展目标，即总体规模实现稳步壮大、产业结构实现明显优化、创新发展能力显著提升、质量效益水平显著提升、两化融合水平显著提升、绿色发展能力显著提升"，并提出全区工业和信息化发展"十三五"规划发展目标具体指标。

因此，从如上叙述而言，区域规划的总体目标及相关指标基本是明确的。但结合"十二五"规划的执行及落实情况，其主要经济指标与规划目标仍存在一定差距。结合"十二五"工业和信息化规划目标的落实情况，广西园区工业增加值比重有较大提升，区域工业集聚程度显著增加，但由于国内整体经济增长水平放缓及广西自身经济技术发展水平等因素限制，其经济指标与规划目标仍存在一定差距。结合"十二五"期间目标完成情况，本次规划目标也将存在较大不确定性。此外，规划目标的设定在各分项目标的制定中，对土地、环境保护目标等发展目标要求相对薄弱，在一定程度上也将导致规划目标实现的不确定性。

（2）市场及政策的不确定性分析

广西作为古代海上丝路最早的始发港之一，是"一带一路"有机衔接的重要门户。国家赋予广西“三大定位”，体现了广西“一湾相挽十一国，良性互动东中西”的独特区位优势。为加快实现这一定位，在沟通海上航线与亚欧大陆桥、促进多区域多领域合作中发挥作用。目前，广西正以中国－中南半岛经济走廊、中国－东盟港口城市合作网络和中国－东盟信息港这“一廊两港”构建三大国际通道；以中国－东盟博览会、中国－东盟商务与投资峰会、要素资源配置基地和人文交流基地这“两会两基地”，打造多领域交流渠道；以跨境合作园区搭建国际产能合作平台。

结合广西的国家战略地位及经济发展水平，国家政策及市场经济发展水平也是主要不确定性之一。区域工业发展水平受国际、国内及广西整体社会经济发展水平影响。在工业发展过程中，产业结构、布局及发展规模与现有经济发展水平及资源环境状况均有密不可分的关系。工业发展程度受国家政策及市场规模共同调控。在政策方面，国家为引导产业健康发展，引导社会、经济和环境协调发展，颁布各类法律法规政策，制定产业准入条件，随着相关政策要求及产业准入条件的不断提高，势必会对规划实施造成一定影响。此外，由于规划实施涉及多类多层级政府部门及企业、一般公众等利益主体，各类主体需求的差异也将导致相关政策发生变化，造成规划实施的不确定性。在市场经济发展方面，投资主体根据市场需求的变化而改变产业投资，从而影响规划目标的完成及实施。“十三五”期间结合国家赋予广西的“三大定位”，区域产业发展势必与国内外产业需求相适应，并随着国内外市场需求变化改变区域产业发展结构、规模及布局。

（3）技术的不确定性分析

规划产业发展的实施离不开相匹配的工业技术水平，结合现有区域主导产业发展、资源能源利用效率及污染物排放情况，广西现有工业发展仍以资源型占主导，相应精深加工、高新技术等产业发展相对薄弱，同时考虑技术水平本身及未来发展所具有的不确定性，随着区域整体工业技术水平的不断提升，新工艺、新技术的采用，将进一步降低工业发展对资源的消耗和对环境的负面影响。在规划实施过程中，工业技术的应用及创新发展也是规划的不确定性因素之一。

（4）规划自身的不确定性分析

规划自身的不确定性主要由于决策者主观局限性和价值取向不同、实施及运行机制等因素，导致规划目标、方案、措施在规划实施过程中发生“偏差”等不确定性。在规划实施过程中，由于运行机制的不完善，也将引起产业规划实施的不确定，从而导致环境影响的不确定性。

（5）污染源强预测的不确定性分析

目前规划结合各市上报规划重大项目，整理后形成广西工业和信息化发展“十三五”规划重大项目清单，总计达到2675个项目，但多数项目仍需要根据区域发展实际情况，结合市场、政策、技术等条件下开展建设，本次研究对区域发展目标、功能定位、发展规模等进行估算，但与实际发展情况仍会存在一定偏差，故本次研究对于区域规划期间内污染物排放具有一定不确定性。

（6）其他不确定性分析

产业规划在实施过程中具有很多的不确定性，规划本身也是逐步调整和完善的，同时由于市场的需求可变因素很多，政策在制定过程中也在调整。规划实施过程中，除了考虑市场、政策、环境影响等方面变化产生的不确定性，对于区域资源、能源的开发利用、自然资源变化、基础设施建设等方面的变化产生的规划实施过程中环境影响的不确定性也应加以考虑。

3.3.2 不确定性的对策措施

针对规划和环评中提出的不确定性，主要采取了以下对策措施。

（1）“自上而下”与“自下而上”相结合的方法控制规划发展

在策略方法上，本次研究采取“自上而下”与“自下而上”相结合的方法。充分考虑经济、社会、生态环境综合因素，“自上而下”地对区域背景、功能空间层次、政策机制等各个方面进行分析论证，强调对其中不确定性问题的分析研究，并形成生态、景观、基础设施、产业、政策、发展模式、发展规模、实施机制策略。剥离确定性和不确定性问题，分别采取不同的对策方法，通过各个发展策略的综合叠加，得出近期不能或不宜建设的区域和产业，并进行控制引导。

（2）“刚性＋柔性”的弹性控制方法

本次研究利用“刚性＋柔性”的控制方法，根据不确定性因素，运用不同弹性程度的规划控制，并根据不确定性的不同程度分别对各个层面加以不同弹性程度的规划控制。对相对确定和稳定的因素进行刚性控制，如对外交通、生态基础环境、近期急需建设项目的规模及位置等进行强制性控制，明确提出保护或预留控制要求。同时，通过提高区域发展产业及其他一些柔性方法提高规划的弹性，以更好地应对市场经济的变化及社会的快速发展。

（3）规划区域的情景设定

本次研究通过收集全区现状基础资料和现状发展特征，对区域发展情景的假定，同步演进多个规划情景，并对规划情景产生的资源能源消耗、污染物排放特征进行整体核算，通过不同情景的对比分析，提取基于资源环境承载力的发展约束条件，用于反馈规划本身，确保规划发展的资源环境在可承载范围内。

（4）规划污染分析预测的可靠性

本次研究按照区域发展规模进行污染源强预测，为尽量降低预测过程中不确定性对区域环境质量的影响，选取系数尽量参照所在区域发展规划以及行业系数，以减低其不确定性。规划实施过程中，结合规划发展要求及各要素环境影响减缓对策，区域污染物排放量将得到有效控制，从而减缓区域发展对环境的不利影响。

（5）充分开展公众参与调查，拓展规划环评思路

通过开展公众参与调查，从规划可能对环境造成不利影响的各个方面进行了咨询，并吸取采纳了专家的意见，结合专家提出的意见对规划修改补充和完善，通过媒体公布规划环评信息，并向普通公众积极宣传规划内容，使相关部门及个人了解到规划的环境影响，针对公众提出的反馈意见进行了整理，对公众关心的环境问题提出了减缓措施。

3.3.3 有待进一步论证的问题

（1）生态累积影响分析

本次研究初步分析了规划实施后对区域产生的生态影响，对区域生态环境的长远影响有待进一步研究。建议区域建立长效管理机制和统筹协调机制，完善区域生态管理制度，制定生态建设与环境保护规划。

（2）区域开发实施的土地资源

随着国家用地政策的紧缩和加严，规划期内最终可转为最终建设用地的范围存在较大不确定性。另外，全区旅游资源丰富，各类风景名胜区、历史文

物保护单位众多，对区域产业布局造成一定制约。同时对尚未开发地块，一旦规划区域内发现需要进行保护的遗址，可能对区域规划的用地、开发面积造成影响，因此，需要在区域开发之前先对区域进行地质详细勘探和文物遗迹勘探普查，依据勘探普查结果确定区域可开发面积，结合其他因素综合考虑用地类型。

（3）特殊地形对大气扩散的制约

广西地势属于第二台阶中的云贵高原东南边缘，地处两广丘陵西部，南临北部湾海面。整个地势自西北向东南倾斜，山岭连绵、山体庞大、岭谷相间，四周多被山地、高原环绕，呈盆地状，有“广西盆地”之称。在秋季，一些典型的盆地区，如南宁、柳州，高空多受西北或偏西气流影响，地面受冷高压或高压脊控制，天气以晴天为主，地面风速小、湿度低，且持续出现贴地层逆温、轻雾和霾，大气层结非常稳定，大气环流和贴地层逆温的影响十分明显，不利于污染物的扩散。此外，随着北部湾建设的推进，各类大型的、工业密集的开发区布局在广西沿海地区，而沿海地区春、夏季白天可能发生海岸线熏烟，它造成的污染物最大地面浓度可能达到通常状况的 2~3 倍。上述特殊地形对区域产业园区布局造成较大影响，产业经济发展与环境保护的相互融合需后续进一步讨论。

3.4 规划区域经济环境系统预测

3.4.1 预测思路和模型系统

3.4.1.1 总体思路

社会经济发展与资源环境之间存在互动关系。一方面，社会经济发展是资源利用和环境污染的首要影响因素，生产过程、消费过程中对生产资料和生活资料的需求是资源利用的根本原因。在现有技术条件下，资源利用是不充分的，导致非生产和生活目的的废物产生和排放，是环境污染的根本原因。另一方面，资源环境对社会经济发展也具有制约作用，资源瓶颈、环境污染反过来也会限制经济的进一步增长和社会福利的进一步提高。基于社会经济发展与资源环境之间的关系，以社会经济发展水平的规划和预测为基础，对经济发展和环境污染压力进行预测。

首先，对社会经济发展进行预测。建立社会经济发展预测模型，主要包括人口和城市化水平预测、规划各行业增加值的预测等内容。主要目的是与环境污染预测模型对接，研究人口增加及城市化、行业增加值对资源环境产生的压力及影响。

其次，对资源环境问题进行预测。建立资源环境问题预测模型，主要包括水资源需求预测模型、能源消费预测模型、水污染物产生量预测模型和大气污染物产生量预测模型，通过经济预测模型输入的行业增加值等指标，预测能源环境问题，包括能源消耗和需求的预测，大气污染物产生量、废水产生量、水污染物产生量、固体废物产生量等指标的预测。

最后，与环境污染减排目标结合，预测这些主要污染物的削减量和排放量，提出污染物减排目标、资源环境承载力以及实现最优减排目标的社会经济发展政策建议。

3.4.1.2 预测模型系统

本次规划模型系统设置基准情景、规划情景和优化情景三种情景，分别从功能定位、发展目标、资源利用等方面进行对比。

基准情景以“十二五”期间产业经济发展趋势、资源能源消耗趋势以及污染物排放水平变化情况为基础，采用趋势分析预测基准情景发展模式下全区经济发展水平、资源能源消耗量及对应污染物排放总量。

规划情景以本次规划方案为基础，在完成规划工业经济发展目标基础上，结合区域产业技术发展水平及规划要求，预测对应资源能源消耗情况及污染物排放总量。

优化情景以《广西生态经济发展规划（2015—2020年）》《广西节能减排降碳和能源消费总量控制“十三五”规划》《广西环境保护和生态建设“十三五”规划》等规划及政策法规指标要求为基础，针对规划情景下超出城市和行业资源能源、污染物排放总量指标要求的进行削减，通过压缩总体产业发展规模，控制入区高耗能、高污染产业规模等措施进一步降低区域资源能源消耗及污染物排放量。

本次研究情景模式设定详见表 3.4-1。

表 3.4-1 情景模式设定

情景名称	基准情景	规划情景	优化情景
产业发展	以“十二五”期间产业经济发展趋势为基础，同时考虑全国和区域增速放缓的背景，三产比例与现状比例基本一致	以规划方案为基础	适度压缩耗能和污染较高的产业规模，大力发展清洁工业、新兴战略产业和高技术产业
水资源压力预测	以“十二五”期间工业新鲜水用量为基础，核算基准情景各市、各行业新鲜水用水量	结合区域规划总体规模及重大项目清单，以2015年各行业的万元产值耗水系数预测区域新鲜水用量	结合《广西生态经济发展规划（2015—2020年）》等相关指标要求，针对规划情景下超出水耗指标的城市和行业采取清洁生产、升级改造等措施进一步降低用水水耗
能源压力预测	以“十二五”期间工业能源消耗为基础，核算基准情景各市、各行业能源消耗量	结合区域规划总体规模及重大项目清单，以2015年各行业的万元产值耗能系数预测区域能源消耗量	结合《广西节能减排降碳和能源消费总量控制“十三五”规划》等相关指标要求，针对规划情景下超出能耗指标的城市和行业采取清洁生产、升级改造等措施进一步降低能源消耗
污染物排放压力	结合现状污染物排放情况及产业发展水平，核算各市、各行业污染物排放水平	结合区域规划总体规模及重大项目清单，以2015年各行业的万元产值排污系数预测区域污染物排放水平	结合《广西节能减排降碳和能源消费总量控制“十三五”规划》等相关指标要求，针对规划情景下超出污染物排放总量的城市和行业通过控制产业规模进一步降低污染物排放量

结合区域重点城市、产业筛选分类，优化情景下鼓励引入优先发展产业项目。以规划产业发展方向及重大项目清单为基础，将规划实施满足相关环境指标要求为前提，结合各市实际产业发展情况，提出各市产业发展控制规模，并在此基础上对优化情景下资源能源消耗及污染物排放总量进行预测。

表 3.4–2　优化情景下各市、各行业产业规模控制情况（工业增加值 / 亿元）

序号	城市	优先发展产业	优化发展产业	需控制规模产业	各市产值削减量
1	南宁市	20	49	88	157
2	柳州市	36	57	45	138
3	桂林市	56	79	78	213
4	梧州市	2	3	5	10
5	北海市	12	28	72	112
6	防城港市	33	155	22	210
7	钦州市	42	65	55	162
8	贵港市	49	80	99	228
9	玉林市	48	60	101	209
10	百色市	17	21	19	57
11	贺州市	39	75	39	153
12	河池市	13	56	19	88
13	来宾市	29	73	42	144
14	崇左市	10	13	25	48

3.4.2 经济发展水平分析

3.4.2.1 经济社会发展的基本判断

受国家政策引导和资源禀赋的约束影响，我国各地区经济发展具有很强的同步性和相关性，要预测2015—2020年广西全区的经济社会发展趋势，首先要对该阶段全国经济走势作出判断，在此基础上，结合广西经济的实际情况和特征，对其进行定位和预测。

（1）全国经济社会发展的基本预测

2010—2020年，经济总量不断增长，工业尤其是重工业占国内生产总值的比重不断提高，能源原材料工业占工业比重在2010—2015年左右达到高峰，高加工度制造业比重不断上升，到2020年全国基本实现工业化。同时，城市化以年均0.9个百分点较快速度推进，2020年城市化率达到65%左右。考虑政策因素，2010—2020年全国经济仍将保持较快增长，GDP平均增速约在7%～8%左右。

2015年以后，随着前期工业化的高速发展，全国经济将进入工业化中期阶段，第二产业发展速度明显放缓。同时随着居民收入的不断增加，居民消费将进一步拉动第三产业的增长，服务业比重将超过第二产业成为中国第一大主导产业。考虑政策因素，2015—2020年全国经济仍将维持较快增长，GDP平均增速较2010—2015年期间下降1%～1.5%左右。

（2）广西经济发展趋势分析

2000年以来，广西进入快速扩张周期，2005—2015年经济年均增速为12.1%，高于全国平均水平。在未来的5年里，受多种因素的推动，广西总体经济仍将保持平稳增长势头，工业所占比重会保持平稳有所下降。在这样的发展过程中，存在的制约因素也不容忽视，特别是环境资源因素制约。

进入新世纪以后，广西全区经济增速有所加快，并在“十二五”期间完成了工业化中期发展阶段。“十三五”期间，以电子信息、通信、科技产品为主的工业产业将得到进一步快速发展，传统制造为主导的产业相对放缓，广西整体经济增速将与全国平均水平持平，工业占比将有所下降，但仍会高于国家平均水平，且高于第三产业。2020年我国整体的经济增长由于受到结构调整力度加大、资源环境约束增加、劳动力成本上升、自主创新能力较弱等因素的影响，经济增速将不可避免地低于“十一五”时期，广西经济增速减缓不可避免。

3.4.2.2 经济总量和产业结构预测

广西经济在 2005—2010 年为快速发展期，年均增速超过 20%；2010—2015 年趋于平稳发展阶段，年均增速 13.3%，增长速度较初期发展有所降低。在此期间，由于国际经济形势总体放缓，广西经济年均增速也随之下降。预计“十三五”期间广西受到全球经济发展放缓和政策因素影响，经济增长速度将较“十二五”期间持续放缓，保持平稳增长。此外，由于全区资源环境承载力较低，规划期内工业经济必须倡导绿色发展理念，实施绿色发展战略，构筑绿色经济模式，以推动经济的可持续增长。

广西现有经济结构的基本特征是：第一产业占 GDP 比重 15%，1995—2015 年期间，一产比重从 30.3% 降至 15.3%，且近八年都保持在 16% 上下浮动；第二产业增速快，2015 年占 GDP 的比重 45.9%，第二产业是拉动经济增长的主导力量；第三产业相对稳定，且积攒较强实力、占 GDP 的比重 38.8%，1995—2015 年浮动不超过 5%。在第二产业特别是工业生产为核心的基准情景下，经济仍将平稳增长，土地资源、能源和水资源消耗量将持续增大。

结合我国及广西“十二五”期间经济总量增速及产业结构组成发展趋势，分析各情景模式下各市、各产业经济增速、比重及对经济增长贡献率差异。

（1）基准情景

在基准情景下，土地将全面得到开发，受到固定资产投资和工业生产增长的推动，第二产业继续平稳增长，第三产业也以较快速度保持增长，但产业结构与目前水平基本不变，在这种增长格局下，预测广西工业发展经济指标。在基准情景下，2015—2020 年广西工业年均增加值将达到 5.7%，期末生产总值将达到 30874 亿元。其中柳州市的工业经济产值最高，2020 年将达到 6301 亿元。具体到产业，2020 年产业占比最大的是食品加工业和汽车工业，这两个行业产值分别占工业总产值的 15.5% 和 12.2%。

（2）规划情景

规划情景梳理了广西及各市提出的发展意愿，通过调整投资结构、优化工业增长结构和控制耗能与污染行业的发展，使第二产业的增长速度平稳提高；通过区域现代服务业的引导壮大，区域产业人口逐步提高收入和扩大消费，加快和促进了第三产业的发展。在此模式下，工业总产值达到39550亿元，工业增长率为11.1%。食品加工业、电子信息和汽车产业依然是规划期内市场份额前三的产业，工业总产值分别为5000亿元、4890亿元及4278亿元。规划情景下经济增长的约束条件有所改变，一方面能耗和污染排放较高的工业在一定程度上被压缩和改造，用于结构调整和产业升级的投资多于发展性资金，致使一定时期内工业增加值总量减少和增速减慢，第二产业对经济增长的贡献率降低。另一方面，区域人口的进驻、城镇化水平的提高以及服务设施的建设，将促进第三产业快速发展，随着产业结构调整到位，广西的经济增长将更健康、更具活力。

（3）优化情景

优化情景在规划情景基础上结合全国和广西的经济发展趋势，适度调低发展增速，同时通过产业结构升级改造、压缩高耗能高污染产业规模等措施，控制区域资源能源消耗量及污染物排放水平。从长期发展看，随着区域产业结构调整持续提高，技术不断优化更新，产业附加值不断增加，可在保证经济增速不降低条件下，通过产业结构内部优化及互补增长，实现地区经济的快速增长。

优化情景在规划方案基础上，结合全国整体经济发展水平，通过压缩高耗能高污染低附加值产业规模，加快产业优化升级，大力发展现代服务业、新兴战略产业和高新技术产业，提出优化情景下经济发展水平。广西现有的资源环境承载力较弱，要在既定的环境条件下促进经济的快速增长，必须适当放慢第二产业发展速度，坚决压缩资源环境友好程度较低的行业，着力加强服务业的建设，即在保持经济增速不降低的情况，通过大力发展低耗能、低排放的新兴产业和第三产业，实现经济绿色化。

结合上述分析及预测，对各情景模式下各市、各行业工业产值进行预测，详见表3.4-3及表3.4-4。

表 3.4–3 各情景模式下各市工业产值预测（单位:亿元）

序号	城市名称	基准情景		规划情景		优化情景	
		工业总产值	工业增加值	工业总产值	工业增加值	工业总产值	工业增加值
1	南宁市	5020	1408	6000	1600	5411	1443
2	柳州市	6301	1550	6500	1700	6423	1562
3	桂林市	3103	908	4000	1200	3290	987
4	梧州市	3004	748	3200	770	3158	760
5	北海市	1972	463	3000	700	2598	588
6	防城港市	2058	470	3000	700	2100	490
7	钦州市	1929	459	3000	700	2323	538
8	贵港市	1288	362	2000	600	1339	372
9	玉林市	1921	544	2500	850	2001	641
10	百色市	2040	582	2500	750	2310	693
11	贺州市	452	94	1000	300	525	147
12	河池市	367	116	650	210	392	122
13	来宾市	516	115	900	300	678	156
14	崇左市	903	286	1300	370	928	322
	合计	30874	8105	39550	10750	33476	8821

表 3.4–4　各情景模式下各行业工业产值预测（单位:亿元）

序号	行业类别	基准情景		规划情景		优化情景	
		工业总产值	工业增加值	工业总产值	工业增加值	工业总产值	工业增加值
1	食品加工	4779	1227	5000	1328	4803	1238
2	石化工业	2924	751	3393	1150	3082	793
3	有色金属工业	1941	499	2567	681	2021	520
4	冶金工业	3045	800	3300	876	3173	834
5	建材工业	1541	396	3056	811	1674	469
6	造纸与木材加工业	1238	335	2000	531	1345	376
7	纺织服装与皮革加工业	465	119	800	213	538	151
8	汽车工业	3760	966	4278	1136	3850	1022
9	机械工业	3320	853	3911	1038	3520	934
10	电子信息	3316	1000	4890	1298	4401	1168
11	医药制造	891	230	1222	325	1100	293
12	修造船及海洋工程装备	282	73	367	97	330	87
13	节能环保	529	136	611	162	550	146
14	其他	1035	266	1222	325	1100	293
15	采矿业	663	170	1344	357	739	207
16	电力、热力、燃气和水生产供应业	1145	284	1589	422	1250	290
	合计	30874	8105	39550	10750	33476	8821

3.4.3 资源压力预测分析

3.4.3.1 水资源压力预测分析

2020 年不同情景下各市工业水资源消耗情况见表 3.4-5 和图 3.4-1、图 3.4-2。

表 3.4-5　2020 年不同情景下各市工业新鲜水用情况预测表

序号	城市名称	基准情景		规划情景		优化情景	
		新鲜用水量 / 万 m^3	单位工业增加值新鲜水耗 / m^3/ 万元	新鲜用水量 / 万 m^3	单位工业增加值新鲜水耗 / m^3/ 万元	新鲜用水量 / 万 m^3	单位工业增加值新鲜水耗 / m^3/ 万元
1	南宁	17234.39	12.24	16524.74	10.33	14473.69	10.03
2	柳州	105680.44	68.18	94397.87	55.53	94397.87	60.43
3	桂林	7193.03	7.92	8029.36	6.69	6413.32	6.50
4	梧州	7544.39	10.09	6931.65	9.00	6770.94	8.91
5	北海	36781.86	79.44	43800.38	62.57	34985.06	59.50
6	防城港	7453.46	15.86	9755.34	13.94	5076.91	10.36
7	钦州	10031.20	21.85	13697.7	19.57	9758.77	18.14
8	贵港	8496.64	23.47	13172.22	21.95	8107.26	21.79
9	玉林	2791.51	5.13	3880.2	4.56	2716.43	4.24
10	百色	18320.64	31.48	18692.24	24.92	16778.89	24.21
11	贺州	2401.22	25.54	5384.05	17.95	2376.85	16.17
12	河池	54079.65	466.20	63933.46	304.45	36844.57	302.00
13	来宾	10653.02	92.63	20780.47	69.27	9353.2	59.96
14	崇左	7462.73	26.09	7574.39	20.47	6109.19	18.97
	全区	296124.18	36.54	326554.07	30.38	254162.95	28.81

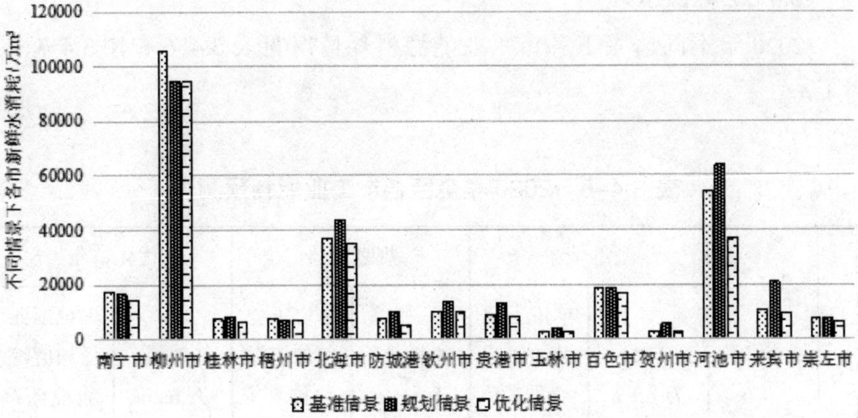

图 3.4–1 2020 年不同情景下各市新鲜水消耗情况

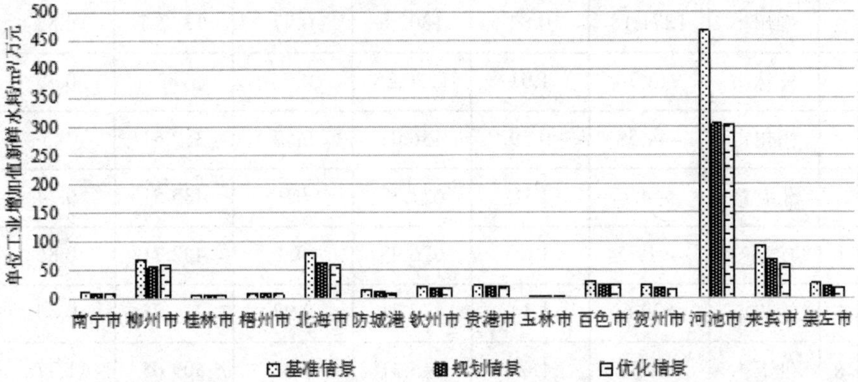

图 3.4–2 2020 年不同情景下各市水耗强度情况

由图表可知，优化情景下，2020 年全区的工业新鲜水用水量可降低到 254162.95 万 m^3/a，较基准、规划情景分别下降 14.17% 和 22.17%，满足《关于加快推进生态文明建设的意见》中用水总量控制目标 6700 亿 m^3/a 要求；单位工业增加值水耗降至 28.81m^3/ 万元，满足《关于印发广西生态经济发展规划（2015—2020 年）的通知》中单位工业增加值水耗 60m^3/ 万元要求。河池市单位工业增加值水耗为 302m^3/ 万元，超出“十三五”全区控制目标 4.03 倍，但较河池市 2015 年单位工业增加值水耗下降了 34.04%，满足《水利改革发展“十三五”规划》中万元工业增加值用水量下降 20% 的要求。

3.4.3.2 能源压力

2020 年不同情景下各市工业能源消耗情况见表 3.4-6 和图 3.4-3、图 3.4-4。

表 3.4-6 2020 年全区各市工业能耗预测表

序号	城市名称	基准情景		规划情景		优化情景	
		能耗量 / 万 tce/a	单位工业增加值综合能耗 /（tce/ 万元）	能耗量 / 万 tce/a	单位工业增加值综合能耗 /（tce/ 万元）	能耗量 / 万 tce/a	单位工业增加值综合能耗 /（tce/ 万元）
1	南宁市	1023.15	0.73	1087.09	0.68	952.74	0.66
2	柳州市	1271.18	0.82	1302.6	0.77	1302.6	0.83
3	桂林市	913.36	1.01	1129.25	0.94	782	0.79
4	梧州市	444.58	0.59	436.03	0.57	382.61	0.5
5	北海市	544.7	1.18	631.37	0.9	435.51	0.74
6	防城港市	491.75	1.05	626.98	0.9	422.71	0.86
7	钦州市	522.6	1.14	677.71	0.97	457.95	0.85
8	贵港市	530.39	1.47	845.31	1.41	509.65	1.37
9	玉林市	591.01	1.09	717.66	0.84	513.15	0.8
10	百色市	1062	1.82	1200.18	1.6	940.93	1.36
11	贺州市	363.38	3.87	689.54	2.3	334.85	2.28
12	河池市	203.8	1.76	367.5	1.75	193.32	1.58
13	来宾市	260.43	2.26	487	1.62	244.58	1.57
14	崇左市	391.72	1.37	374.59	1.01	324.22	1.01
	全区	8614.05	1.06	10572.81	0.98	7796.82	0.88

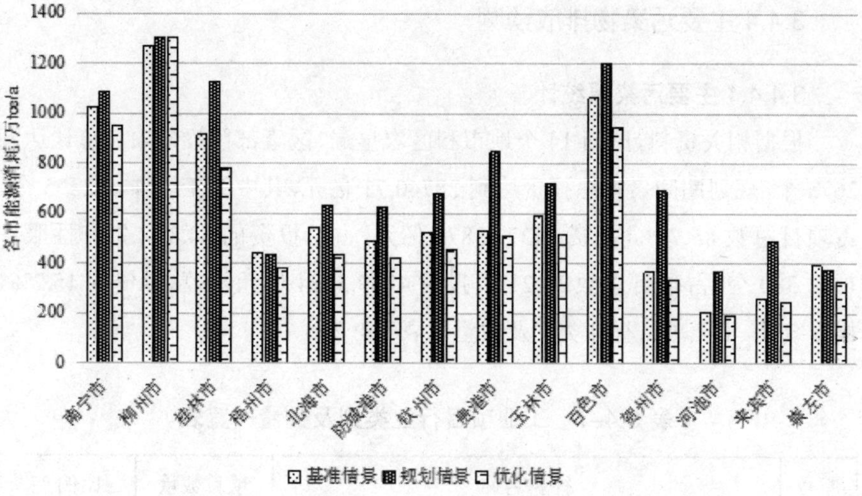

图 3.4–3 不同情景下各市能源消耗情况

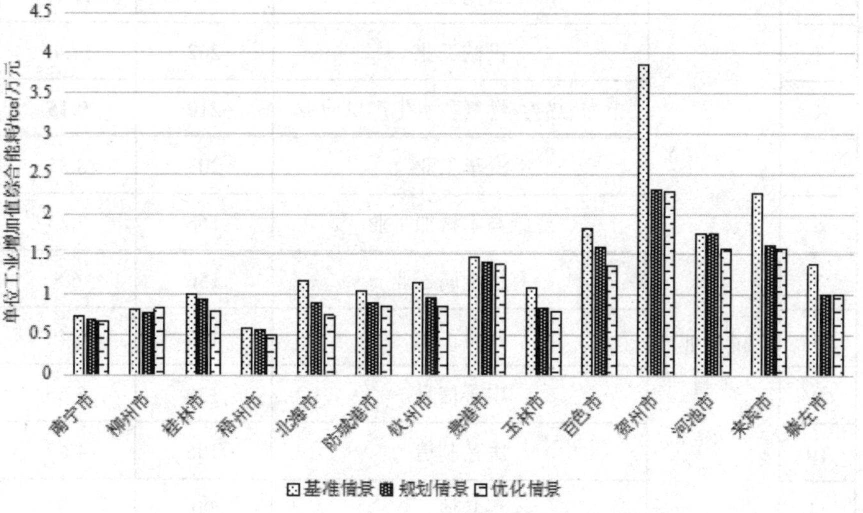

图 3.4–4 不同情景下各市能耗强度情况

由图表可知，优化情景下，2020 年全区的工业能耗可降低到 7796.82 万 tce/a，较基准、规划情景分别下降 9.49% 和 26.26%，单位工业增加值能耗降至 0.88tce/ 万元，较 2015 年下降了 18.52%，满足《国务院关于印发“十三五”节能减排综合工作方案的通知》中工业增加值能耗下降 18% 的要求。

3.4.4 主要污染物排放预测

3.4.4.1 主要污染源统计

根据相关资料，广西 14 个地市和区农垦局、区直部门投资项目总计达到 2675 个，规划期间累积总投资达到 28740.71 亿元，其中纯工业项目 2295 个，占项目总数 85.79%，投资 24371.3876 亿元，占总投资的 84.8%，生产性服务项目 380 个，占项目总数 14.21%，投资 4369.3224 亿元，占总投资的 15.2%。根据统计，工业项目行业类别及数量见表 3.4-7。

表 3.4-7　工业项目行业类别及数量一览表

序号	行业名称		项目数量	比例 %
1	纯工业项目	食品工业	283	12.33
2		石化工业	272	11.85
3		机械工业	262	11.42
4		电力、热力、燃气和水生产供应业	210	9.15
5		汽车工业	203	8.85
6		造纸与木材加工业	166	7.23
7		有色金属工业	156	6.8
8		建材工业	149	6.49
9		电子信息	130	5.66
10		医药制造	106	4.62
11		其他	90	3.92
12		冶金工业	82	3.57
13		节能环保	73	3.18
14		纺织服装与皮革加工业	41	1.79
15		修造船及海洋工程装备	40	1.74

续表

序号	行业名称		项目数量	比例 %
16		采矿业	32	1.39
合　计			2295	100.00
1	生产性服务项目		380	
总　计			2675	

“十三五”期间，新增项目量排名前三的行业为食品工业、石化工业和机械工业，占比均大于10%，总占比达到35.6%，为重点发展行业；有色金属工业、建材工业、造纸与木材加工业、汽车工业、电子信息和电力、热力、燃气和水生产供应业等六个行业新增项目量占比在5%～10%之间，总占比达到44.18%，为主要发展行业；纺织服装与皮革加工业、修造船及海洋工程装备、采矿业新增项目量最少，占比均小于2%。

3.4.4.2 主要污染物排放预测分析

主要污染物包括废气污染物中的二氧化硫、氮氧化物、烟（粉）尘和VOC，废水污染物中的化学需氧量、氨氮、石油类、挥发酚、氰化物、砷、铅、镉、汞、六价铬以及一般工业固体废物和危险废物。

（一）大气污染物

（1）各市工业废气污染物排放情况预测分析

2020年不同情景下各市工业废气污染物排放情况见表3.4-8—表3.4-10及图3.4-5—图3.4-7。

表3.4-8 2020年不同情景下各市工业二氧化硫排放情况 （单位：t/a）

序号	城市名称	基准情景	规划情景	优化情景
1	南宁市	30941.39	26919.01	22029.44
2	柳州市	37798.86	32885.01	32885.01
3	桂林市	29175.36	31151.33	21926.08
4	梧州市	10292.08	8547.11	8547.11

续表

序号	城市名称	基准情景	规划情景	优化情景
5	北海市	13672.94	11895.46	11895.46
6	防城港市	29018.19	30294.98	19948.54
7	钦州市	14192.90	21608.69	12350.51
8	贵港市	18830.84	25484.41	14565.69
9	玉林市	15560.01	13537.21	6770.08
10	百色市	44714.87	53351.22	40724.08
11	贺州市	9497.24	20656.50	6614.06
12	河池市	50270.14	87470.03	36235.98
13	来宾市	69192.09	96315.39	40227.64
14	崇左市	8351.56	9488.83	6540.70
	合计	381508.47	469605.18	281260.38

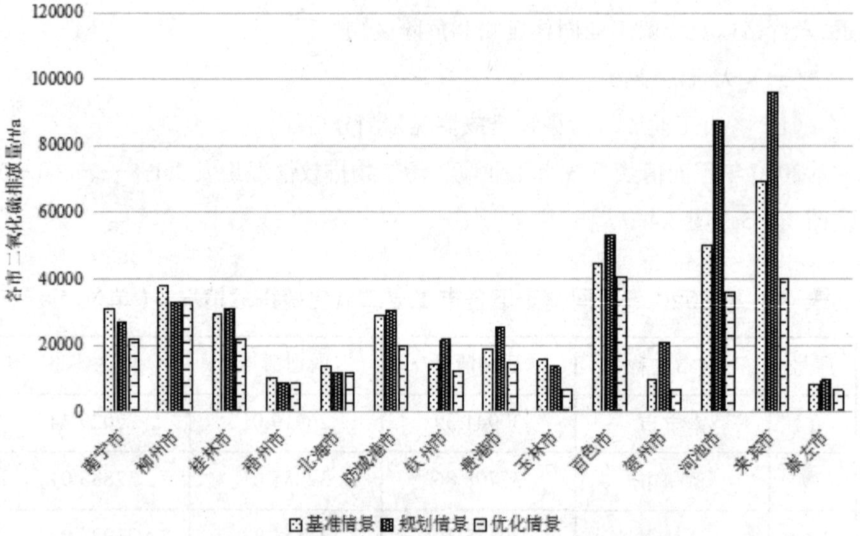

图 3.4–5 不同情景下各市工业二氧化硫排放量

表 3.4–9　2020 年不同情景下各市工业氮氧化物排放情况（单位：t/a）

序号	城市名称	基准情景	规划情景	优化情景
1	南宁市	31083.70	27042.81	19530.92
2	柳州市	34912.40	30373.79	30373.79
3	桂林市	19276.99	22210.81	15839.26
4	梧州市	4835.36	4206.76	3271.93
5	北海市	10366.37	9018.75	5381.38
6	防城港市	34631.53	30129.44	12225.77
7	钦州市	7112.45	11000.59	6264.23
8	贵港市	25952.68	38384.01	21254.39
9	玉林市	11967.38	12702.18	10180.25
10	百色市	30993.46	35053.62	25938.26
11	贺州市	8956.94	19481.33	5943.31
12	河池市	5027.00	5876.12	3471.03
13	来宾市	24115.60	39338.58	15033.47
14	崇左市	14944.03	18201.82	12856.84
	合计	264175.89	303020.61	187564.83

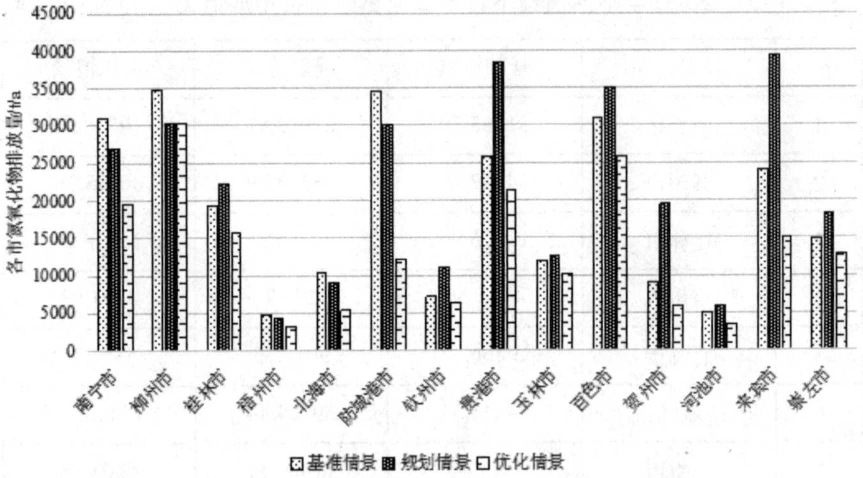

图 3.4-6　不同情景下各市工业氮氧化物排放量

表 3.4-10　2020 年不同情景下各市工业烟（粉）尘排放情况（单位：t/a）

序号	城市名称	基准情景	规划情景	优化情景
1	南宁市	22445.08	26260.74	19078.32
2	柳州市	78858.95	80199.55	67030.10
3	桂林市	9967.22	12110.18	8472.14
4	梧州市	6428.59	5785.73	5464.30
5	北海市	4225.61	4563.66	3591.77
6	防城港市	40971.15	58998.46	36645.36
7	钦州市	4957.75	7585.37	3619.16
8	贵港市	57130.71	84839.12	55491.54
9	玉林市	14337.11	14076.44	11078.68
10	百色市	16613.14	17942.18	13424.79
11	贺州市	4930.73	10483.97	3661.07
12	河池市	13443.08	22987.68	11426.63

续表

序号	城市名称	基准情景	规划情景	优化情景
13	来宾市	4874.23	6580.22	1866.21
14	崇左市	19823.72	18387.32	12422.77
	合计	299007.07	370800.62	253272.84

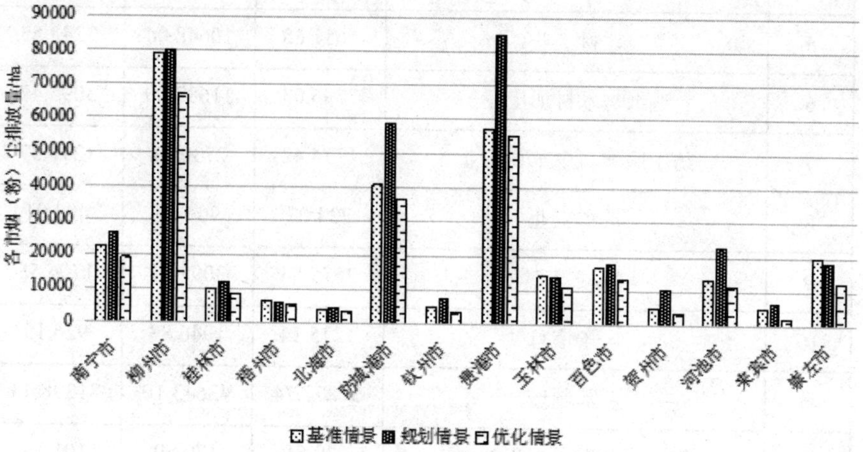

图 3.4-7 不同情景下各市工业烟（粉）尘排放量

在优化情景下，2020 年二氧化硫排放量可降低到 281260.38t/a，氮氧化物排放量可降低到 187564.83t/a，烟（粉）尘排放量可降低到 253272.84t/a；相对于基准和规划情景，二氧化硫排放量降低 26.28% 和 40.11%，氮氧化物排放量降低 29% 和 38.1%，烟（粉）尘排放量降低 15.3% 和 31.7%。

（2）各行业废气污染物排放情况预测分析

全区大气污染物排放行业主要为资源型行业，包括食品工业、石化工业、有色金属工业、冶金工业和电力、热力、燃气和水生产供应业。2020 年不同情景下各行业废气污染物排放情况见表 3.4-11—表 3.4-13 及图 3.4-8—图 3.4-10。

表 3.4-11 2020 年不同情景下各行业二氧化硫排放情况 （单位：t/a）

序号	行业分类	基准情景	规划情景	优化情景
1	食品工业	40570.84	42675.43	21042.10
2	石化工业	21088.60	24188.42	13125.14
3	有色金属工业	91196.62	120711.48	67737.47
4	冶金工业	87465.98	94743.74	71433.65
5	建材工业	5651.65	10648.04	2245.53
6	造纸与木材加工业	7596.03	11687.60	3095.47
7	纺织服装与皮革加工业	1774.42	2730.21	1297.57
8	汽车工业	734.07	904.00	499.91
9	机械工业	2575.84	3093.31	1756.55
10	电子信息	1275.14	1946.83	926.10
11	医药制造	31877.74	43643.10	31398.43
12	修造船及海洋工程装备	139.51	170.89	101.18
13	节能环保	8039.15	9300.95	6628.25
14	其他	29796.07	34876.01	23912.89
15	采矿业	6224.96	8359.09	3390.56
16	电力、热力、燃气和水生产供应业	45501.87	59926.09	32669.58
	合计	381508.49	469605.19	281260.38

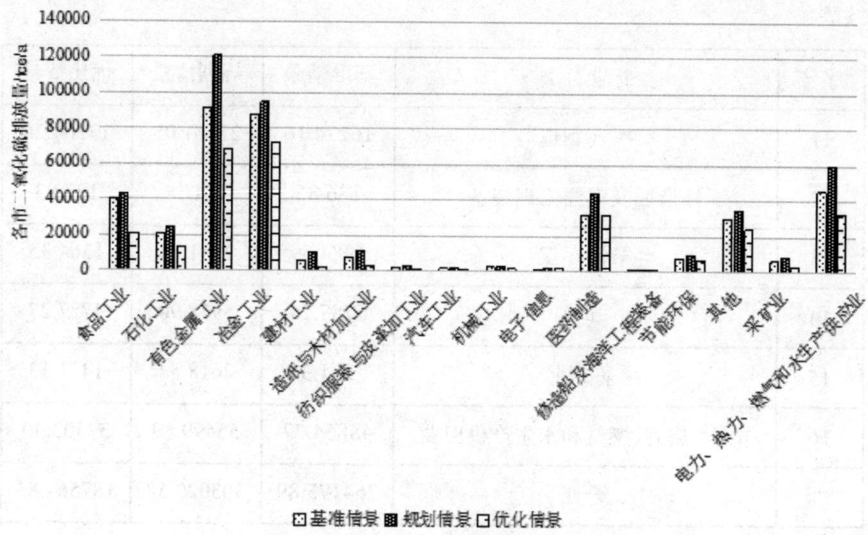

图 3.4–8　不同情景下各行业二氧化硫排放量

表 3.4–12 2020 年不同情景下各行业氮氧化物排放情况　（单位：t/a）

序号	行业分类	基准情景	规划情景	优化情景
1	食品工业	6420.62	6317.40	3802.65
2	石化工业	11067.60	12704.61	7803.39
3	有色金属工业	58997.93	74483.61	38516.20
4	冶金工业	105689.66	113545.11	75308.96
5	建材工业	1048.06	1203.08	738.96
6	造纸与木材加工业	2678.79	2572.97	1131.78
7	纺织服装与皮革加工业	518.75	655.02	365.75
8	汽车工业	416.89	478.53	358.45
9	机械工业	1499.08	1720.88	902.27
10	电子信息	509.59	584.96	438.19

续表

序号	行业分类	基准情景	规划情景	优化情景
11	医药制造	16234.16	22161.05	13204.26
12	修造船及海洋工程装备	186.85	214.38	127.83
13	节能环保	1984.59	2281.65	1364.35
14	其他	5787.24	5978.90	4727.27
15	采矿业	2281.31	2618.54	1471.13
16	电力、热力、燃气和水生产供应业	48854.77	55499.89	37303.40
	合计	264175.89	303020.58	187564.84

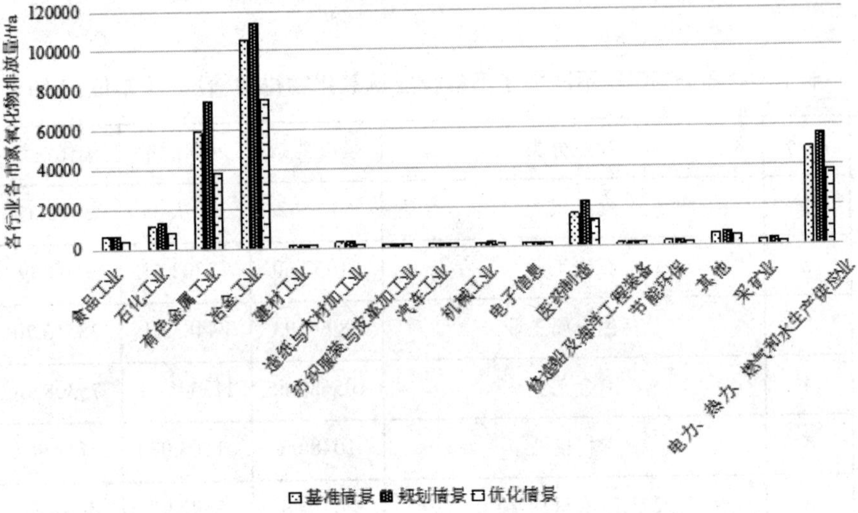

图 3.4–9　不同情景下各行业氮氧化物排放量

表 3.4–13 2020 年不同情景下各行业烟（粉）尘排放情况 （单位：t/a）

序号	行业分类	基准情景	规划情景	优化情景
1	食品工业	12735.85	13400.80	9999.38
2	石化工业	10927.67	11857.54	6836.96
3	有色金属工业	96107.95	126756.41	94600.96
4	冶金工业	94318.61	102124.84	79064.60
5	建材工业	1280.03	1426.86	861.43
6	造纸与木材加工业	13996.69	22419.95	5530.33
7	纺织服装与皮革加工业	1301.41	1613.89	720.66
8	汽车工业	713.05	884.26	601.69
9	机械工业	3022.93	3673.71	2072.55
10	电子信息	606.64	752.43	448.00
11	医药制造	18351.25	24383.04	17776.26
12	修造船及海洋工程装备	170.74	212.26	126.00
13	节能环保	7372.90	8471.99	5764.00
14	其他	8608.46	9325.61	7096.96
15	采矿业	12903.37	21274.87	6073.97
16	电力、热力、燃气和水生产供应业	16589.52	22222.15	15699.10
	合计	299007.07	370800.61	253272.85

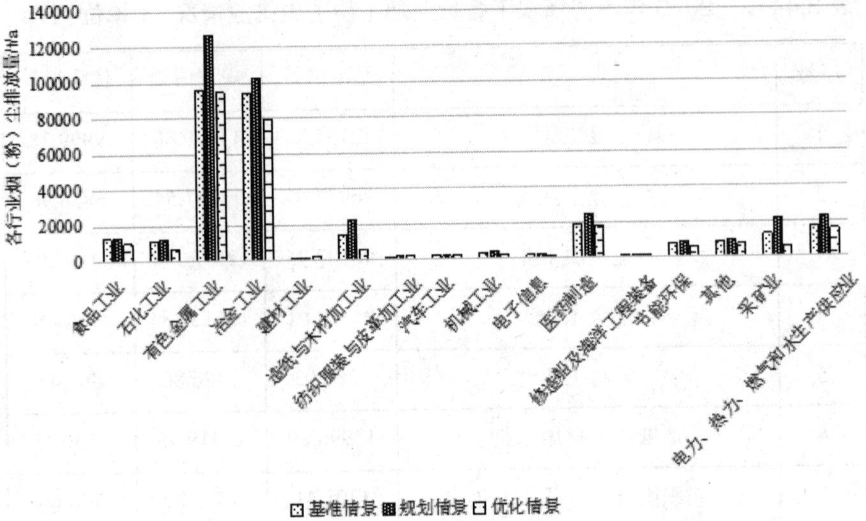

图 3.4-10 不同情景下各行业烟（粉）尘排放量

（二）废水污染物

（1）各市工业废水污染物排放量预测分析

优化情景下，2020 年废水排放量 54600.7 万 m^3/a，化学需氧量排放量 105450.91t/a，氨氮排放量 5193.58t/a，石油类排放量 230.63t/a，挥发酚排放量 4679.39kg/a，氰化物排放量 5435.36kg/a，重金属排放量 8844.76kg/a；相对于基准和规划情景，废水排放量降低 18.01% 和 32.62%，化学需氧量排放量降低 15.36% 和 31.64%，氨氮排放量降低 11.35% 和 28.53%，石油类排放量降低 24.28% 和 36.52%，挥发酚排放量降低 16.33% 和 28.15%，氰化物排放量降低 24.02% 和 22.99%，重金属排放量降低 34.58% 和 46.35%。2020 年不同情景下各市废水污染物排放情况见表 3.4-14—表 3.4-24 及图 3.4-11—图 3.4-21。

表 3.4-14 各情景模式下各市工业废水排放总量（单位：万 m^3/a）

序号	城市名称	基准情景	规划情景	优化情景
1	南宁市	15214.63	14588.15	7613.05
2	柳州市	6678.87	5940.56	5651.61
3	桂林市	2968.7	3156.07	2414.53

续表

序号	城市名称	基准情景	规划情景	优化情景
4	梧州市	3395.18	2835.85	2770.1
5	北海市	1383.57	1321.93	1253.8
6	防城港市	402.53	478.95	335.74
7	钦州市	3302.05	7969.7	4671.99
8	贵港市	3144.58	4239.12	2757.14
9	玉林市	5768.17	4581.57	2167.08
10	百色市	4689.37	4000.35	3510.55
11	贺州市	7025.45	17184.57	3780.73
12	河池市	10042.87	20470.7	8917.07
13	来宾市	8771.48	20912.5	6784.99
14	崇左市	2625.39	2220.56	1972.32
	总计	75412.84	109900.58	54600.7

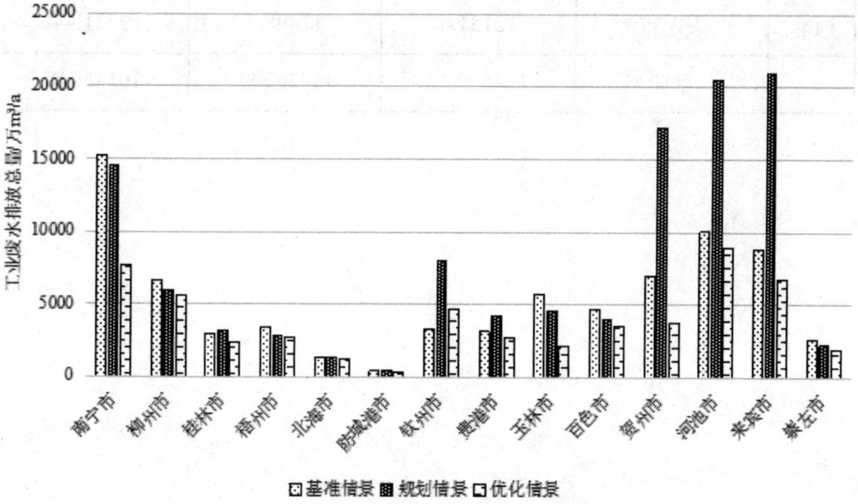

图 3.4-11　各情景模式下各市工业废水排放总量

表 3.4-15 各情景模式下各市工业化学需氧量排放量 （单位：t/a）

序号	城市	基准情景	规划情景	优化情景
1	南宁市	18778.78	18629.82	18629.82
2	柳州市	9307.88	8377.1	8377.1
3	桂林市	6739.63	6932.19	4249.01
4	梧州市	7328.5	6595.64	6595.64
5	北海市	4897.45	5289.25	5289.25
6	防城港市	6106.33	7144.4	7144.4
7	钦州市	5406.73	8272.3	4802.74
8	贵港市	11463.22	13411.97	8129.75
9	玉林市	4917.41	4646.95	3099.14
10	百色市	11984.13	12942.86	10318.28
11	贺州市	5478.58	11915.9	3966.37
12	河池市	8711.59	15288.84	8339.55
13	来宾市	11318.49	17317.29	6788.42
14	崇左市	12151.6	17498.3	9721.44
	总计	124590.32	154262.81	105450.91

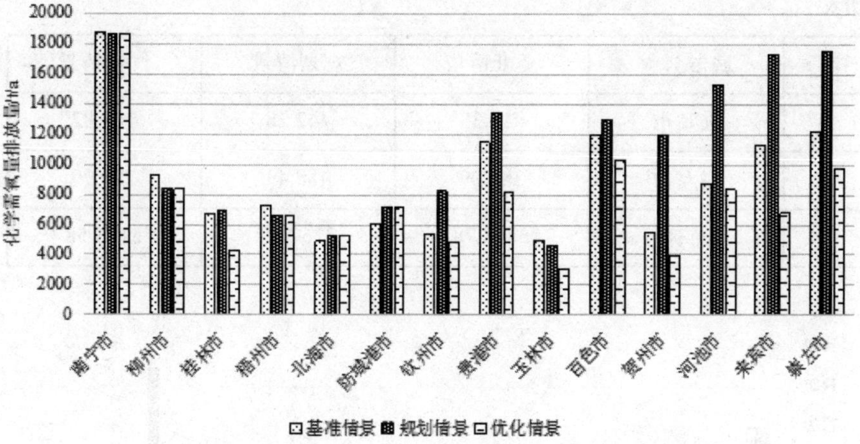

图 3.4-12 各情景模式下各市工业化学需氧量排放量

表 3.4-16 各情景模式下各市工业氨氮排放量 (单位:t/a)

序号	城市名称	基准情景	规划情景	优化情景
1	南宁市	1052.47	1194.55	1194.55
2	柳州市	755.91	692.7	692.7
3	桂林市	367.66	446.72	314.85
4	梧州市	393.38	303.89	303.89
5	北海市	26.64	28.21	28.21
6	防城港市	109.31	127.89	83.45
7	钦州市	185.44	250.35	136.74
8	贵港市	269.55	388.14	238.75
9	玉林市	281.28	227.84	227.84
10	百色市	427.5	473.23	473.23
11	贺州市	345.91	716.04	255.89
12	河池市	847.29	1487.01	779.67

续表

序号	城市名称	基准情景	规划情景	优化情景
13	来宾市	413.35	442.28	181.82
14	崇左市	383.09	488.43	281.99
	总计	5858.78	7267.28	5193.58

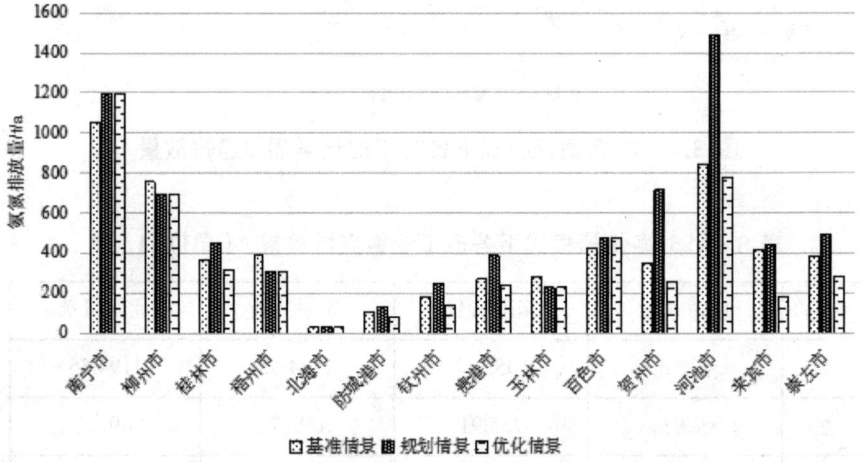

图 3.4-13 各情景模式下各市工业氨氮排放量

表 3.4-17 各情景模式下各市工业石油类排放量 （单位：t/a）

序号	城市名称	基准情景	规划情景	优化情景
1	南宁市	76.7	69.03	61.09
2	柳州市	45.46	40.91	31.66
3	桂林市	20.43	24.81	18.03
4	梧州市	67.74	60.97	54.93
5	北海市	5.07	5.4	3.66
6	防城港市	3.15	4.1	2.43

续表

序号	城市名称	基准情景	规划情景	优化情景
7	钦州市	5.32	7.65	4.13
8	贵港市	0.47	0.55	0.28
9	玉林市	13.32	12.99	9.68
10	百色市	0.82	0.74	0.55
11	贺州市	62.75	130.59	42.84
12	河池市	2.99	5.11	1.17
13	来宾市	0.3	0.41	0.14
14	崇左市	0.05	0.04	0.02
	总计	304.57	363.3	230.61

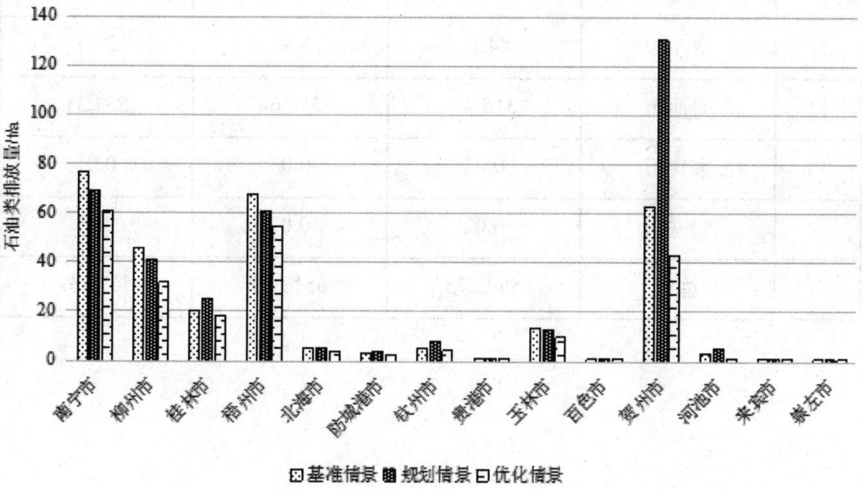

图 3.4–14 各情景模式下各市工业石油类排放量

表 3.4–18 各情景模式下各市工业挥发酚排放量 （单位：kg / a）

序号	城市名称	基准情景	规划情景	优化情景
1	南宁市	4219.63	4740.57	3528.89
2	柳州市	697.53	690.56	582.88
3	桂林市	3.84	4.67	3.39
4	梧州市	0.03	0.02	0.01
5	北海市	6.89	7.44	5.9
6	防城港市	1.74	1.57	0.89
7	钦州市	308.03	471.29	273.62
8	贵港市	1.09	1.37	0.77
9	玉林市	9.67	10.76	8.03
10	百色市	24.69	22.22	17.71
11	贺州市	4.1	8.93	2.97
12	河池市	315.47	553.64	254.31
13	来宾市	0.02	0.03	0.01
14	崇左市	0.02	0.02	0.01
	总计	5592.75	6513.09	4679.39

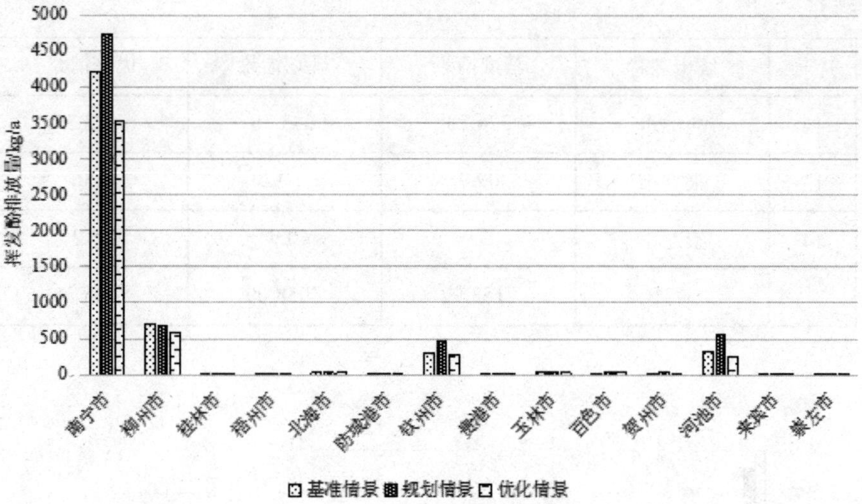

图 3.4-15 各情景模式下各市工业挥发酚排放量

表 3.4-19 各情景模式下各市工业氰化物排放量 （单位：kg / a）

序号	城市名称	基准情景	规划情景	优化情景
1	南宁市	3503.83	3286.67	2790.7
2	柳州市	2634.11	2370.7	1834.43
3	桂林市	3.43	4.17	3.03
4	梧州市	209.54	188.59	160.84
5	北海市	19.82	19.62	16.95
6	防城港市	0.05	0.05	0.03
7	钦州市	34.9	53.4	29.76
8	贵港市	0.96	1.13	0.68
9	玉林市	254.47	272.65	211.49
10	百色市	0.32	0.35	0.23
11	贺州市	80.62	175.33	58.36

续表

序号	城市名称	基准情景	规划情景	优化情景
12	河池市	376.23	643.36	303.3
13	来宾市	0.69	1.12	0.36
14	崇左市	35	40.95	25.2
	总计	7153.97	7058.09	5435.36

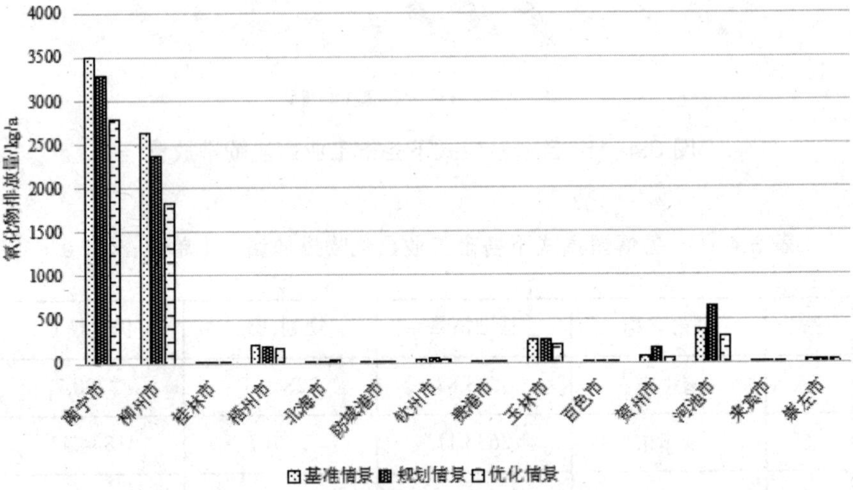

图 3.4-16 各情景模式下各市工业氰化物排放量

表 3.4-20 各情景模式下各市工业砷排放量 （单位：kg / a）

序号	城市名称	基准情景	规划情景	优化情景
1	南宁市	45.86	45.41	36.53
2	柳州市	120.01	88.37	75.97
3	桂林市	83.52	101.48	73.72
4	梧州市	1323.08	770.03	744.74
5	北海市	0.02	0.02	0.01

续表

序号	城市名称	基准情景	规划情景	优化情景
6	防城港市	0.01	0.01	0.01
7	钦州市	0.09	0.14	0.08
8	贵港市	56.02	68.76	36.12
9	玉林市	1.9	1.85	1.37
10	百色市	127.14	88.02	70.17
11	贺州市	234.41	366.1	119.79
12	河池市	3592.31	5431.57	2316.73
13	来宾市	45.23	56.99	23.74
14	崇左市	0.02	0.02	0.01
	总计	5629.62	7018.77	3498.99

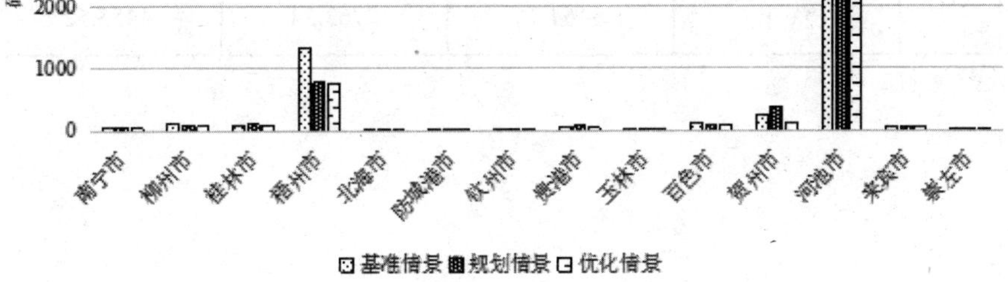

图 3.4–17 各情景模式下各市工业砷排放量

表 3.4–21 各情景模式下各市工业铅排放量 （单位：kg / a）

序号	城市名称	基准情景	规划情景	优化情景
1	南宁市	22.29	20.06	17.08
2	柳州市	212.65	191.39	148.08
3	桂林市	39.46	46.81	33.24
4	梧州市	2715.52	2036.64	1910.66
5	北海市	0.04	0.04	0.03
6	防城港市	0.05	0.05	0.03
7	钦州市	0.02	0.02	0.01
8	贵港市	33.59	51.39	23.82
9	玉林市	6.47	6.61	5.13
10	百色市	0.06	0.05	0.04
11	贺州市	54.6	114.66	39.53
12	河池市	2887.55	4741.47	2061.46
13	来宾市	487.74	548.7	213.3
14	崇左市	4.32	5.45	3.11
	总计	6464.36	7763.34	4455.52

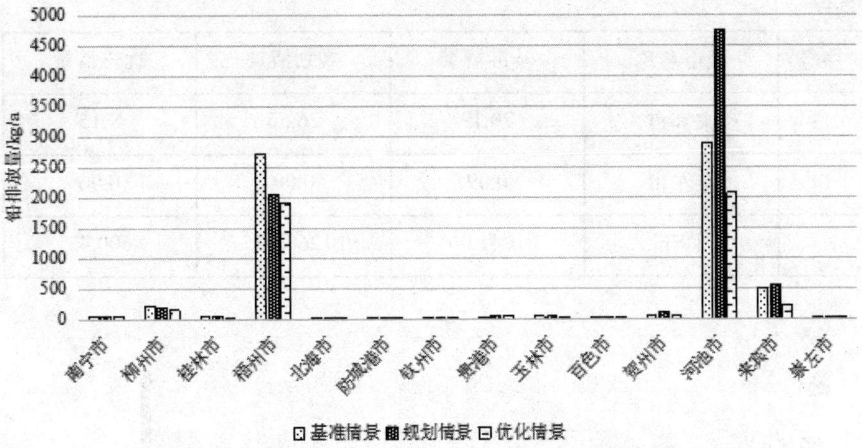

图 3.4-18　各情景模式下各市工业铅排放量

表 3.4-22 各情景模式下各市工业镉排放量　（单位：kg / a）

序号	城市名称	基准情景	规划情景	优化情景
1	南宁市	0.38	0.34	0.3
2	柳州市	41.73	37.56	29.06
3	桂林市	2.37	2.88	2.09
4	梧州市	153.2	78.68	76.1
5	北海市	0.02	0.02	0.01
6	防城港市	0.02	0.02	0.01
7	钦州市	0.02	0.02	0.01
8	贵港市	0.47	0.71	0.33
9	玉林市	3.2	3	2.4
10	百色市	0.02	0.02	0.01
11	贺州市	33.56	39.39	12.67
12	河池市	785.79	1079.13	469.23

续表

序号	城市名称	基准情景	规划情景	优化情景
13	来宾市	20.19	26.56	8.15
14	崇左市	0.09	0.09	0.06
	总计	1041.06	1268.42	600.43

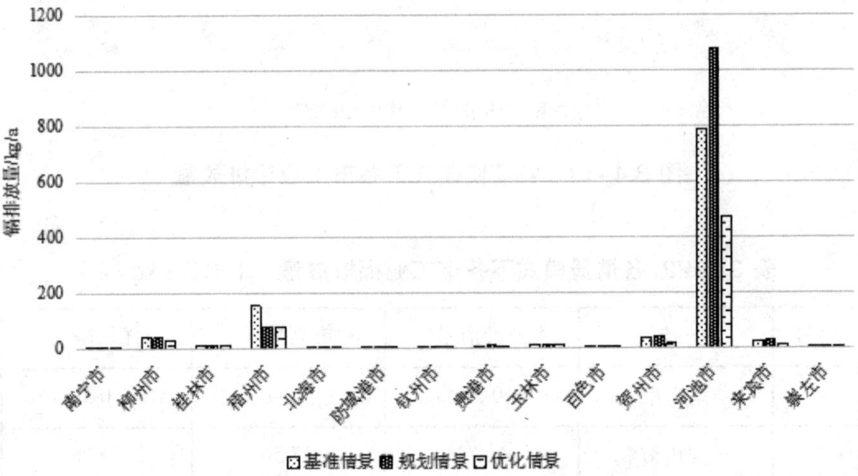

图 3.4-19 各情景模式下各市工业镉排放量

表 3.4-23 各情景模式下各市工业汞排放量 （单位：kg / a）

序号	城市名称	基准情景	规划情景	优化情景
1	南宁市	12.65	11.38	10.07
2	柳州市	7.34	6.61	5.11
3	桂林市	30.12	36.6	24.73
4	梧州市	47.24	35.43	33.24
5	北海市	0.04	0.04	0.03
6	防城港市	0.02	0.02	0.01

续表

序号	城市名称	基准情景	规划情景	优化情景
7	钦州市	0.04	0.04	0.02
8	贵港市	27.85	37.59	19.75
9	玉林市	0.85	0.83	0.62
10	百色市	0.03	0.03	0.02
11	贺州市	0.43	0.95	0.31
12	河池市	72.77	112.43	48.9
13	来宾市	0.12	0.16	0.06
14	崇左市	0.05	0.04	0.02
	总计	199.55	242.15	142.89

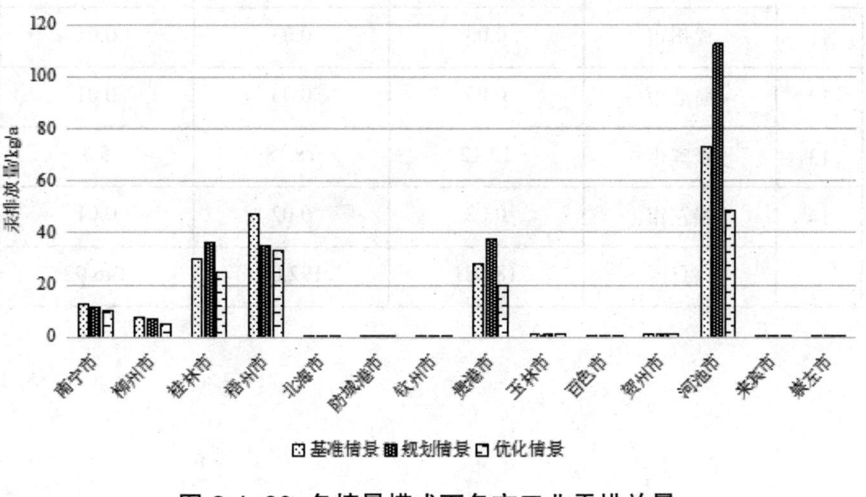

图 3.4–20 各情景模式下各市工业汞排放量

表 3.4-24 各情景模式下各市工业六价铬排放量 （单位：kg / a）

序号	城市名称	基准情景	规划情景	优化情景
1	南宁市	25.51	22.96	20.32
2	柳州市	59.81	53.82	43.72
3	桂林市	9.37	11.38	8.27
4	梧州市	8.37	7.53	7.06
5	北海市	2.42	2.62	2.07
6	防城港市	0.04	0.04	0.02
7	钦州市	0.04	0.06	0.03
8	贵港市	0.04	0.04	0.02
9	玉林市	0.02	0.02	0.01
10	百色市	66.98	75.36	60.07
11	贺州市	0.03	0.03	0.01
12	河池市	0.03	0.03	0.01
13	来宾市	12.12	18.18	5.3
14	崇左市	0.03	0.02	0.01
	总计	184.81	192.09	146.92

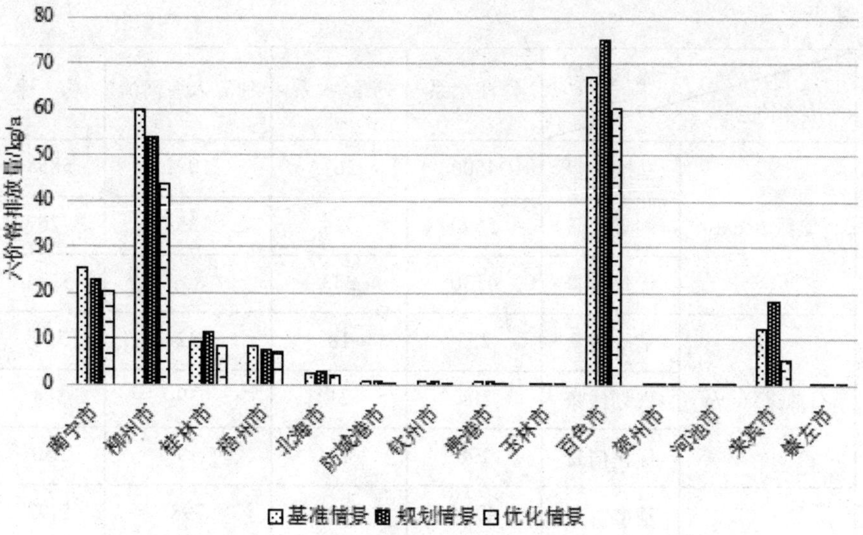

图 3.4-21 各情景模式下各市工业六价铬排放量

（2）各流域工业废水污染物排放预测分析

非持久性污染物和持久性污染物（砷）接纳量由大到小排名依次为珠江水系、独流入海河流、长江水系，持久性污染物（铅、镉、汞、六价铬）接纳量由大到小排名依次为珠江水系、长江水系、独流入海河流，珠江水系为接纳污染物量最大的流域。2020 年不同情景下各流域工业废水污染物排放情况见表 3.4-25 及图 3.4-22。

表 3.4-25 2020 年不同情景下各流域工业废水污染物排放情况

污染物种类 \ 流域名称		珠江水系	长江水系	独流入海河流	总 计
工业废水排放总量 / 万 m^3/a	基准情景	50432	2240	13920	66592
	规划情景	61373	2726	16940	81039
	优化情景	43920	2239	8442	54601
化学需氧量 /tce/a	基准情景	91661	3781	29148	124590
	规划情景	113491	4681	36090	154262
	优化情景	83982	4007	17462	105451

续表

污染物种类 \ 流域名称		珠江水系	长江水系	独流入海河流	总　计
氨氮 /tce/a	基准情景	4506	261	1091	5858
	规划情景	5590	324	1353	7267
	优化情景	4130	233	831	5194
石油类 /tce/a	基准情景	255	18	32	305
	规划情景	304	21	39	364
	优化情景	196	15	19	230
挥发酚 /kg/a	基准情景	4764	30	798	5592
	规划情景	5548	35	930	6513
	优化情景	3955	29	695	4679
氰化物 /kg/a	基准情景	4741	708	1705	7154
	规划情景	4677	699	1682	7058
	优化情景	3707	641	1088	5436
砷 /kg/a	基准情景	5287	86	256	5629
	规划情景	6592	108	319	7019
	优化情景	3270	59	170	3499
铅 /kg/a	基准情景	5816	388	260	6464
	规划情景	6984	466	313	7763
	优化情景	3982	290	184	4456
镉 /kg/a	基准情景	902	80	58	1040
	规划情景	1099	98	71	1268
	优化情景	515	51	35	601

续表

污染物种类 \ 流域名称		珠江水系	长江水系	独流入海河流	总　计
汞 /kg/a	基准情景	169	27	3	199
	规划情景	206	33	4	243
	优化情景	120	21	2	143
六价铬 /kg/a	基准情景	152	18	15	185
	规划情景	158	19	15	192
	优化情景	122	17	8	147

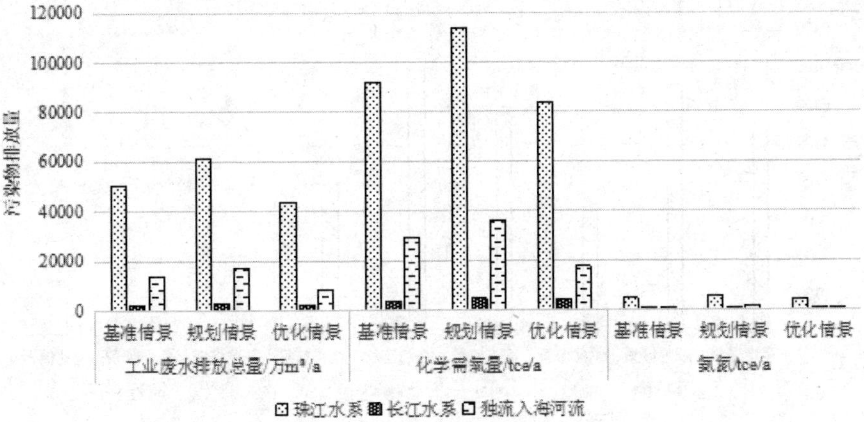

图 3.4-22　不同情景下各流域工业废水污染物排放情况（a）

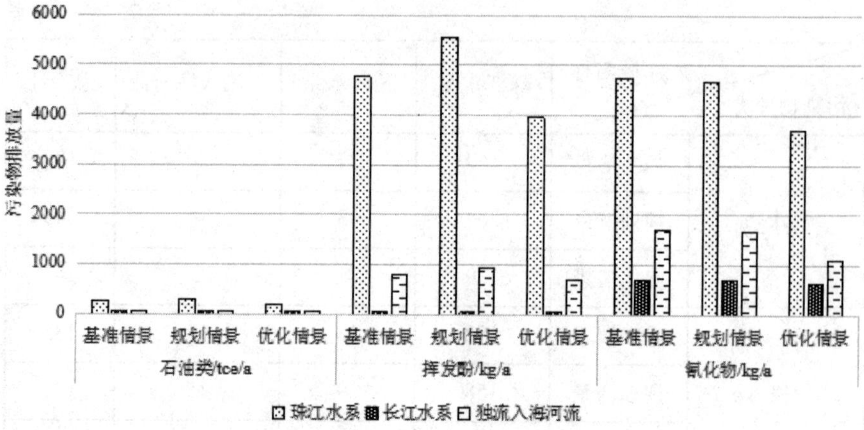

图 3.4-22 不同情景下各流域工业废水污染物排放情况（b）

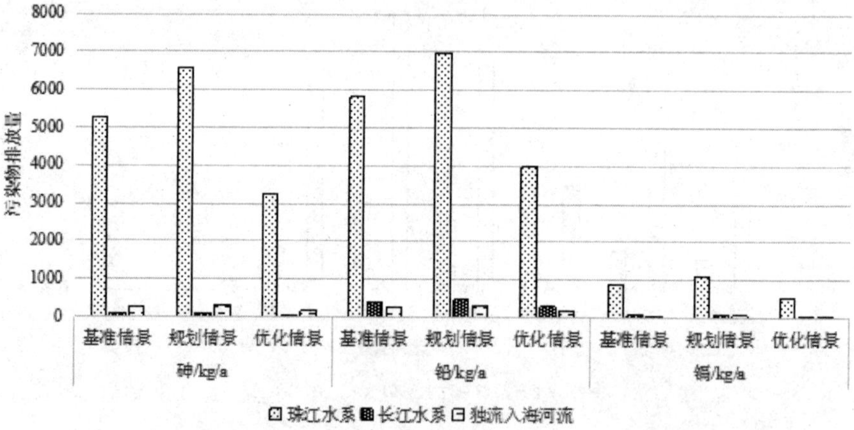

图 3.4-22 不同情景下各流域工业废水污染物排放情况（c）

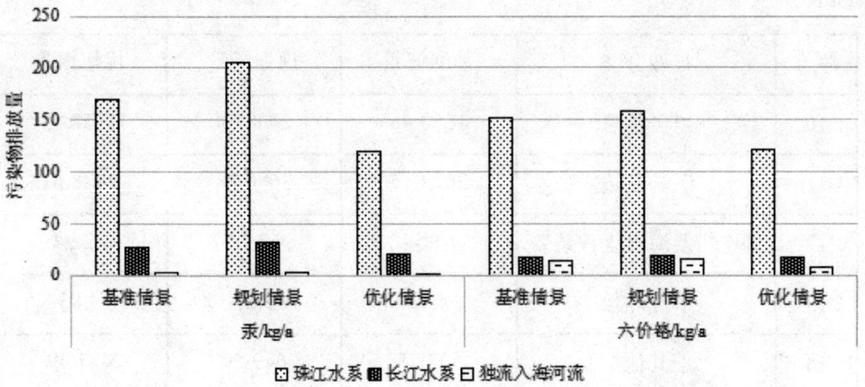

图 3.4-22 不同情景下各流域工业废水污染物排放情况（d）

（3）各行业工业废水污染物排放预测分析

全区水污染物排放行业主要为食品工业、石化工业、有色金属工业、冶金工业、造纸与木材和采矿业。2020 年不同情景下各行业工业废水污染物排放情况见表 3.4-26—表 3.4-36 及图 3.4-23—图 3.4-33。

表 3.4-26 各情景模式下各行业工业废水排放总量 （单位：万 m^3/a）

序号	行业分类	基准情景	规划情景	优化情景
1	食品工业	18608.48	22645.8	15273.8
2	石化工业	11408.16	13883.29	9350.17
3	有色金属工业	3330.83	4053.5	2729.96
4	冶金工业	1326.35	1614.11	1087.08
5	建材工业	1038.66	1264	851.29
6	造纸与木材加工业	14619.99	17791.96	11982.6
7	纺织服装与皮革加工业	2313.7	2815.68	1896.32
8	汽车工业	904.78	1101.09	741.56
9	机械工业	489.34	595.51	401.06

续表

序号	行业分类	基准情景	规划情景	优化情景
10	电子信息	1650.46	2008.54	1352.73
11	医药制造	3024.15	3680.28	2478.61
12	修造船及海洋工程装备	51.54	62.73	42.24
13	节能环保	5.92	7.21	4.85
14	其他	533.78	649.59	437.49
15	采矿业	7032.09	8557.77	5763.53
16	电力、热力、燃气和水生产供应业	253.02	307.92	207.38
	合计	66591.25	81038.98	54600.67

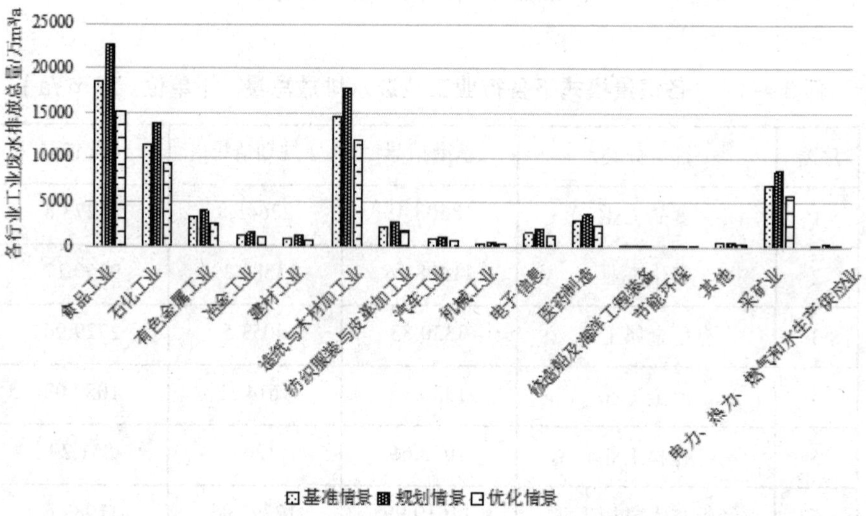

图 3.4–23　各情景模式下各行业工业废水排放总量

表 3.4-27 各情景模式下各行业工业化学需氧量排放量 （单位：t/a）

序号	行业分类	基准情景	规划情景	优化情景
1	食品工业	60497.16	63252.38	41620.65
2	石化工业	15664.18	17631.62	16464.95
3	有色金属工业	1310.62	1674.27	1409.73
4	冶金工业	5679.63	6140.88	5762.71
5	建材工业	1685.59	2933.64	1586.42
6	造纸与木材加工业	22087.7	35603.44	22979.54
7	纺织服装与皮革加工业	3800.78	6299.34	2157.3
8	汽车工业	777.09	874.69	598.39
9	机械工业	549.72	680.64	465.64
10	电子信息	1717.44	2290.06	1790.44
11	医药制造	3376.61	4442.09	3575.24
12	修造船及海洋工程装备	313.86	330.23	225.93
13	节能环保	524.78	552.54	244.95
14	其他	897.24	972.01	738.87
15	采矿业	4495.78	8934.16	4803.37
16	电力、热力、燃气和水生产供应业	1212.13	1650.85	1026.77
	合计	124590.31	154262.84	105450.9

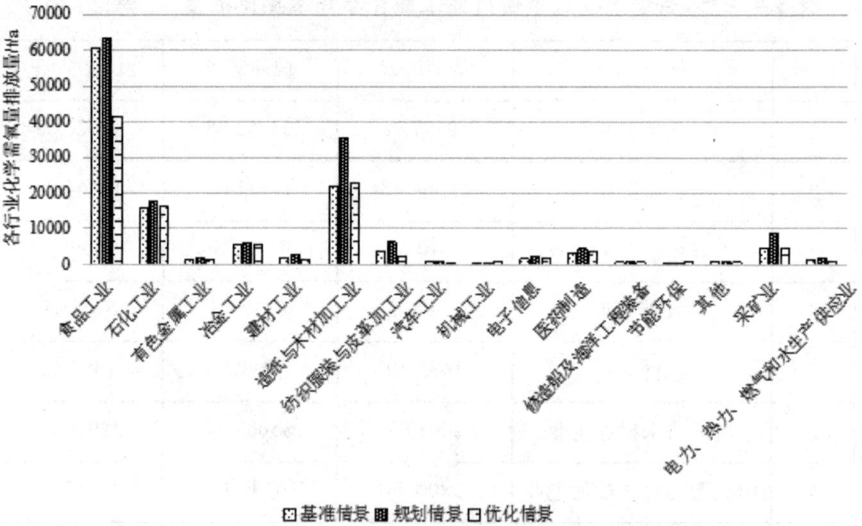

图 3.4–24 各情景模式下各行业工业化学需氧量排放量

表 3.4–28 各情景模式下各行业工业氨氮排放量 （单位：t/a）

序号	行业分类	基准情景	规划情景	优化情景
1	食品工业	1505.3	1557.47	1647.48
2	石化工业	1520.1	1669.81	1507.66
3	有色金属工业	394.04	488.79	382.62
4	冶金工业	56.25	69.77	54.76
5	建材工业	43.38	48.92	34.9
6	造纸与木材加工业	1325.24	2141.83	805.59
7	纺织服装与皮革加工业	361.26	448.12	230.7
8	汽车工业	73.45	91.19	65.01
9	机械工业	45.52	56.45	36.24
10	电子信息	58.77	72.9	52.01
11	医药制造	214.05	265.5	146.01

续表

序号	行业分类	基准情景	规划情景	优化情景
12	修造船及海洋工程装备	16.93	21.21	15.03
13	节能环保	13.34	16.54	12.98
14	其他	20.18	25.02	17.86
15	采矿业	199	278.92	174.16
16	电力、热力、燃气和水生产供应业	12	14.85	10.58
	合计	5858.81	7267.29	5193.59

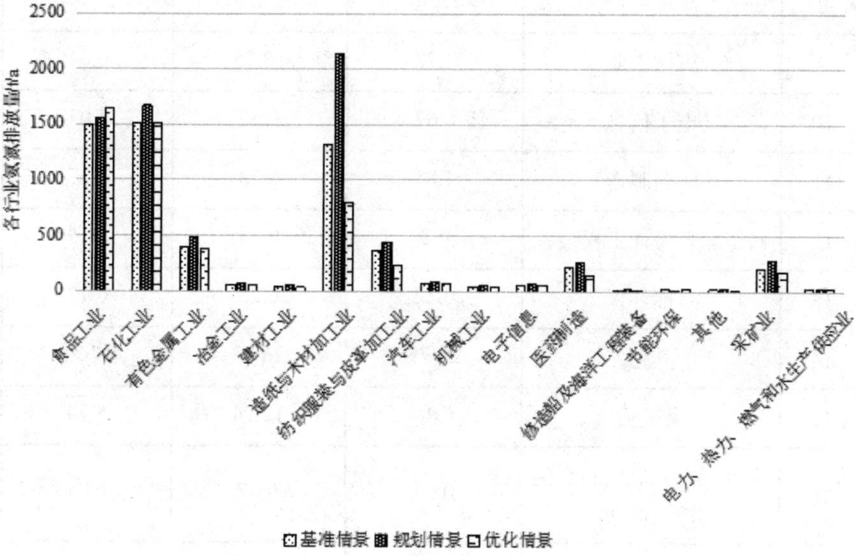

图 3.4-25 各情景模式下各行业工业氨氮排放量

表 3.4-29 各情景模式下各行业工业石油类排放量 （单位：t/a）

序号	行业分类	基准情景	规划情景	优化情景
1	食品工业	74.53	77.96	55.98
2	石化工业	77.14	95.51	64.86
3	有色金属工业	2.78	3.68	2.34
4	冶金工业	74.56	88.1	48.83
5	建材工业	2.72	5.41	2.06
6	造纸与木材加工业	0.05	0.04	0.03
7	纺织服装与皮革加工业	0.25	0.42	0.18
8	汽车工业	22.56	25.55	17.07
9	机械工业	8.78	10.25	6.64
10	电子信息	6.67	9.55	5.05
11	医药制造	4.85	6.58	4.17
12	修造船及海洋工程装备	0.2	0.24	0.15
13	节能环保	0.22	0.25	0.17
14	其他	22.75	26.73	17.31
15	采矿业	6.46	12.94	5.74
16	电力、热力、燃气和水生产供应业	0.05	0.07	0.04
	合计	304.57	363.28	230.62

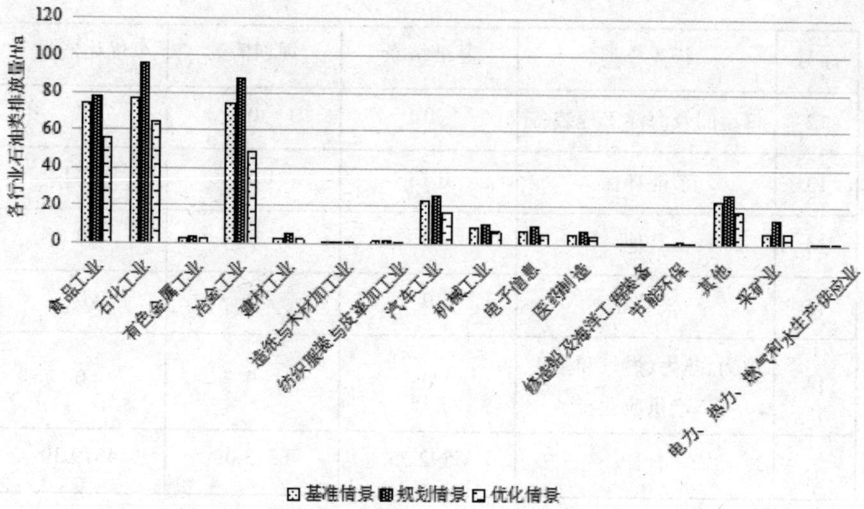

图 3.4-26　各情景模式下各行业工业石油类排放量

表 3.4-30　各情景模式下各行业工业挥发酚排放量　（单位：kg/a）

序号	行业分类	基准情景	规划情景	优化情景
1	食品工业	1.77	1.85	1.47
2	石化工业	1853.04	1896.16	1550.42
3	有色金属工业	20.23	23.55	16.93
4	冶金工业	112.82	98.54	94.4
5	建材工业	2.27	3.7	1.89
6	造纸与木材加工业	3592.16	4476.1	3005.52
7	纺织服装与皮革加工业	8.71	11.16	7.29
8	汽车工业	0	0	0
9	机械工业	0	0	0
10	电子信息	0	0	0
11	医药制造	1.62	1.89	1.36

续表

序号	行业分类	基准情景	规划情景	优化情景
12	修造船及海洋工程装备	0	0	0
13	节能环保	0.13	0.14	0.11
14	其他	0	0	0
15	采矿业	0	0	0
16	电力、热力、燃气和水生产供应业	0	0	0
	合计	5592.75	6513.09	4679.39

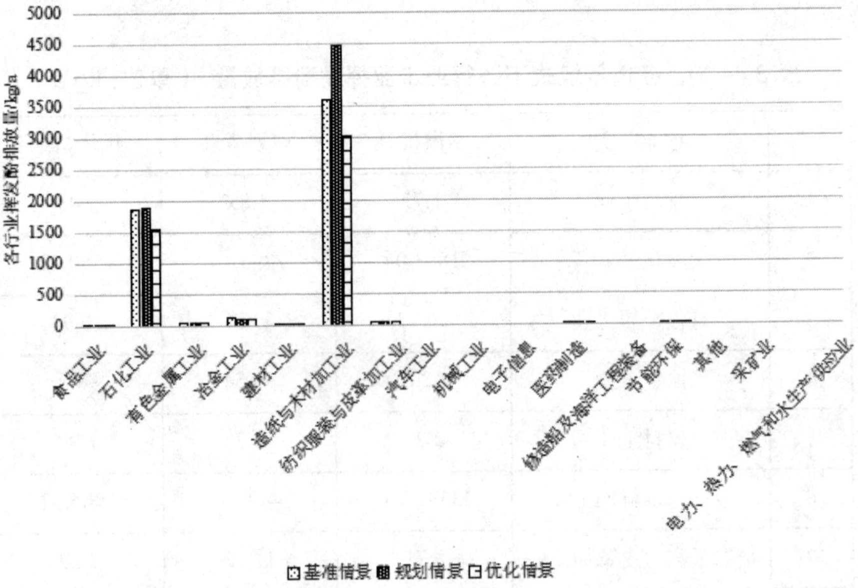

图 3.4–27　各情景模式下各行业工业挥发酚排放量

表 3.4–31 各情景模式下各行业工业氰化物排放量 （单位：kg/a）

序号	行业分类	基准情景	规划情景	优化情景
1	食品工业	876.99	865.25	666.38
2	石化工业	4696.26	4633.34	3568.38
3	有色金属工业	0	0	0
4	冶金工业	1245.15	1228.45	946.12
5	建材工业	0	0	0
6	造纸与木材加工业	0	0	0
7	纺织服装与皮革加工业	0	0	0
8	汽车工业	20.23	19.96	15.37
9	机械工业	0.27	0.26	0.2
10	电子信息	0.42	0.42	0.32
11	医药制造	0.4	0.4	0.31
12	修造船及海洋工程装备	0.02	0.01	0.01
13	节能环保	0.02	0.02	0.01
14	其他	312.09	307.91	237.14
15	采矿业	2.11	2.08	1.12
16	电力、热力、燃气和水生产供应业	0	0	0
	合计	7153.96	7058.1	5435.36

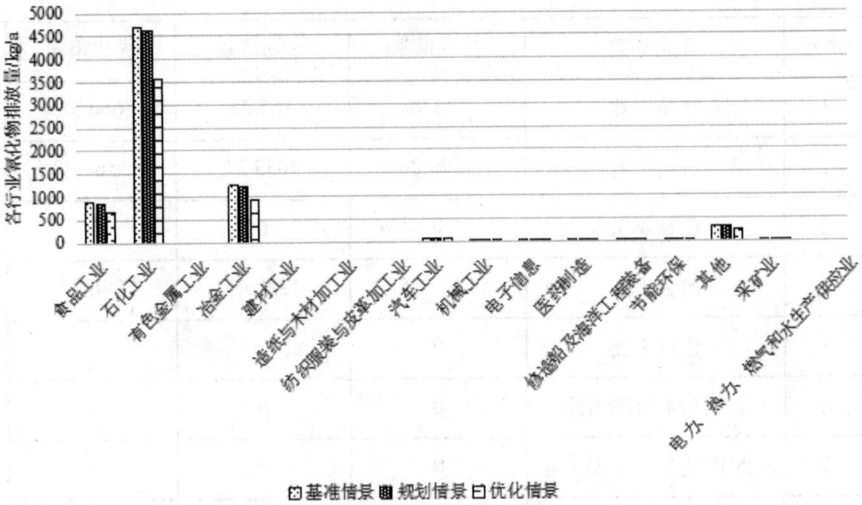

图 3.4–28　各情景模式下各行业工业氰化物排放量

表 3.4–32　各情景模式下各行业工业砷排放量 （单位：kg/a）

序号	行业分类	基准情景	规划情景	优化情景
1	食品工业	0	0	0
2	石化工业	145.46	163.22	90.4
3	有色金属工业	631.23	786.99	608.03
4	冶金工业	0.13	0.14	0.08
5	建材工业	0	0	0
6	造纸与木材加工业	0	0	0
7	纺织服装与皮革加工业	0	0	0
8	汽车工业	0	0	0
9	机械工业	0	0	0
10	电子信息	0	0	0

续表

序号	行业分类	基准情景	规划情景	优化情景
11	医药制造	3.46	4.31	2.15
12	修造船及海洋工程装备	0	0	0
13	节能环保	0	0	0
14	其他	46.54	52.22	28.93
15	采矿业	4802.48	6011.5	2769.19
16	电力、热力、燃气和水生产供应业	0.33	0.4	0.2
	合计	5629.63	7018.78	3498.98

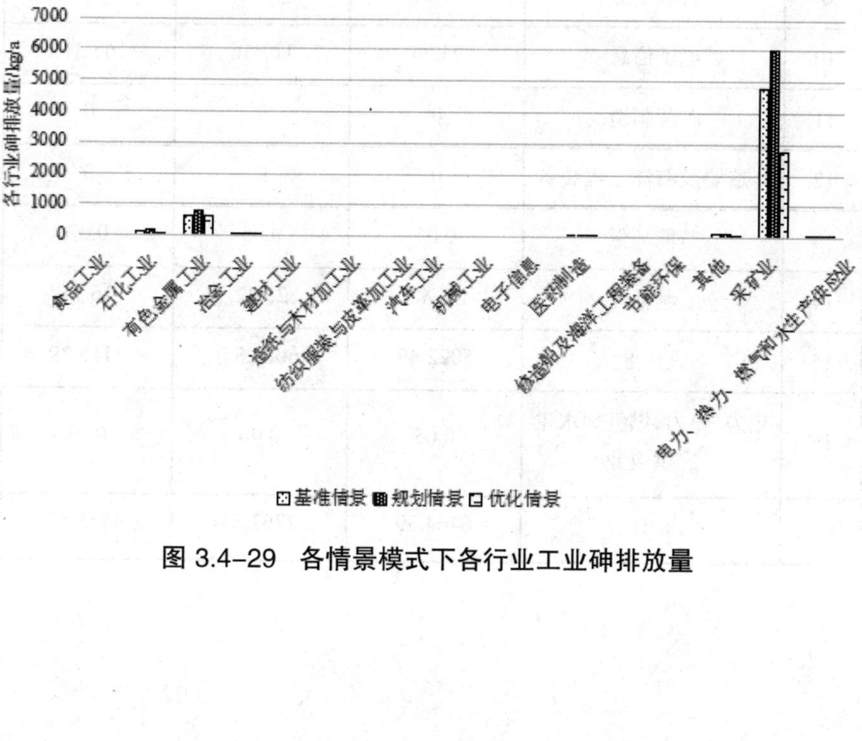

图 3.4-29 各情景模式下各行业工业砷排放量

表 3.4-33 各情景模式下各行业工业铅排放量 （单位：kg/a）

序号	行业分类	基准情景	规划情景	优化情景
1	食品工业	0	0	0
2	石化工业	403.17	435.76	393.24
3	有色金属工业	909.89	1092.72	855.76
4	冶金工业	0	0	0
5	建材工业	0	0	0
6	造纸与木材加工业	0	0	0
7	纺织服装与皮革加工业	0	0	0
8	汽车工业	0	0	0
9	机械工业	11.58	12.52	8.06
10	电子信息	93.74	112.56	65.31
11	医药制造	0	0	0
12	修造船及海洋工程装备	0	0	0
13	节能环保	0.05	0.05	0.02
14	其他	23.42	25.32	16.31
15	采矿业	5022.49	6084.35	3116.79
16	电力、热力、燃气和水生产供应业	0.05	0.06	0.03
	合计	6464.39	7763.34	4455.52

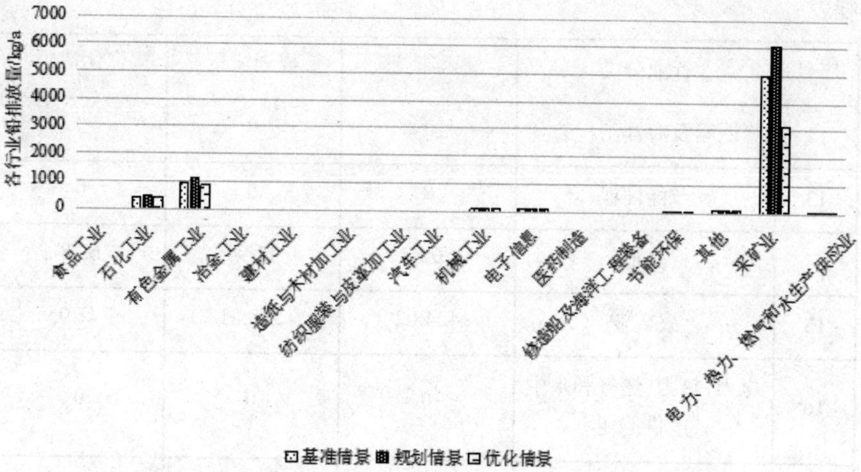

图 3.4–30　各情景模式下各行业工业铅排放量

表 3.4–34　各情景模式下各行业工业镉排放量　（单位：kg/a）

序号	行业分类	基准情景	规划情景	优化情景
1	食品工业	0	0	0
2	石化工业	88.48	97.01	48.46
3	有色金属工业	516.96	629.85	298.21
4	冶金工业	0	0	0
5	建材工业	0	0	0
6	造纸与木材加工业	0	0	0
7	纺织服装与皮革加工业	0	0	0
8	汽车工业	0	0	0
9	机械工业	0.74	0.81	0.43
10	电子信息	0	0	0
11	医药制造	0	0	0

续表

序号	行业分类	基准情景	规划情景	优化情景
12	修造船及海洋工程装备	0	0	0
13	节能环保	0	0	0
14	其他	10.87	11.94	6.28
15	采矿业	424.02	528.81	247.05
16	电力、热力、燃气和水生产供应业	0	0	0
	合计	1041.07	1268.42	600.43

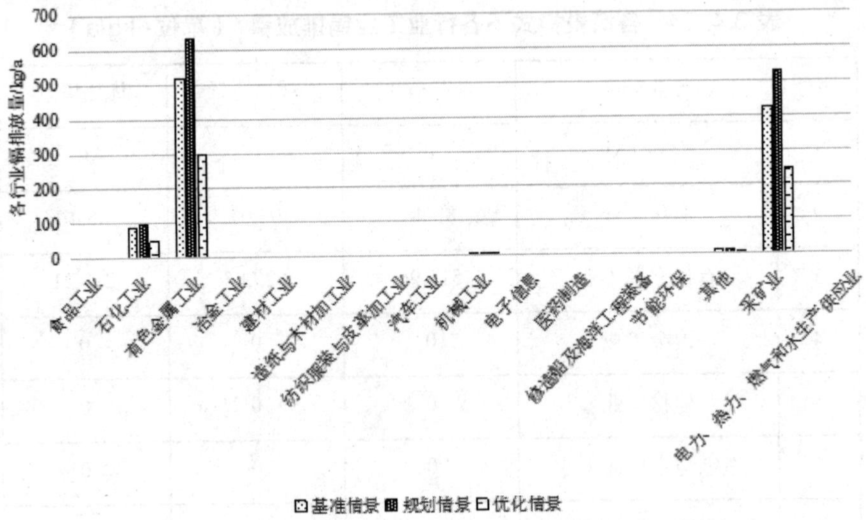

图 3.4-31　各情景模式下各行业工业镉排放量

表 3.4-35 各情景模式下各行业工业汞排放量 （单位：kg/a）

序号	行业分类	基准情景	规划情景	优化情景
1	食品工业	0	0	0
2	石化工业	44.66	48.78	38.03
3	有色金属工业	7.71	9.36	5.54
4	冶金工业	0	0	0
5	建材工业	0	0	0
6	造纸与木材加工业	33.57	40.75	21.66
7	纺织服装与皮革加工业	0	0	0
8	汽车工业	0.85	0.93	0.61
9	机械工业	0.12	0.14	0.09
10	电子信息	0.31	0.39	0.23
11	医药制造	0.28	0.34	0.21
12	修造船及海洋工程装备	0	0	0
13	节能环保	0	0	0
14	其他	1.01	1.09	0.72
15	采矿业	111.03	140.36	75.8
16	电力、热力、燃气和水生产供应业	0.02	0.01	0.01
	合计	199.56	242.15	142.9

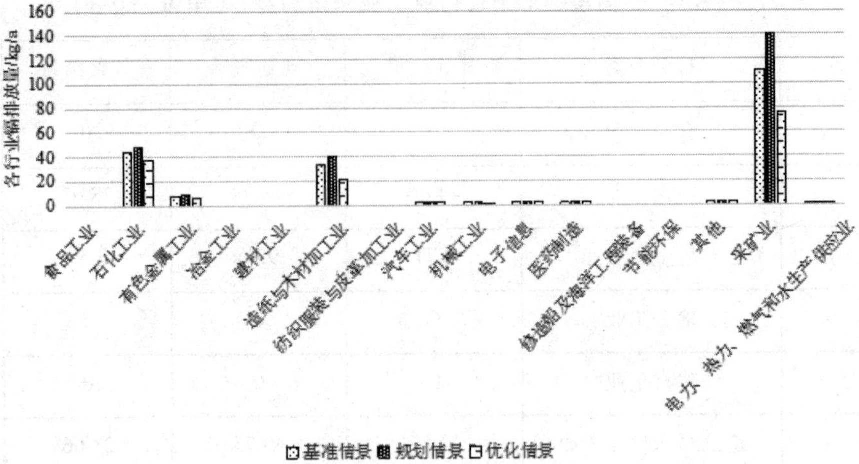

图 3.4–32　各情景模式下各行业工业汞排放量

表 3.4–36　各情景模式下各行业工业六价铬排放量　（单位：kg/a）

序号	行业分类	基准情景	规划情景	优化情景
1	食品工业	0	0	0
2	石化工业	65.29	67.85	51.77
3	有色金属工业	9.35	9.72	7.45
4	冶金工业	18.02	18.74	14.34
5	建材工业	0	0	0
6	造纸与木材加工业	0	0	0
7	纺织服装与皮革加工业	30.9	36.95	24.59
8	汽车工业	0	0	0
9	机械工业	2.08	2.16	1.66
10	电子信息	3.36	3.5	2.68
11	医药制造	0	0	0

续表

序号	行业分类	基准情景	规划情景	优化情景
12	修造船及海洋工程装备	0.06	0.06	0.04
13	节能环保	0.03	0.03	0.02
14	其他	55.71	53.08	44.35
15	采矿业	0	0	0
16	电力、热力、燃气和水生产供应业	0	0	0
	合计	184.8	192.09	146.9

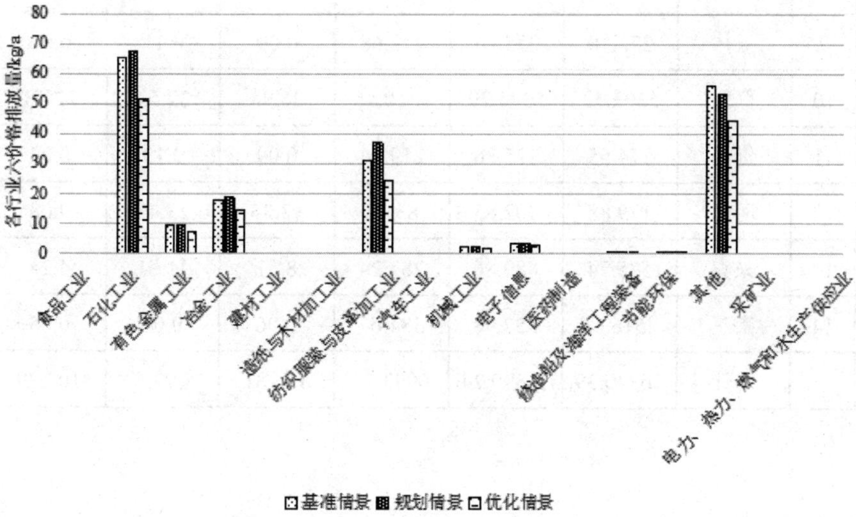

图 3.4-33 各情景模式下各行业工业六价铬排放量

（三）工业固体废物

（1）各市工业固体废物产生预测分析

2020 年不同情景下各市工业固体废物产生情况见表 3.4-37 和图 3.4-34—图 3.4-35。

表 3.4–37　不同情景下各市工业固体废物产生情况一览表　（单位：万 t/a）

序号	城市名称	一般工业固体废物			危险废物		
		基准情景	规划情景	优化情景	基准情景	规划情景	优化情景
1	南宁	242.52	263.62	212.45	1.21	1.38	0.89
2	柳州	831.6	789.77	789.77	2.99	3.1	3.1
3	桂林	170.15	194.21	126.7	0.19	0.22	0.14
4	梧州	98.27	89.96	77.03	118.15	119.03	65.11
5	北海	451.33	461.73	375.36	3.34	3.84	1.87
6	防城港	597.91	799.34	383.8	0.84	1.04	0.62
7	钦州	224.99	334.23	167.53	0.47	0.65	0.35
8	贵港	501.15	670.38	373.18	0.11	0.16	0.08
9	玉林	272.18	275.16	202.68	0.09	0.11	0.06
10	百色	5303.52	5344.29	3310.45	26.93	32.53	22.13
11	贺州	374.55	725.86	219.14	0.09	0.19	0.07
12	河池	179.88	302.85	83.72	13.33	23.48	9.08
13	来宾	575.74	889.86	287.24	8.51	11.81	4.24
14	崇左	516.6	557.98	384.67	0.06	0.06	0.05
	总计	10340.39	11699.24	6993.72	176.31	197.6	107.79

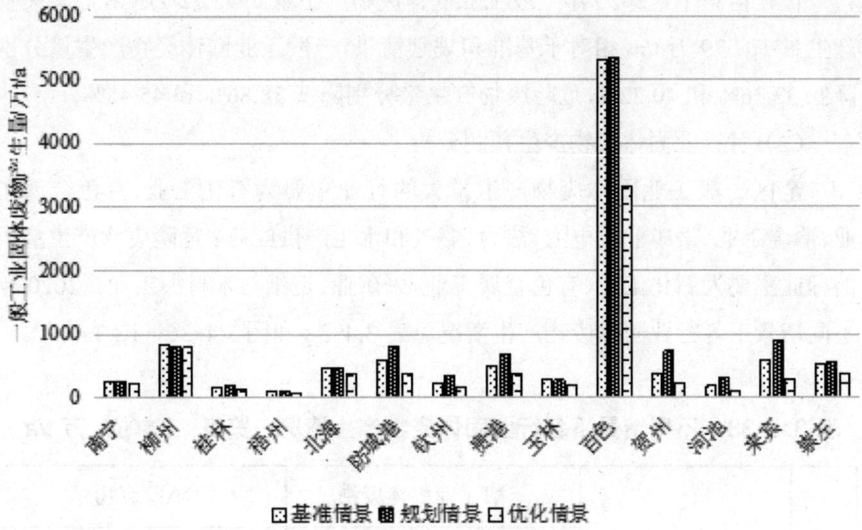

图 3.4-34　不同情景下各市一般工业固体废物产生情况

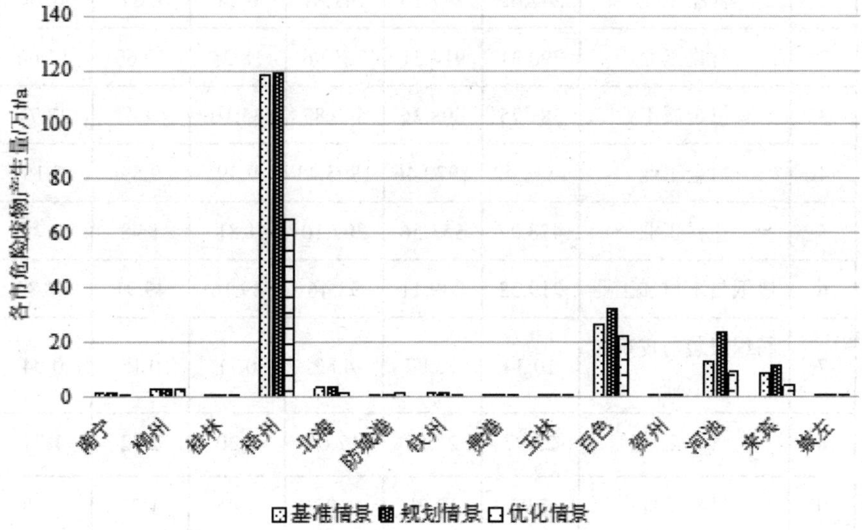

图 3.4-35　不同情景下各市危险废物产生情况

优化情景下，2020 年一般工业固体废物产生量 6993.72 万 t/a，危险废物产生量 107.79 万 t/a，相对于基准和规划情景，一般工业固体废物产生量分别降低 32.36% 和 40.22%，危险废物产生量分别降低 38.86% 和 45.45%。

（2）各行业固体废物产生预测分析

全区一般工业固体废物产生量大的行业主要为石化工业、有色金属工业、冶金工业、采矿业及电力、热力、燃气和水生产供应业；危险废物产生量大的行业主要为石化工业、有色金属工业、采矿业、造纸与木材加工业。2020 年不同情景下各行业固体废物产生情况见表 3.4-38 和图 3.4-36—图 3.4-37。

表 3.4-38　不同情景下各行业固体废物产生情况一览表（单位：万 t/a）

序号	行业分类	一般工业固体废物			危险废物		
		基准情景	规划情景	优化情景	基准情景	规划情景	优化情景
1	食品工业	242.62	247.15	141.81	0.24	0.27	0.14
2	石化工业	790.31	914.31	721.96	18.25	19.60	17.66
3	有色金属工业	581.75	698.36	549.87	35.10	44.42	27.77
4	冶金工业	1832.42	1979.46	1805.43	9.39	9.59	7.15
5	建材工业	478.07	553.56	207.10	1.81	1.98	0.71
6	造纸与木材加工业	219.52	239.11	92.46	49.16	49.91	17.84
7	纺织服装与皮革加工业	10.34	12.87	4.82	0.11	0.15	0.04
8	汽车工业	23.97	27.55	17.66	2.20	2.32	1.77
9	机械工业	7.97	10.30	6.21	1.45	1.72	1.18
10	电子信息	9.82	10.59	8.98	8.45	10.51	7.62
11	医药制造	12.69	16.82	10.99	3.25	4.17	2.86
12	修造船及海洋工程装备	0.27	0.38	0.24	0.16	0.20	0.15

续表

序号	行业分类	一般工业固体废物			危险废物		
		基准情景	规划情景	优化情景	基准情景	规划情景	优化情景
13	节能环保	33.16	37.42	28.59	4.49	5.16	4.02
14	其他	16.65	17.53	12.97	2.41	2.53	1.72
15	采矿业	4659.06	5475.47	2242.75	34.36	39.63	13.51
16	电力、热力、燃气和水生产供应业	1421.77	1458.35	1141.88	5.47	5.45	3.65
	合计	10340.39	11699.23	6993.72	176.3	197.61	107.79

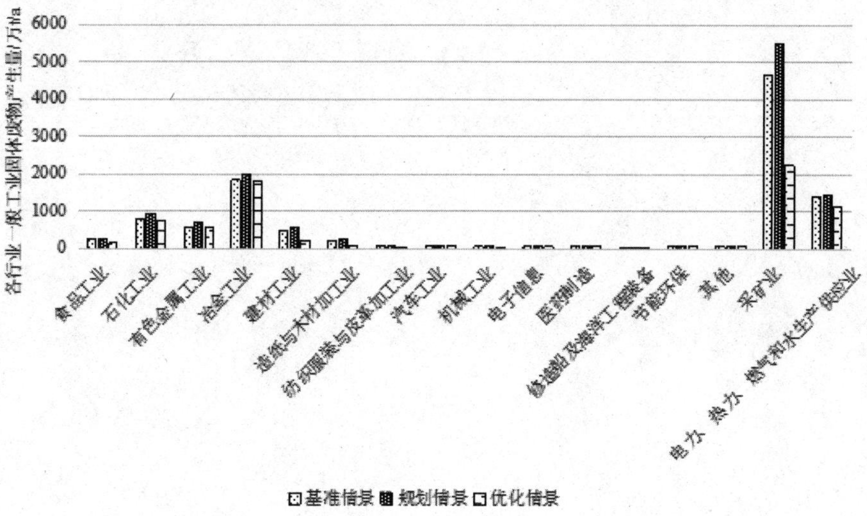

图 3.4-36 不同情景下各行业一般工业固体废物产生量

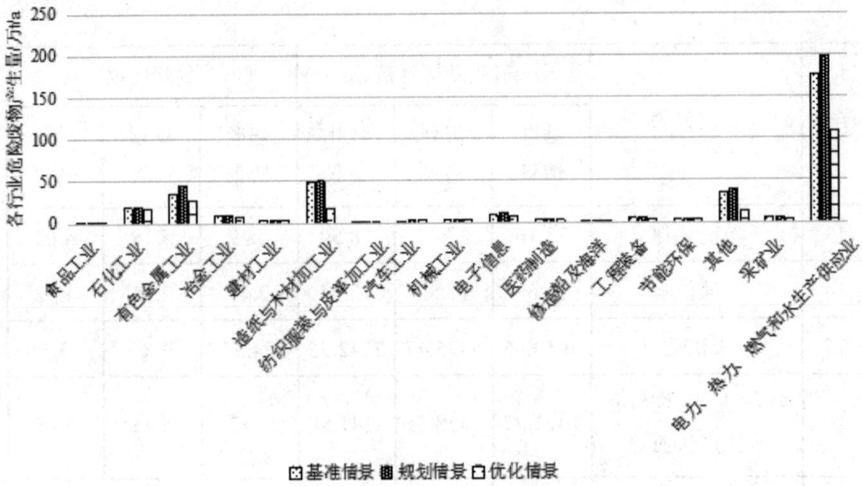

图 3.4-37　不同情景下各行业危险废物产生量

4 环境影响识别与指标体系构建

4.1 规划方案的环境影响识别

根据本次研究区域重点行业进行环境影响总体识别，识别出主要环境影响受体后，分析所处区域、流域环境质量现状及变化趋势，再按环境影响要素进行详细识别。

4.1.1 总体环境影响识别

“十三五”工业规划的环境影响识别详见表 4.1-1。

表 4.1-1　规划重点产业环境影响识别表

资源环境因子		“十三五”工业的重点产业		
		重大影响行业	一般影响行业	影响可忽略行业
环境	大气环境	石油工业、化学工业、有色金属工业、冶金工业、电力工业、建材工业、造纸与木材工业、纺织服装与皮革工业	食品工业、汽车工业、机械工业、电子信息产业、新材料产业新兴产业、新能源汽车产业、新能源产业、节能和环保产业	医药制造产业、生物产业、船舶工业、高端装备制造业、新一代信息技术产业、海洋产业

续表

资源环境因子		“十三五”工业的重点产业		
		重大影响行业	一般影响行业	影响可忽略行业
环境	水环境	食品行业、化学工业、造纸与木材工业、纺织服装与皮革工业、新能源汽车产业、新能源产业、节能和环保产业、船舶工业、海洋产业	石油工业、汽车工业、有色金属工业、冶金工业、机械工业、电力工业、电子信息产业、医药制造产业、生物产业、新材料产业新兴产业、高端装备制造业、新一代信息技术产业	建材工业
	生态环境	化学工业、建材工业、造纸与木材工业、纺织服装与皮革工业	食品工业、石油工业、汽车工业、有色金属工业、冶金工业、机械工业、电力工业、电子信息产业、医药制造产业、生物产业、新材料产业新兴产业、新能源汽车产业、新能源产业、节能环保产业、海洋产业	船舶工业、高端装备制造业、新一代信息技术产业
	土壤环境	有色金属、冶金工业、节能和环保产业	食品行业、石油工业、化学工业、电力工业、建材工业、造纸与木材工业、电子信息产业、医药制造行业、生物产业、新材料产业新兴产业、新能源产业	汽车工业、机械工业、纺织服装与皮革工业、船舶工业、高端装备制造业、新一代信息技术产业、海洋产业
	固体废物	化学工业、有色金属工业、冶金工业、建材工业、造纸与木材工业	食品工业、石油工业、汽车工业、机械工业、电力工业、电子信息产业、纺织服装与皮革工业、节能环保产业	医药制造产业、生物产业、船舶工业、新材料产业新兴产业、新能源汽车产业、高端装备制造业、新一代信息技术产业、新能源产业、海洋产业

续表

资源环境因子		"十三五"工业的重点产业		
		重大影响行业	一般影响行业	影响可忽略行业
环境	环境风险	石油工业、化学工业	食品工业、汽车工业、有色金属工业、冶金工业、机械工业、电力工业、建材工业、造纸与木材工业、医药制造产业、纺织服装与皮革工业、生物产业、新材料产业新兴产业、新能源汽车产业、新能源产业、节能和环保产业	电子信息产业、船舶工业、高端装备制造业、新一代信息技术产业、海洋产业
资源	水资源	食品工业、化学工业、造纸与木材工业	石油工业、汽车工业、有色金属工业、冶金工业、机械工业、电力工业、电子信息产业、医药制造产业、纺织服装与皮革工业、生物产业、新能源产业	建材工业、船舶工业、新材料产业新兴产业、新能源汽车产业、高端装备制造业、新一代信息技术产业、节能和环保产业、海洋产业
	土地资源	石油工业、化学工业、建材工业	食品工业、汽车工业、有色金属工业、冶金工业、机械工业、电力工业、造纸与木材工业、电子信息产业、医药制造产业、纺织服装与皮革工业、生物产业、新材料产业新兴产业、新能源产业、节能环保产业	船舶工业、新能源汽车产业、高端装备制造业、新一代信息技术产业、海洋产业
	矿产资源	石油工业、化学工业、有色金属工业、冶金工业、建材工业	汽车工业、机械工业、电力工业、纺织服装与皮革工业、新材料产业新兴产业、节能环保产业	食品工业、造纸与木材工业、电子信息产业、医药制造产业、生物产业、船舶工业、新能源汽车产业、高端装备制造业、新一代信息技术产业、新能源产业、海洋产业

续表

资源环境因子		“十三五”工业的重点产业		
		重大影响行业	一般影响行业	影响可忽略行业
资源	能源	化学工业、有色金属工业、冶金工业、电力工业、建材工业	食品工业、石油工业、汽车工业、机械工业、造纸与木材工业、电子信息产业、医药制造产业、纺织服装与皮革工业、生物产业、新材料产业新兴产业、节能环保产业	船舶工业、新能源汽车产业、高端装备制造业、新一代信息技术产业、新能源产业、海洋产业

通过对表 4.1-1 的识别结果进行分析，规划实施后受影响较大的环境资源要素主要为：水环境、土壤环境、大气环境、固体废物、生态环境、环境风险、水资源、土地资源、矿产资源、能源。化学工业具有较强的负外部性，对不论是环境还是资源都具有较为严重的影响；造纸与木材工业对于水环境、大气环境、土壤环境、生态环境以及水资源都有较大的影响；纺织服装与皮革工业、建材工业和食品加工业对于环境和资源的影响也不容忽视。

4.1.2 水和大气环境影响识别

研究区域重点发展产业的水和大气环境影响因子识别见表 4.1-2。

表 4.1-2　工业重点发展行业对水和大气环境影响因子识别

序号	产业	主要行业	水环境影响因子	大气环境影响因子
1	食品加工业	制糖	化学需氧量、氨氮、总磷等	二氧化硫、氮氧化物、颗粒物
		酒类、粮油、养殖及肉类加工、乳品、果蔬加工、卷烟等	化学需氧量、五日生化需氧量、悬浮物、氨氮、总磷等	二氧化硫、氮氧化物、颗粒物

续表

序号	产业	主要行业	水环境影响因子	大气环境影响因子
2	石油和化学工业	石油加工等	石油类、化学需氧量、氨氮、挥发酚、总磷等	二氧化硫、氮氧化物、颗粒物、烃类等
		化肥	化学需氧量、悬浮物、石油类等	二氧化硫、氮氧化物、颗粒物等
3	汽车工业	整车制造	化学需氧量、悬浮物、石油类等	烟尘、粉尘、苯类气体等
		车用发动机及汽车零部件等	化学需氧量、悬浮物、石油类等	烟尘、粉尘等
4	有色金属工业	铝	化学需氧量、悬浮物、石油类、挥发酚等	二氧化硫、氮氧化物、烟尘、工业粉尘、氟化物等
		锡、铜、锌、钨、铬、锰等	重金属、化学需氧量、悬浮物等	二氧化硫、氮氧化物、烟尘、工业粉尘、重金属特征因子等
		铜再生	重金属、化学需氧量、悬浮物等	二氧化硫、氮氧化物、烟尘、工业粉尘、重金属特征因子等
		稀土	化学需氧量、氨氮、总磷、铅、氟化物等	二氧化硫、氮氧化物、烟尘、工业粉尘、氟化物等
5	冶金工业	锡、铜、锌、钨、铬、锰等	重金属、化学需氧量、悬浮物等	二氧化硫、氮氧化物、烟尘、工业粉尘、重金属特征因子等
		铜再生	重金属、化学需氧量、悬浮物等	二氧化硫、氮氧化物、烟尘、工业粉尘、重金属特征因子等
		稀土	化学需氧量、氨氮、总磷、铅、氟化物等	二氧化硫、氮氧化物、烟尘、工业粉尘、氟化物等
6	机械工业	工程机械	化学需氧量、石油类	烟尘、工业粉尘等
		电工电器	化学需氧量、石油类	烟尘、工业粉尘等

续表

序号	产业	主要行业	水环境影响因子	大气环境影响因子
7	建材工业	水泥	化学需氧量、悬浮物	烟尘、工业粉尘等
		玻璃	化学需氧量、石油类	烟尘、工业粉尘等
8	造纸与木材工业	木浆	pH、化学需氧量、五日生化需氧量、悬浮物、挥发酚、硫化物、色度、可吸附有机卤化物	二氧化硫、氮氧化物、烟尘、工业粉尘、臭气等
		渣浆	化学需氧量、五日生化需氧量、悬浮物、挥发酚、硫化物、色度等	二氧化硫、氮氧化物、烟尘、工业粉尘、臭气等
		桑枝浆	化学需氧量、五日生化需氧量、悬浮物、挥发酚、硫化物、色度等	二氧化硫、氮氧化物、烟尘、工业粉尘、臭气等
9	造纸与木材工业	木材加工	化学需氧量、悬浮物等	二氧化硫、氮氧化物、烟尘、工业粉尘等
10	电子信息产业	电子	悬浮物、重金属等	烟尘、工业粉尘、铅尘等
11	医药制造产业	化学药	化学需氧量、五日生化需氧量、总氮、石油类	二氧化硫、氮氧化物、烟尘、工业粉尘等
		生物药	化学需氧量、五日生化需氧量	二氧化硫、氮氧化物、烟尘、工业粉尘等
12	生物产业	变性淀粉 、糖基产品	化学需氧量、五日生化需氧量、悬浮物、氨氮等	二氧化硫、氮氧化物、烟尘、工业粉尘、臭气等
13	修造船及海洋工程装备工业	修造船	化学需氧量、石油类等	工业粉尘

4.1.3 土壤环境

研究区域各重点发展产业固体废弃物环境影响识别详见表 4.1–3。

表 4.1–3 工业重点发展产业对土壤环境影响识别

序号	重点发展的产业	固体废弃物类别	备注
1	食品加工业	主要是原料废渣、锅炉灰渣、污水处理站污泥等	基本可以综合利用，排放量较小，但临时堆放易造成二次污染
2	石油工业	主要是脱硫催化剂、废油、废矿物油、反应器、袋滤器、废催化剂、废活性炭等	危险废物需要有资质单位处置，一般固废可回收利用，部分需填埋
3	化学工业	主要包括催化剂、废溶剂、废碱渣、电石渣及污水处理场的污泥废渣	通过填埋、焚烧、回收和外售等方式，外排量很小
4	汽车工业	主要是在加工制造过程中产生的废钢材边角料、废焊材、废钢砂、氧化铁皮、漆渣等	大部分均可处置，排放量较小
5	有色金属工业	主要是冶炼渣、废酸、含重金属废物等	危险废物需要有资质单位处置，一般固废基本可回收利用，排放量较小
6	冶金工业	主要是冶炼渣、废酸、含重金属废物等	危险废物需要有资质单位处置，一般固废基本可回收利用，排放量较小
7	机械工业	主要是在加工制造过程中产生的废钢材边角料、废焊材、废钢砂、氧化铁皮等	大部分均可回收利用，排放量较小
8	建材工业	主要是收尘器收集下来的粉尘	可综合利用，排放量很小

续表

序号	重点发展的产业	固体废弃物类别	备注
9	造纸与木材工业	主要有备料车间的树皮、木屑；制浆、浆板车间的浆渣；碱回收车间的绿泥、白泥；热电厂锅炉的灰渣；化学厂盐砂、盐泥；污水处理站污泥等	所产生的固体废物均可进行综合利用或进行妥善处置，外排量较小
10	电子信息产业	主要是废弃的边角料、污水处理站污泥等	可综合利用，排放量很小
11	医药制造产业	主要是废弃的原料渣、培养体、污水处理站污泥等	部分可回收利用
12	纺织服装与皮革工业	主要是包装物、污水处理站污泥、边角料等	部分可回收利用，其余可通过处理后填埋、焚烧等方式处置
13	生物产业	主要是废弃的原料渣、培养体、污水处理站污泥等	部分可回收利用
14	船舶工业	主要是废弃的边角料	可综合利用，排放量很小
15	冶金工业	主要是冶炼渣、废酸、含重金属废物等	危险废物需要有资质单位处置，一般固废基本可回收利用，排放量较小
16	机械工业	主要是在加工制造过程中产生的废钢材边角料、废焊材、废钢砂、氧化铁皮等	大部分均可回收利用，排放量较小

4.1.4 生态环境

针对目前广西环境现状及产业发展过程中存在的问题，规划提出要优化产业结构及布局，大力发展低碳循环经济，加强工业节能减排，实现工业经济由传统粗放型方式向绿色集约型方式转变。总体来看，上述对策和措施的提出，有助于生态环境质量的改善，但要加强地方政府环境监管力度，否则在发展过程中仍有可能造成因行业或企业经济的无序发展导致的局部生态环境质量的下降。各重点产业的生态环境影响识别详见表 4.1–4。

表 4.1–4 工业重点发展行业对生态环境的影响识别

研究因子	产业	影响受体	行业发展对生态环境影响
森林、土地、水体	食品加工业	水体、植被、土地	污染水体、破坏植被、占地等
	化学工业	水体、土地、植被、景观	主要是占地、植被破坏、影响水生生态环境、影响污染区的生物多样性
	汽车工业	占地，植被和景观影响	主要是厂房占用大片土地，破坏植被和景观等
	有色金属工业	植被、景观	占地、破坏植被等
	冶金工业	植被、景观	占地、破坏植被、水土流失等
	机械工业	占地，植被和景观影响	主要是厂房占用大片土地，破坏植被和景观等
	电力工业	植被、水体	占地、破坏植被、影响水生生态环境等
	建材工业	土地、植被、景观	矿山开采易导致水土流失，在一定范围内破坏了原始地貌、土壤、植被和景观
	造纸与木材工业	水体、森林、原料林基地的土地	主要影响水域生态系统和森林生态系统
	电子信息产业	水体、植被	排放的电镀废水、废气对生态环境的影响
	医药制造产业	水体、植被	污染水体、破坏植被
	纺织服装与皮革工业	植被、土地、水体	木浆纤维原料基地占地、水环境等
	生物产业	水体、植被	污染水体、破坏植被
	船舶工业	占地、水体	占地、废油及涂料影响水体水生生物

4.2 指标体系

4.2.1 指标体系设置原则

（1）政策相关性原则

指标须反映出国家及自治区对区域的政策要求，能够说明环境质量变化趋势或改善程度及资源利用情况，应反映规划的内容与目标。

（2）科学性及可操作性原则

每一个指标的名称、定义、解释、计算方法、分类等要讲究科学性、真实性、规范性。利用已有的信息资源，尽可能选择计算简单、参数易得的指标和有统计资料可查的指标，选择主要的、基本的、有代表性的综合指标作为量化的计算指标，以减少主观臆断的误差。指标在数量上要考虑少而精，并要兼顾指标的量化可行性以及数据取得的难易程度和可靠性。

（3）综合性和层次性原则

指标应具有高度综合性，把一些范围较广的相关信息集合成为一个或若干个指标。指标体系应有层次性，包含自上而下的各个层次，每个层次中的各项指标也应有主次。

（4）定性与定量结合原则

任何事物都具有质的规定性和量的规定性，但对于一些在目前认识水平下难以量化且意义重大的目标，可以用定性指标来描述。

（5）导向性原则

既要有反映目前的指标，也要有反映变化的动态指标。应充分考虑系统的动态变化，以便进行预测与管理，起导向作用。

（6）其他应遵循原则

对区域经济贡献率较高，即工业产值占地区工业总产值比重大于等于5%的产业；对生态环境影响较大的产业，综合考虑废水、废气、废渣等污染物的排放和生态破坏。

4.2.2 指标来源、筛选与赋值

本指标体系主要有3类来源：（1）根据有关法规、标准确定的指标，这类指标一般都比较明确且定量化程度高，依据包括《规划环境影响评价技术导则》（HJ130-2014）、广西“十三五”环境保护与生态建设规划指标体系等；（2）通过科学判断确定的指标，尚无可借鉴的情况下，可通过专业判断来确定或者参考国内外相似规划项目中的指标体系，特别关注使用频率较高的指标；（3）通过公众参与发现的指标，通常是公众所关注的环境问题，引入本次研究。

对初步的指标体系进行筛选，设置指标与构建思路时考虑指标体系3方面的功能：（1）引导功能。体现工业经济发展要求，确保既定规划目的的实现，贯彻可持续性的内涵；（2）环境影响识别反映功能。识别既体现规划本身实施过程中对该地区环境产生的具有宏观性、区域性和特征性的影响因子，又能体现相应的区域、流域的环境保护目标和要求；（3）制约因素的约束功能。反映规划范围内目前发展现状存在的资源及环境制约因素，作为规划建设的限制性指标。指标系统构建流程见图4.2-1。

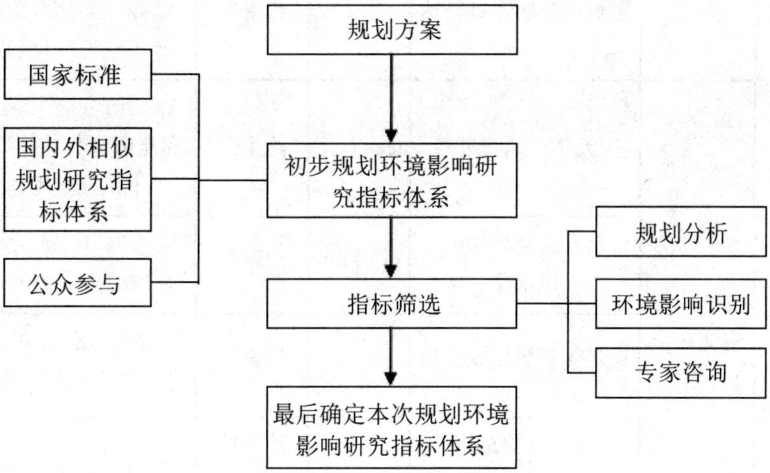

图4.2-1　指标系统构建流程

4.2.3 指标体系确定

依据上述方法筛选后得到本规划研究指标体系，从生态环境质量、资源环境效率、环境保护能力等方面形成指标体系，详见表 4.2-1。

表 4.2-1 规划环境影响研究指标体系

序号	指标类别	指标名称	单位	指标属性	指标来源
1	生态环境质量	设区城市环境空气质量优良天数比例	%	约束性	《广西环境保护和生态建设“十三五”规划》
2		地表水质量达到或优于Ⅲ类比例	%	约束性	《广西西江经济带水环境保护规划》
3		地表水劣Ⅴ类水体比例	%	约束性	《广西环境保护和生态建设“十三五”规划》
4		近岸海域水质优良（一、二类）比例	%	约束性	《广西环境保护和生态建设“十三五”规划》
5		地表水省控以上断面重点重金属污染物达标率	%	约束性	《广西壮族自治区重金属污染综合防治“十三五”规划》
6	资源环境效率	万元生产总值能耗	tce/ 万元	约束性	《广西节能减排降碳和能源消费总量控制“十三五”规划》
7		万元工业增加值用水量	m^3/ 万元	约束性	《广西生态经济发展规划（2015—2020 年）》
8		化学需氧量排放总量	万 t/a	约束性	《广西环境保护和生态建设“十三五”规划》
9		氨氮排放总量	万 t/a	约束性	
10		二氧化硫排放总量	万 t/a	约束性	
11		氮氧化物排放总量	万 t/a	约束性	

续表

序号	指标类别	指标名称	单位	指标属性	指标来源
12	资源环境效率	重点行业重点重金属排放量（铅、汞、镉、铬、砷）	t/a	约束性	《广西壮族自治区重金属污染综合防治"十三五"规划》
13	环境保护能力	城镇污水集中处理率	%	预期性	《广西生态经济发展规划（2015—2020年）》
14		工业固体废物综合利用率	%	预期性	《广西生态经济发展规划（2015—2020年）》
15		危险废物安全处置率	%	约束性	/

4.3 规划方案的经济影响识别

4.3.1 重点城市筛选

通过各市工业总产值与污染物排放量相对关系，对广西14个市重点城市进行筛选，详见图4.3-1—4.3-5。

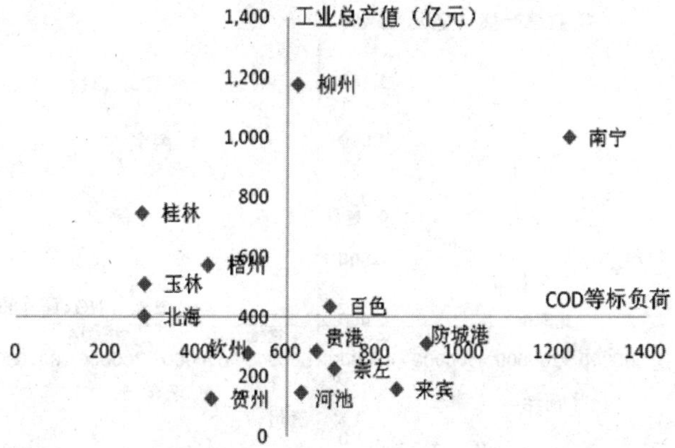

图 4.3-1　各市工业总产值与COD排放量关系图

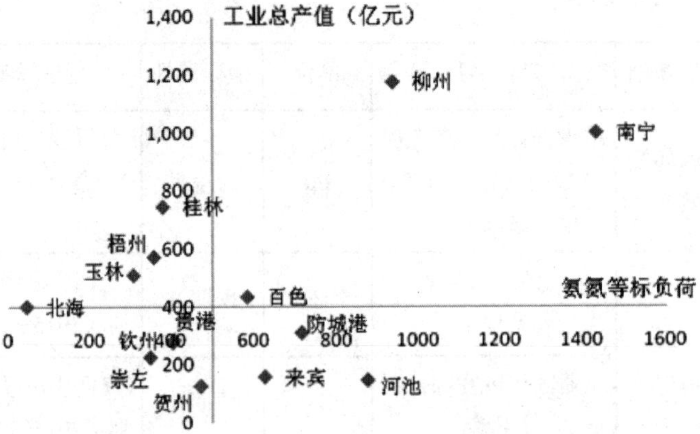

图 4.3–2　各市工业总产值与氨氮排放量关系图

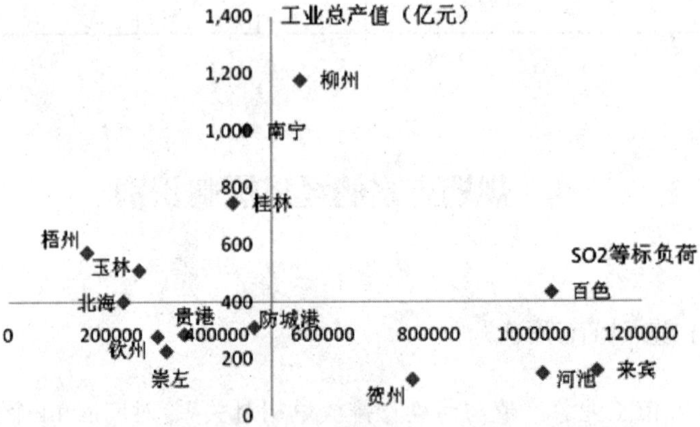

图 4.3–3　各市工业总产值与 SO_2 排放量关系图

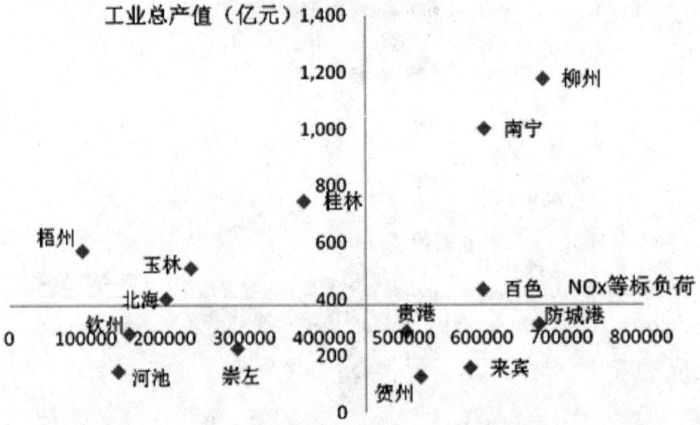

图 4.3–4　各市工业总产值与 NO_X 排放量关系图

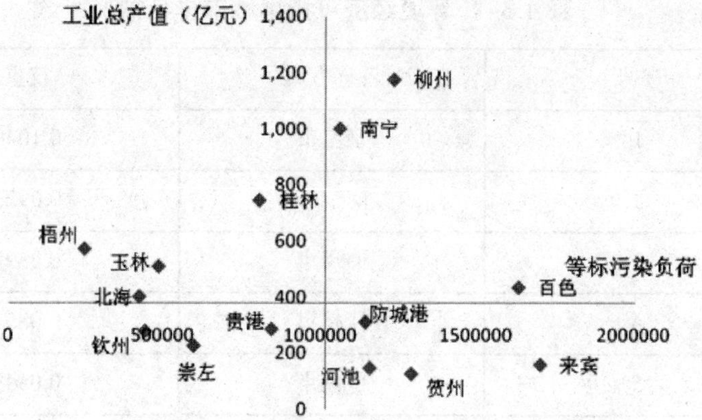

图 4.3–5 各市工业总产值与等标污染负荷关系图

各个城市根据工业产值和COD、氨氮、SO_2、NO_X和总体等标负荷，被划分到了四个象限。其中第一象限是工业产值高且等标污染负荷较大的城市，第二象限是工业产值高且污染负荷较低的环境友好型城市，第三象限是工业产值和污染负荷都较低的发展较慢城市，第四象限代表了工业产值低下且污染负荷重的城市。第四象限的城市亟待改变现有的行业结构，协调发展经济环境，适当剔除重污染低效益的产业。总体来看，贺州市、河池市、贵港市与来宾市出现在第四象限的频率较高，后续的层次分析系统中将会重点关注。

本次研究通过层次分析法，根据不同影响因子的不同影响比重，对各个备选城市基于环境经济可持续性排序后得出结果。排名靠前的分别是崇左市、南宁市和柳州市，这三个城市重点发展的行业主要是食品加工业、电子信息业和汽车工业，同时南宁和柳州在经济基础这一项有着不可忽视的优势。在权重最高的指标“环境相容性”一项，南宁市和崇左市得分分别排在了最高的两位，而排序靠后的贺州市、河池市和贵港市，主要工业行业是一些产污量大且经济效益一般的冶金工业、有色金属加工业和建材工业。贺州在“环境相容性”指标评分中排在末位，河池市和贵港市在水资源指标和环境风险的评分中分别是最后一名。上述三个城市综合各指标来看，工业产业经济效率较低，亟待调整工业产业布局。这些城市在本次筛选中体现出严重的经济环境不协调发展问题，需要后续工作的重点关注。

表 4.3–1 环境经济可持续城市排名情况

序号	备选方案	权重
1	崇左市	0.1049
2	南宁市	0.0923
3	柳州市	0.0895
4	桂林市	0.0857
5	百色市	0.0849
6	来宾市	0.0672
7	防城港市	0.0671
8	钦州市	0.0667
9	梧州市	0.0611
10	玉林市	0.0603
11	北海市	0.0592
12	贵港市	0.0571
13	河池市	0.0541
14	贺州市	0.0500

表 4.3–2 层次分析法中各指标权重

序号	备选方案	权重
1	环境相容性	0.1650
2	水环境影响	0.1590
3	大气环境影响	0.1338
4	水污染	0.1182
5	水资源指标	0.1030

续表

序号	备选方案	权重
6	环境风险	0.0633
7	固废环境影响	0.0550
8	能源指标	0.0509
9	经济基础	0.0449
10	现状规划相容性	0.0380
11	土地指标	0.0249
12	体系完整性	0.0145
13	规模合理性	0.0144
14	布局合理性	0.0138

4.3.2 重点产业筛选

将所有行业根据工业总产值和工业污染源排放量划分出了四个象限，第二象限表示的是工业产值高且排污量少的环境经济协调发展的行业，其中有汽车工业、机械工业。而第四象限代表了经济收益低污染高的行业，其中就包括建材工业和有色金属工业，详见图 4.3-6。

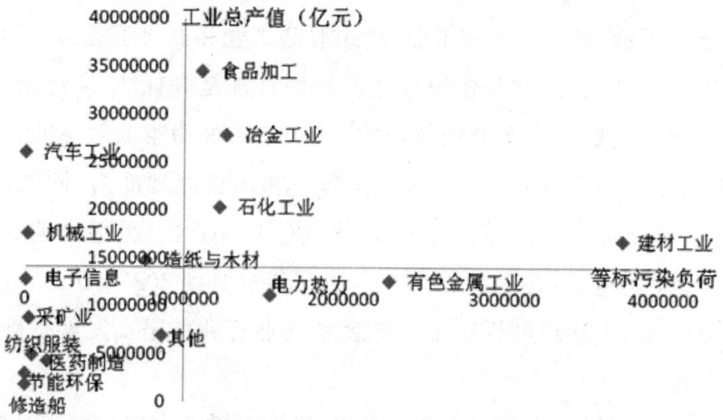

图 4.3-6　重点产业产值与污染物排放关系图

表 4.3–3 环境经济可持续行业排名情况

序号	备选方案	权重
1	机械工业	0.1846
2	电子信息工业	0.1377
3	节能环保	0.0980
4	修造船及海洋工程装备	0.0739
5	医药制造工业	0.0664
6	冶金工业	0.0630
7	有色金属工业	0.0617
8	汽车工业	0.0614
9	食品加工	0.0561
10	建材工业	0.0531
11	石化工业	0.0492
12	纺织服装工业	0.0481
13	造纸与木材工业	0.0468

由层次分析法对各个行业进行排序后得到的分行业可持续性状况由高到低如上表所示。造纸与木材工业、纺织服装工业和石化工业的环境经济发展呈现不可持续状态。这些传统行业无一例外都是高耗能、高污染、低效率且不具有环境友好和资源节约特征的行业。这类高污染低效率的行业亟待转型，需进一步引进新技术，提高工作效率和污染处理能力。同时，机械工业、电子信息工业和节能环保行业，属于污染较小，经济效益高的低污染高收益行业。尤其电子信息业在 2015 年经济利税达到 2023270 万元，具有极高的经济效率。上述也同样印证了创新型工业行业的坚实发展基础和可持续发展前景。

结合上述分析及现状产业发展水平，以规划产业发展方向为基础，结合不同行业的社会经济贡献和环境资源压力，提出区域产业结构优化发展方向，详见表 4.3-4。

表 4.3-4 全区产业结构发展方向

类　别	产　业	划分原因
优先发展的工业产业	电子信息、机械制造、医药制造、汽车工业、节能环保、修造船及海洋工程装备	经济贡献值高，污染物排放量小
需优化发展的工业产业	食品加工、石化工业、冶金工业、有色金属工业及电力、热力、燃气和水生产供应业	经济贡献值高，污染物排放量大
需控制规模发展的工业产业	纺织服装与皮革加工业、建材工业、造纸与木材加工业、采矿业	经济贡献值低，污染物排放量大

4.3.3 重点城市产业发展

结合规划城市产业发展方向及各市资源环境特点，分析各城市与产业匹配程度。

（1）能源指标角度

各市各行业能源指标关系见图 4.3-7。在能源指标方面看，南宁市、钦州市、百色市和柳州市的得分很高，说明这些城市在能源指标上具有独特优势，而防城港市、玉林市和贺州市的能源指标数据较差，这是由于这些地区的资源禀赋先天不足加之后天过度利用造成了资源承载力缺口。

同时数据显示，有色金属工业、纺织服装与皮革工业、造纸与木材工业和医药制造工业对能源的要求更多，同时影响更大。因此建议在能源存量相对丰富的南宁市、钦州市、百色市和柳州市进行能源消耗较大的行业配置。而在能源存量相对不足的防城港、玉林和贺州市可以适当配置对能源资源消耗较少的机械工业和电子信息工业。

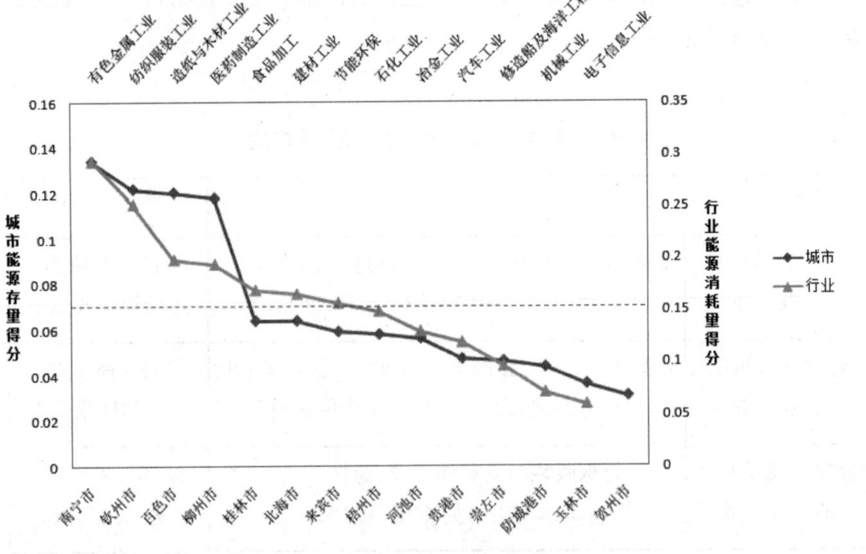

图 4.3–7　各市各行业能源指标关系图

（2）土地资源指标

各市各行业土地资源指标关系见图 4.3-8。

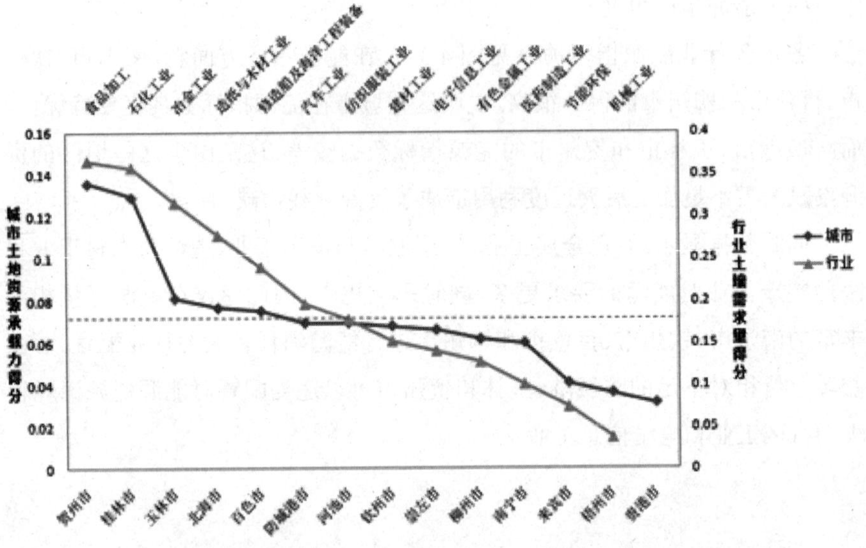

图 4.3–8　各市各行业土地资源指标关系图

食品加工行业和石化工业对土地资源的需求最迫切，同时贺州市和桂林市的土地资源存量较为充足，因此可以在贺州市和桂林市适当引入食品加工和化工行业。而在土地资源指标较差的来宾市、梧州市和贵港市，建议引入对土壤资源需求量较小的机械工业、节能环保产业和医药制造工业，同时这三个城市如有食品加工和石化行业，需要限制进入。

（3）水资源指标

各市各行业水资源指标见图 4.3-9。由于百色市、柳州市和北海市的水资源存量较大，可以适当配置耗水行业——纺织服装与皮革工业和冶金工业。而由于河池市、钦州市和崇左市的水资源承载力已经不足以承受更多的耗水行业进驻这个地区，因此，鼓励耗水较少的电子信息工业和机械工业进入河池市、钦州市和崇左市的工业园区进行发展。

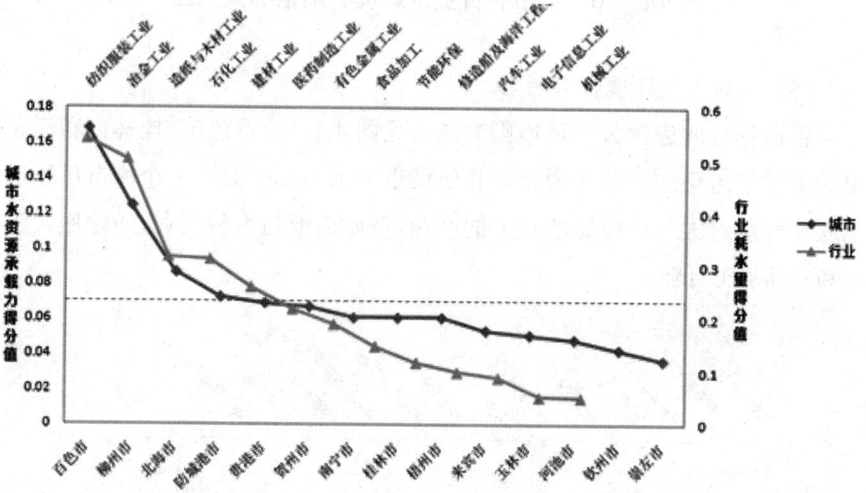

图 4.3-9 各市各行业水资源指标关系图

（4）应对水环境影响能力

各市各行业应对水环境影响能力见图 4.3-10。从水环境指标来看，玉林市、百色市和河池市应对水环境影响的能力得分很低，表现较差，因此推荐配置对于水环境影响较小的电子信息工业、节能环保产业和机械工业。

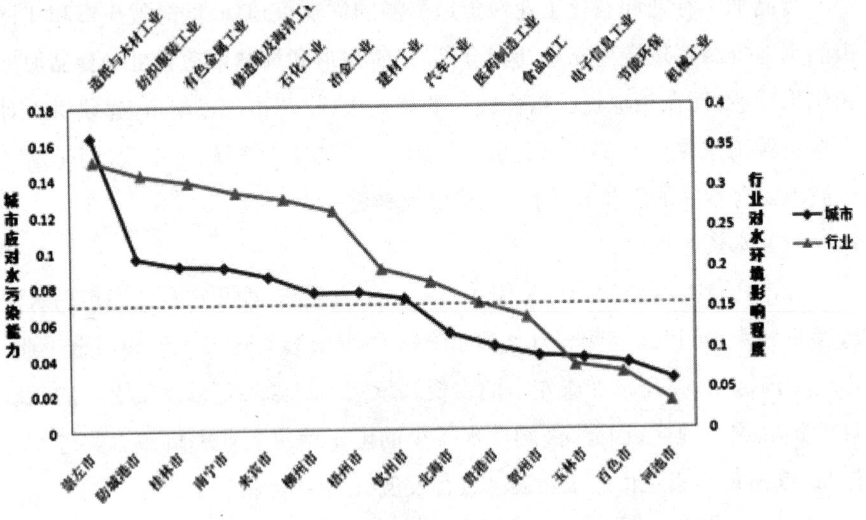

图 4.3-10 各市各行业水环境影响指标关系图

（5）应对大气环境影响能力

各市各行业应对大气环境影响能力见图 4.3-11。百色市、桂林市和崇左市对于空气污染的调节能力相对其他城市要强，因此，对这三个城市可以适当匹配一些对大气环境影响较大的产业，例如造纸与木材工业、纺织服装工业和食品加工行业。

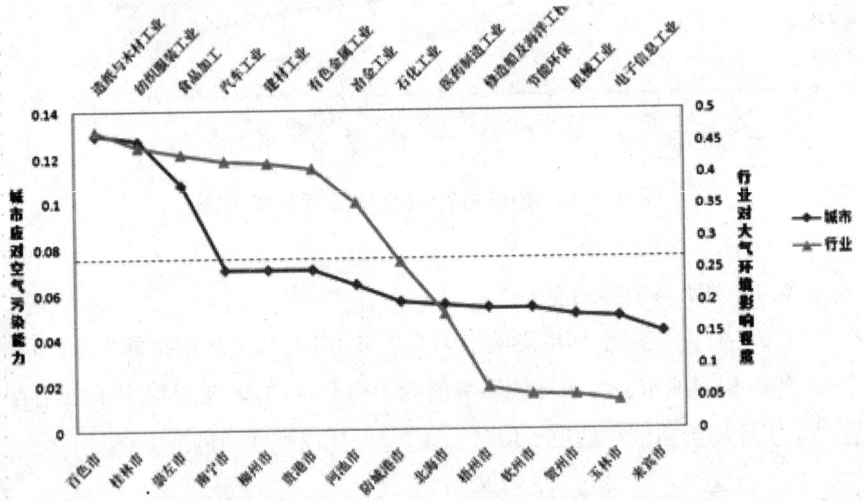

图 4.3-11 各市各行业大气环境影响指标关系图

（6）应对土壤环境影响能力

各市各行业应对土壤环境影响能力见图 4.3-12。

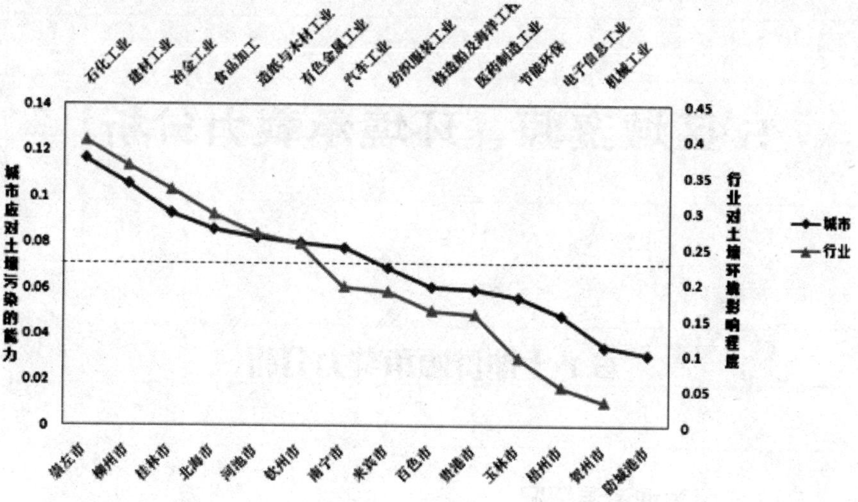

图 4.3-12　各市各行业土壤环境影响指标关系图

土壤环境的研究要点是固废的影响，因此石化行业、建材行业、冶金行业等固废产量较大，同时产生重金属和有机物的行业排名比较靠前，这类行业建议入驻土壤污染应对能力较高的崇左市、柳州市、桂林市。而由于贺州市和防城港市对土壤污染的应对能力比较薄弱，因此需要尽量限制上述几个产业进入。

5 区域资源、环境承载力分析

5.1 土地资源承载力分析

5.1.1 全区土地资源概况

根据各市土地利用总体规划，全区2020年城镇工矿用地总面积3210km²，各市具体情况见表5.1-1。

5.1.2 土地利用的可行性分析

规划区现状及新增工业用地情况见表5.1-1。

表5.1-1　规划区现状及新增工业用地情况一览表　（单位：km²）

序号	城市名称	优化情景下2020年城镇工矿用地面积			2020年土地利用总体规划中城镇工矿用地面积
		2015年现状城镇工矿用地面积	规划新增城镇工矿用地面积	合计	
1	南宁市	462	79	541	553
2	柳州市	268	65	333	339
3	桂林市	251	41	292	299
4	梧州市	111	26	137	140

续表

序号	城市名称	优化情景下2020年城镇工矿用地面积			2020年土地利用总体规划中城镇工矿用地面积
		2015年现状城镇工矿用地面积	规划新增城镇工矿用地面积	合计	
5	北海市	192	10	202	210
6	防城港市	104	30	134	135
7	钦州市	186	59	245	268
8	贵港市	178	39	217	221
9	玉林市	251	43	294	298
10	百色市	130	31	161	165
11	贺州市	84	23	107	108
12	河池市	153	28	181	185
13	来宾市	122	36	158	162
14	崇左市	105	19	124	127
	合计	2597	529	3126	3210

注：规划新增工业用地面积估算方法，以新增工业项目行业、规模为依据，选取区域内现有行业典型企业单位产品工业用地面积作为预测系数。

2020年各市规划总城镇工矿用地面积均低于各市土地利用总体规划中城镇工矿用地面积，说明各市区域开发建设并不会受到各市土地利用总体规划的制约。

5.1.3 土地资源控制建议

表 5.1-2　广西土地等别划分

类别	等级	市、县（区）
一类	第五等	南宁市（江南区、良庆区、青秀区、西乡塘区、兴宁区
	第六等	柳州市（城中区、柳北区、柳南区、鱼峰区）
二类	第七等	桂林市（叠彩区、七星区、象山区、秀峰区）
三类	第九等	北海市（海城区、银海区）、桂林市雁山区
	第十等	武鸣区、南宁市邕宁区、玉林市玉州区、防城港市（防城区、港口区）、北海市铁山港区、梧州市（万秀区、长洲区）
四类	第十一等	钦州市（钦北区、钦南区）、贵港市（港北区、港南区、覃塘区）
	第十二等	东兴市、合山市、河池市金城江区、贺州市八步区、临桂区、柳江区、容县、昭平县、钟山县、来宾市兴宾区、百色市右江区
五类	第十三等	博白县、富川瑶族自治县、荔浦县、灵川县、陆川县、南丹县、平果市、平乐县、全州县、上思县、田阳区、兴安县、阳朔县、宜州区、北流市、岑溪市、合浦县、田东县、崇左市江州区
	第十四等	宾阳县、大化瑶族自治县、扶绥县、横县、金秀瑶族自治县、乐业县、灵山县、凌云县、隆林各族自治县、鹿寨县、蒙山县、浦北县、田林县、西林县、兴业县、桂平市、柳城县、苍梧县、藤县、平南县
六类	第十五等	巴马瑶族自治县、大新县、德保县、东兰县、都安瑶族自治县、凤山县、恭城瑶族自治县、灌阳县、环江毛南族自治县、靖西市、龙胜各族自治县、龙州县、隆安县、罗城仫佬族自治县、马山县、那坡县、宁明县、凭祥市、融安县、融水苗族自治县、三江侗族自治县、上林县、天等县、天峨县、武宣县、象州县、忻城县、永福县

规划区域的工业类用地控制指标以及入区工业项目的投资强度应满足《工业项目建设用地控制指标》的要求，在上述指标的基础上设定合理的单位土地经济强度指标，对入区企业实行准入控制，实现土地利用效益最大化。此外，工业项目所需行政办公及生活服务设施用地面积不得超过工业项目总用地面积的7%。严禁在工业项目用地范围内建造成套住宅、专家楼、宾馆、招待所和培训中心等非生产性配套设施；工业企业内部一般不得安排绿地。但因生产工艺等特殊要求需要安排一定比例绿地的，绿地率不得超过20%。

5.2 水资源承载力分析

5.2.1 全区水资源概况

全区、各市2011—2015年平均水资源总量、人均水资源量情况见表5.2-1。

表5.2-1 2011—2015年全区、各市水资源情况

序号	年份	地表 /10^8 m^3	地下水 /10^8 m^3	水资源总 /$10^8 m^3$	人均水资源量 /m^3/ 人
1	南宁市	137.91	31.70	169.61	2014.64
2	柳州市	209.68	29.97	239.65	5433.11
3	桂林市	361.33	76.44	437.77	7399.91
4	梧州市	106.09	28.00	134.09	3590.09
5	北海市	35.44	7.93	43.37	2293.79
6	防城港市	92.91	17.35	110.26	10355.87
7	钦州市	102.42	21.14	123.56	3248.63
8	贵港市	84.92	15.78	100.7	2010.66

续表

序号	年份	地表 /10^8 m^3	地下水 /10^8 m^3	水资源总 /10^8m^3	人均水资源量 /m^3/ 人
9	玉林市	123.70	30.67	154.37	2202.74
10	百色市	158.07	42.44	200.51	4456.84
11	贺州市	118.73	45.66	164.39	5936.82
12	河池市	231.75	42.65	274.4	6710.51
13	来宾市	108.56	28.86	137.42	5051.29
14	崇左市	109.09	22.80	131.89	5376.76
15	全区	1980.6	441.39	2421.99	4196.47

2011—2015 年广西水资源总量为 2421.99×10^8m^3，其中地表水资源量 1980.6×10^8m^3，地下水资源量 441.39×10^8m^3，人均水资源量为 4196.47m^3，高于国际公认的水资源轻度紧缺标准 3000m^3，说明广西整体水资源丰富，不属于缺水地区。

5.2.2 水资源利用的可行性

全区不同规划情景水资源消耗情况见表 5.2-2。全区可供水量为 309×10^8m^3，其中工业用水量为 79.44×10^8m^3，占可供水量的 25.71%。

表 5.2-2　不同情景下水资源消耗情况　（单位：10^8 m^3）

序号	城市名称	基准情景	规划情景	优化情景	2020 年 *	
					可供水量	工业用水
1	南宁市	1.72	1.65	1.45	39.14	8.92
2	柳州市	10.57	9.44	9.44	22.91	9.56
3	桂林市	0.72	0.80	0.64	43.71	7.89

续表

序号	城市名称	基准情景	规划情景	优化情景	2020 年 *	
					可供水量	工业用水
4	梧州市	0.75	0.69	0.68	15.55	4.12
5	北海市	3.68	4.38	3.50	12.55	3.66
6	防城港市	0.75	0.98	0.51	8.54	3.92
7	钦州市	1.00	1.37	0.98	16.53	5.76
8	贵港市	0.85	1.32	0.81	29.75	5.16
9	玉林市	0.28	0.39	0.27	26.93	7.72
10	百色市	1.83	1.87	1.68	22.18	7.94
11	贺州市	0.24	0.54	0.24	16.59	3.61
12	河池市	5.41	6.39	3.68	19.03	3.69
13	来宾市	1.07	2.08	0.94	20.17	3.68
14	崇左市	0.75	0.76	0.61	15.42	3.81
	全区	29.62	32.66	25.43	309	79.44

注："*" 数据来自《广西水资源综合规划》。

2020 年优化情景下，各市水资源消耗量均低于各市可供工业用水量，说明各市区域开发建设并不会受到水资源的制约。

5.3 能源承载力分析

不同情景下能源消耗情况见表 5.3-1。

表 5.3-1 不同情景下能源消耗情况 （单位：万 tce/a）

序号	城市名称	基准情景	规划情景	优化情景	2020 年能源消费总量控制目标
1	南宁市	1023.15	1087.09	952.74	1129
2	柳州市	1271.18	1302.6	1302.6	1615
3	桂林市	913.36	1129.25	782	1011
4	梧州市	444.58	436.03	382.61	493
5	北海市	544.7	631.37	435.51	490
6	防城港市	491.75	626.98	422.71	473
7	钦州市	522.6	677.71	457.95	514
8	贵港市	530.39	845.31	509.65	672
9	玉林市	591.01	717.66	513.15	702
10	百色市	1062	1200.18	940.93	1121
11	贺州市	363.38	889.54	334.85	415
12	河池市	203.8	367.5	193.32	335
13	来宾市	260.43	487	244.58	378
14	崇左市	391.72	374.59	324.22	401
	全区	8614.05	10772.81	7796.82	9749

由表 5.3-1 可知，2020 年优化情景较基准情景、规划情景分别下降了 9.49% 和 27.63%，优化情景全区能源消耗量为 7796.82 万 tce/a，可满足能源消费总体控制目标。

5.4 生态环境承载力分析

区域的可持续发展必须以区域生态系统结构和功能的稳定、协调为前提和保障。生态系统结构和功能的稳定和协调以生态系统稳定有序的空间结构为基础，表现为具有重要或特殊生态系统服务功能价值以及脆弱性、敏感性高的自然生态空间的保留和保护。目前，随着工业化进程的推进，产业发展方向、结构与布局等对区域生态系统空间结构、功能产生一定的负面作用和影响，充分认识区域生态安全的空间约束，可以引导区域经济活动和产业发展的空间布局趋于生态环境友好。

5.4.1 生态承载能力分析方法

本次研究采用《环渤海沿海地区重点产业发展战略环境评价研究》书中的生态保护重要性等级核算方法。

$S = \max(S_s, S_f)$

式中，S 为生态保护重要性等级，S_s 为生态系统敏感性等级，S_f 为生态系统服务功能等级，S_s 与 S_f 均为赋值范围在 1~5 的自然数，数值越高代表生态系统敏感性、生态系统服务功能越高。

在地理空间分析软件 ArcGIS 中，叠加土地覆被类型、重要水源地、自然保护区、坡度、NDVI 等图层，并根据叠加得到的斑块属性查询指标体系赋值，通过图层计算得出生态保护重要性等级值的空间分布图。

5.4.1.1 生态系统敏感性

生态系统敏感性是指生态系统中重要物种栖息地对人为活动干扰的敏感程度，或对外界干扰的适应能力。本次研究生态系统敏感区的评估采用层次分析法和加权计算，首先考虑到国家自然保护区和重要湿地的重要性，两者均被赋予最高敏感性等级。在此基础上综合了土地覆被类型、重要水源地、自然保护区、坡度等生态因子，通过空间计算叠加得到区域生态系统敏感性空间分布。主要指标采用等权重叠加法，具体因子赋值见表 5.4–1。

表 5.4–1 生态系统敏感性指标及其权重

序号	指标	分类	赋值	权重
1	土地覆被类型	建设用地	1	0.3
		农田	3	
		草地	5	
		森林	7	
		湿地	9	
2	水源地	水源地保护区	5	0.3
		水源地	9	
3	自然保护区	省级	5	0.35
		国家级	9	
4	坡度	＜2°	1	0.05
		2°～4°	2	
		4°～8°	3	
		8°～12°	4	
		＞12°	5	

5.4.1.2 生态系统服务功能

生态系统服务功能是指生态系统与生态过程所维持的人类赖以生存的自然环境条件与效用，包括气体调节、气候调节、水源涵养、土壤形成、废物利用、生物多样性、食物生产、原材料、娱乐文化等 9 个方面。其划定过程综合考虑了区域的土地覆被、NDVI 和水源地等重要因子，并在此基础上对各生态因子进行了赋值、加权和空间叠加。各因子的赋值和权重见表 5.4-2。

表 5.4-2 生态系统服务功能指标及其权重

序号	指标	分类	赋值	权重
1	土地覆被类型	建设用地	1	0.3
		农田	3	
		草地	5	
		森林	7	
		湿地	9	
2	水源地	水源地保护区	5	0.4
		水源地	9	
2	NDVI	＜ 0.66	1	0.3
		0.66 ～ 0.73	3	
		0.73 ～ 0.76	5	
		0.76 ～ 0.80	7	
		＞ 0.80	9	

5.4.2 生态承载能力分析结果

5.4.2.1 生态敏感性分析结果

区域的生态敏感性普遍低和较低，敏感性高区和较高区占区域总面积的 2.83%。生态敏感性高与较高区域在广西东北角桂林市、柳州市北部、西北角百色市内与百色市和河池市相邻边界处分布较集中，区内其他区域零星分布。其中桂林市是区内自然保护区分布最为集中的区域，建有花坪自然保护区、猫儿山自然保护区、千家洞自然保护区三大国家级自然保护区，桂林国家森林公园、龙胜温泉国家森林公园、八角寨国家森林公园、阳朔国家森林公园四大国家级森林公园，以及桂林漓江风景名胜区、广西资源国家地质公园、桂林会仙喀斯特国家湿地公园、漓江光倒刺鲃金线鲃国家级水产种质资源保护区等国家级保护区。百色市和河池市相邻边界处建有广西乐业－凤山世界地质公园。保护区内栖息重要物种，对人为活动干扰敏感，对外界干扰的适应能力弱。

5.4.2.2 生态系统服务功能分析结果

研究区域的生态系统服务价值普遍为较低和中等，生态系统服务价值高和较高区域面积占研究区域总面积的2.46%。生态系统服务价值高与较高地区零星分布于广西境内，不呈现聚集状态。生态系统服务价值高的地区植被资源丰富、动物资源繁多，生物多样性保护价值极高，此外，自然景观与植被状况良好的区域在气候调节、娱乐文化、水源涵养方面也具有重要意义。

5.4.2.3 生态保护重要性分析结果

生态保护重要性高的区域主要分布于广西东北角桂林市、柳州市北部与西南角防城港市内，于区内其他区域零星分布。区内现有重点产业聚集区与生态保护重要地区大部分布局合理，在局部存在空间冲突，部分产业区分布在生态保护重要性高的地区。

其中南宁六景工业园区布局与横县六景泥盆系地层标准剖面保护区有部分重叠，横县六景泥盆系地层标准剖面保护区为地质遗迹保护区，受保护的泥盆系地质剖面，如遭到占用、损失或破坏后所造成的生态影响后果较为严重。

柳州市融安县工业集中区布局与红茶沟国家森林公园有部分重叠，红茶沟国家森林公园保护的森林景观如遭到占用、损失或破坏后所造成的生态影响后果较为严重。

桂林市灵川八里街工业园区、阳朔县工业集中区布局与桂林漓江风景名胜区有部分重叠，桂林漓江风景名胜区主要保护漓江沿岸，具有相对重要的生态服务功能，生态系统较为脆弱，如遭到占用、损失或破坏后所造成的生态影响后果较为严重。

梧州市粤桂合作特别试验区布局与西江梧州段国家级水产种质资源保护区有部分重叠，西江梧州段国家级水产种质资源保护区属重要生态敏感区，具有相对重要的生态服务功能，生态系统较为脆弱，如遭到占用、损失或破坏后所造成的生态影响后果较为严重。

防城港市东兴边境经济合作区布局与京岛风景名胜区有部分重叠，京岛风景名胜区属重要生态敏感区，具有相对重要的生态服务功能，生态系统较为脆弱，如遭到占用、损失或破坏后所造成的生态影响后果较为严重。

来宾市合山市产业转型工业园布局与合山煤矿国家矿山公园有部分重叠，矿山公园主要保护煤矿采矿遗迹，如遭到占用、损失或破坏后所造成的生态影响后果较为严重。

5.5 环境容量

5.5.1 大气环境容量

本次研究采用现状污染源扩散模拟与 *A* 值法两种方式说明区域大气环境容量情况。

5.5.1.1 现状污染源扩散模拟

（一）模拟内容

模拟现状污染源排放产生的 SO_2、NO_2 及 PM_{10} 的年均浓度；

（二）计算模式

（1）模式简介

Calpuff 模式是一个烟团扩散模型系统，可模拟三维流场随时间和空间发生变化时污染物的输送、转化和清除过程。该模式适用于从几十公里到几百公里范围内的模拟尺度。该模式包括了近距离模拟的计算功能，如建筑物下洗、烟羽抬升、部分烟羽穿透、地形和海陆的相互影响、地形的影响；还包括长距离模拟的计算功能，如干、湿沉降的污染物清除、化学转化、垂直风切变效应、跨越水面的传输、薰烟效应。适合特殊情况，如稳定状态下的小静风、风向逆转、在传输和扩散过程中气象场时空发生变化，模式基本原理见表 5.5-1。

表 5.5–1　Calpuff 模式运算的基本原理

浓度场模式	烟团处理方法	利用取样函数方法对烟团的空间轨迹、浓度分布进行描述；烟团分裂
	扩散参数	近地层：$\sigma_v=u_*\left[4+0.6(-h/L)^{2/3}\right]^{1/2}$ $\sigma_w=u_*\left[1.6+2.9(-h/L)^{2/3}\right]^{1/2}$ 混合层：$\sigma_v=(3.6u_*^2+0.35w_*^2)^{1/2}$ $\sigma_w=(1.2u_*^2+0.35w_*^2)^{1/2}$ 残留层：（略）
	烟云抬升	基本公式：Briggs 抬升公式（浮力和动量抬升）；考虑因素：稳定层结中部分烟云穿透，过渡烟云抬升
	干沉降	阻尼公式：$v_d=F/\chi_s$ 气体：$v_d=(r_a+r_d+r_c)^{-1}$ 颗粒物：$v_d=(r_a+r_d+r_a r_d v_g)^{-1}+v_g$ r_a，r_d，r_c，分别为近地层、沉降层（准层流层）植被层的阻尼系数。v_g，为重力沉降系数。
	湿清除	$\chi_{t+dt}=\chi_t\exp\left[-\Lambda\Delta t\right]$　　$\Lambda=\lambda(R/R_1)$

（2）Calpuff 适用条件

Ⅰ点源、体源、面源、线源；Ⅱ污染物排放随时间变化；Ⅲ复杂风场；Ⅳ输入气象数据是经 Calmet 预处理后的随时间、空间变化的气象场。

（三）风场模拟及变化特征分析

（1）中尺度风场模拟范围及参数

本次研究中的中尺度风场模拟范围为 1000km×1000km，水平网格距为 4km。模式垂直方向自地面至 3000m 不等距分为 10 层，各层中点离地面高度见表 5.5–2。

表 5.5–2　垂直方向分层和高度

层数	1	2	3	4	5
高度（m）	10	40	80	160	300
层数	6	7	8	9	10
高度（m）	600	1000	1500	2200	3000

用于风场初始插值的地面风资料来自计算范围内的常规气象站，同时使用美国国立大气研究中心（NCAR）发布的全球再分析气象资料（NCEP）参与地面和上层风场插值。

最终 Calpuff 模型的模拟参数如下：

中心经度：108.2515，中心纬度：23.636；整个计算范围为 800km×800km 的长方形范围；东西格点数 401、南北格点数 401、格距 2km。

原始气象数据采用美国国家环境预报中心的 NCEP/NCAR 的再分析数据（格距约为 110km）作背景场，通过三层嵌套网格 MM5 中尺度气象场模式计算每年得到 8760 小时的逐时气象场（温度场，风场）。原始数据还包括地形高度、土地利用、陆地－水体标志、植被组成等数据，数据源主要为美国的 USGS 数据。

CALMET 需要的地理信息数据如下：

①地形数据使用 SRTM3 90m 数据，下载地址：

http://dds.cr.usgs.gov/srtm/version2_1/SRTM3/Eurasia/;

②土地利用数据使用 USGS 数据，下载地址：

http://edcftp.cr.usgs.gov/pub/data/glcc/ea/lamberta/eausgs2_0la.img.gz。

（2）区域风场变化特征

本次研究选取 2016 年四个时段分析区域风场变化特征。

① 2016 年 1 月 14 日 2 时整个研究范围风向并不是一致，在东部及东北部，主要吹东北风，而在西北部主要吹东南风，这样在广西西北部有一个弱的风场辐合区，不利于大气污染物的稀释扩散，而在广西西南部有一个弱的辐散区，有利于污染物的稀释扩散。

② 2016 年 4 月 5 日 13 时整个研究范围风向也不是很一致，在北部主要吹北风，而在南部主要吹西或西南风，这样在广西中部地带就出现一个较强的风场辐合区，风向较紊乱，不利于大气污染物的稀释扩散。

③ 2016 年 7 月 9 日 6 时整个研究范围风向较一致，主要吹南风，但在东南和西南部也出现了东南风，这样在广西东南部出现了弱的风场辐合区，不利于大气污染物的稀释扩散；在广西西南部有一个弱的辐散区，有利于污染物的稀释扩散。

④ 2016 年 10 月 14 日 6 时整个研究范围内风向较紊乱，在东北部及东南部，主要吹东北风，在西北部主要吹东南风，在西南部主要吹偏东风。这样在自治区的东部和西部各有一个弱的辐散区，有利于污染物的稀释扩散。而在自治区的西北部有一个弱的风场辐合区，不利于大气污染物的稀释扩散。

（四）现状年均浓度模拟结果分析

根据计算范围内连续一年的逐时气象资料，计算各网格点的逐时地面浓度，然后将全年 8784 小时的浓度取平均，得到计算范围的年均浓度分布及各地的 SO_2、NO_2 及 PM_{10} 年均浓度。

各种污染物的年均浓度最大值详见表 5.5-3。

表 5.5-3 各种污染物的年均浓度最大值汇总表 （单位：μg/m³）

污染物	时间段	浓度	标准值	占标率 %
SO_2	年均	36.87	60	61.46
NO_2	年均	36.71	40	91.77
PM_{10}	年均	71.33	70	101.90

各种污染物在各关心点的年均浓度贡献情况见表 5.5-4。

表 5.5-4 各关心点年均浓度增加量 （单位：μg/m^3）

点位	SO_2		NO_2		PM_{10}	
	浓度	贡献 %	浓度	贡献 %	浓度	贡献 %
1 号南宁	14.54	24.24	35.64	89.09	43.01	61.44
2 号柳州	31.03	51.72	33.81	84.53	62.93	89.89
3 号桂林	18.89	31.49	28.94	72.35	40.95	58.50
4 号梧州	12.35	20.58	22.62	56.55	36.93	52.76
5 号北海	11.02	18.37	14.13	35.33	28.91	41.30
6 号防城港	16.89	28.15	20.89	52.23	40.89	58.41
7 号钦州	19.86	33.10	22.20	55.50	38.28	54.69
8 号贵港	23.10	38.50	26.50	66.24	42.29	60.41
9 号玉林	25.48	42.46	26.57	66.44	35.48	50.68
10 号百色	17.04	28.40	19.34	48.35	41.61	59.44
11 号贺州	18.33	30.55	16.31	40.78	34.76	49.65
12 号河池	19.22	32.03	28.48	71.20	36.67	52.39
13 号来宾	36.57	60.95	27.81	69.53	45.08	64.40
14 号崇左	15.62	26.03	22.14	55.35	35.61	50.87

由表可见，SO_2、NO_2、PM_{10} 年均浓度值范围分别是 11.02～36.57μg/m^3，14.13～35.64μg/m^3，28.91～62.93μg/m^3。SO_2、NO_2、PM_{10} 年均最大浓度值占标准比例分别为 18.37～60.95%，35.33～89.09%，41.30～89.89%。各种污染物年均浓度值均未超过《环境空气质量标准》中相应二级标准限值。SO_2 年均最大浓度值出现在 13 号来宾点位，NO_2 年均最大浓度值出现在 1 号南宁点位，PM_{10} 年均最大浓度值出现在 2 号柳州点位。

5.5.1.2 A 值法园区容量统计

（一）预测方法

本次研究采用《制定地方大气污染物排放标准的技术方法》（GB/3840-91）中的 *A* 值法预测模式核算整个区域的环境总容量，该法适用于测算区域宏观的情况。*A* 值法控制区理想环境容量计算公示如下：

$$Q=\sum_{n-1}^{n}A\left(C_{si}-C_{b}\right)S_{i}/\sqrt{S}$$

式中：Q——控制区域内某污染物年允许排放总量限值，10^4 t/a;

S_i——控制区域内第 i 个分区的面积，km^2；

S——控制区域内总面积，km^2；

A——地理区域性总量控制系数。根据 GB/T3840-91，广西容量控制系数 A 值的取值范围为 3.5 ～ 4.9，为保证 90% 的日均值达标率，A 值取 3.64。

C_{si}——第 i 个区域某种污染物年平均浓度标准限值，mg/m^3，取 GB3095-2012 中二级标准限值；

C_b——控制区域内的本底浓度，mg/m^3。

（二）区域大气环境容量统计

广西各市大气环境容量见表 5.5-5。由表可知，从整体来看，在规划和优化情景下，新增项目大气污染物排放总量均未超过现有环境容量。

表 5.5-5　各市大气环境容量一览表（单位：万 t/a）

城市名称	二氧化硫					氮氧化物					烟（粉）尘				
	环境容量	预测新增排放量		剩余容量		环境容量	预测新增排放量		剩余容量		环境容量	预测新增排放量		剩余容量	
		规划情景	优化情景	规划情景	优化情景		规划情景	优化情景	规划情景	优化情景		规划情景	优化情景	规划情景	优化情景
南宁市	38.25	0.29	0.25	37.96	38	13.6	1.04	0.91	12.56	12.69	31.09	0.19	0.17	30.9	30.92
柳州市	23.49	0.13	0.11	23.36	23.38	9.83	0.41	0.36	9.42	9.47	19.17	0.69	0.62	18.48	18.55
桂林市	23.4	0.11	0.1	23.29	23.3	10.01	0.28	0.24	9.73	9.77	20.15	0.05	0.04	20.1	20.11
梧州市	26.78	0.12	0.1	26.66	26.68	11.38	0.14	0.12	11.24	11.26	22.41	0.1	0.09	22.31	22.32

续表

城市名称	二氧化硫					氮氧化物					烟（粉）尘				
	环境容量	预测新增排放量		剩余容量		环境容量	预测新增排放量		剩余容量		环境容量	预测新增排放量		剩余容量	
		规划情景	优化情景	规划情景	优化情景		规划情景	优化情景	规划情景	优化情景		规划情景	优化情景	规划情景	优化情景
北海市	12.43	0.51	0.44	11.92	11.99	5.85	0.6	0.52	5.25	5.33	10.86	0.06	0.05	10.8	10.81
防城港市	16.22	1.06	0.92	15.16	15.3	7.15	1.78	1.55	5.37	5.6	13.49	2.36	2.12	11.13	11.37
钦州市	36.69	0.16	0.14	36.53	36.55	16.28	0.12	0.1	16.16	16.18	31.29	0.1	0.09	31.19	31.2
贵港市	13.6	0.21	0.19	13.39	13.41	5.8	0.27	0.23	5.53	5.57	11.65	0.07	0.06	11.58	11.59
玉林市	28.7	0.72	0.63	27.98	28.07	12.73	0.47	0.41	12.26	12.32	26.28	0.17	0.15	26.11	26.13
百色市	21.41	1.3	1.13	20.11	20.28	10.21	0.39	0.34	9.82	9.87	19	0.2	0.18	18.8	18.82
贺州市	20.84	3.39	2.95	17.45	17.89	9.91	1.85	1.61	8.06	8.3	18.26	0.42	0.37	17.84	17.89
河池市	18.49	2.52	2.19	15.97	16.3	7.82	0.31	0.27	7.51	7.55	16.17	0.08	0.07	16.09	16.1
来宾市	16.71	1.81	1.57	14.9	15.14	7.54	1.05	0.92	6.49	6.62	14.96	1.7	1.53	13.26	13.43
崇左市	22.1	0.84	0.73	21.26	21.37	9.54	0.1	0.09	9.44	9.45	18.95	1.12	1.01	17.83	17.94
合计	319.11	13.17	11.45	305.94	307.66	137.65	8.81	7.67	128.84	129.98	273.73	7.31	6.55	266.42	267.18

5.5.2 地表水环境容量

结合区域重点水污染物总量控制要求，“十三五”期间广西各市废水排放污染物总量控制指标应比 2015 年降低 1%，从这一角度，广西废水污染物总体排放量呈下降趋势，对区域地表水体环境影响也逐步降低，地表水污染物剩余环境容量也将有所改善。本次研究结合区域地表水环境质量现状基本情况调查成果，对于区域无剩余环境容量地表水流域进行统计，详见表 5.5-6。

表 5.5-6　地表水无剩余环境容量因子及断面列表

序号	城市名称	河流名称	断面名称	无剩余环境容量因子	涉及园区
1	崇左市	下雷河	弄欣	氨氮	靖西市工业区
					大新县工业集中区
2	北海市	南流江	横塘 江口大桥	总磷	浦北县工业集中区（泉水、张黄片区）
3	玉林市	九洲江	文车桥	氨氮 五日生化需氧量 总磷	博白县工业集中区（文地）
4		南流江	六司桥	总磷	广西玉林高新技术产业开发区
					玉林经济开发区
					玉柴工业园
					玉林市中医药健康产业园
					福绵服装工业区节能环保片区
5		南流江	六司桥 横塘	氨氮 总磷	博白县工业集中区（城东、亚山林产、旺茂新型建材产业园）

根据相关规定要求，改扩建项目通过“以新代老”措施实现“增产不增污”，对于地表水剩余环境容量不足地区，新建项目应采取“等量或倍量替代”等措施确保项目建设对区域地表水影响不大。对于部分已经无剩余环境容量流域断面，根据具体超标因子情况，严格限制相关产业规模，加快区域污水处理厂及配套管网建设，确保已建成污水处理厂稳定运行。同时加强现有项目技术改造，在现有无环境容量断面应暂停审批涉及相应污染因子排放的新增项目。

6 环境影响预测与分析

6.1 大气环境影响分析

本次研究依据区域各市污染物总量控制指标要求以及大气污染物环境容量计算，分析规划实施对全区大气环境影响。结合区域环境容量计算结果及规划拟新增污染物产生进行对比分析，各市环境容量可满足规划情景下区域产业发展要求。从污染物总量削减角度，规划情景下部分地区污染物排放总量不能满足区域总量削减指标，针对此类地区，设置优化情景，通过合理控制产业发展规模，提高污染控制措施，严格环境准入等措施，进一步降低区域大气污染物排放量，从而达到区域经济发展的同时，区域大气环境不恶化，满足各地区总量控制指标及环境容量要求。

表 6.1-1 各地区大气环境容量及污染物总量控制概况

序号	城市名称	是否满足大气污染物总量控制指标		大气剩余环境容量是否满足区域发展要求		影响分析
		规划情景	优化情景	规划情景	优化情景	
1	南宁市	否	是	是	是	通过合理控制产业发展规模，提高污染控制措施，严格环境准入等措施，进一
2	柳州市	是	是	是	是	
3	桂林市	否	是	是	是	

续表

序号	城市名称	是否满足大气污染物总量控制指标		大气剩余环境容量是否满足区域发展要求		影响分析
		规划情景	优化情景	规划情景	优化情景	
4	梧州市	NO_X否	是	是	是	步降低区域大气污染物排放量，从而达到区域经济发展的同时，区域大气环境不恶化，满足各地区总量控制指标及环境容量要求，优化情景下规划实施对周围环境影响不大
5	北海市	NO_X否	是	是	是	
6	防城港市	否	是	是	是	
7	钦州市	否	是	是	是	
8	贵港市	否	是	是	是	
9	玉林市	否	是	是	是	
10	百色市	否	是	是	是	
11	贺州市	否	是	是	是	
12	河池市	否	是	是	是	
13	来宾市	否	是	是	是	
14	崇左市	否	是	是	是	

此外，结合各市各园区开展的规划环评及跟踪评价，对于规划情景下个别片区剩余环境容量不能满足区域“十三五”期间发展要求的情况，应严格禁止对无容量片区污染物排放大的项目引入，十分必要引入项目应采用倍量削减等方式做到区域污染物不增加，从而确保各片区大气环境质量不恶化。

6.2 水环境影响分析

本次研究依据区域各市污染物总量控制指标要求以及所在流域水污染物环境容量计算，分析规划实施对流域水环境影响。结合区域环境容量计算结果及规划拟新增污染物产生进行对比分析，详见表 6.2-1。

表 6.2-1 各地区水环境容量及污染物总量控制概况

序号	城市名称	是否满足水污染物总量控制指标		地表水剩余环境容量是否满足区域发展要求	
		规划情景	优化情景	规划情景	优化情景
1	南宁市	是	是	是	是
2	柳州市	是	是	是	是
3	桂林市	否	是	是	是
4	梧州市	是	是	是	是
5	北海市	是	是	部分流域断面否	是
6	防城港市	氨氮否	是	是	是
7	钦州市	否	是	是	是
8	贵港市	COD 否	是	是	是
9	玉林市	COD 否	是	部分流域断面否	是
10	百色市	否	是	是	是
11	贺州市	否	是	是	是
12	河池市	否	是	是	是
13	来宾市	否	是	是	是
14	崇左市	否	是	部分流域断面否	是

结合上表，规划情景下区域环境容量及污染物排放总量控制要求，规划情景下部分地区部分因子尚不能满足目标要求，通过合理控制产业发展规模，提高污染控制措施，严格环境准入等措施，进一步降低区域水污染物排放量，从而达到区域经济发展的同时，区域地表水环境不恶化，满足各地区总量控制指标及环境容量要求，优化情景下规划实施对周围环境影响不大。

6.3 固体废物影响分析

由于危险废物本身具有一定毒性或腐蚀性，因此它在临时存放、运输过程以及最后的处理过程中，存在一些突发事故的不可预见性和不可控制性，可能对周围的生态环境造成一定的影响，特别是对工作人员及居民造成健康影响。危险废物具有危害性大、难以回收利用等特点，应作为固体废物控制中的重点。本次研究对规划实施后区内危险废物产生量的预测采用排污系数核算方法。区内各市产生危险废物经营许可证核准经营规模与预测产生量情况见表 6.3-1。

表 6.3-1 危险废物经营许可证核准经营规模与预测产生量（单位:万 t/a）

序号	城市名称	危险废物经营许可证核准经营规模	核准经营危险废物类别	优化情景危险废物产生量
1	南宁市	4.11	HW02-HW06，HW08，HW09，HW11-HW14，HW16-HW32，HW34-HW42，HW45-HW49	0.89
2	柳州市	4.505	HW02-HW09，HW11-HW14，HW16-HW19，HW32-HW35，HW37-HW40，HW42，HW48-49	3.1

续表

序号	城市名称	危险废物经营许可证核准经营规模	核准经营危险废物类别	优化情景危险废物产生量
3	桂林市	—	—	0.14
4	梧州市	0.5	HW08	65.11
5	北海市	6.0	HW08	1.87
6	防城港市	41.5	HW08、HW49	0.62
7	钦州市	0.2	HW08	0.35
8	贵港市	—		0.08
9	玉林市	—		0.06
10	百色市	—		22.13
11	贺州市	—		0.07
12	河池市	15.6	HW34，HW48，HW49	9.08
13	来宾市	12.5	HW31，HW48	4.24
14	崇左市	—		0.05
	总计	84.915		107.79

区内危险废物经营许可证核准经营规模总计 84.915 万 t/a，不能满足优化情景下危险废物预测产生量要求。其中桂林市、贵港市、玉林市、百色市、贺州市、崇左市尚无危险废物经营许可证颁发。已有危险废物经营许可证颁发的城市中，梧州市、钦州市的核准经营规模不能满足危险废物的预测产生量。依据现有全区固体废物处理处置情况，应进一步加强区域固体废物环境管理，提高区域固废综合利用效率，加强危险废物规范化管理，进一步降低区域固体废物环境影响。

区内各市对于危险废物应加强预防措施，加强危险废物的申报登记，对收集、运输、贮存、处置等每一个环节都要有追踪性的账目和手续。根据其毒性性质分类贮存，对有特殊要求的进行特殊处理，禁止将其与非有害固体废物混杂堆放，应建立专用贮存槽或仓库，并密封保存，以避免外泄造成严重后果。集中收集处理，将规划区域危险废物进行预处理后，分类收集，由专用运输工具运至有资质单位进行安全处置。

6.4 生态环境影响分析

生态敏感目标主要包括自然保护区、风景名胜区、森林公园、地质公园、湿地公园、水产种质资源保护区等，点状分布于区域内。其中自然保护区、世界文化和自然遗产地等属于特殊生态敏感区，具有极重要的生态服务功能，生态系统极为脆弱，如遭到损失或破坏后所造成的生态影响后果严重且难以预防、生态功能难以恢复和替代；风景名胜区、森林公园、地质公园、重要湿地、原始天然林、珍稀濒危野生动植物天然集中分布区、重要水生生物的自然产卵场及索饵场、越冬场和洄游通道、天然渔场属于重要生态敏感区，具有相对重要的生态服务功能，生态系统较为脆弱，如遭到占用、损失或破坏后所造成的生态影响后果较为严重，但可以通过一定措施加以预防、恢复和替代。

本次研究重点关注区域拟新增项目涉及的相关工业园区，从规划布局对生态敏感目标造成的直接影响进行分析。采用地理空间分析方法，应用ArcGis管理工业园区与生态敏感目标的地理位置，分析两者位置关系，对于距离生态敏感目标较近的园区重点关注、深入分析。其中工业园区位置与范围以各园区规划及规划环评规划的范围为依据，生态敏感目标位置及范围由广西环保、国土、海洋、林业、农业等部门提供的拐点坐标、图件等为依据。

6.4.1 陆地生态环境影响

本次研究应用ArcGis进行叠图分析，涉及直接影响生态敏感区的工业园区见表6.4-1。区域园区布局不涉及自然保护区、世界文化和自然遗产地等特殊生态敏感区。区域园区布局涉及内河生态敏感区的工业园区有7个，分布于区内南宁市、柳州市、桂林市等6个市，包括南宁六景工业园区、融安县工业集中区、灵川八里街工业园区等，可能直接影响的生态敏感区有横县六景泥盆系地层标准剖面保护区、桂林漓江风景名胜区、西江梧州段国家级水产种质资源保护区等6个，具有相对重要的生态服务功能，生态系统较为脆弱，如工业园区规划范围与重要生态敏感区有部分重叠，实际开发过程中使敏感区遭到占用、损失或破坏，将造成较为严重的影响后果，但可以通过一定措施加以预防、恢复和替代。

针对表6.4-1中涉及园区的环境管理，要求在园区规划建设运行过程中，严格管控保护区不受工业产业发展影响，通过生态红线确立、加强环境管理等方面，确保区域生态环境不恶化。

表6.4-1　对生态敏感区影响

位置	工业园区名称	受影响的生态敏感区	位置关系	主要生态保护对象	影响描述
南宁	南宁六景工业园区	横县六景泥盆系地层标准剖面保护区	部分重叠	泥盆系地质剖面	横县六景泥盆系地层标准剖面保护区属重要生态敏感区，具有相对重要的生态服务功能，生态系统较为脆弱，如遭到占用、损失或破坏后所造成的生态影响后果较为严重，但可以通过一定措施加以预防、恢复和替代
柳州	融安县工业集中区	红茶沟国家森林公园	部分重叠	森林景观	红茶沟国家森林公园属重要生态敏感区，具有相对重要的生态服务功能，生态系统较为脆弱，如遭到占用、损失或破坏后所造成的生态影响后果较为严重，但可以通过一定措施加以预防、恢复和替代

续表

位置	工业园区名称	受影响的生态敏感区	位置关系	主要生态保护对象	影响描述
桂林	灵川八里街工业园区	桂林漓江风景名胜区	园区规划范围包含漓江风景名胜区部分河段，需加强保护	漓江沿岸	桂林漓江风景名胜区属重要生态敏感区，具有相对重要的生态服务功能，生态系统较为脆弱，如遭到占用、损失或破坏后所造成的生态影响后果较为严重，但可以通过一定措施加以预防、恢复和替代
桂林	阳朔县工业集中区	桂林漓江风景名胜区	园区规划范围包含漓江风景名胜区部分河段，需加强保护	漓江沿岸	桂林漓江风景名胜区属重要生态敏感区，具有相对重要的生态服务功能，生态系统较为脆弱，如遭到占用、损失或破坏后所造成的生态影响后果较为严重，但可以通过一定措施加以预防、恢复和替代
梧州	粤桂合作特别试验区	西江梧州段国家级水产种质资源保护区	园区规划范围包含水产种质资源保护区西江梧州段，需加强保护	鲮、鳡，其他保护对象包括银鲴、日本鳗鲡等	西江梧州段国家级水产种质资源保护区属重要生态敏感区，具有相对重要的生态服务功能，生态系统较为脆弱，如遭到占用、损失或破坏后所造成的生态影响后果较为严重，但可以通过一定措施加以预防、恢复和替代
来宾	合山市产业转型工业园	合山煤矿国家矿山公园	部分重叠	煤矿采矿遗迹	合山煤矿国家矿山公园属重要生态敏感区，具有相对重要的生态服务功能，生态系统较为脆弱，如遭到占用、损失或破坏后所造成的生态影响后果较为严重，但可以通过一定措施加以预防、恢复和替代

续表

位置	工业园区名称	受影响的生态敏感区	位置关系	主要生态保护对象	影响描述
防城港	防城港市东兴边境经济合作区	京岛风景名胜区	部分重叠	京族三岛	京岛风景名胜区属重要生态敏感区，具有相对重要的生态服务功能，生态系统较为脆弱，如遭到占用、损失或破坏后所造成的生态影响后果较为严重，但可以通过一定措施加以预防、恢复和替代

6.4.2 海洋生态环境影响

本次研究应用 ArcGis 将沿海三市（防城港市、北海市和钦州市）工业园区与广西海洋生态红线叠加分析。

（1）防城港市工业园区不占用广西海洋生态红线区，占用大陆自然岸线约 9km，建议将自然岸线调出工业园区或者提出详尽的自然岸线保护措施。

（2）北海市工业园区不占用广西海洋生态红线区，不占用自然岸线。

（3）钦州市工业园区不占用广西海洋生态红线区，不占用自然岸线。

钦州港经济技术开发区与广西海洋生态红线七十二泾滨海旅游区限制类红线区和鹿耳环至三娘湾滨海旅游区限制类红线区相邻，建议加强管理，严格禁止区域开发占用保护区范围，并与保护区外预留一定防护距离，园区开发过程中应提出详尽的自然岸线保护措施。

（4）多个工业园区包含红树林约 5.5km^2，工业园区开发过程中禁止占用红树林。

6.5 规划环境风险分析

本次研究重点从规划的产业布局出发，对产业布局可能存在的环境风险进行分析，并提出主要行业环境风险减缓措施和防范环境风险的应急预案，以降低或消除环境风险危害，减轻事故造成的污染危害，保护人群健康和生态系统安全。

6.5.1 规划方案环境风险识别

6.5.1.1 规划产业环境健康风险识别

根据本规划“重点发展千亿元产业”和“战略性新兴产业”等工程特征和污染影响分析，初步判定本规划中对人群健康可能产生重大环境风险事故的主要行业类型，见表 6.5-1。

表 6.5-1　规划产业健康环境风险识别表

类别	环境风险识别产业	风险类型	风险因子
涉重产业	有色金属	非事故性风险	金属矿及尾矿渣采选、冶炼生产过程中涉及含镉、砷、铅、氰化物等重金属废水、废气的排放；尾矿库垮坝、渗漏等风险
	冶金	非事故性风险	
	节能环保	非事故性风险	
	电子信息	非事故性风险	电路板生产过程中涉及的含铜、铬、铅、镍及氰化物等重金属废水的排放
	纺织服装与皮革	非事故性风险	皮革鞣制、整饰过程中含铬废水的排放
	化学	事故性风险	生产过程中涉及含镉、砷、铅等废水、废气的排放
	新能源汽车	事故性风险	生产过程中涉及含镉、砷、铅等废水、废气的排放

续表

类别	环境风险识别产业	风险类型	风险因子
涉及三致效应（致畸、致突变、致癌）等有毒有害物质排放的产业	石油化工	事故性风险	生产过程中产生大量的含苯、多环芳烃等废水、废气排放
	造纸与木材	非事故性风险	含挥发酚、可吸附有机卤化物、重金属等污染物的废水以及含硫化氢、甲硫醇等的废气排放
	医药制造、新材料（油漆、树脂等）	事故性风险	含难降解有机物、有毒有害物质（如硝基物、氨基物、氰化物、有机磷）等污染物废水排放
	建材	非事故性风险	水泥、陶瓷等生产过程中含氟化物的废气排放
其他	食品（制糖、酒精、淀粉等）、新能源（木薯燃料乙醇等）	非事故性风险	含高浓度有机废水事故性排放导致水体缺氧

规划涉及的各个行业中易发生环境健康风险的行业主要为涉及重金属排放的行业，包括电子信息、皮革、化学、新能源汽车等，涉及有毒有害物质排放的行业有化工、造纸与木材、医药与新材料、建材等以及其他可能涉及高浓度有机废水的食品行业。

6.5.1.2 规划区域环境生态风险识别

综合考虑《广西壮族自治区主体功能区规划》以及其他环境制约因素，确定规划产业布局环境风险重点区域、工业园区识别结果见附表 7。本次规划具有生态环境风险的工业园区总数为 50 个，占全区主要工业园区总数的 35.17%。其中，布局在生态敏感区内工业园区数为 16 个，饮用水源地功能区内园区数为 14 个，取水口上游附近的工业园区数为 20 个。规划产业布局在限制开发区、环境敏感区、环境质量现状超标已无容量园区内的产业，必须考虑区域的环境敏感性，涉及本次研究已识别出的易导致重大环境风险事故的主要行业和产业的风险项目必须慎重布局。

6.5.1.3 规划产业重点项目环境风险识别

区域产业重点项目环境风险情况见表 6.5-2。各市环境风险类项目分布情况见表 6.5-3。

表 6.5-2　规划重点项目分布识别表

序号	产业名称	项目总数	分布区域
1	食品加工业	283	崇左、来宾、南宁、柳州、百色、河池
2	石化工业	240	河池、柳州、北海、钦州
3	有色金属工业	213	百色、南宁、来宾、柳州、河池、梧州、玉林、贺州
4	冶金工业	82	柳州、贵港、防城港
5	建材工业	56	贵港、河池、百色、贺州、南宁、北海
6	造纸与木材加工工业	38	南宁、北海、柳州、梧州、贺州、来宾、崇左、桂林、贵港
7	医药制造工业	106	梧州、南宁、北海
8	纺织服装与皮革工业	41	崇左、来宾、南宁、河池
9	生物产业	87	南宁、崇左、桂林、柳州
10	新材料产业	32	南宁、柳州、崇左
11	新能源产业	40	防城港、南宁、桂林、百色、贺州
12	新能源汽车产业	40	柳州、贵港、防城港
13	节能环保产业	123	南宁、柳州、桂林、梧州、百色、贺州、河池、来宾、崇左
14	电子信息	125	北海、南宁、桂林、玉林、钦州、贺州、梧州
15	电力行业	85	桂林、南宁、钦州
16	其他	704	全区
	总计数目	2295	

表 6.5–3 各市环境风险类项目分布情况表

序号	地域	重点项目总数	主要涉及产业
1	南宁	280	生物、石化、医药制造、纺织服装与皮革、新能源
2	柳州	219	生物、新材料、石化、有色金属
3	桂林	162	有色金属、冶金、新材料、生物
4	梧州	131	有色金属、建材、新材料、纺织服装与皮革、生物
5	北海	64	石化、有色金属、新材料、造纸与木材加工
6	防城港	90	有色金属、冶金、石化
7	钦州	150	有色金属、石化、冶金
8	贵港	183	建材、有色金属、造纸与木材加工、纺织服装与皮革
9	玉林	106	节能环保、冶金
10	百色	165	石化、有色金属、食品、节能环保
11	贺州	192	有色金属、冶金、新材料
12	河池	166	有色金属、石化、新材料
13	来宾	211	冶金、纺织服装与皮革、新能源、节能环保
14	崇左	176	食品、冶金、生物
	合计	2295	

6.5.2 规划产业布局环境风险影响分析

6.5.2.1 分析原则和方法

对于区域产业涉及环境风险的重点项目，若布局在环境风险受体敏感区域，且环境风险项目的敏感因素又恰好与环境风险敏感区域的敏感因子相契合时，在发生污染事故时，必将会对区域环境造成显著影响及危害，甚至是事故性的灾难。

本次研究将从环境风险项目受体与环境风险项目自身是否契合的角度出发，首先对布局在易突发环境风险重点区域内工业园区的风险级别进行分析；再结合项目本身的经济贡献程度、环境风险事故后果影响大小等因素，对环境风险项目进行分类；最后根据上述分析与分类的结果，按照存在环境风险的工业园区在布局规划与其风险敏感因素相契合的程度，定性描述项目布局环境风险影响程度。

6.5.2.2 环境风险影响分析

（一）工业园区环境风险级别分析

工业园区选址布局的合理性直接关系着园区的环境可行性，需根据所规划的产业的产污特点和所在区域的环境制约因素等进行综合考虑，从环境影响的角度总体分析，选址布局应注意避免位于人口稠密区、城市常年主导风向的上风向、饮用水源的上游以及自然保护区、风景名胜区、生态功能脆弱区等重要环境敏感区的防护范围内。

由于风险项目最终要布局在园区，故对本次研究涉及的134个工业园区进行风险排序。首先对园区进行一次定性分析，其中环境容量已经不足的园区判定为高风险园区；环境承载力尚有剩余但存量较少且受周边环境影响较大的园区设定为中度敏感区；环境容量有剩余且不具有健康环境风险和生态风险园区则属于一般敏感区。敏感按照各园区涉及的敏感因子数目和类别划分为环境风险高度敏感区、中度敏感区和一般敏感区。

以上述判别为依据，南宁六景工业园、融安县工业集中区、灵川八里街工业园、阳朔县工业集中区、粤桂合作特别试验区、防城港市东兴边境经济合作区、南宁江南工业园区、隆安华侨管理区（隆安县宝塔医药产业园区）、灌阳县工业集中区、广西梧州工业园区、贵港市产业园区、容县经济开发区、玉林经济开发区、广西玉林高新技术产业开发区、百色市右江区林产工业园、贺州市生态产业园、广西贺州旺高工业区（碳酸钙千亿元产业示范基地）、贺州市钟山工业园区、贺州市华润循环经济示范区、来宾市河南工业园区、来宾高新技术产业开发区、合山市产业转型工业园、武宣县工业园区、中国－东盟南宁空港扶绥经济区、天等县工业集中区、龙州循环经济（工业）产业园等园区设为环境风险高度敏感区；广西百色高新技术产业开发区、天峨县工业集中区、都安瑶族自治区县工业园区、罗城仫佬族自治县城东工业区、柳州市河西高新技术产业开发区、柳州市柳北工业区白露片区、梧州工业园区临港经济区、宁明县工业集中区等园区设为环境风险中度敏感区；其余园区为环境风险一般敏感区。

（二）项目的环境风险敏感等级分析

对位于各环境风险敏感工业园区内的环境风险项目进行筛选分析，拟根据项目社会经济贡献程度及环境风险事故后果影响程度大小进行判别，共分为三类。

（1）高风险环境项目：此类项目社会经济贡献程度大，且其风险因子与所在园区存在的风险隐患因素完全契合，造成环境风险事故后果影响大。

（2）中风险环境项目：社会经济贡献程度一般，且其风险因子与所在园区存在的风险隐患因素基本契合，环境风险事故后果影响一般。

（3）低风险环境项目：社会经济贡献程度小，且其风险因子与所在园区存在的风险隐患因素不契合，造成环境风险事故后果影响很小。

（三）环境风险影响分析

结合各园区现状产业发展情况及风险敏感程度，从下列角度分析区域环境风险影响。

（1）高风险项目布局在高度敏感风险工业园区。在此种情景下，由于高度风险工业区的环境风险敏感因子最多，且高风险项目的敏感要素又与其高度契合，因此，当发生环境风险事故尤其是突发性环境风险事故时，如2012年初发生的龙江镉污染事故，将会产生极大的不良影响，甚至是事故性的灾难，会对环境、人民群众的健康及财产带来威胁。

（2）高风险项目布局在中度敏感风险工业园区或中风险项目布局在高度敏感风险工业园区。风险项目的敏感要素与工业区的敏感因子较好契合，当发生环境风险事故时，会对环境产生较大的不良影响。

（3）高风险项目布局在一般敏感风险工业园区、中风险项目布局在中度敏感风险工业园区、低风险项目布局在高度敏感风险工业园区。风险项目的敏感要素与工业区的敏感因子基本契合，发生环境风险事故时，也会产生大的环境影响，但影响的程度及造成的损失会相对有所降低。

（4）低风险项目布局在中度敏感风险工业园区或中风险项目布局在一般敏感风险工业园区。风险项目的敏感要素与工业区的敏感因子契合度低，且涉及的工业园区的风险敏感因素也较少，发生环境风险事故时，会产生一定的不良影响，在制定完备的应急预案、经过应急处置后影响不大。

（5）低风险项目布局在一般敏感风险工业园区。风险项目的敏感要素与工业区的敏感因子基本不契合，且涉及的工业园区的风险敏感因素也很少，项目本身社会经济贡献度也较低，即使发生环境风险事故，均在可控的范围内，造成的环境危害及社会、居民的财产损失也相对较小。

7 区域环境可持续发展对策措施

7.1 总体环境影响减缓对策

7.1.1 “三线一单”及相应管控要求

本次研究根据《广西节能减排降碳和能源消费总量控制“十三五”规划》《广西生态经济发展规划（2015—2020 年）》等现有相关规划、政策要求，得出现有广西“三线一单”控制指标，结合区域产业发展特点，提出相应管控要求。

7.1.1.1 资源利用上线及管控要求

根据《广西节能减排降碳和能源消费总量控制“十三五”规划》及《广西生态经济发展规划（2015—2020 年）》等相关规划、政策要求，对区域水资源、能源资源利用上线进行确定；根据《广西壮族自治区土地利用总体规划（2006—2020 年）》对区域总体城镇工矿用地面积进行确定，详见表 7.1-1。

表 7.1-1　资源利用上线总体控制指标

资源类别	单位	资源利用上线	备注
水资源	m^3/ 万元	万元工业增加值用水量下降至 60m^3 以下	《广西生态经济发展规划（2015—2020 年）》

续表

资源类别	单位	资源利用上线	备注
能源	tce/ 万元	万元生产总值能耗降至 0.54tce/ 万元	《广西节能减排降碳和能源消费总量控制"十三五"规划》
土地资源	万 km^2	城镇工矿用地规模控制在 0.321 万公顷	《广西壮族自治区土地利用总体规划（2006—2020 年）》

（一）水资源利用上线

依据各市实际发展情况及区域优化情景预测以及《广西水资源综合规划》提出的区域可供工业用水量确定区域水资源利用上线，见表 7.1–2。

表 7.1–2 各市水资源利用上线指标

序号	城市	优化情景万元工业增加值用水量 /（m^3/ 万元）	优化情景新鲜水用水量 /10^8 m^3	工业水资源利用上线 /10^8 m^3
1	南宁市	10.03	1.45	8.92
2	柳州市	60.43	9.44	9.56
3	桂林市	6.50	0.64	7.89
4	梧州市	8.91	0.68	4.12
5	北海市	59.50	3.50	3.66
6	防城港市	10.36	0.51	3.92
7	钦州市	18.14	0.98	5.76
8	贵港市	21.79	0.81	5.16
9	玉林市	4.24	0.27	7.72
10	百色市	24.21	1.68	7.94
11	贺州市	16.17	0.24	3.61

续表

序号	城市	优化情景万元工业增加值用水量 /m^3/ 万元	优化情景新鲜水用水量 /10^8 m^3	工业水资源利用上线 /10^8 m^3
12	河池市	302.00	3.68	3.69
13	来宾市	59.96	0.94	3.68
14	崇左市	18.97	0.61	3.81
	自治区	28.81	25.43	79.44

此外，区内现有项目清洁生产通过产业升级改造、污染防治设施的增加等措施，应至少达到清洁生产国内先进水平，新增项目单位产品新鲜水用水量应满足清洁生产国际水平。各产业单位产品水资源利用上线应按照产品清洁生产一级相应指标加以要求。

（二）能源利用上线

依据《广西节能减排降碳和能源消费总量控制“十三五”规划》对区域能源消耗的要求，提出区域各市能源消耗上线，见表 7.1-3。

表 7.1-3 2020 年各市能源消耗上线指标

序号	城市	优化情景下能源消费量（万 tce/a）		能源消耗上线（万 tce/a）	
		能源消费总量	“十三五”能源消费增量	能源消费总量控制目标	“十三五”能耗增量控制目标
1	南宁市	952.74	152.62	1129	154
2	柳州市	1302.6	166.41	1615	211
3	桂林市	782	69.96	1011	138
4	梧州市	382.61	35.32	493	76
5	北海市	435.51	90.68	490	95
6	防城港市	422.71	89.64	473	92

续表

序号	城市	优化情景下能源消费量 / 万 tce/a		能源消耗上线 / 万 tce/a	
		能源消费总量	“十三五”能源消费增量	能源消费总量控制目标	“十三五”能耗增量控制目标
7	钦州市	457.95	95.87	514	99
8	贵港市	509.65	36.34	672	103
9	玉林市	513.15	19	702	132
10	百色市	940.93	151.51	1121	153
11	贺州市	334.85	42.54	415	78
12	河池市	193.32	−42.46	335	63
13	来宾市	244.58	−21.61	378	71
14	崇左市	324.22	48.46	401	75
合计		7796.82	934.28	9749	1540

此外，考虑能源消费特点及区域大气环境质量持续改善等要求，在人口密集、污染排放强度高的区域优先划定高污染燃料禁燃区，并以此作为重点管控区。要求禁燃区内停止使用国家规定的高污染燃料，改用电、天然气、液化石油气或其他清洁能源。禁燃区根据区域经济发展实际情况，结合区域清洁能源供应及相应管网配套情况予以划定，并随着区域清洁能源改造、替代工作的开展分步实施。

（三）土地资源利用上线

根据《广西壮族自治区土地利用总体规划（2006—2020 年）》，将规划区域城镇工矿用地面积作为土地资源利用上线，见表 7.1-4。

表 7.1-4 各市土地资源控制指标 （单位:km^2）

序号	城市	优化情景下城镇工矿用地面积	土地资源利用上线
1	南宁市	541	553
2	柳州市	333	339
3	桂林市	292	299
4	梧州市	137	140
5	北海市	202	210
6	防城港市	134	135
7	钦州市	245	268
8	贵港市	217	221
9	玉林市	294	298
10	百色市	161	165
11	贺州市	107	108
12	河池市	181	185
13	来宾市	158	162
14	崇左市	124	127
	合计	3126	3210

注:数据取自《广西壮族自治区土地利用总体规划（2006—2020 年）》

此外,规划应根据《广西壮族自治区建设用地控制指标（修订稿）》对于广西工业项目建设用地控制指标进行确定。

7.1.1.2 环境质量底线

基于环境影响预测及各情景模式下污染物排放情况,结合区域环境保护和生态建设相关规划指标要求,提出环境质量底线管控要求。

（一）水环境质量

根据《广西环境保护和生态建设“十三五”规划》《广西生态经济发展规划（2015—2020 年）》《北部湾经济区沿海重点产业发展战略环境评价》等相关规划指标，确定区域水环境质量底线指标及分区管控要求，详见表 7.1-5。

表 7.1-5　区域水环境质量底线指标

序号	控制指标	控制值	土地资源利用上线
1	达到或好于 III 类水体比例 / %	≥ 96.2	《广西环境保护和生态建设“十三五”规划》
2	劣 V 类水体比例 / %	0	
3	地表水环境功能区水质达标率 / %	＞ 90	《北部湾经济区沿海重点产业发展战略环境评价》
4	集中式饮用水水源地水质达标率 / %	100	
5	各设区市河流交界断面水质水量达标率 / %	100	《广西生态经济发展规划（2015—2020 年）》
6	重要江河湖泊水功能区水质达标率 / %	＞ 90	

按照水环境敏感程度将水环境管控区分为水环境优先保护区、水环境重点管控区及一般管控区，详见表 7.1-6。

表 7.1-6　区域水环境质量管控分区及要求

序号	管控分区	管控对象	管控要求
1	水环境优先保护区	针对区域内划定的饮用水水源保护区、湿地保护区、江河源头、珍稀濒危水生生物及重要水产种质资源保护区及其生态缓冲带	禁止或限制大规模的工业开发、矿产等自然资源开发及城镇建设

续表

序号	管控分区	管控对象	管控要求
2	水环境重点管控区	针对水环境容量不足或超标河段	严格产业环境准入条件，禁止或限制高污染项目引入，同时加快现有园区或企业污染防治措施的落实，在水环境质量不恶化的前提下逐步改善区域水体
3	一般管控区	其余区域	应满足流域水环境功能区要求，同时结合区域实际发展情况逐步改善区域水体

（二）大气环境质量

根据《广西环境保护和生态建设"十三五"规划》《广西生态经济发展规划（2015—2020 年）》《北部湾经济区沿海重点产业发展战略环境评价》等相关规划指标，确定区域大气环境质量底线指标要求，详见表 7.1-7。

表 7.1-7 区域大气环境质量底线指标

序号	控制指标	控制值	备注
1	设区城市环境空气质量优良天数比例	≥ 91.5%	《广西环境保护和生态建设"十三五"规划》
2	大气 SO_2、NO_X、PM_{10} 年均浓度占标率	＜ 75%	《北部湾经济区沿海重点产业发展战略环境评价》
3	细颗粒物（$PM_{2.5}$）年均浓度未达标设区城市浓度下降幅度	18% ①②	《"十三五"生态环境保护规划》
4	地级及以上城市重度及以上污染天数比例下降（%）	25% ②	

注：①除北海市、防城港市外的其他设区城市；②五年累计下降比例。

按照环境空气功能区划，将大气环境管控区分为大气环境优先保护区、大气环境重点管控区及一般管控区。

表 7.1-8 区域大气环境质量管控分区及要求

序号	管控分区	管控对象	管控要求
1	大气环境优先保护区	环境空气一类功能区	禁止或限制大规模的工业开发、矿产等自然资源开发及城镇建设
2	大气环境重点管控区	环境空气二类功能区中的工业集聚区等高排放区域，上风向、扩散通道等影响空气质量的布局敏感区域，静风或风力较小的弱扩散区域，城镇中心及集中居住、医疗、教育等受体敏感区域	严格产业环境准入条件，禁止或限制高污染项目引入，同时加快现有园区或企业污染防治措施的落实，在水环境质量不恶化的前提下逐步改善区域水体
3	一般管控区	环境空气二类功能区中的其余区域	应满足大气环境功能区要求，同时结合区域实际发展情况逐步改善区域大气环境质量

（三）土壤环境风险管控底线

根据《“十三五”生态环境保护规划》，提出耕地、污染地块安全利用率指标要求，详见表 7.1-9。

表 7.1-9 土壤环境风险管控底线

序号	控制指标	控制值	备注
1	受污染耕地安全利用率（%）	90%	《“十三五”生态环境保护规划》
2	污染地块安全利用率（%）	90% 以上	

按照土壤环境风险不同程度区分土壤管控分区，详见表 7.1-10。

表 7.1–10 区域土壤环境风险管控分区及要求

序号	管控分区	管控对象	管控要求
1	农用地优先保护区	《农用地土壤环境状况类别划分技术指南》中优先保护类农用地集中区	禁止工业开发、矿产等自然资源开发及城镇建设
2	农用地污染风险重点管控区	《农用地土壤环境状况类别划分技术指南》中严格管控类、安全利用类农用地集中区	
3	建设用地污染风险重点管控区	筛选涉及有色金属冶炼、石油加工、化工、焦化、电镀、制革等行业生产经营活动和危险废物贮存、利用、处置活动的地块，识别疑似污染地块。基于疑似污染地块环境初步调查结果，建立污染地块名录，确定污染地块风险等级，明确优先管理对象，将污染地块纳入建设用地污染风险重点管控区	根据污染地块风险等级及管理对象，确定准入、治理清单，加强清单式管理，有效控制污染物排放
4	一般管控区	其余区域	应满足《土壤环境质量标准》

7.1.1.3 生态红线划定建议

（一）生态红线划分依据

根据《广西生态保护红线管理办法（试行）》，全区生态保护红线应按照重点生态功能区、生态环境敏感区、脆弱区及其他重要生态区域划定。具体在以下区域划定生态保护红线。

（1）重点生态功能区，包括重要的水源涵养、土壤保持和生物多样性保护等各类陆域和海域重点生态功能区，以及自然保护区、风景名胜区、森林公园、地质公园、湿地公园、饮用水水源保护区和水土流失重点预防区等禁止或限制开发区域。

（2）生态环境敏感区和脆弱区，包括水土流失、石漠化各类陆域敏感区和脆弱区，海岸带自然岸线、红树林、珊瑚礁、海草床等海域敏感区和脆弱区。

（3）其他未列入上述范围，但具有重要生态功能或生态环境敏感、脆弱的区域，包括生态公益林、重要湿地和极小种群生境等。

（二）生态红线管控要求

结合生态红线划分原则及各分区性质，提出相应管控要求，见表 7.1-11。

表 7.1-11 生态分区范围及管控要求

序号	管控分区	分区范围	管控要求	已批项目处理方式
1	一类管控区	国家级自然保护区的核心区和缓冲区；地方级自然保护区的核心区；林业一级保护林地；县级以上集中式饮用水水源地一级保护区；国家重要湿地、国家湿地公园的湿地保育区；世界自然遗产地核心区；国家级风景名胜区核心区；国家级森林公园核心景观区、生态保育区；国家级海洋公园重点保护区、预留区；地质公园中二级（含）以上地质遗迹保护区、国家级（含）以上地质遗迹保护区、国家级重要化石产地；极重度和重度石漠化区域	按照各类区域要求，除必要的科学实验、教学研究以及供水、防洪等民生工程需要外，禁止任何形式的开发建设活动	对一类管控区内的开发建设活动及居民点，应限期引导区内人口和建设活动有序转移
2	二类管控区	未纳入一类管控区的生态保护红线区	实行负面清单管理制度，根据生态保护红线区主导生态功能维护需求，制定禁止性和限制性开发建设活动清单	对二类管控区内的开发建设活动，引导项目进行改造或者产业转型升级，逐步调整为与生态环境不相抵触的适宜用途；对尚未开工的项目，应当调整为资源消耗低、环境影响小的项目，并严格控制开发强度和用地功能

7.1.1.4 产业环境准入负面清单

根据《关于以改善环境质量为核心加强环境影响评价管理的通知》（环环评〔2016〕150号），结合《关于规划环境影响评价加强空间管制、总量管控和环境准入的指导意见（试行）》、广西各市现有园区产业及发展情况，国家、地方、外商等的最新产业政策以及区域规划纲要等法律、法规、政策，提出各市产业发展负面清单，详见附表8。

7.1.2 重点产业环境影响减缓对策

7.1.2.1 有色金属、冶金行业

（1）严禁在环境敏感区域、重金属污染防治重点区域及大气污染防治联防联控重点地区新建、扩建增加重金属排放的钢铁、镍铁冶炼、铜冶炼等项目。

（2）涉及原矿作为生产原料的加工处理配套破碎、筛分、干燥、球团或烧结、预还原系统均须有废气处理设施，原料场应采用料棚、料仓等贮料方式，减少原料粉尘的无组织排放。

（3）合金矿热炉须配套机械化加料或加料捣炉机操作系统，炉前配套机械化出铁出渣系统。配备干法布袋除尘或其他先进的烟气净化除尘装置，合金生产必须同步建设炉渣、烟尘固体废弃物回收利用设施。

（4）钢铁、镍铁冶炼、铜冶炼、锰冶炼企业生产厂区内污水收集和排放管线要设置清晰，采取雨污分流和污水分流系统，杜绝跑、冒、滴、漏现象。须设置初期雨水收集池及事故应急池，避免重金属废水无组织排放。

（5）新（改、扩）建的镍铁冶炼、锰冶炼项目及氧化铝项目须配备规范化固废堆场，堆场使用年限原则上不得低于10年。

（6）鼓励开展低品质铝资源高效利用技术、电解铝槽智能化及低排放技术、低成本短流程炼铜（铅、锑）清洁冶炼技术、低成本红土镍矿节能降耗冶炼关键技术等的开发研究，重点开展镍铁废渣、锰浸出渣、硫化砷渣、赤泥等冶炼废渣的综合利用研究，并对该类型项目给予政策扶持。

（7）钢铁、镍铁、铜、锰、电解铝、电解铅等冶炼企业应加强环境风险防控力度，定期对重大环境风险源如废气处理设施、重金属废水处理设施、固废堆场等自行排查，把企业环境风险防范纳入日常环境管理中，并定期开展应急

演练，提高风险源管理水平。

7.1.2.2 石化行业

（1）结合行业及石化园区特点，计算企业用气需求，推动“油改气”，推进重点企业及其下游企业集中直供气模式，减少燃料煤、燃料油的用量，提高燃料气应用率。

（2）对 VOCs 排放进行严格控制。通过严控工艺废气排放、生产设备密封点泄漏、储罐和装卸过程挥发损失、废水废液废渣系统逸散等环节严控 VOCs 的非正常工况排放；通过实施工艺改进、生产环节和废水废液废渣系统密闭性改造、设备泄漏检测与修复、罐型和装卸方式改进等措施，从源头减少 VOCs 的泄漏排放；对具有回收价值的工艺废气、储罐呼吸气和装卸废气进行回收利用；对难以回收利用的废气按照相关规范处理。新建油库以及新购油罐车，均须同步配套油气回收治理设施，原油成品油码头开展油气回收治理。

（3）实行废水“污污分治”的理念，含苯系物废水、含氰化物废水必须单独收集储存并进行预处理。含油废水、含盐废水、脱硫废水等视情况分类收集处理，降低混合处理的难度。预处理阶段通过设置均质池或调节池，对废水的水量及水质进行均化调节，避免对污水处理系统处理效率造成冲击。鼓励现有石化企业污水处理系统升级改造，增加去除总氮、总磷、总有机碳的污水处理工序。

（4）对石化企业中产生的危废“三泥”、废催化剂、废吸附剂、有机废液等应分类收集、分类存放。并建立固体废物管理台账，详细记录其产生量、暂存量、处置量、处置单位、转移联单等信息。为减少危废转移的环境风险，考虑在石化企业集聚的园区建设石化行业固废处置中心。

（5）石化企业应按照相关国家标准和规范要求设计和建设行之有效的围堰、火炬、防火堤、事故应急池、雨污切换阀等环境风险防控设施。定期做好环境风险源的排查整治，针对性进行风险防控应急演练。同时，企业应与园区、安监、环保、消防等各相关部门建立起对风险事故的协同应对机制，保持信息互联、资源互通、工作互动。

7.1.2.3 电力行业

（1）新建燃煤发电项目原则上采用 60 万千瓦及以上超超临界机组，30 万千瓦及以上供热机组、30 万千瓦及以上循环流化床低热值发电机组和 6

万千瓦及以上的“W”火焰锅炉机组原则上采用超临界参数，同步建设先进高效脱硫、脱硝和除尘设施，不得设置烟气旁路通道。地级及以上城市规划区和沿海地区新建煤电机组大气污染物排放浓度要求基本达到燃气轮机组排放限值，鼓励其他地区新建机组接近或达到燃气轮机组排放限值。

（2）火电企业应采用成熟适用的环保改造技术，并积极进行改造升级。积极采用除尘效率更高的湿式静电除尘装置、脱硫效率更高的单塔双循环、双塔双循环等设施。应积极应用基于现有非汞控制设施进行改进的脱汞技术，如煤基添加剂技术、炉膛喷射技术、吸附剂喷射技术、吸收塔稳定剂技术、脱硫废水络合技术等，控制烟气中汞的排放。

（3）火电企业应加强煤堆场、石灰石堆场、粉煤灰仓无组织扬尘治理，通过建设防尘网、覆盖、洒水喷淋等措施，减少原料物料装卸、堆放中的无组织扬尘污染。

（4）火电企业积极探索将高盐废水、处理后的冲灰废水等通过灰渣拌湿、煤场抑尘等方式进行综合利用，实现火电企业工业废水的零排放。

（5）火电企业应对其产生的固废粉煤灰、脱硫石膏等综合应用技术进行进一步探索。如高铝粉煤灰提取氧化铝相关产品，大掺量粉煤灰新型墙体材料、粉煤灰水泥和粉煤灰商品混凝土掺合料、高强度纤维石膏板、石膏保温墙体材料等开发应用。

7.1.2.4 建材行业

（1）结合行业及建材园区特点，计算陶瓷、玻璃生产企业用气需求，推动“煤改气”“油改气”，推广使用天然气，推进重点企业及其下游企业集中直供气模式，减少燃料煤、燃料油的用量，从源头减少大气污染物排放。

（2）现有的水泥生产企业应进一步进行节能减排技术改造，开展清洁生产。加快新技术新装备如高效粉磨技术、高效能烧成系统技术、高效脱氮脱硫技术、燃料替代技术、第二代新型干法集成创新技术、高效大型袋式除尘技术等不断提升及推广应用。在污染物减排方面，开发新型高性能低二氧化碳排放的水泥新品种，研发微细颗粒物（$PM_{2.5}$）颗粒捕集、烟气深度脱硫、脱硝高效捕集及其集成协同控制技术装备，研发原材料中控制汞和氟化物的技术等。

（3）鼓励现有的新型干法水泥窑协同处置生活垃圾、城市污泥、污染土壤和危险废物等。并开展水泥窑协同处置赤泥、煤灰、煤矸石、副产石膏、矿渣、电石渣、铬渣等工业固废的研究，在保证产品质量和生态安全的前提下，在水泥产品中提高消纳产业废弃物能力，逐步增加可消纳固废的品种。

（4）水泥生产企业配套石灰石矿山应重点进行无组织粉尘污染治理，对石料开采、破碎、转运等过程的粉尘排放实施有效管控，确保除尘抑尘措施落实到位。通过硬化矿山运输道路、使用专用密闭的矿石运输车辆、要求一定洒水频率以控制运输扬尘。

（5）对现有的水泥粉磨站、特种水泥生产企业的磨机实施除尘系统提升改造、原料堆场密闭化、原料运输系统密闭改造、厂区道路硬化洒水抑尘等进行面源的污染治理。

7.1.2.5 医药制造

（1）从源头减少医药制造行业污染物排放。开发应用有毒有害原料替代、生物合成和生物催化、无溶剂分离等清洁生产工艺。

（2）严控 VOCs 排放，特别对于排放量大的发酵类和化学合成类制药行业，要求对原材料分离过滤、发酵萃取、蒸馏回收、净化干燥等工序的有机溶剂进行高效收集，对 VOCs 容易产生散逸的阀门、反应槽、泵与其他设备进行密闭性改造。

（3）开发发酵菌渣的综合利用渠道，提高中药材非药用部位、中药工业生产废弃物的综合利用水平。

（4）以厂房集约化、生产洁净化、废物资源化、能源低碳化为目标，聚集医药行业企业，形成医药产业园，对医药废水进行集中治理，便于环境风险的管控。

7.1.2.6 印染纺织行业

（1）加强印染纺织技术改造提高装备水平。加快新型染色、印花、多功能后整理、自动控制及在线监测等新技术的推广应用。开发应用节能环保的机织物印染设备、针织物连续练漂水洗设备、新型毛织物染整设备等。浆料应选择可生物降解（或易回收）的，染料及助剂应使用生态环保型、高上染率和高性能助剂。

（2）印染企业废水优先采用膜处理等先进技术，促进印染废水深度处理及中水回用技术应用。对印染废水进行清污分流，对染色残液及初次漂洗水进行深度处理。缫丝企业的缫丝废水应提高回用率，副产品废水需经深度处理。

（3）严控 VOCs 排放，印染企业应对染色、印花、整理、热定型等工序产生的有机废气进行高效的收集处理，控制有机废气的无组织排放。

（4）印染企业污水处理的危废污泥应严格管控，按危废管理处置要求进行处理。对缫丝企业产生的废蚕蛹、汰头、污水处理站污泥等，提高其综合利用水平。

7.1.3 现有生态环境问题解决方案

7.1.3.1 强化落后产能淘汰

以电力、煤炭、钢铁、水泥、有色金属、焦炭、造纸、制革、印染等行业为重点，按照《国务院关于发布实施〈促进产业结构调整暂行规定〉的决定》（国发〔2005〕40 号）、《国务院关于印发节能减排综合性工作方案的通知》（国发〔2007〕15 号）、《国务院批转发展改革委等部门关于抑制部分行业产能过剩和重复建设引导产业健康发展若干意见的通知》（国发〔2009〕38 号）、《产业结构调整指导目录》以及国务院制定的钢铁、有色金属、轻工、纺织等产业调整和振兴规划文件规定的淘汰落后产能的范围和要求，依法依规推动能耗、环保、质量、安全、技术不达标产能退出。结合各地区产业发展实际情况及环境需求，可制定范围更宽、标准更高的淘汰落后产能目标任务。

严格市场准入。强化安全、环保、能耗、物耗、质量、土地等指标的约束作用，对产能过剩行业坚持新增产能与淘汰产能“等量置换”或“减量置换”的原则，严格环评、土地和安全生产审批，遏制低水平重复建设，防止新增落后产能。改善土地利用计划调控，严禁向落后产能和产能严重过剩行业建设项目提供土地。支持优势企业通过兼并、收购、重组落后产能企业，淘汰落后产能。

强化法律法规约束，进一步强化联动，完善工作机制。加强节能监察、环保执法、质量监督和安全生产监管等执法检查。以钢铁、水泥、电解铝、平板玻璃等行业为重点，严格常态化执法和强制性标准实施，促使能耗、环保、安全、技术达不到标准和生产不合格产品或淘汰类产能，依法依规关停淘汰。形成多标准、多部门、多渠道协同推进工作格局，建立市场化、法治化、常态化的工作推进机制。

7.1.3.2 加强涉重行业污染治理，建立企事业单位重金属污染物排放总量控制制度

重点行业包括重有色金属矿（含伴生矿）采选业（铜、铅锌、镍钴、锡、锑和汞矿采选业等）、重有色金属冶炼业（铜、铅锌、镍钴、锡、锑和汞冶炼等）、铅蓄电池制造业、皮革及其制品业（皮革鞣制加工等）、化学原料及化学制品制造业（电石法聚氯乙烯行业、铬盐行业等）、电镀行业。重点重金属污染物包括铅、汞、镉、铬和类金属砷。

开展涉重企业排查整治工作，以重点行业企业为重点，开展污染源排查整治工作，推动涉重企业全面达标排放。涉重企业应积极开展自行监测，包括对所属涉重金属尾矿库排污口和周边环境进行监测，并依法向社会公开重金属污染物排放数据；加强对有色金属采选行业选矿环节、产品堆存环节等无组织排放的治理；加强湿法冶炼行业浸出渣、堆浸渣等废物渣场的规范化管理，采取防渗漏、防雨淋、防流失措施；开展矿山、冶炼厂周边以低品位矿石或废渣为原料进行选冶等加工后废渣无序排放问题的治理；强化涉重尾矿库环境风险管理，完善雨污分流设施，切断尾矿库废水灌溉农田的途径，对周边有耕地等环境敏感受体的干排尾矿库要设置防尘网或采取其他扬尘治理措施，采取截洪、截污、防渗等措施严防危及周边或下游饮用水安全。

加强源头治理，防治超限超载车辆上路，防范矿石遗洒、碾压导致的重金属污染；以重有色金属矿区为重点，推动矿区重金属污染防控与绿化。

7.1.3.3 加强环境保护基础设施建设

积极推进园区污水处理设施建设。结合广西各园区自身产业发展、地形条件及已批复规划环评结论，积极完善园区污水处理厂等基础设施建设及运行情况，确保工业废水得到有效处理后达标排放。同步开展配套管网建设，确保建成管网可满足相应排水需求。积极推进现有运行污水处理厂提标改造工程，加强管网改造维护，结合区域产业和经济发展水平开展污水再生利用工作。

加快工业固体废物特别是危险废物处理处置设施建设，积极推进固体废物减量化和回收利用，加大固体废物环境监管执法力度，加强固体废物管理能力建设。结合各市产业特点及固体废物产生情况，合理规划建设配套固体废物处理处置设施。对现有运行设施应加强环境监管，确保污染物达标排放。

7.1.3.4 加强环境管理水平

实施工业污染源全面达标排放计划，推动企业信息公开，开展环境损害赔偿相关工作，加强环境监察执法能力建设，从严查处各类环境违法行为。加大法律、行政和经济手段的整合，更加注重发挥市场机制的作用，把环境保护的要求更直接体现在市场价格、市场预期、市场交易中，推进管理手段的综合化。

加强一般公众环境保护意识，加大政府、科技界、媒体、公众的交流和对接，努力提升大众科学素养，使更多的人成为解决环境问题的理性倡议者、科学监督者和积极实践者。

逐步完善现有环境管理方式，推动区域、流域或污染类型进一步细分，将各级责任分解落实到控制单元和网格，逐一排查排污清单，针对性制定治理措施，并明确责任人，确保监管有效到位。

推进建立大数据、云计算等信息技术在环境保护工作中的应用与融合。逐步建立环境质量和重点企业在线监测、环评审批和管理等管理平台，提供执法、审批、监测的一致性检验，大幅提高管理的规范性和有效性，也将为各类标准、规范和空间管制方式的改进提供有力的数据支持。

7.2 大气环境影响减缓对策

7.2.1 实现区域大气总量控制指标，积极落实联合控制

大气联防联控的重点污染物是二氧化硫、氮氧化物、颗粒物、挥发性有机物等，以降低酸雨、雾霾等污染发生概率为主要目标，其中以二氧化硫、氮氧化物、颗粒物为重点，严格控制其污染物排放总量，确保“十三五”期末全区总量指标得到有效控制。强化节能环境保护指标约束作用，将总量控制指标作为项目环评审批的前置条件。

加强联防联控机制，推进重点区域大气污染防治协作和部门联动，实施大气污染联防联控厅际联席会议制度，共同推进大气污染防治。根据《广西

环境保护和生态建设“十三五”规划》要求，“十三五”时期各设区城市二氧化硫、一氧化碳、可吸入颗粒物全面达标；二氧化氮、臭氧浓度保持稳定，力争改善；细颗粒物未达标的城市浓度保持稳定，力争改善，细颗粒物浓度为35～42μg/m^{3}范围内的城市（梧州市、钦州市、崇左市、玉林市、贺州市、南宁市和贵港市）实现达标，细颗粒物超标严重的城市实现浓度明显下降，其中百色市、来宾市、河池市、柳州市，细颗粒物浓度应下降17%以上，桂林市应下降20%以上。

7.2.2 加强重点行业监控，确保行业清洁生产水平国内领先

对区域重点行业，特别是重污染行业，应加强行业监控力度，完善行业技术水平和创新能力，确保重点行业污染物排放量控制在允许范围内，同时积极推进重点行业清洁生产审核，确保行业清洁生产水平达到国内先进水平。通过政策引导及支持，打造示范企业，推动清洁生产水平审核的实施。

7.2.3 加大颗粒物污染防治力度，控制重点行业污染物排放

建材行业、冶金行业、工业锅炉以及火电行业等应采用静电除尘等高效除尘技术、抑尘措施，建立在线监测系统，有效控制含尘气体无组织排放强度，达到相关行业污染物排放标准。新建项目须严格执行行业准入条件，同时满足清洁生产国内先进水平。积极推进工业清洁生产，加强钢铁、水泥、化工、石化、有色金属冶炼等重点行业清洁生产审核，严格进行评估和验收工作。加强港口码头、重点企业原料堆场扬尘治理，通过建设防尘网、覆盖和洒水喷淋等措施，解决货物装卸、物料堆放中粉尘污染问题。

采矿业应落实“谁污染，谁治理”原则，作业过程中应采取有效抑尘措施，选矿厂根据各自产尘点具体情况采用集中除尘、单点除尘及喷雾洒水除尘等除尘方式，有效降低无组织排放。同时应加强工艺技术创新，进一步整合矿产资源开发，加强区域矿产资源管理，推动矿业经济发展方式转变和矿业结构调整，打造绿色矿山，全面提升区域矿区综合竞争力的同时优化资源配置，降低环境污染。

建材行业原料破碎、生产、运输、装卸等各环节实施堆场及输送设备全封闭、道路清扫等措施，有效控制无组织排放。对水泥窑及窑磨一体机进行高效

除尘升级改造，实现达标排放，水泥企业生产、运输、装卸等各个环节应采取措施有效控制无组织排放；平板玻璃行业推进“煤改气”“煤改电”，浮法玻璃生产线全部实施烟气高效除尘、脱硝。

对冶金行业烧结机头、机尾、焦炉、高炉出铁场、转炉烟气除尘等设施实施升级改造，露天原料场实施封闭改造，原料转运设施建设封闭皮带通廊，转运站和落料点配套抽风收尘装置。

工业锅炉以及火电行业应强化露天煤场抑尘措施，有条件的实施封闭改造。加快推进燃煤电厂超低排放和节能升级改造，确保火电厂稳定达标排放。

7.2.4 强化二氧化硫总量控制，加强氮氧化物污染减排

加大钢铁、石化、有色冶金等行业二氧化硫减排力度，推进工业锅炉低氮燃烧技术开展及脱硝措施实施，重点开展钢铁、石化、化工等行业氮氧化物的污染物防治。所有燃煤电厂、钢铁企业的烧结机和球团生产设备、石油炼制企业的催化裂化装置、有色金属冶炼企业都要安装脱硫设施，每小时 20 蒸吨及以上的燃煤锅炉要实施脱硫。除循环流化床锅炉以外的燃煤机组均应安装脱硝设施，新型干法水泥窑要实施低氮燃烧技术改造并安装脱硝设施。钢铁行业应完成干熄焦技术改造，未纳入淘汰计划的烧结机和球团生产设备全部实施全烟气脱硫，禁止设置脱硫设施烟气旁路。

建材行业水泥窑全部实施烟气脱硝，平板玻璃行业推进“煤改气”“煤改电”，禁止掺烧高硫石油焦等劣质原料，未使用清洁能源的浮法玻璃生产线全部实施烟气脱硫，浮法玻璃生产线全部实施烟气高效除尘、脱硝；建筑卫生陶瓷行业使用清洁燃料，喷雾干燥塔、陶瓷窑炉安装脱硫除尘设施，氮氧化物不能稳定达标排放的喷雾干燥塔采取脱硝措施。

7.2.5 加强主要行业挥发性有机物（VOCs）污染治理

建立工业企业有机溶剂使用量申报与核查制度，加大石化、印刷、家具制造、汽车制造、纺织印染等产生挥发性有机物行业的清洁生产和污染治理力度；开展挥发性有机物监测和排污收费。

在石化行业开展“泄漏检测与修复”技术改造，完善有机废气收集系统，控制挥发性有机物排放强度；逐步淘汰挥发性有机物含量高的产品，推广使

用水性涂料，鼓励生产、销售和使用低毒、低挥发性有机溶剂；逐步禁止出售、使用挥发性有机物含量高的非环保型建筑涂料。加强汞、铅、恶臭等有毒有害废气排放源的污染治理，强化有毒有害气体的监测，强化环境执法监管。

7.3 水环境影响减缓对策

7.3.1 加快污水处理厂建设，集中治理工业集聚区水污染

加快建设园区配套污水处理厂，提高工业集聚区废水集中治理效率。强化各类工业集聚区污染治理，集聚区内工业废水必须经预处理达到集中处理要求，方可进入污水集中处理设施。新建、升级工业集聚区应同步规划、建设污水集中处理设施，污水集中处置设施应全部安装自动在线监控装置。

结合受纳水体水质要求及工业聚集区自身产业发展特点，敏感地区污水处理设施应全面达到一级A排放标准，根据《水污染防治行动计划》，建成区水体水质达不到地表水Ⅳ类标准的城市，新建污水处理设施应执行一级A排放标准。到2020年，区域所有园区应具备污水收集处理能力。

7.3.2 深化水环境保护管理，优先保护良好江河湖泊

按“流域统筹、干支并重、点面结合、精细管理”原则，加强上下游水污染联防联控，实施最严格水资源管理制度。实施流域水环境系统化管理，加强流域基础信息监测与采集，基于控制单元明确流域主要污染物污染程度，明确水质改善目标。建立流域控制单元的污染控制源清单，将干流及支流污染控制指标细化分解到每个控制污染源，对排放量较大的污染源应重点管控，确保各功能区水质及污染物排放总量控制达到相应指标要求。

优先保护良好江河湖泊，对水质良好的江河湖泊应更注重区域水环境保护及现有水环境问题的综合治理，开展流域生态调查与评估，严格控制水体周边污染源，建立水质良好江河湖泊生态环境保护管理长效机制。

7.3.3 全面实行排污许可制度，严控重点行业污染物排放

全面实行排污许可制度，强化环境监管和专项检查，实施制浆造纸、制糖、酒精、淀粉、焦化、化工、食品制造、制革、农药、电镀、垃圾渗滤液处理等重点行业专项工程，实施清洁化改造，完善企业废水处理设施，推进行业达标排放改造。重点行业新建、改建、扩建项目实行主要污染物排放等量或减量置换。其中造纸行业力争完成纸浆无元素氯漂白改造或采取其他低污染制浆技术，钢铁企业焦炉完成干熄焦技术改造，氮肥行业尿素生产完成工艺冷凝液水解解析技术改造，印染行业实施低排水染整工艺改造，制药（抗生素、维生素）行业实施绿色酶法生产技术改造，制革行业实施铬减量化和封闭循环利用技术改造。

7.3.4 深化入海河流污染防治，加强跨界水环境监管

以入海河流为重点，加大入海河流流域污染整治力度，编制重点流域的治理水质达标方案，实施流域环境综合整治工程，有效控制总氮、总磷、重金属等影响海洋生态系统健康的污染物入海量；北海、钦州、防城港和玉林市实施总氮排放总量控制制度。入海河流沿线污水处理厂脱氮除磷工艺进行升级改造，并达到一级 A 标准。

加强北仑河、平而河、水口河、难滩河及九洲江、湘江、都柳江、浔江、打狗河、西洋江、南盘江、北盘江、资江等河流流域水环境保护监管，完善跨省界流域环境污染和生态破坏联防联控协调机制，定期召开联防联治会议，加强部门联动执法，开展环境保护联合监督检查，对敏感地区、重点行业、关键领域实施环境保护联合监督检查，对重大环境污染和生态破坏案件实施联合调查，强化跨行政区域环境风险防控，联合监测、预警和信息共享，协同应对重大环境污染事故，确保广西出入界水体跨界断面水质达标。

7.3.5 加强地下水污染防控，强化饮用水水源保护

加快建设地下水环境监测网络体系，加强地下水监测。建立地下水重点污染源清单。加大北海、南宁地下水超采区治理，加强北海市、河池市地下水水质极差区域的污染防治，严控北海市地下水水源地区域海水养殖对地下水

的影响，控制养殖规模和养殖区域。

强化饮用水水源保护，建立健全饮用水水源保护长效管理机制，全面开展饮用水水源地环境安全评估，加强水源地规范化建设，设置、完善和维护警示牌、界碑、宣传牌等标志设施和隔离防护设施。对超标水源地应积极采取污染整治措施，确保水质达标。开展保护区内污染源综合整治，禁止排污企业自行设置、拆除排污口。加强日常监管，对涉及与饮用水水源保护区重叠及距离较近的产业集聚区或园区，应强化环境风险管理，防范突发性污染事故，提高饮用水污染事件应急能力。

7.3.6 提高工业用水重复利用率及中水回用率，完善水资源综合调配和管理

结合区域产业结构及实际用水情况，应进一步提高工业用水重复利用率，同时应推进区域中水回用，对重点行业工业用水重复利用及中水回用率应严格要求，严格控制行业用水定额，加大工业节水投入，提高工业用水重复利用率，逐步降低单位产品耗水量，降低单位产品水污染物排放量，从而减缓对水环境的影响。完善水资源综合调配和管理，促进污水循环利用，增加回用效率，减少水资源消耗，最终达到“智能、绿色、低碳、循环”的转型升级要求。

7.4 固体废物污染控制措施

7.4.1 全面提高工业固体废物综合利用效率

全面推进采矿业、冶金工业、有色金属冶炼工业等固体废物产生量较大的行业清洁生产审核工作，针对固体废物产生量较大的产业或生产单元，结合相关政策要求，提出相应的关键工艺技术升级改造的要求，提高资源利用效率，从源头减少固体废物的产生和排放。

加强共伴生矿及尾矿、废石、冶炼炉渣、脱硫石膏等固体废物的综合利用技术研发，提高工业固体废物综合利用率。从政策上为固体废物综合利用企业技术研发、创新提供有利条件，拓宽一般工业固体废物综合利用产品的市场。

建立固体废物综合利用交易平台。通过平台数据整合及运行建设、市场引导等措施对区域整体固体废物产生及综合利用去向进行优化配置，提高区域固体废物综合利用效率。

7.4.2 加强危险废物安全处置及管理水平

进一步加强和规范区域危险废物安全处置及管理水平。对全区危险废物产生、利用、处置情况进行全面调查，加强危险废物的全过程监督管理。杜绝危险废物非法转移、处置。鼓励有资质企业持续开展危险废物利用、处置技术研发、引进及推广。推进已污染场地的评估及修复工作。

根据《最高人民法院、最高人民检察院关于办理环境污染刑事案件适用法律若干问题的解释》（法释〔2016〕29 号），“非法排放、倾倒、处置危险废物三吨以上的”应当认定为“严重污染环境”，将被追究刑事责任。进一步加强危险废物产生、利用、处置企业的法治意识，健全区域危险废物管理体系势在必行。

7.5 生态环境影响减缓对策

7.5.1 加强生物多样性保护，提高水源涵养能力

加强生物多样性保护。应以预防为主，重点保护当地地带性植被，促其正向演替的顺利进行。同时应加强区域各类生态保护区环境管理。对区域工业发展建设占地造成的生态损失，应积极采取生态补偿措施，构建生态绿色廊道，增强生物多样性维护能力。

提高水源涵养能力，集中在区域内河流两岸、水源地上游，结合已有生态保

护工程，进一步加强水源涵养林等生态公益林、草地、湿地的生态管护和恢复。

7.5.2 以保障生态功能为前提进行资源开发利用

对涉及矿产资源开发、水资源开发等区域，应以保障区域生态功能为前提，事前对区域生态功能及环境应进行详尽调查，在确保生态安全基础上进行开发建设。同时应做好全过程管理，减少污染物排放以及生态破坏程度，严格禁止毁林、毁草等破坏生态环境行为。积极推进绿色矿山、绿色钢铁试点建设，实现经济效益与环境效益双赢。

进一步核查区域生态环境保护区与工业集聚区的位置关系，强化各类保护区的环境管理及监控，同时应与各类工业集聚区保持一定安全距离，不得随意调整保护区边界范围。对重叠或已占用地区，应采用生物措施和工程措施相结合的方式，积极恢复自然生境。各类工业集聚区及工矿企业开发建设，特别是造纸、制糖等受生态资源影响较大产业，应严格遵循划定的禁止和限制开发区域，禁止不符合生态环境功能定位的开发利用活动，保障生态用地。

7.5.3 加强海洋生态环境建设，全面遏制海洋环境质量下降

进一步加强北部湾区域海洋生态环境建设，全面遏制海洋环境质量下降，维护生态系统平衡。对区域海洋生态系统进行全面调查，特别对红树林、珊瑚礁等重要敏感生态系统应进行重点详细调查，并评估其生态系统受损程度。建立北部湾生态系统数据库，根据敏感程度建立保护区，并积极开展生态恢复工作。

加强珍稀濒危物种栖息地的环境保护。建立北部湾海洋珍稀、濒危物种地理信息系统，确定海洋珍稀、濒危野生物种的重点保护名录。严格落实生态环境保护及生态补偿相关工作，加强入海水域污染控制措施，对海洋环境质量进行长期监控，逐步健全基础资料收集及相应信息系统。

严格限制围海造地、围塘养殖等行为，通过综合治理及统一规划，形成红树林景观区、湿地、滩涂自然景观保护区、珍稀濒危野生物种景观旅游区等。通过海岸带生态与景观环境建设，体现海岸线的亲水性，形成与产业发展相适应的滨海环境。

8 规划合理性和可达性综合论证

8.1 发展目标环境合理性分析

各种产业和区位要素之间存在着耦合关系，这里的区位要素不同于单纯的区位条件，区位要素是指一定的产业生产所应当具备的外部和周围的环境条件，协作配套的生产和服务系统。一定的产业必定要求具备一定条件的地区，并进而导致若干个具有自身特点的社会经济客体的形成。

8.1.1 区位条件分析

（1）地理位置

广西地处中国南部沿海，位于东经 104°28' ～ 112°04'，北纬 20°54' ～ 26°24' 之间，北回归线横贯全区中部，具有沿海、沿边、沿江的区位优势。同时处在我国大陆东、中、西三个地带的交汇点，是我国唯一与东盟既有陆地接壤又有海上通道的省区，是华南经济圈、西南经济圈与东盟经济圈的接合部，是中国通往东盟最便捷的国际大通道，西南地区最便捷的出海口，连接粤港澳与西部地区的重要通道。特别是随着中国 - 东盟自由贸易区的建立，广西作为连接中国西南、华南、中南以及东盟大市场的枢纽，在拥有 5.3 亿人口的东盟和 5.4 亿人口的泛珠三角经济圈两个大市场中，将发挥接合部的重要战略作用。

（2）经济基础

“十二五”期间，广西地区生产总值逐年增加，但增长速度呈减缓趋势，年均地区生产总值增长率为 10.08%。2015 年全区地区生产总值为 16803.12

亿元，其中第一产业占比 15.3%，第二产业占比 45.9%，第三产业占比 38.8%，工业占第二产业比例为 82.4%。截至 2015 年，全区年主营业务收入 2000 万元及以上工业法人企业共计 5518 家，详见表 8.1-1。目前全区传统优势产业仍占较大比重，现代制造业次之，随着中国 - 东盟自由贸易区的建立，广西作为重要发展枢纽，依托现有传统产业优势以及现代制造业的迅速发展，将对全区未来产业结构优化以及转型升级提供良好的经济及技术基础。

“十三五”期间，全区各地将根据区域资源禀赋特点和优势，以市场终端消费为主导，带动和促进战略性新兴产业发展，同时整合内外先进要素，充分发挥国家高新区、开发区等平台载体作用，实施新兴先导产业壮大工程，为区域产业转型升级及经济发展提供有力支持。

表 8.1-1　2015 年全区年主营业务收入 2000 万元及以上工业法人企业数据统计

产业类型	企业单位数占比 /%	工业总产值占比 /%	全部从业人员年平均人数占比 /%	利润总额占比 /%	利税总额占比 /%
传统优势产业	71.1	65	67	60	67.3
现代制造业	19.6	8	25	30	24.3
采矿业	5.1	4	4	5	4.7
其他	4.2	23	4	5	3.7
合计	100	100	100	100	100

注：传统优势产业以食品工业、造纸与木材加工业、纺织服装与皮革加工业、建材石化行业等为主；现代制造业以汽车制造、通用专用设备制造、医药制造等行业为主。

（3）科技水平及创新能力

为贯彻国务院“走自主创新道路”“建设创新型国家”的战略，广西不断提升企业创新能力和新产品开发能力，从而加快产品向中高端化发展。

2015 年全区有科技活动的大中型工业企业 139 家，研究与发展经费内部支出以及新产品开发经费支出分别为 769189.7 万元、903957.2 万元，

“十二五”期间增长率分别为75%、95%。年申请专利数4613项，其中取得发明专利数2005项，“十二五”期间分别增长1.9倍、3.1倍。区域科技创新投入逐步增加，对应科技创新能力稳步增强。

（4）交通条件

广西具有优越区位优势。“十二五”期间，全区完成交通固定资产投资5122亿元，建设铁路、公路、水运、民用航空、城市轨道交通、综合交通枢纽、邮政基础设施，技术装备水平不断提高，运输服务水平整体提升。

①铁路

截至2015年底，综合交通网总里程（不含管道）达到12.9万km。铁路发展迈入高铁时代，“十二五”期间新增铁路营业里程1866km，总里程达到5086km，路网密度达214.9km/（万km^2），复线率47.2%，电气化率60.1%。建成南宁至广州、贵阳至广州等时速200km以上的高速铁路，全区高速铁路运营总里程超过1700km，约占同期全国高速铁路运营总里程的十分之一，贯通区内11个设区市和50个县（市、区），初步形成以南宁为中心的“123”快速铁路网。

②公路

“十二五”期间，公路建设完成固定资产投资2979亿元，新增公路里程1.62万km，总里程达到11.8万km。路网密度49.85km/百km^2。高速公路主骨架基本形成，建成六寨至河池、六景至钦州港、梧州至贵港等18条高速公路，总里程达到4289km，通达全区14个设区市和87个县（市、区），高速公路通县率达到80%，与相邻省或国家均建成两条以上高速公路通道。国省干线技术等级稳步提升，建成都安至武鸣、凭祥至平而关、田林至隆林（腊仁）公路等一批项目，二级及以上高等级普通公路里程达12226km，占总里程的10.4%，实现县县通二级以上公路。农村公路建设加快推进，基本实现乡乡通沥青（水泥）路，97%建制村通沥青（水泥）路。

③水运

2015年全区规模以上港口货物吞吐量为31421万吨，其中内河港口五个，分别为南宁港、柳州港、梧州港、贵港港、来宾港，内河港口总吞吐量为10939万吨，广西北部湾港包括北海港域、防城港域以及钦州港域，总吞吐量为20482万吨。

④民用航空

广西共设有民用运输机场 7 个，旅客吞吐能力突破 2800 万人次。其中南宁机场年旅客吞吐量超过 1000 万人次，跻身千万级大型繁忙机场行列。

（5）劳动力条件

2015 年，全区劳动力资源总数 3438 万人，占人口总数的 71.69%，劳动力资源利用率 82.03%。从业人员合计 2820 万人，其构成为第一产业 1427 万人，占 50.6%；第二产业 513 万人，占 18.2%；第三产业 880 万人，占 31.2%。

8.1.2 发展目标环境合理性分析

“十三五”期间，全区力争实现“一壮大、一优化、四提升”发展目标，即总体规模实现稳步壮大，产业结构实现明显优化，创新发展能力显著提升、质量效益水平显著提升、两化融合水平显著提升、绿色发展能力显著提升。

结合区域现状发展分析，“十二五”期间全区总体环境空气质量稳中向优发展，地表水水质持续保持优良，近岸海域水质良好，区域声环境质量总体较好。结合“十三五”期间工业发展目标，为实现区域经济规模稳步壮大，势必将提高全区资源能源消耗量，在一定程度上增加环境负担。为满足区域经济发展需求，同时实现全区环境质量逐步改善，优化产业结构、提升技术水平及质量效益、加强环境管理将是“十三五”期间全区发展的重中之重。广西提出的“一壮大、一优化、四提升”的发展目标符合区域整体发展趋势及区域环境要求，但对其发展规模以及资源能源消耗应严格把关，确保新增项目具有高附加值、低环境影响，提高资源环境利用效率。

本次研究采用层次分析法，结合各市地理位置、经济基础、交通条件等基础条件，分析各市主导产业发展方向，根据适宜发展程度对各市各产业赋以权重，分析区位因素对产业发展趋势的影响。总体而言，全区主导产业发展基本与区域区位因素、经济发展情况相适应，但在发展过程中应重视控制重污染工业的发展规划和建设，提高相关产业的技术水平，逐步实现经济环境和谐发展。

此外，采用矩阵分析法进一步分析各市产业发展目标合理性，结合各市资源环境禀赋条件，详见表 8.1-2 和表 8.1-3，并结合表格予以赋值，得到各市相对匹配的产业发展方向，详见表 8.1-4。规划发展目标环境合理性分析详见附表 9。

表 8.1-2　各地市资源禀赋情况

资源 地市名称	矿产资源	能源	水资源	土地资源	大气环境	水环境
南宁市	★	★★★★★	★★★★★★★	★★★★★★★	★★	★★★★★
柳州市	★★★	★★★★★★★	★★★★	★★★★★★★	★	★★★★★
桂林市	★★★	★★★★★★★	★★★★★★★	★★★★★	★	★
梧州市	★★★★★★	★★★	★★	★★	★★★★★	★★★
北海市	★★★★★★★	★	★	★	★★★★★★★	★★★★★
防城港市	★★★★★★★	★★	★	★★★	★★★★★★★	★★★
钦州市	★★★★★★	★	★★	★★★★★★	★★★★★★	★★★★★
贵港市	★	★★★★	★★★★★★	★★★★★	★★★★	★★★★★
玉林市	★★★★	★★★★★★	★★★★★★	★★★★★★	★★★	★★
百色市	★★	★★★	★★★★	★★★★	★★★★	★★★★★
贺州市	★★★★	★★★★	★★★	★★	★★★★★	★★★
河池市	★★★★★	★★★★★	★★★★★	★★★	★★	★
来宾市	★★★★★	★★★★★★	★★★★★	★★★★	★★★	★★★★★
崇左市	★★	★★	★★★	★	★★★★★★	★★★★★

注：★为各地市相应资源需求程度。

表 8.1–3 各产业资源环境需求

资源 行业	矿产资源	能源	水资源	土地资源	大气环境	水环境
食品工业	☆	☆☆☆☆	☆☆☆☆☆	☆☆	☆☆☆☆	☆☆☆☆☆☆☆
石化工业	☆☆☆☆☆☆	☆☆☆☆☆☆	☆☆☆☆☆☆	☆☆☆☆☆	☆☆☆☆☆	☆☆☆☆☆☆☆
有色金属工业	☆☆☆☆☆☆☆	☆☆☆☆☆☆	☆☆☆☆☆☆☆	☆☆☆☆☆☆☆	☆☆☆☆☆☆☆	☆☆☆☆☆☆
冶金工业	☆☆☆☆☆☆☆	☆☆☆☆☆☆☆	☆☆☆☆☆☆☆	☆☆☆☆☆☆☆	☆☆☆☆☆☆	☆☆☆☆☆
建材工业	☆☆☆☆☆☆	☆☆☆☆☆☆☆	☆☆☆	☆☆☆☆☆	☆☆☆☆☆☆☆	☆☆☆☆☆
造纸与木材加工业	☆☆☆☆☆	☆☆☆☆☆	☆☆☆☆☆☆	☆☆☆☆☆☆	☆☆☆☆☆☆	☆☆☆☆
纺织服装与皮革加工业	☆☆	☆☆☆☆	☆☆☆☆	☆☆☆☆☆☆	☆☆☆	☆☆☆☆
汽车工业	☆☆☆☆	☆☆	☆☆	☆☆☆	☆☆	☆☆☆
机械工业	☆☆☆☆	☆☆☆	☆☆	☆☆☆☆	☆☆☆	☆☆☆
电子信息	☆☆	☆	☆☆☆	☆	☆☆	☆☆
医药制造	☆☆☆	☆☆☆	☆☆☆☆	☆☆	☆☆☆☆	☆☆
修造船及海洋工程装备	☆☆☆	☆☆	☆	☆☆☆☆	☆	☆
节能环保	☆	☆	☆	☆	☆	☆

注：☆为各产业相应资源需求程度。

表 8.1-4 各地市产业匹配情况

产业＼城市	南宁	柳州	桂林	梧州	北海	防城港	钦州	贵港	玉林	百色	贺州	河池	来宾	崇左
食品工业	4	4	1	−2	−1	0	3	2	4	−1	−2	−2	5	−4
石化工业	−8	−8	−11	−14	−13	−12	−9	−10	−8	−13	−14	−14	−7	−16
有色金属工业	−13	−13	−16	−19	−18	−17	−14	−15	−13	−18	−19	−19	−12	−21
冶金工业	−12	−12	−15	−18	−17	−16	−13	−14	−12	-17	−18	−18	−11	−20
建材工业	−6	−6	−9	−12	−11	−10	−7	−8	−6	−11	−12	−12	−5	−14
造纸与木材加工业	−5	−5	−8	−11	−10	−9	−6	−7	−5	−10	−11	−11	−4	−13
纺织服装与皮革加工业	4	4	1	−2	−1	0	3	2	4	−1	−2	−2	5	−4
汽车工业	11	11	8	5	6	7	10	9	11	6	5	5	12	3
机械工业	8	8	5	2	3	4	7	6	8	3	2	2	9	0
电子信息	16	16	13	10	11	12	15	14	16	11	10	10	17	8
医药制造	9	9	6	3	4	5	8	7	9	4	3	3	10	1
修造船及海洋工程装备	15	15	12	9	10	11	14	13	15	10	9	9	16	7
节能环保	21	21	18	15	16	17	20	19	21	16	15	15	22	13

8.2 发展规模环境合理性分析

8.2.1 经济规模环境合理性分析

近年来广西全区经济发展迅猛，将逐步进入工业化中期发展阶段。区域经济发展势必对全区资源、环境带来一定负担。本次研究结合不同情景下区域经济发展规模及污染物排放情况，分析区域经济规模环境合理性。

根据表 8.2-1，从各城市与全区污染物排放平均水平对比分析可知，贵港、百色、贺州、河池、来宾、崇左等市各类污染物高于全区平均水平，以资源型城市为主，以建材、冶金、有色金属加工、石化等行业为主导产业，其产业特征污染物排放水平较低，其单位工业总产值污染物排放低于全区平均水平；南宁水污染物单位工业总产值排放量相对较高，以食品加工等产业为主导产业，水污染物特别是氨氮排放量高于全区平均水平；柳州以冶金、汽车行业为主导产业，其颗粒物排放量高于全区平均水平；梧州以建材、冶金、资源再生产业为主，其危险废物产生量高于全区平均水平。

根据表 8.2-2，除汽车工业外，区域其余各产业单位工业总产值污染物排放情况均不同程度大于全国平均水平，其中造纸与木材加工业、建材、纺织服装与皮革加工、食品、石化、冶金及有色金属等产业优化情景下仍有部分因子超过全国平均水平。优化情景可在一定程度上降低污染物指标排放，但由于产业经济发展水平及环境保护措施的实施水平的不同，区域部分行业整体单位产值污染物排放水平仍高于平均水平，需进一步加强行业污染物控制措施，提高清洁生产水平，强化行业环境准入条件，确保区域各行业发展应满足国内先进水平的要求。同时对重点行业现有企业进行摸底核查，对不符合产业政策及环保要求的相关企业采取升级改造、责令停产等措施，持续提升行业技术水平，提升环境管理水平，降低污染物排放。

表 8.2-1 不同情景模式下各市单位工业总产值污染物排放情况（单位:kg/万元）

城市 污染因子			南宁	柳州	桂林	梧州	北海	防城港	钦州	贵港	玉林	百色	贺州	河池	来宾	崇左	全区平均水平
基准情景	水	COD	0.37	0.15	0.22	0.24	0.25	0.3	0.28	0.89	0.26	0.59	1.21	2.37	2.19	1.35	0.4
		氨氮	0.021	0.012	0.0118	0.0131	0.0014	0.0053	0.0096	0.0209	0.0146	0.021	0.0765	0.2309	0.0801	0.0424	0.0190
	气	SO_2	0.62	0.6	0.94	0.34	0.69	1.41	0.74	1.46	0.81	2.19	2.1	13.7	13.41	0.92	1.24
		NO_X	0.62	0.55	0.62	0.16	0.53	1.68	0.37	2.01	0.62	1.52	1.98	1.37	4.67	1.65	0.86
		PM_{10}	0.45	1.25	0.32	0.21	0.21	1.99	0.26	4.44	0.75	0.81	1.09	3.66	0.94	2.2	0.97
	固废	一般工业固废	0.048	0.132	0.055	0.033	0.229	0.291	0.117	0.389	0.142	2.6	0.829	0.49	1.116	0.572	0.335
		危废	0.0002	0.0005	0.0001	0.0393	0.0017	0.0004	0.0002	0.0001	0.0001	0.0132	0.0002	0.0363	0.0165	0.0001	0.0057
规划情景	水	COD	0.31	0.13	0.17	0.21	0.18	0.24	0.28	0.67	0.19	0.52	1.19	2.35	1.92	1.35	0.39
		氨氮	0.02	0.0107	0.0112	0.0095	0.0009	0.0043	0.0083	0.0194	0.0091	0.0189	0.0716	0.2288	0.0491	0.0376	0.0184
	气	SO_2	0.45	0.51	0.78	0.27	0.4	1.01	0.72	1.27	0.54	2.13	2.07	13.46	10.7	0.73	1.19
		NO_X	0.45	0.47	0.56	0.13	0.3	1	0.37	1.92	0.51	1.4	1.95	0.9	4.37	1.4	0.77
		PM_{10}	0.44	1.23	0.3	0.18	0.15	1.97	0.25	4.24	0.56	0.72	1.05	3.54	0.73	1.41	0.94
	固废	一般工业固废	0.044	0.122	0.049	0.028	0.154	0.266	0.111	0.335	0.11	2.138	0.726	0.466	0.989	0.429	0.296
		危废	0.000	0.0005	0.0001	0.0372	0.0013	0.0004	0.0002	0.0001	0.0000	0.0131	0.0002	0.0361	0.0131	0.0001	0.005
优化情景	水	COD	0.34	0.13	0.13	0.21	0.20	0.34	0.21	0.61	0.15	0.45	0.76	2.13	1	1.05	0.32
		氨氮	0.022	0.0108	0.0096	0.0096	0.0011	0.004	0.0059	0.0178	0.0114	0.0205	0.0487	0.1989	0.0268	0.0304	0.0155
	气	SO_2	0.41	0.51	0.67	0.27	0.46	0.95	0.53	1.09	0.34	1.76	1.26	9.24	5.93	0.7	0.84
		NO_X	0.36	0.47	0.48	0.1	0.21	0.58	0.27	1.59	0.51	1.12	1.13	0.89	2.22	1.39	0.56
		PM_{10}	0.35	1.04	0.26	0.17	0.14	1.75	0.16	4.14	0.55	0.58	0.7	2.91	0.28	1.34	0.76
	固废	一般工业固废	0.039	0.123	0.039	0.024	0.144	0.183	0.072	0.279	0.101	1.433	0.417	0.214	0.424	0.415	0.209
		危废	0.0002	0.0005	0.0000	0.0206	0.0007	0.0003	0.0002	0.0001	0.0000	0.0096	0.0001	0.0232	0.0063	0.0001	0.0032

表 8.2–2 各行业单位工业总产值污染物排放情况（单位:kg/ 万元）

污染因子			食品工业	石化工业	有色金属工业	冶金工业	建材工业	造纸与木材加工业	纺织服装与皮革加工业	汽车工业	机械工业	电子信息	医药制造	修造船及海洋工程装备	节能环保	其他	采矿业	电力、热力、燃气和水生产供应业
基准情景	水	COD	1.266	0.536	0.068	0.187	0.109	1.784	0.817	0.021	0.017	0.052	0.379	0.111	0.099	0.087	0.678	0.106
		氨氮	0.031	0.052	0.02	0.002	0.003	0.107	0.078	0.002	0.001	0.002	0.024	0.006	0.003	0.002	0.03	0.001
	气	SO_2	0.85	0.72	4.7	2.87	0.37	0.61	0.38	0.02	0.08	0.04	3.58	0.05	1.52	2.88	0.94	3.97
		NO_X	0.13	0.38	3.04	3.47	0.07	0.22	0.11	0.01	0.05	0.02	1.82	0.07	0.38	0.56	0.34	4.27
		PM_{10}	0.27	0.37	4.95	3.1	0.08	1.13	0.28	0.02	0.09	0.02	2.06	0.06	1.39	0.83	1.95	1.45
	固废	一般工业固废	0.051	0.27	0.3	0.602	0.31	0.177	0.022	0.006	0.002	0.003	0.014	0.001	0.063	0.016	7.027	1.242
		危废	0.000	0.006	0.018	0.003	0.001	0.040	0.000	0.001	0.000	0.003	0.007	0.001	0.009	0.002	0.052	0.005
规划情景	水	COD	1.265	0.520	0.065	0.186	0.096	1.780	0.787	0.020	0.017	0.047	0.364	0.090	0.090	0.080	0.665	0.104
		氨氮	0.031	0.049	0.019	0.002	0.002	0.107	0.056	0.002	0.001	0.001	0.022	0.006	0.003	0.002	0.021	0.001
	气	SO_2	0.85	0.71	4.7	2.87	0.35	0.58	0.34	0.02	0.08	0.04	3.57	0.05	1.52	2.85	0.62	3.77
		NO_X	0.13	0.37	2.9	3.44	0.04	0.13	0.08	0.01	0.04	0.01	1.81	0.06	0.37	0.49	0.19	3.49
		PM_{10}	0.27	0.35	4.94	3.09	0.05	1.12	0.2	0.02	0.09	0.02	2	0.06	1.39	0.76	1.58	1.4
	固废	一般工业固废	0.049	0.269	0.272	0.6	0.181	0.12	0.016	0.006	0.003	0.002	0.014	0.001	0.063	0.014	4.074	0.918
		危废	0.000	0.006	0.017	0.003	0.001	0.025	0.000	0.001	0.000	0.002	0.003	0.001	0.008	0.002	0.030	0.003
优化情景	水	COD	0.867	0.534	0.07	0.182	0.095	1.709	0.401	0.016	0.013	0.041	0.325	0.068	0.045	0.067	0.65	0.082
		氨氮	0.034	0.049	0.019	0.002	0.002	0.06	0.043	0.002	0.001	0.001	0.013	0.005	0.002	0.002	0.024	0.001
	气	SO_2	0.44	0.43	3.35	2.25	0.13	0.23	0.24	0.01	0.05	0.02	2.85	0.03	1.21	2.17	0.46	2.61
		NO_X	0.08	0.25	1.91	2.37	0.04	0.08	0.07	0.01	0.03	0.01	1.20	0.04	0.25	0.43	0.20	2.98

续表

污染因子			食品工业	石化工业	有色金属工业	冶金工业	建材工业	造纸与木材加工业	纺织服装与皮革加工业	汽车工业	机械工业	电子信息	医药制造	修造船及海洋工程装备	节能环保	其他	采矿业	电力、热力、燃气和水生产供应业
		PM_{10}	0.21	0.22	4.68	2.49	0.05	0.41	0.13	0.02	0.06	0.01	1.62	0.04	1.05	0.65	0.82	1.26
	固废	一般工业固废	0.03	0.234	0.272	0.569	0.124	0.069	0.009	0.005	0.002	0.002	0.01	0.001	0.052	0.012	3.035	0.914
		危废	0.000	0.006	0.014	0.002	0.000	0.013	0.000	0.001	0.000	0.002	0.003	0.001	0.007	0.002	0.018	0.003
全国平均	水	COD	0.60	0.38	0.07	0.12	0.06	0.97	0.37	0.03	0.02	0.05	0.36	0.08	0.07	0.08	0.38	0.08
		氨氮	0.03	0.05	0.02	0.01	0.00	0.04	0.03	0.00	0.00	0.00	0.03	0.01	0.01	0.01	0.02	0.00
	气	SO_2	0.44	0.53	3.74	3.33	0.14	0.23	0.33	0.02	0.09	0.02	5.23	0.06	1.62	2.62	0.44	7.79
		NO_X	0.17	0.33	2.24	4.36	0.05	0.08	0.10	0.01	0.03	0.01	2.49	0.04	0.29	0.77	0.21	7.65
		PM_{10}	0.27	0.26	7.69	3.92	0.07	0.41	0.13	0.02	0.08	0.01	2.55	0.08	1.32	0.83	0.83	3.50
	固废	一般工业固废	0.03	0.24	0.28	0.70	0.13	0.07	0.01	0.01	0.00	0.00	0.01	0.01	0.07	0.01	2.85	0.92
		危废	0.00	0.01	0.01	0.00	0.00	0.01	0.00	0.00	0.00	0.00	0.00	0.00	0.01	0.00	0.02	0.00

结合区域各市资源环境承载力分析结果可知，规划情景下南宁、柳州、梧州、崇左水资源、能源承载能力可满足区域产业发展规模，北海、河池水资源、能源承载能力均无法满足其承载能力，其余各市规划情景下能源消耗无法满足规划期末能源消费控制目标要求，不足以支撑规划产业发展；从环境容量角度看，规划情景下区域大气环境容量均可满足规划产业发展要求，但玉林、北海、崇左部分地表水流域断面超标，其剩余环境容量不足将制约区域相关产业发展；从污染物总量控制角度看，规划情景下除柳州外，各市具有部分因子总量无法满足控制目标要求。综上所述，结合上述各市规划情景下资源环

境承载能力，对桂林、河池等市规划产业中低附加值、高污染、高资源消耗的产业（如建材产业、造纸与木材加工业产业等）规模加以控制，提高产业清洁生产水平，从而降低各市资源能源消耗，以满足区域资源环境承载能力，在大力发展经济建设的同时确保区域环境保持优良，优化情景下区域产业发展与所在区域资源环境水平更为协调、合理。

8.2.2 用地规模环境合理性分析

根据《广西壮族自治区土地利用总体规划（2006—2020 年）》，2020 年规划全区建设用地 1.13 万 km^2，其中城镇工矿用地面积 0.34 万 km^2。2015 年全区城镇工矿用地 0.02 万 km^2，根据本次研究承载力分析结论，规划实施后区域新增城镇工矿用地可以满足用地控制指标。

此外，根据广西各市土地利用总体规划对于区域工业用地指标要求，规划实施后各市城市工矿用地可满足区域发展要求。结合区域产业发展特点，应严格限制冶金、有色金属等产业发展用地规模；有效控制食品加工、建材等产业发展用地规模，提高用地效率，通过土地高效利用进一步实现土地集约高效化，预留出的用地可以作为现代服务业等配套发展用地，确保土地的高效利用，更长久地储备区域发展所需的土地资源。

8.2.3 总体发展规模环境合理性分析

基于环境影响预测分析和资源环境承载力分析，结合区域改善环境质量和资源利用上线、环境质量底线等要求，论证规划规模的环境合理性。规划区域土地、水资源、能源等资源环境承载能力基本可以满足区域规划方案发展要求，但从环境容量及污染物总量控制角度看，部分地区规划情景下污染物总量及环境质量不能满足区域总体环境保护要求，需要针对规划方案产业发展规模进一步优化。

结合规划产业要求、经济发展趋势及环境保护要求，优化情景下进一步缩减产业规模，限制污染物排放量大、经济贡献较低产业或项目引入，在提高产业或项目准入门槛的基础上，有效控制产业发展带来的区域环境影响，以确保各地区资源环境承载在可接受范围，确保产业发展、经济建设的同时区域环境质量不恶化。

8.3 产业结构及布局环境合理性分析

8.3.1 产业结构环境合理性分析

各情景模式下不同产业发展规模占比详见表 8.3-1。

表 8.3-1 各情景模式下不同产业发展规模占比（工业增加值占比 / %）

序号	行业类别	基准情景	规划情景	优化情景
1	食品加工	15.1	12.4	14.0
2	石化工业	9.3	10.7	9.0
3	有色金属工业	6.2	6.3	5.9
4	冶金工业	9.9	8.1	9.5
5	建材工业	4.9	7.5	5.3
6	造纸与木材加工业	4.1	4.9	4.3
7	纺织服装与皮革加工业	1.5	2.0	1.7
8	汽车工业	11.9	10.6	11.6
9	机械工业	10.5	9.7	10.6
10	电子信息	12.3	12.1	13.2
11	医药制造	2.8	3.0	3.3
12	修造船及海洋工程装备	0.9	0.9	1.0
13	节能环保	1.7	1.5	1.7
14	其他	3.3	3.0	3.3

续表

序号	行业类别	基准情景	规划情景	优化情景
15	采矿业	2.1	3.3	2.3
16	电力、热力、燃气和水生产供应业	3.5	3.9	3.3
	合计	100	100	100

规划情景下，食品加工行业作为区域传统优势行业，其工业增加值占全区的12.4%，电子信息、汽车、机械工业、医药制造等资源环境效率相对较高行业占比共35.4%，石化、冶金、建材、有色金属工业、造纸与木材加工等污染物排放强度相对较高行业占比为37.5%。结合区域资源环境承载能力分析结论可知，规划情景下区域总体资源环境承载能力较弱，部分地区无法满足区域资源环境承载能力要求。针对各行业资源环境效率、区域总体经济发展趋势以及国家相关政策要求，对以水泥熟料、平板玻璃为主的建材行业，以尿素、磷铵、电石、烧碱、聚氯乙烯、纯碱、黄磷产品为主的化工行业、钢铁行业，以电解铝为主的有色金属工业等产能过剩产业以及其他高污染低附加值产业生产规模进行有效控制，对食品产业等传统优势产业，应侧重产业改造提升及转型升级。对产能过剩产业、高污染低附加值产业规模予以控制后，优化情景下传统优势产业规模稳步提升（食品工业占比提升2%），电子信息、汽车、机械工业、医药制造等高附加值产业规模有所增加（增加4%），石化、冶金、建材、有色金属工业、造纸与木材加工等污染物排放强度相对较高产业规模适当控制（减低4%）。

建材、化工、钢铁、有色金属等涉及过剩产能的重点产业，其产生的经济效益存在一定下滑趋势。这将会给区域经济增长以及环境质量造成一定压力，从环境保护角度建议适当限制冶金、黑色及有色金属冶炼与压延、建材等重工业项目的引进与建设，必须引入的项目，应按照国家产业及环保相关政策要求，严格准入条件，加强环境保护措施，在确保区域环境质量不恶化的情况下予以批准建设。

8.3.2 产业布局环境合理性分析

（1）重点产业布局合理性分析

结合规划方案以及现有各市产业发展现状，考虑现状各地市资源环境承载力及上层位各类规划对区域产业要求，对全区重点产业布局情况进行环境合理性分析，详见附表10。

（2）与环境敏感区布局合理性分析

结合现有园区布局及各园区规划方案，与区域重点环境敏感区对比分析，部分园区可能会对周边环境敏感区造成较大影响。在后续规划环评及跟踪评价过程中，应加强对周边环境敏感区保护作用，并侧重与规划区内保护区预留一定防护距离，确保环境敏感区受周围工业产业发展影响较小，详见附表11。

8.4 规划方案的资源环境可行性

8.4.1 区域能源利用环境可行性

“十二五”期间区域细颗粒物污染问题较突出，为实现达标要求，确保区域大气环境质量逐步改善，应大幅压缩煤炭高污染燃料用量。根据区域新增能源消耗情况，为满足全区“十三五”期间污染物排放总量减排指标，全区范围内应严格限制煤炭消耗量，逐步实现能源结构持续优化升级，新增项目应以清洁能源为主，现有项目应结合区域实际情况逐步实施清洁能源改造，从而提高清洁能源比重，降低污染物排放。

结合国家发改委《关于印发石油天然气发展“十三五”规划的通知》，“十三五”期间，广西全区建设LNG配套管道1106km，设计输量为40亿m^3/a。天然气输气管道的完善，将对区域清洁能源改造提供较大支撑。若区域主要采用天然气作为供热能源，存量部分采用洁净煤替代，辅以脱硫脱硝一体化措施，实现超低排放，其产生的污染物将较现状明显下降，从而有效降低大气环境负面影响。

8.4.2 水资源利用环境可行性

全区以地表水源为主，配合地下水源以及集雨工程、污水处理回用工程等水源工程。从区域水资源承载力分析可知，区域发展受水资源影响较小。

随着区域规划的实施，区域水资源利用加大必然导致区域废水产生量增大，污染物排放量也将增大，在区域地表水体已经丧失环境功能的前提下，区域在发展过程中，应从源头节水，同时加大中水回用，推进区域分布式人工湿地建设，建设海绵城市，实现源头节水、就地回用、雨水收纳、中水回用等全方位用水格局，全力减少污染物入河量，结合区域面源水污染防治措施，实现水环境功能的逐步修复。

8.5 环境目标可达性分析

8.5.1 环境目标总体可达性分析

随着规划实施及经济持续发展，以区域经济发展的同时环境质量不恶化为主要环境目标，本次研究对规划目标进行了梳理和摘录，并对其可达性进行了分析，见表 8.5-1。

表 8.5-1 区域环境目标可达性分析

序号	类别	指标名称	单位	现状值	指标值	可达性分析
1	生态环境质量	设区城市环境空气质量优良天数比例	%	88.5	≥ 91.5	加大区域颗粒物等大气污染物排放控制力度，进一步淘汰或关停产能落后企业，减少大气污染物排放强度
2		地表水质量达到或优于Ⅲ类比例	%	93.1	96.2	通过区域产业结构优化及升级，侧重提升传统产业优化升级，推进园区污水处理厂等配套环境设施建设，并确保建成设施稳定运行，进一步加强环境监管
3		地表水劣Ⅴ类水体比例	%	0	0	

续表

序号	类别	指标名称	单位	现状值	指标值	可达性分析
4		近岸海域水质优良（一、二类）比例	%	90.9	达到国家考核要求	
5		地表水省控以上断面重点重金属污染物达标率	%	100	100	新建、改扩建涉重项目必须有明确的污染物排放总量来源。采用先进生产工艺及完备污染治理措施，确保涉及重金属产业污染物得到有效处理
6	资源环境效率	万元生产总值能耗	tce / 万元	0.63	0.54	促进传统产业优化升级，提高产业清洁生产水平，加快区域产业结构调整，有效降低区域单位产值水耗、能耗
7		万元工业增加值用水量	m^3 / 万元	65.2	60	
8		化学需氧量排放总量	万吨	71.7	71.0	在发展规划产业基础上，促进现有传统产业优化升级，采取相应污染物防治措施，确保经济发展同时重点污染物排放总量达到国家要求相关指标
9		氨氮排放总量	万吨	7.67	7.59	
10		二氧化硫排放总量	万吨	42.12	36.64	
11		氮氧化物排放总量	万吨	37.34	32.49	
12		重点行业重点重金属排放量（铅、汞、镉、铬、砷）	吨	125.3	110.3	结合现状涉重企业分布，“十三五”期间重点削减防城港、钦州、玉林、贺州、崇左等市产业重金属排放量，从而整体达到自治区整体重金属总量控制指标

续表

序号	类别	指标名称	单位	现状值	指标值	可达性分析
13	环境保护能力	城镇污水集中处理率	%	85	90	结合自治区园区自身产业发展、地形情况及各园区已批复规划环评结论，积极完善园区污水处理厂等基础设施建设及运行情况，确保工业废水得到有效处理后达标排放
14		工业固体废物综合利用率	%	63	70	全面提高工业固体废物综合利用效率，特别是采矿、冶金、有色金属冶炼等产业。加强危险废物安全处置及管理水平，结合现有危废处置中心分布及可处理对象，针对自治区现有、规划产业危废主要种类，对区域危险废物处置中心、处理能力及种类进行合理规划，确保区域内危险废物均得到有效安全处置
15		危险废物安全处置率	%	100	100	

8.5.2 区域污染物总量控制指标及可达性分析

本次研究将结合规划实施产生主要污染物排放总量加以分析，确定规划实施后，区域环境保护控制目标的可达性，并以此为主要依据之一提出相应建议。

8.5.2.1 区域污染物总量控制指标

（1）全区总体污染物总量控制指标

根据《广西节能减排降碳和能源消费总量控制“十三五”规划》明确了广西“十三五”期间区域节能、减排、降碳目标以及能源消耗总量控制目标，详见表 8.5-2。

表 8.5–2 全区污染物排放总量控制指标

序号	指 标	2015 年现状值 /（万 t/a）	2020 年目标值 /（万 t/a）	2020 年比 2015 年下降 / %	指标属性
1	化学需氧量排放总量	71.11	70.40	1	约束性
2	氨氮排放总量	7.68	7.60	1	约束性
3	二氧化硫排放总量	42.12	36.64	13	约束性
4	氮氧化物排放总量	37.34	32.49	13	约束性

（2）各市工业污染物总量控制指标

根据《广西节能减排降碳和能源消费总量控制“十三五”规划》对各市污染物排放总量下降比例要求，结合区域 2015 年环境统计数据各市污染物排放量的核算结果，得出各市总体及工业污染物总量控制指标，见表 8.5–3—表 8.5–6。

表 8.5–3 各市二氧化硫总体及工业污染物总量排放控制指标

序号	市域	2015 年现状值 /（万 t/a）		规划累计减少比例 / %	2020 年目标值 /（万 t/a）	
		市域总体排放量	工业排放量		市域总体总排放量控制指标	工业污染源总排放量控制指标
1	南宁市	3.94	3.07	13	3.43	2.67
2	柳州市	4.71	4.19	15	4.00	3.56
3	桂林市	3.67	3.22	11	3.27	2.87
4	梧州市	1.31	1.08	4.5	1.25	1.03
5	北海市	1.35	1.22	0	1.35	1.22
6	防城港市	2.89	2.79	8.5	2.64	2.55
7	钦州市	1.71	1.6	6	1.61	1.50
8	贵港市	2.64	2.4	17	2.19	1.99

续表

序号	市域	2015 年现状值 /（万 t/a）		规划累计减少比例 / %	2020 年目标值 /（万 t/a）	
		市域总体排放量	工业排放量		市域总体总排放量控制指标	工业污染源总排放量控制指标
9	玉林市	1.09	0.99	1.5	1.07	0.98
10	百色市	5.91	5.64	18	4.85	4.62
11	贺州市	0.99	0.92	15	0.84	0.78
12	河池市	5	4.68	16.5	4.18	3.91
13	来宾市	6.09	6.01	15	5.18	5.11
14	崇左市	0.82	0.75	4.5	0.78	0.72
	合计	42.12	38.56		36.64	33.51

表 8.5–4 各市氮氧化物总体及工业污染物总排放量控制指标

序号	市域	2015 年现状值 /（万 t/a）		规划累计减少比例 / %	2020 年目标值 /（万 t/a）	
		市域总体排放量	工业排放量		市域总体总排放量控制指标	工业污染源总排放量控制指标
1	南宁市	6.29	2.62	12.5	5.50	2.29
2	柳州市	4.63	3.59	13.5	4.00	3.11
3	桂林市	3.32	2.19	14.5	2.84	1.87
4	梧州市	0.98	0.38	4.5	0.94	0.36
5	北海市	1	0.64	4.5	0.96	0.61
6	防城港市	1.77	1.48	7	1.65	1.38
7	钦州市	1.51	0.71	7	1.40	0.66
8	贵港市	3.61	2.85	13.5	3.12	2.47

续表

序号	市域	2015 年现状值 /(万 t/a)		规划累计减少比例 / %	2020 年目标值 / （万 t/a）	
		市域总体排放量	工业排放量		市域总体总排放量控制指标	工业污染源总排放量控制指标
9	玉林市	3.16	1.34	13	2.75	1.17
10	百色市	4.18	3.37	18	3.43	2.76
11	贺州市	1.17	0.78	15	0.99	0.66
12	河池市	1.12	0.5	12.5	0.98	0.44
13	来宾市	2.64	2.15	18	2.16	1.76
14	崇左市	1.96	1.46	10	1.76	1.31
	合计	37.34	24.06		32.48	20.85

表 8.5–5 各市化学需氧量总体及工业污染物总排放量控制指标

序号	市域	2015 年现状值 /(万 t/a)		规划累计减少比例 / %	2020 年目标值 / （万 t/a）	
		市域总体排放量	工业排放量		市域总体总排放量控制指标	工业污染源总排放量控制指标
1	南宁市	10.72	2.07	1	10.61	2.05
2	柳州市	5.26	0.91	1	5.21	0.90
3	桂林市	6.81	0.61	1	6.74	0.60
4	梧州市	4.8	1	1	4.75	0.99
5	北海市	2.6	0.7	1	2.57	0.69
6	防城港市	2.11	0.77	1	2.09	0.76
7	钦州市	4.28	0.67	1	4.24	0.66
8	贵港市	7.06	1.32	1	6.99	1.31

续表

序号	市域	2015 年现状值 /（万 t/a）		规划累计减少比例 / %	2020 年目标值 /（万 t/a）	
		市域总体排放量	工业排放量		市域总体总排放量控制指标	工业污染源总排放量控制指标
9	玉林市	7.54	0.45	1	7.46	0.45
10	百色市	4.3	1.28	1	4.26	1.27
11	贺州市	3.34	0.57	1	3.31	0.56
12	河池市	3.97	1.4	1	3.93	1.39
13	来宾市	3.92	1.2	1	3.88	1.19
14	崇左市	4.4	1.68	1	4.36	1.66
	合计	71.11	14.63		70.40	14.48

表 8.5-6 各市氨氮总体及工业污染物总排放量控制指标

序号	市域	2015 年现状值 /（万 t/a）		规划累计减少比例 / %	2020 年目标值 /（万 t/a）	
		市域总体排放量	工业排放量		市域总体总排放量控制指标	工业污染源总排放量控制指标
1	南宁市	1.21	0.13	1	1.20	0.126
2	柳州市	0.75	0.08	1	0.74	0.083
3	桂林市	0.81	0.04	1	0.80	0.042
4	梧州市	0.49	0.04	1	0.49	0.040
5	北海市	0.16	0.01	1	0.16	0.003
6	防城港市	0.14	0.01	1	0.14	0.012
7	钦州市	0.43	0.02	1	0.43	0.019
8	贵港市	0.74	0.03	1	0.73	0.031

续表

序号	市域	2015 年现状值 /（万 t/a）		规划累计减少比例 / %	2020 年目标值 /（万 t/a）	
		市域总体排放量	工业排放量		市域总体总排放量控制指标	工业污染源总排放量控制指标
9	玉林市	0.94	0.02	1	0.93	0.025
10	百色市	0.41	0.05	1	0.41	0.048
11	贺州市	0.35	0.03	1	0.35	0.032
12	河池市	0.46	0.10	1	0.46	0.098
13	来宾市	0.39	0.03	1	0.39	0.031
14	崇左市	0.4	0.04	1	0.40	0.036
	合计	7.68	0.63		7.63	0.626

8.5.2.2 总量控制目标可达性分析

结合上节总量控制指标要求，对不同情景下各市二氧化硫、氨氮化物、化学需氧量、氨氮排放量与控制目标可达性进行分析，详见表 8.5-7—表 8.5-10。

表 8.5-7 各市二氧化硫工业污染物总量控制一览表（单位：万 t/a）

序号	市域	2015 年总量值	2020 年预测总量值			2020 年目标值	2020 年预测总量与总量控制目标对比			可达性分析		
			基准情景	规划情景	优化情景		基准情景	规划情景	优化情景	基准情景	规划情景	优化情景
1	南宁市	3.07	3.09	2.69	2.2	2.67	−0.42	−0.02	0.47	不可达	不可达	可达
2	柳州市	4.19	3.78	3.29	3.29	3.56	−0.22	0.27	0.27	不可达	可达	可达
3	桂林市	3.22	2.92	3.12	2.19	2.87	−0.05	−0.25	0.68	不可达	不可达	可达
4	梧州市	1.08	1.03	0.85	0.85	1.03	0	0.18	0.18	可达	可达	可达

续表

序号	市域	2015年总量值	2020年预测总量值			2020年目标值	2020年预测总量与总量控制目标对比			可达性分析		
			基准情景	规划情景	优化情景		基准情景	规划情景	优化情景	基准情景	规划情景	优化情景
5	北海市	1.22	1.37	1.19	1.19	1.22	−0.15	0.03	0.03	不可达	可达	可达
6	防城港市	2.79	2.9	3.03	1.99	2.55	−0.35	−0.48	0.56	不可达	不可达	可达
7	钦州市	1.6	1.42	2.16	1.24	1.5	0.08	−0.66	0.26	可达	不可达	可达
8	贵港市	2.4	1.88	2.55	1.46	1.99	0.11	−0.56	0.53	可达	不可达	可达
9	玉林市	0.99	1.56	1.35	0.68	0.98	−0.58	-0.37	0.3	不可达	不可达	可达
10	百色市	5.64	4.47	5.54	4.07	4.62	0.15	−0.92	0.55	可达	不可达	可达
11	贺州市	0.92	0.95	2.07	0.66	0.78	−0.17	−1.29	0.12	不可达	不可达	可达
12	河池市	4.68	5.03	8.75	3.62	3.91	−1.12	−4.84	0.29	不可达	不可达	可达
13	来宾市	6.01	6.92	9.63	4.02	5.11	−1.81	−4.52	1.09	不可达	不可达	可达
14	崇左市	0.75	0.84	0.95	0.65	0.72	−0.12	−0.23	0.07	不可达	不可达	可达
	合计	38.56	38.16	47.17	28.11	33.51	−4.65	−13.66	5.4	不可达	不可达	可达

表 8.5-8 各市氮氧化物工业污染物总量控制一览表（单位:万 t/a）

序号	市域	2015年总量值	2020年预测总量值			2020年目标值	2020年预测总量与总量控制目标对比			可达性分析		
			基准情景	规划情景	优化情景		基准情景	规划情景	优化情景	基准情景	规划情景	优化情景
1	南宁市	2.62	3.11	2.7	1.95	2.29	−0.82	−0.41	0.34	不可达	不可达	可达
2	柳州市	3.59	3.49	3.04	3.04	3.11	−0.38	0.07	0.07	不可达	可达	可达
3	桂林市	2.19	1.93	2.22	1.58	1.87	−0.06	−0.35	0.29	不可达	不可达	可达
4	梧州市	0.38	0.48	0.42	0.33	0.36	−0.12	−0.06	0.03	不可达	不可达	可达
5	北海市	0.64	1.04	0.9	0.54	0.61	−0.43	−0.29	0.07	不可达	不可达	可达
6	防城港市	1.48	3.46	3.01	1.22	1.38	−2.08	−1.63	0.16	不可达	不可达	可达
7	钦州市	0.71	0.71	1.1	0.63	0.66	−0.05	−0.44	0.03	不可达	不可达	可达
8	贵港市	2.85	2.6	3.84	2.13	2.47	−0.13	−1.37	0.34	不可达	不可达	可达
9	玉林市	1.34	1.2	1.27	1.02	1.17	−0.03	−0.1	0.15	不可达	不可达	可达
10	百色市	3.37	3.1	3.51	2.59	2.76	−0.34	−0.75	0.17	不可达	不可达	可达
11	贺州市	0.78	0.9	1.95	0.59	0.66	−0.24	−1.29	0.07	不可达	不可达	可达
12	河池市	0.5	0.5	0.59	0.35	0.44	−0.06	−0.15	0.09	不可达	不可达	可达
13	来宾市	2.15	2.41	3.93	1.5	1.76	−0.65	−2.17	0.26	不可达	不可达	可达
14	崇左市	1.46	1.49	1.82	1.29	1.31	−0.18	−0.51	0.02	不可达	不可达	可达
	合计	24.06	26.42	30.3	18.76	20.85	−5.57	−9.45	2.09	不可达	不可达	可达

表 8.5-9 各市化学需氧量工业污染物总量控制一览表（单位:万 t/a）

序号	市域	2015年总量值	2020年预测总量值			2020年目标值	2020年预测总量与总量控制目标对比			可达性分析		
			基准情景	规划情景	优化情景		基准情景	规划情景	优化情景	基准情景	规划情景	优化情景
1	南宁市	2.07	1.88	1.86	1.86	2.05	0.17	0.19	0.19	可达	可达	可达
2	柳州市	0.91	0.93	0.84	0.84	0.9	−0.03	0.06	0.06	不可达	可达	可达
3	桂林市	0.61	0.67	0.69	0.42	0.6	−0.07	−0.09	0.18	不可达	不可达	可达
4	梧州市	1	0.73	0.66	0.66	0.99	0.26	0.33	0.33	可达	可达	可达
5	北海市	0.7	0.49	0.53	0.53	0.69	0.2	0.16	0.16	可达	可达	可达
6	防城港市	0.77	0.61	0.71	0.71	0.76	0.15	0.05	0.05	可达	可达	可达
7	钦州市	0.67	0.54	0.83	0.48	0.66	0.12	−0.17	0.18	可达	不可达	可达
8	贵港市	1.32	1.15	1.34	0.81	1.31	0.16	−0.03	0.5	可达	不可达	可达
9	玉林市	0.45	0.49	0.46	0.31	0.45	−0.04	−0.01	0.14	不可达	不可达	可达
10	百色市	1.28	1.2	1.29	1.03	1.27	0.07	−0.02	0.24	可达	不可达	可达
11	贺州市	0.57	0.55	1.19	0.4	0.56	0.01	−0.63	0.16	可达	不可达	可达
12	河池市	1.4	0.87	1.53	0.83	1.39	0.52	−0.14	0.56	可达	不可达	可达
13	来宾市	1.2	1.13	1.73	0.68	1.19	0.06	−0.54	0.51	可达	不可达	可达
14	崇左市	1.68	1.22	1.75	0.97	1.66	0.44	−0.09	0.69	可达	不可达	可达
	合计	14.63	12.46	15.41	10.53	14.48	2.02	−0.93	3.95	可达	不可达	可达

表 8.5-10 各市氨氮工业污染物总量控制一览表（单位:万 t/a）

序号	市域	2015年总量值	2020年预测总量值			2020年目标值	2020年预测总量与总量控制目标对比			可达性分析		
			基准情景	规划情景	优化情景		基准情景	规划情景	优化情景	基准情景	规划情景	优化情景
1	南宁市	0.13	0.105	0.119	0.119	0.126	0.021	0.007	0.007	可达	可达	可达
2	柳州市	0.08	0.076	0.069	0.069	0.083	0.007	0.014	0.014	可达	可达	可达
3	桂林市	0.04	0.037	0.045	0.031	0.042	0.005	−0.003	0.011	可达	不可达	可达
4	梧州市	0.04	0.039	0.03	0.03	0.04	0.001	0.01	0.01	可达	可达	可达
5	北海市	0	0.003	0.003	0.003	0.003	0	0	0	可达	可达	可达
6	防城港市	0.01	0.011	0.013	0.008	0.012	0.001	-0.001	0.004	可达	不可达	可达
7	钦州市	0.02	0.019	0.025	0.014	0.019	0	−0.006	0.005	可达	不可达	可达
8	贵港市	0.03	0.027	0.039	0.024	0.031	0.004	−0.008	0.007	可达	不可达	可达
9	玉林市	0.02	0.028	0.023	0.023	0.025	−0.003	0.002	0.002	不可达	可达	可达
10	百色市	0.05	0.043	0.047	0.047	0.048	0.005	0.001	0.001	可达	可达	可达
11	贺州市	0.03	0.035	0.072	0.026	0.032	−0.003	−0.04	0.006	不可达	不可达	可达
12	河池市	0.1	0.085	0.149	0.078	0.098	0.013	-0.051	0.02	可达	不可达	可达
13	来宾市	0.03	0.041	0.044	0.018	0.031	−0.01	−0.013	0.013	不可达	不可达	可达
14	崇左市	0.04	0.038	0.049	0.028	0.036	−0.002	−0.013	0.008	不可达	不可达	可达
	合计	0.62	0.587	0.727	0.518	0.626	0.039	−0.065	0.108	可达	不可达	可达

优化情景下全区二氧化硫、氮氧化物、化学需氧量、氨氮减排比例最大，低于 2015 年现状排放量，确保区域环境污染排放总量不增加，同时满足“十三五”期末总量控制目标。优化情景较 2015 年现状分别下降 27.03%、

21.96%、27.94%、17.62%，较2020年控制目标分别下降16.05%、10.02%、27.14%、17.09%。

8.6 优化调整建议

8.6.1 区域污染物总量控制减排措施及建议

结合上述总量控制指标内容，为实现《广西节能减排降碳和能源消费总量控制“十三五”规划》提出的“十三五”期间区域减排目标，从市域及行业排污水平两方面提出总量减排措施建议。

8.6.1.1 市域控制

（1）加强组织领导。各级各部门要高度重视污染减排工作，各市、县（区、市）人民政府主要负责人和广西有关部门主要负责人是本地区和本部门减排工作的第一责任人，对本地区、本部门的污染减排工作负总责。广西各有关部门要加强污染减排工作的协调衔接和对各市工作的指导；各市、县（区、市）人民政府要建立健全污染减排工作机构，统筹开展工程减排、结构减排和管理减排工作。

（2）分解落实目标任务。制定污染减排具体实施方案，层层分解工作目标，逐项落实工作任务，各项工作要有具体的项目支撑、具体的实施单位、具体的负责人员、具体的进度安排、具体的目标要求，形成一级抓一级、层层抓落实，确保污染减排各项工作真正落到实处，各项任务能够保质保量按时完成。

（3）加强监督管理。强化污染治理设施的环境检查和监督性监测，及时掌握国控重点污染源排污和设施运行情况，对设施运行不正常的及时予以纠正并责成其整改，对偷拍、超标及超总量排污等环境违法行为予以严厉打击，确保设施连续稳定运行、污染物达标稳定排放。

（4）实行问责制。将污染减排计划完成情况纳入各市、县（区、市）经济社会发展综合评价体系进行考核。对因工作不力、措施不落实、监管不到位，造成减排任务不能完成的市、县（区、市），要追究主要负责人和分管负责人的责任，对完不成减排任务的企业坚决采取停产整改等措施，并追究相关责任人员的责任。对在减排考核工作中瞒报、谎报情况的地区，予以通报批评，并对直接责任人追究责任。

8.6.1.2 产业控制

（1）实行工业集中区、企业两级排污总量控制。工业园区污染物排放总量不得超过环境保护主管部门下达的总量控制指标，或将排放总量控制在受纳水体的水环境容量之内。引进工业项目时尽可能采取先进的生产工艺和废水控制措施，拒绝水耗高、废水排放量大、废水处理难度大的项目，减少水污染物的排放，从源头上减少废水污染源的产生，以保证工业园区和市域环境质量。

（2）着力抓好减排项目建设。完善重点工业企业的治理工程项目，使之稳定达标运行；加快各区域污水处理厂及配套管网建设进度，完善已建成污水处理厂管网配套工程，提高处理等级及负荷，充分发挥减排效益；抓好火电现役燃煤机组除尘脱硫脱硝设施运行管理，推动火电行业超低排放，减少污染物排放，通过政策引导、执法力度加大等措施确保区域淘汰落后产能计划的落实。提高脱硫设施综合脱硫效率，减少污染物排放，采取有力的措施确保关停淘汰落后产能计划的落实。

（3）严格控制新增排放量。严格建设项目的环境准入，从源头控制污染，坚决遏制高能耗、高排放行业过快增长。将污染物总量指标作为审批项目环评的前置条件以及审查规划环评的必要条件，推动污染物减排任务的落实。切实抓好“三同时”验收，将污染物排放总量控制作为环保验收基本要求，确保污染减排措施的落实。

8.6.2 区域产业发展优化建议

8.6.2.1 总体产业发展优化调整建议

为确保区域环境保护优化经济增长，区域重点产业发展应坚持“三线一单”相关内容，从而保证区域经济持续发展的同时生态功能不退化、水土资源不超载、污染物排放总量不突破、环境准入不降低。

（一）统筹重点产业发展规划，优化城市产业定位

明确区域城市定位和产业分工，对于规模较大，布局较广的产业，其全区

范围内的产业总体规划和空间发展战略确定尤为重要。结合各地市社会经济发展水平、产业发展定位以及资源环境承载能力的差异，编制重点产业特别是高污染排放产业发展规划，统筹安排区域内重点产业项目布局，优化各城市产业定位。

（二）提高产业节能减排环保技术水平

结合产业结构升级和调整，积极促进产、学、研的技术研发平台建设，依托科技创新，鼓励自主创新，支撑区域经济社会的发展转型。大力推广可再生能源和清洁能源，清洁煤技术、节水技术及环保治理与生态修复技术的推广使用。提高资源节约，环境保护的能力，推进典型地区和重点行业开展低碳经济、生态城市、生态产业试点建设，带动区域循环经济、低碳经济发展。

（三）加强环境基础信息能力建设

强化区域性生态环境监测体系，建立各市生态环境基础数据库，将“三线一单”纳入基础数据库。积极组织开展工业污染源基础调查，建立工业污染源基础数据库。将重金属纳入环境常规监测体系，定期监测重点产业集聚区周边生物、土壤、大气中污染物超标情况。建立区域规划环评信息系统，加强园区基础信息管理及区域环境监测基础信息建设，定期公布环境信息，支持对调控目标与污染物总量目标完成进展情况的评估监管与合理调整。加强工业聚集区环境监测和趋势分析，严格落实改善环境质量责任，强化区域内企业生态环境风险主动防范意识。

（四）强化重点产业资源高效利用

提高用地占用成本，加快生态红线的确定，将占用生态红线控制区面积作为产业集聚区规划审批的前置条件。通过政策引导及市场机制，持续提高土地集约利用效率。在土地集约利用、提高土地利用效率的原则下扩大产业集聚区的产业规模，优先发展技术含量高、经济效益好、集约用地水平高、污染物排放量小的产业，促进产业集聚区产业升级并形成产业链，避免盲目扩张占用土地。

加强水资源利用效率。在重点产业规划、布局和实施过程中，应贯彻最严格水资源制度，明确水资源开发上限，严格实行用水总量限制，明确用水效率，遏制用水浪费，严格控制排污总量。合理布局高耗水产业的布局及结构，加快产业结构调整与升级，限制高耗水、高排放、低效率、产能过剩行业盲目发展。建立再生水使用机制，制定有利于节约用水的水价机制，支持企业开展节水技术改造，提高工业企业水资源利用效率及工业用水重复利用率，推进中水回用及再生水利用。

合理配置能源资源。加快能源结构改革，大力发展可再生能源利用，加大清洁能源使用比例。按能源需求控制发电装机规模，严格控制万元地区生产总值能耗。

（五）优先发展循环经济和实施清洁生产

区域重点发展的石化、冶金、造纸等产业均为高耗能产业，单位产值能耗较高。各产业应全面推进循环经济建设，延伸产业链，构建产业内循环经济，形成城市内部与城市之间的循环经济体系。高耗能、高污染产业应强制实施清洁生产审核制度，现有企业应满足国内清洁生产先进水平，新改扩建项目应满足国际清洁生产先进水平，逐步实现污染物排放的最小化。

8.6.2.2 各市重点产业发展优化调整建议

根据各市经济基础及产业发展特点，结合区域资源环境禀赋、环境质量及污染物排放情况，对各市重点产业发展提出优化调整建议，详见附表12。

9 广西环境可持续发展综合结论

9.1 规划环评背景

随着国内经济发展逐步进入新常态，战略新兴产业的迅速发展，供给侧结构性改革深入推进，广西正处于工业转型升级、新型工业化跨越发展的关键时期。为了贯彻落实区域发展战略，结合广西产业发展现状及未来趋势开展本次研究。

9.2 规划概述及分析

9.2.1 规划发展目标

“十三五”期间，全区工业和信息化发展要主动适应和引领经济发展新常态，紧抓重大战略机遇，全面打造现代工业体系，不断优化产业空间布局，加快推进信息化和工业化深度融合，在新常态中加快提质增效，努力实现转型升级发展。到 2020 年，力争实现“一壮大、一优化、四提升”发展目标，即总体规模实现稳步壮大、产业结构实现明显优化、创新发展能力显著提升、质量效益水平显著提升、两化融合水平显著提升、绿色发展能力显著提升。

（一）总体规模

“十三五”期间，千亿元产业和园区规模稳步壮大，力争工业总产值年均增速达到 7.5%、工业增加值年均增速达到 7.5% 以上。到 2020 年，力争全区工业投资规模达到 11250 亿元，技改投资规模达到 9000 亿元，超 5000 亿元产业实现突破，超 3000 亿元产业达到 5 个，超 2000 亿元园区达到 2 个，超千亿元园区达到 5 个，形成一批具有国际竞争力的大企业大集团，超千亿元企业达到 2 家。

（二）结构优化

“十三五”期间，先进制造业、战略性新兴产业和现代生产性服务业实现统筹发展，产业结构、空间结构、产品结构调整优化加快推进。到 2020 年，六大高耗能行业增加值占全区工业增加值比重进一步下降，先进制造业、战略性新兴产业和高技术产业在全区工业所占比重明显提高，工业园区对全区工业发展的主导支撑力进一步提升。

（三）创新驱动

“十三五”期间，高新技术企业、创新型团队和创新平台不断集聚提升，企业研发投入强度和制造业发明专利产出明显提高，产业创新体系基本形成。到 2020 年，国家级企业技术中心和技术创新示范企业数量稳步增加，自治区级企业技术中心和技术创新示范企业数量明显增加，大中型企业研发投入占主营业务收入比重显著提高，规模以上制造业每亿元主营业务收入有效发明专利件数实现翻番以上。

（四）质量效益

“十三五”期间，工业产业转型升级专项行动取得明显成效，培育一批品牌产业、品牌企业、品牌产品，工业产品质量和企业效益得到进一步提升，产业集群规模效益和集约节约水平进一步提高。到 2020 年，制造业增加值率、全员劳动生产率、工业企业主营业务收入利润率稳步提升。

（五）两化融合

“十三五”期间，深入推进两化深度融合发展，将物联网、大数据、云计算等技术充分融入产业链延伸、技术改造升级、设备更新换代当中，网络化、智能化、服务化、协同化的两化深度融合产业体系基本建成。到 2020 年，形成一批国家两化融合贯标试点企业，两化融合发展水平指数、工业企业关键工序数控率、数字化研发设计工业普及率和应用电子商务开展采购、销售等业务的企业比例稳步提高。

（六）绿色发展

“十三五”期间，组织实施钢铁、有色、化工、建材、轻工、印染等传统制造业绿色改造，绿色制造体系基本形成。到2020年，重点行业单位工业增加值能耗、物耗及污染物排放控制在国家标准范围之内，规模以上单位工业增加值能耗、单位工业增加值二氧化碳排放量、单位工业增加值用水量均较2015年实现显著下降，工业固体废弃物综合利用率显著提高，全部国家级园区和30%的自治区级园区完成生态化改造。

9.2.2 规划产业发展方向

积极践行《中国制造2025》，按照“智能、绿色、低碳、循环”的转型升级要求，坚持分业施策，以提质增效为核心，鼓励用信息技术整合和重构传统产业链，在优化结构中做大总量、加快发展中提质增效、融合互动中转型升级，调整存量、做优增量、做大总量，通过改造提升、产业转型、优化重组、载体升级等途径，持续推动产业发展向中高端迈进，全面打造工业和信息化发展升级版，加快形成创新驱动、结构优化、质效提升、特色鲜明的现代工业体系。

重点领域和主攻方向：立足现有产业基础，着眼产业未来发展，紧抓新一轮科技革命和产业变革的历史性机遇，选择一批重点产业和领域予以重点突破，继续发展壮大千亿元产业，推动产业转型升级。加快培育壮大新一代信息技术、新材料、先进装备制造、节能与新能源汽车、节能环保、生物医药和医疗器械等具有一定基础或优势的战略性新兴产业。重点在先进轨道交通装备、修造船及海洋工程装备、新型农机装备、通用航空产品、数控机床和机器人、电力装备等新兴领域积极布局。突破一批关键技术，研发一批有市场竞争力的标志性产品，进一步提升先进制造业和战略性新兴产业的发展层次，走出一条广西制造业转型升级的新路径。

（一）改造提升传统优势产业

推动食品、石化、有色金属、冶金、建材、电力、造纸与木材加工、纺织服装与皮革加工等传统优势产业改造提升，促进企业技术改造，加快向产业价值链中高端转移，实现传统优势产业提质增效和转型升级。

（二）大力发展现代制造业

按照《中国制造 2025》的战略部署，突出整装配套、核心部件发展，加快汽车、机械、电子信息、医药制造和修造船及海洋工程装备等现代制造业集群发展，支持重点企业战略合作重组，延伸产业链条。

（三）壮大提升战略性新兴产业

鼓励全区各地着眼长远发展布局，根据本地资源禀赋特点和优势选择重点发展领域，加强错位发展和差异发展，以市场终端消费为主导，带动和促进战略性新兴产业。

（四）培育发展新兴先导产业

立足现有产业基础，整合内外先进要素，充分发挥国家级高新区、开发区等平台载体作用，实施机器人、增材制造、云计算、卫星导航、石墨烯、通用航空等新兴先导产业壮大工程，努力抢占未来产业发展制高点。

（五）加快发展生产性服务业

按照国家和自治区各项决策部署，科学规划布局，放宽市场准入，完善行业标准，提升地方标准，创造环境条件，以产业转型升级需求为导向，加快生产性服务业创新发展，实现服务业与工业在更高水平上有机融合，推动产业结构优化调整，促进工业产业提质增效升级。

9.2.3 规划产业发展布局

按照“双核驱动、三区统筹”战略布局，立足产业发展基础，发挥区位优势、资源优势、生态优势，着力优化产业布局，引导产业集聚集群发展，加快推进广西北部湾经济区升级发展、珠江－西江经济带开放发展、左右江革命老区振兴发展，统筹沿海沿边沿江沿线产业发展，促进各类工业园区、产业集聚区形成优势互补、协调发展的新格局。

9.2.4 规划协调性分析结论

在环境保护规划方面，本次研究分析了本规划与国家、地方的政策、规划的符合性和协调性。在环境保护方面，规划与《国务院关于印发“十三五”生态环境保护规划的通知》《国务院关于印发“十三五”节能减排综合工作方案的通知》《国务院关于印发“十三五”控制温室气体排放工作方案的通知》《广西壮族自治区人民政府办公厅关于印发广西节能减排降碳和能源消费总量控制“十三五”规划的通知（桂政办发〔2017〕79 号）》《大气污染防治行动计划》《水污染防治行动计划》《关于加快推进生态文明建设的意见》等基本相协调，但需补充完善相应环境保护指标要求及措施。

在国民经济与产业发展方面，规划基本与《国务院关于进一步促进广西经济社会发展的若干意见》《国务院关于印发“十三五”生态环境保护规划的通知》《国务院办公厅关于印发兴边富民行动“十三五”规划的通知》《国务院关于印发全国海洋主体功能区规划的通知》《国务院关于印发全国国土规划纲要（2016—2030 年）的通知》等规划相协调，但其中部分园区与重点生态功能区存在冲突，需逐步进行调整。

9.3 现存资源环境问题及制约因素

9.3.1 现存资源环境问题

（一）高耗能和资源型产业比重偏高

广西产业结构矛盾依然突出，高耗能和资源型产业比重偏高。2015 年，广西高耗能产业占规模以上工业比重近 40%，高新技术产业增加值仅占规模以上工业增加值的 8.6%。产业层次偏低，支柱产业主要集中在能耗高、排放大的冶金、有色金属、制糖、水泥等传统行业，资源型工业占比高的经济结构没有根本改变。

全区能源资源消耗量从 2011 年的 8005.79 万 tce/a 增加到 2015 年的 9760.66 万 tce/a，增长了 0.22 倍，平均年增长率为 5.09%；2015 年单位工业增加值能耗 1.53tce/ 万元，虽比 2011 年降低了 9.47%，但仍未达到《工业节能“十二五”规划》中“‘十二五’单位工业增加值能耗较‘十一五’末降低 21%”的目标。

（二）能源结构仍需进一步优化

2015 年，广西一次能源生产总量为 3300 万 tce/a 左右，90% 的煤炭和几乎全部的石油、天然气依靠外省或者进口；化石能源消费比重仍超过70%，煤炭消费依然保持较高比重，向清洁低碳高效转型发展的压力较大；电力结构有待多元化，水电能源虽然清洁且装机容量占比大，但受丰枯期季节性因素影响较大；核电、太阳能发电仍处于起步阶段，风电、太阳能发电并网问题没有得到根本解决，新能源和可再生能源规模依然不大，发挥替代效应尚需时日。

（三）环境基础设施总体滞后于区域发展

区内环境基础设施在建设规模和进程上总体滞后于区域的发展，截至2015年底，广西全省共计134个工业园区，325个片区，其中已建污水处理厂的片区有39个，占所有片区的12%；区内危险废物处置类别不能满足实际处置要求，危险废物存在跨省转移现象。

（四）资源环境承载力下降

南宁市2015年PM_{10}年均浓度超过《环境空气质量标准》（GB3095-2012）二级标准，超标倍数0.03倍。除北海市、防城港市外，其他各市2015年$PM_{2.5}$年均浓度均超过《环境空气质量标准》（GB3095-2012）二级标准，超标倍数范围0.03（梧州市、钦州市）～0.46（桂林市）。

“十二五”期间广西主要河流水质达到III类标准比例及满足水环境功能区要求的比例整体明显低于“十一五”期间，“十二五”末期水质达到III类标准比例及满足水环境功能区要求的比例均比“十一五”末期降低了3.8%。柳州市洛清江百鸟滩断面检测出重金属汞超标，超标0.16倍，崇左市下雷河弄欣断面、百色市右江东笋断面、柳州市洛清江渔村断面、北海市南流江江口大桥断面、玉林市九洲江文车桥断面、玉林市南流江六司桥和横塘断面主要是氨氮、总磷等非持久性污染物超标。广西与广东交界的九洲江文车桥断面水环境功能现状为V类水质，未达到III类水质目标。

（五）污染减排形势依然严峻

“十二五”时期，随着经济快速发展，广西工业化学需氧量、氨氮、二氧化硫、氮氧化物、烟（粉）尘等主要污染物排放量依然较大。全区烟（粉）尘排放强度高于全国排放强度，超出0.35倍，化学需氧量排放强度高于全国排放强度，超出全国水平0.27倍。全区二氧化硫、氮氧化物、氨氮排放强度虽低于全国排放强度，但个别城市相对较高，如百色市、河池市、来宾市二氧化硫排放强度超出全区、全国平均水平，防城港市、百色市、贺州市、崇左市、贵港市、来宾市氮氧化物排放强度高于全区、全国平均水平，南宁市、来宾市、崇左市、贺州市、河池市氮氧化物排放强度高于全区、全国平均水平。此外，来宾市氮氧化物实际削减率为52.42%，未完成“十二五”规划计划削减率53.48%。

（六）环境管理有待进一步加强

从发展环境看，广西节能减排降碳和循环经济发展的法规政策、体制机制还不健全，企业融资难、融资贵的问题依然存在。从技术方面看，实力雄厚、装备先进、技术领先的科研机构少，科研人员和管理专家严重缺乏，从事节能减排降碳和发展循环经济的科技人才缺乏的状况没有根本改变，节能减排技术与装备创新能力和水平仍不足，成果应用转化周期长、转化率还不够高。

（七）土地利用水平有待进一步提升

“十二五”期间，全区土地集约利用水平稳步提升，但部分区域土地资源开发仍存在利用粗放、开发程度低、结构不合理和效益差的问题。2015年全区单位城镇工矿用地工业增加值为2.45亿元/km^2，单位城镇工矿用地产值为8.63亿元/km^2，南宁市、钦州市、贵港市、玉林市、贺州市、河池市、来宾市、崇左市等八个城市单位城镇工矿用地工业增加值和单位城镇工矿用地产值均低于全区平均水平，土地利用水平有待进一步提升。

9.3.2 资源环境制约因素

（一）区域涉及敏感保护目标较多，规划实施受到生态红线的制约

广西已建立各类保护区211个，生态红线的管控要求将对区域的具体开发建设活动造成制约。本次规划的实施需严格按照环境准入条件，使得各类生态红线区域能够得到有效的保护。

（二）规划实施导致开发强度、建设规模增加，与环境质量改善之间存在矛盾

本次规划实施期间，开发强度、建设规模、经济总量等的增加必然会导致总能耗、水耗的增加，污染物排放对环境的压力仍然存在。区域大气污染防治、水环境整治等对当地大气、水环境质量改善提出了明确要求。可见，规划规模、开发强度的增加与环境质量改善之间存在着较为突出的矛盾，须积极采取各种污染控制与防治措施，以改善环境质量。

（三）区域经济发展受矿产资源的制约

广西矿产资源种类多，储量大，但其开采量无法自给自足，仍需外部进口。随着规划的实施，区内金属制品业、有色金属冶炼和压延加工业、黑色金属冶炼和压延加工业、非金属矿物制品业快速发展。从长远看，区域经济将受到矿产资源的制约，须通过提高矿产资源综合利用率和循环再利用水平，保障经济可持续发展。

（四）重点项目落地受城市土地利用总体规划的制约

土地利用总体规划前瞻性不够，存在各类项目建设用地规划数量不足、空间分布不当、地块规划用途与现实发展需要不相符、储备土地与项目建设用地需求间存在差异等问题，这些因素都会导致规划实施过程中重点项目的落地受到制约。

9.4 规划影响预测分析结论

9.4.1 规划实施后的环境影响

（一）大气环境影响

结合区域环境容量计算结果及拟新增污染物排放量对比分析结果，各市环境容量可满足规划情景下区域产业发展要求。从污染物总量削减角度，规划情景下部分地区污染物排放总量不能满足区域总量削减指标，针对此类地区，设置优化情景，通过合理控制产业发展规模，提高污染控制措施，严格环境准入等措施，进一步降低区域大气污染物排放量，从而达到区域经济发展的同时，区域大气环境不恶化，满足各地区总量控制指标及环境容量要求。

（二）水环境影响

根据区域环境容量及污染物排放总量控制要求，规划情景下部分地区部分因子尚不能满足目标要求，通过合理控制产业发展规模，提高污染控制措施，严格环境准入等措施，进一步降低区域水污染物排放量，从而达到区域经济发展的同时，区域地表水环境不恶化，满足各地区总量控制指标及环境容量要求，优化情景下区域产业发展对周围环境影响不大。

（三）固体废物环境影响

区内危险废物经营许可证核准经营规模总计 84.9 万 t/a，不能满足优化情景下危险废物预测产生量要求。其中桂林市、贵港市、玉林市、百色市、贺州市、崇左市尚无危险废物经营许可证颁发。已有危险废物经营许可证颁发的城市中，梧州市、钦州市、来宾市的核准经营规模不能满足危险废物的预测产生量。

依据现有全区固体废物处理处置情况，应进一步加强区域固体废物环境管理，提高区域固废综合利用效率，加强危险废物规范化管理，进一步降低区域固体废物环境影响。

（四）生态环境影响

全区依托工业园区实施产业集聚，“十三五”规划实施过程中将占用大量土地，从而影响区域内部分土地利用性质，造成各工业集聚区及其周边生态系统改变，原有生态系统的变化将使区域部分地形地貌、生物多样性发生变化，生态服务功能也将随之改变。研究对于全区土地占用情况分析，“十三五”期间区域拟新增土地占用有限，同时结合与各市土地利用规划相应指标对比分析，区域拟新增用地与各市规划用地规模基本相协调，同时由于新增用地主要依托于工业园区，故规划的实施对区域整体生态环境影响较小。

此外针对部分工业园区规划范围与饮用水源保护区、风景名胜区水域沿岸等相重叠，需要在园区规划建设运行过程中，严格管控保护区边界不受工业产业发展影响，通过生态红线确立、加强环境管理等方式，确保区域生态环境不恶化。

9.4.2 环境风险分析

根据区域“十三五”规划工程特征和污染影响分析，初步判定区域产业发展中易导致重大环境风险事故的主要涉及 11 个产业。其中涉及重金属产业包括电子信息、皮革、化学、新能源汽车等，涉及有毒有害物质的产业包括化工、造纸与木材、医药与新材料、建材等以及其他可能涉及高浓度有机废水的食品行业。

从区域分布情况来看，规划拟增重点项目中，环境风险类项目主要分布在百色、钦州、南宁、崇左、来宾、河池、梧州等地，尤其是百色和河池两地，由于区域规划较多有色金属产业，其环境风险相对较大。通过识别风险源，了解其分布与环境敏感区的关系，从布局上降低或消除环境风险危害，减轻事故造成的污染危害，保护人群健康和生态系统安全。

9.5 资源环境承载力分析

9.5.1 能源承载力

2020 年优化情景广西能源消耗量较基准情景、规划情景分别降低 9.49% 和 27.63%，优化情景全区能源消耗量为 7796.82 万 tce/a，可满足能源消费总体控制目标。

9.5.2 水资源承载力

区域水资源量丰富，结合水资源综合规划指标要求，各市水资源承载力可满足区域产业发展要求，区域开发建设受水资源制约很小。

9.5.3 土地资源承载力

2020 年各市规划城镇工矿用地面积均低于各市土地利用总体规划中城镇工矿用地面积，各市区域开发建设并不会受到各市土地利用总体规划的制约。

9.5.4 生态承载力

生态敏感性高与较高区域在广西东北角桂林市、柳州市北部与西北角百色市内分布较集中，区内其他区域零星分布，以上生态敏感性较高的地区同时也是生态相对脆弱、潜在生态风险水平相对较高的地区。

生态系统服务价值高与较高地区零星分布于广西境内，不呈现聚集状态。生态系统服务价值高的地区植被资源丰富、动物资源繁多，生物多样性保护价值极高，此外，在气候调节、水源涵养方面具有重要意义。

生态保护重要性高的区域主要分布于广西东北角桂林市、柳州市北部与西南角防城港市内，于区内其他区域零星分布。区内现有重点产业聚集区与生态保护重要地区大部分布局合理，在局部存在空间冲突，部分产业区分布在生态保护重要性高的地区。

9.6 规划方案环境合理性综合论证和优化调整建议

9.6.1 规划方案环境合理性综合论证

（一）发展目标环境合理性分析

结合各市地理位置、经济基础、交通条件等基础条件，分析各市主导产业发展方向，根据适宜发展程度对各市各产业赋以权重，分析区位因素对产业发展趋势的影响。总体而言，全区主导产业发展基本与区域区位因素、经济发展情况相适应，但在发展过程中应重视控制重污染工业的发展建设和规划，提高相关产业的技术水平，逐步实现经济环境和谐发展。

（二）开发规模的环境合理性分析

规划区域土地、水资源、能源等资源环境承载能力基本可以满足区域规划方案发展要求，但从环境容量及污染物总量控制角度，部分地区规划情景下污染物总量及环境质量不能满足区域总体环境保护要求，需要针对规划产业发展规模进行进一步优化。

结合规划产业要求、经济发展趋势及环境保护要求，优化情景下进一步缩减产业规模，限制污染物排放量大、经济贡献较低产业或项目引入，在提高产业或项目准入门槛的基础上，有效控制产业发展带来的区域环境影响，以确保各地区资源环境承载在可接受范围，确保产业发展、经济建设的同时区域环境质量不恶化。

（三）产业结构及布局环境合理性分析

产业结构方面。建材、化工、钢铁、有色金属等涉及过剩产能的重点产业，结合产业发展趋势，其产生的经济效益存在一定下滑趋势。这将会给区域经济增长以及环境质量造成一定压力，从环境保护角度建议适当限制冶金、黑色及有色金属冶炼与压延、建材等重工业项目的引进与建设，必须引入的项目，应按照国家产业及环保相关政策要求，严格准入条件，加强环境保护措施，在确保区域环境质量不恶化的情况下予以批准建设。

产业布局方面。区域规划产业布局基本符合广西整体产业发展现状及趋势，针对化工、有色金属、冶金、建材等高污染产业，应积极采取产业升级，提高生产工艺和技术装备水平，制定行业环境准入条件。对于与环境敏感区存在重叠地块，需进一步完善园区用地布局，确保园区工业发展对周围环境敏感区影响控制在可接受范围。同时结合区域资源环境禀赋条件，提出各地市产业发展建议。

（四）环境目标可达性分析结论

结合各市、各行业总量控制指标，分析区域环境目标可达性，优化情景下可实现区域环境目标可达。

9.6.2 规划优化调整建议

为确保区域环境保护优化经济增长，区域重点产业发展应坚持“三线一单”相关内容，从而保证区域经济持续发展的同时生态功能不退化、水土资源不超载、污染物排放总量不突破、环境准入不降低。通过总量控制、环境容量等角度，结合园区实际发展情况提出各市各园区产业发展建议。

9.7 预防或者减轻不良环境影响的对策及措施

9.7.1 总体环境影响减缓对策

明确区域“三线一单”及其管控要求。针对区域有色金属、冶金产业、石化产业、电力、建材、医药制造、印染纺织等重点产业从环境保护角度提出相应的环境影响减缓对策。从强化落后产能淘汰、建立企事业单位重金属污染物排放总量控制制度，加强环境保护基础设施建设及环境管理水平等角度，针对现有生态环境问题提出解决方案。

9.7.2 大气污染防治措施

通过严格落实区域大气总量控制指标，采取联合控制措施，强化节能环境保护指标约束作用。加强重点行业监控，确保行业清洁生产水平国内领先。对区域重点行业，特别是重污染行业，应加强行业监控力度，完善行业技术水平和创新能力，确保重点行业污染物排放量控制在允许范围内。加大建材行业、冶金行业、工业锅炉以及火电行业等颗粒物污染防治力度，控制重点行业污染物排放。强化钢铁、石化、有色冶金等行业二氧化硫总量控制，加强钢铁、石化、化工等行业氮氧化物污染减排。加强主要行业挥发性有机物（VOCs）污染治理，建立工业企业有机溶剂使用量申报与核查制度。

9.7.3 水污染防治措施

加快污水处理厂建设，集中治理工业集聚区水污染。深化水环境保护管理，优先保护良好江河湖泊。全面实行排污许可制度，严控重点行业污染物排放，同时深化入海河流污染防治，加强跨界水环境监管，加强地下水污染防控，强化饮用水水源保护。提高工业用水重复利用率及中水回用率，完善水资源综合调配和管理。

9.7.4 固废污染防治措施

全面提高工业固体废物综合利用效率，加强危险废物安全处置及管理水平。建立固体废物综合利用交易平台，通过平台数据整合、运行建设及市场引导对区域整体固体废物产生及综合利用去向进行优化配置，提高区域固体废物综合利用效率。对全区危险废物产生、利用、处置情况进行全面调查，加强危险废物的全过程监督管理，杜绝危险废物非法转移、处置。鼓励有资质企业持续开展危险废物利用、处置技术研发、引进及推广。推进已污染场地的评估及修复工作。

9.7.5 生态环境减缓措施

加强生物多样性保护，提高水源涵养能力，进一步加强水源涵养林等生态公益林、草地、湿地的生态管护和恢复。以保障生态功能为前提进行资源开发利用，进一步核查区域生态环境保护区与工业集聚区的位置关系，强化各类保护区的环境管理及监控，同时应与各类工业集聚区保持一定安全距离，不得随意调整保护区边界范围。加强海洋生态环境建设，全面遏制海洋环境质量下降。进一步加强北部湾区域海洋生态环境建设，全面遏制海洋环境质量下降，维护生态系统平衡。对区域海洋生态系统进行全面调查，特别对红树林、珊瑚礁等重要敏感生态系统应进行重点详细调查，并评估其生态系统受损程度。建立北部湾生态系统数据库，根据敏感程度建立保护区，并积极开展生态恢复工作。

9.8 研究结论

通过对广西“十三五”工业发展的综合论证分析，区域工业发展将有力促进其社会经济发展，推进全区工业结构优化升级；通过加快污水处理站建设及升级改造，提高区域工业水资源循环利用水平和中水回用水平，减少废水污染物排放；通过加大可再生能源利用，积极采用能源高效利用新技术，切实采取节能措施后，能有效降低规划区域能源消耗。此外，通过落实污染减排措施，可降低区域大气污染物浓度，加强固废污染综合治理，提高固体废物处理处置效率。结合清洁生产及循环经济的全面推进，进一步促进全区环境质量持续改善，确保规划实施产生的环境影响控制在可接受水平。综合来看，从环境保护的角度分析，在采取环评相应环保建议及措施及时调整修正部分工业发展规划后，广西工业发展的同时可满足环境可持续发展要求。

附 表

附表1 广西自然保护区情况一览表

级别	编号	自然保护区名称	行政范围	面积/km^2	主要保护对象	类型
国家级	1	防城金花茶自然保护区	防城港市防城区	92.0	金花茶及其生态系统	野生植物类型
	2	合浦儒艮自然保护区	北海市合浦县	350	儒艮、中华白海豚及其生态系统	野生动物类型
	3	花坪自然保护区	桂林市龙胜各族自治县、临桂区	151.3	银杉及典型常绿阔叶林生态系统	森林生态系统类型
	4	弄岗自然保护区	崇左市龙州县、宁明县	100.8	苏铁，望天树，狭叶坡垒，白头叶猴，蟒蛇，黑叶猴、蜂猴等	森林生态系统类型
	5	木论自然保护区	河池市环江毛南族自治县	89.7	单性木兰等中亚热带喀斯特森林生态系统	森林生态系统类型
	6	大瑶山自然保护区	来宾市金秀瑶族自治县，荔浦市，梧州市蒙山县	255.9	南亚热带季风常绿阔叶林及中亚热带典型常绿阔叶林，银杉，南方红豆杉，伯乐树，瑶山苣苔，瑶山鳄蜥，金斑喙凤蝶	森林生态系统类型

续表

级别	编号	自然保护区名称	行政范围	面积 / km²	主要保护对象	类型
国家级	7	大明山自然保护区	南宁市武鸣区、马山县、上林县、宾阳县	169.9	北回归线上多样性的山地森林生态系统，黑叶猴、桫椤	森林生态系统类型
	8	十万大山自然保护区	防城港市上思县、防城区	582.8	水源涵养林、北热带季雨林及生物多样性、山地常绿阔叶林模式标本产地，狭叶坡垒、云豹	森林生态系统类型
	9	猫儿山自然保护区	桂林市兴安县、资源县	170.1	原生性亚热带常绿阔叶林森林生态系统；南方铁杉、黄腹角雉、白颈长尾雉	森林生态系统类型
	10	千家洞自然保护区	桂林市灌阳县	122.3	亚热带原生性常绿阔叶林森林生态系统；红豆杉，南方红豆杉，伯乐树，黄腹角雉	森林生态系统类型
	11	岑王老山自然保护区	百色市田林县、凌云县	189.9	南亚热带中山常绿落叶阔叶混交林和垂直带谱森林生态系统，黑颈长尾雉、叉孢苏铁	森林生态系统类型
	12	九万山自然保护区	柳州市融水苗族自治县、河池市罗城仫佬族自治县、环江毛南族自治县	252.1	中亚热带常绿阔叶林及其垂直带谱的森林生态系，伯乐树、南方红豆杉、林麝	森林生态系统类型
	13	金钟山自然保护区	百色市隆林各族自治县	317.8	黑颈长尾雉、贵州苏铁、隆林苏铁	野生动物类型
	14	北仑河口海洋自然保护区	防城港市东兴市	30	红树林生态系统	海洋和海岸生态系统类型

续表

级别	编号	自然保护区名称	行政范围	面积/km^2	主要保护对象	类型
国家级	15	山口红树林自然保护区	北海市合浦县	80	红树林生态系统	海洋和海岸生态系统类型
	16	雅长兰科植物自然保护区	百色市乐业县	220.6	兰科植物及其生态系统	野生动物类型
自治区级	17	青龙山自治区级自然保护区	崇左市龙州县	151.0	黑叶猴,冠斑犀鸟,蛤蚧,蚬木,金丝李等	森林生态系统类型
	18	龙虎山自然保护区	南宁市隆安县	22.6	石灰岩生态系统,猕猴、石山苏铁、毛瓣金花茶	野生动物
	19	元宝山自然保护区	柳州市融水苗族自治县	41.6	红豆杉,元宝山冷杉,伯乐树,熊猴等	森林生态系统类型
	20	滑水冲自然保护区	贺州市八步区	99.3	典型常绿阔叶林森林生态系统,黄腹角雉、异形玉叶金花	森林生态系统类型
	21	三匹虎自然保护区	河池市南丹县、天峨县	31.1	掌叶木,篦子三尖杉,福建柏,柔毛油杉,黄杉,黑熊,猕猴,林麝,穿山甲等	森林生态系统类型
	22	银竹老山自然保护区	桂林市资源县	286.7	白鹇,红腹角雉,大鲵,资源冷杉,红豆杉,伯乐树	野生植物类型
	23	大平山自然保护区	贵港市桂平市	18.7	苏铁,华南五针松,半枫荷,红椿,瑶山鳄蜥,猕猴,穿山甲等	森林生态系统类型
	24	姑婆山自然保护区	贺州市八步区	65.5	中亚热带常绿阔叶林森林生态系统,黄腹角雉、鳄蜥、花榈木	森林生态系统类型
	25	恩城自然保护区	崇左市大新县	258.2	黑叶猴,熊猴,苏铁,望天树等	野生动物类型

续表

级别	编号	自然保护区名称	行政范围	面积/km²	主要保护对象	类型
自治区级	26	崇左白头叶猴自然保护区	崇左市江州区、扶绥县	255.8	白头叶猴，黑叶猴，蟒，苏铁，金丝李，东京桐	野生动物类型
	27	青狮潭自然保护区	桂林市灵川县	473.6	南方红豆杉，闽楠，半枫荷，红椿，穿山甲，林麝，水獭，红腹角雉，红腹锦鸡	森林生态系统类型
	28	海洋山自然保护区	桂林市灵川、恭城、灌阳、阳朔、全州、兴安	904	红豆杉，南方红豆杉，伯乐树，黄腹角雉，水鹿，穿山甲等	森林生态系统类型
	29	架桥岭自然保护区	桂林市荔浦、阳朔	670	伯乐树，华南五针松，半枫荷，花榈木，穿山甲，大鲵，金猫，山瑞等	森林生态系统类型
	30	寿城自然保护区	桂林市临桂区黄沙乡，永福县龙江乡、寿城乡	759	红豆杉，伯乐树，华南五针松，半枫荷，花榈木，黄腹角雉，白颈长尾雉	森林生态系统类型
	31	龙滩自然保护区	河池市天峨县	428.5	季风常绿阔叶林为主体的原生性天然林及其生态系统，南方红豆杉、黑颈项长尾雉、林麝	森林生态系统类型
	32	大王岭自然保护区	百色市右江区	550.1	北热带山地森林生态系统、德保苏铁	森林生态系统类型
	33	西大明山自然保护区	崇左市扶绥县、大新县、崇左市辖区，南宁市隆安县	601	苏铁，金丝李，蒜头果，蚬木，梅花鹿，冠斑犀鸟，穿山甲等	森林生态系统类型
	34	五福宝顶自然保护区	桂林市全州县	85.7	红豆杉，伯乐树，福建柏，红豆树，黄腹角雉，大鲵，穿山甲，林麝	森林生态系统类型

续表

级别	编号	自然保护区名称	行政范围	面积 / km^2	主要保护对象	类型
自治区级	35	黄连山—兴旺自然保护区	百色市德保县	210.4	北热带山地常绿落叶阔叶林和岩溶森林生态系统，黑叶猴、德保苏铁	森林生态系统类型
	36	老虎跳自然保护区	百色市那坡县	270.1	北热带原生性岩溶森林生态系统，望天树、兰科植物	森林生态系统类型
	37	下雷自然保护区	崇左市大新县	271.9	北热带岩溶森林生态系统，黑叶猴、熊猴、蚬木、石山苏铁、兰科植物	森林生态系统类型
	38	泗水河自然保护区	百色市凌云县	209.5	苏铁、掌叶木等	森林生态系统类型
	39	涠洲岛自然保护区	北海市	23.8	候鸟	野生动物类型
	40	建新自然保护区	桂林市龙胜各族自治县	48.6	迁徙候鸟	野生动物类型
	41	底定自然保护区	靖西市	48.2	桫椤等	森林生态系统类型
	42	那林自然保护区	玉林市博白县那林镇	198.9	格木，紫荆，巨蜥，穿山甲，山鸡等	森林生态系统类型
	43	昭平七冲自然保护区	贺州市昭平县	130.2	原生性天然林，伯乐树、鳄蜥、熊猴	森林生态系统类型
	44	上林龙山自然保护区	南宁市上林县	107.5	典型山地森林生态系统，熊猴、黑叶猴、桫椤、任豆树	森林生态系统类型
	45	三十六弄-陇均自然保护区	南宁市武鸣区	128.2	石灰岩石山植被为主的生态系统，石山苏铁、蚬木、林麝	森林生态系统类型

续表

级别	编号	自然保护区名称	行政范围	面积/km²	主要保护对象	类型
自治区级	46	银殿山自然保护区	桂林市恭城瑶族自治县	480	伯乐树，篦子三尖杉，福建柏，黄腹角雉，云豹，小灵猫，鬣羚，白鹇	森林生态系统类型
	47	茅尾海红树林自然保护区	钦州市钦南区，钦州港区	27.8	红树林湿地生态系统，木榄、红海榄	湿地生态系统
	48	大桂山鳄蜥自然保护区	贺州市八步区	37.8	鳄蜥及其栖息地	野生动物类型
	49	大哄豹自然保护区	百色市隆林各族自治县	20.4	黑颈长尾雉、黑叶猴、贵州苏铁	森林生态系统类型
	50	那佐自治区级自然保护区	百色市西林县	124.6	南亚热带中山森林生态系统，叉孢苏铁、贵州苏铁、多裂苏铁	森林生态系统类型
	51	王子山雉类自然保护区	百色市西林县	322.1	黑颈长尾雉，叉孢苏铁	野生动物
	52	古修自然保护区	梧州市蒙山县	85.5	野生鳄蜥和野生雉类种群及其栖息地	野生动物类型
	53	金秀老山	来宾市金秀瑶族自治县	88.8	南亚热带季风常绿阔叶林及中亚热带典型常绿阔叶林，瑶山苣苔，金斑喙凤蝶	森林生态系统类型
	54	西岭山自然保护区	贺州市富川瑶族自治县	175.6	中亚热带常绿阔叶林森林生态系统，黄腹角雉	森林生态系统类型
	55	天堂山自然保护区	玉林市容县	28.2	南亚热带季风常绿阔叶林森林生态系统，猕猴、穿山甲、桫椤	森林生态系统类型
	56	弄拉自然保护区	南宁市马山县	84.8	南亚热带岩溶森林生态系统，任豆树、花榈木、林麝	森林生态系统类型

续表

级别	编号	自然保护区名称	行政范围	面积/km²	主要保护对象	类型
自治区级	57	泗涧山大鲵自然保护区	柳州市融水苗族自治县	103.8	大鲵及其生态系统	野生动物类型
	58	凌云洞穴鱼类自然保护区	百色市凌云县	6.8	鸭嘴金线鲃等洞穴鱼类及其水域生态环境	水生野生动物型
	59	红水河来宾段珍稀鱼类自然保护区	来宾市兴宾区	5.8	老城厢、大步2个鱼类产卵场及鱼类栖总地	野生生物类型
	60	左江佛耳丽蚌自然保护区	崇左市江州区、龙州县	4.2	佛耳丽蚌等淡水贝类及其栖息地	野生动物类型
	61	大容山自然保护区	玉林市玉州区、北流市、兴业县	208.2	水源涵养林、季风常绿阔叶林	森林生态系统类型
	62	邦亮长臂猿自然保护区	靖西市	65.3	东部黑冠长臂猿及北热带岩溶山地季雨林生态系统	野生动物
	63	拉沟自然保护区	鹿寨县拉沟乡大坪村、木龙村、关江村	115	白颈长尾雉，蟒蛇，杜仲，鹅掌楸	野生动物类型
	64	广西王岗山自然保护区	钦州市钦北区	41.9	森林生态系统及珍稀濒危野生动植物	森林生态系统类型
市县级	65	澄碧河市级自然保护区	百色市右江区	770.0	蟒蛇，穿山甲，短尾猴，蛤蚧等	湿地生态系统
	66	百东河市级自然保护区	百色市右江区、田阳区	416.0	苏铁，望天树，猕猴，穿山甲，小灵猫等	森林生态系统类型

续表

级别	编号	自然保护区名称	行政范围	面积/km^2	主要保护对象	类型
市县级	67	地州县级自然保护区	靖西市	121.0	苏铁，蜂猴，黑叶猴，蟒蛇等	森林生态系统类型
	68	古龙山县级自然保护区	靖西市	296.8	苏铁，合柱金莲木，黑叶猴，熊猴，金钱豹，蟒蛇等	森林生态系统类型
	69	德孚县级自然保护区	百色市那坡县	122.0	单座苣苔，望天树，蟒蛇，原鸡，金猫，白鹇等	森林生态系统类型
	70	达洪江县级自然保护区	百色市平果市	284.0	苏铁，穿山甲，原鸡，雕鸮等	森林生态系统类型
	71	春秀县级自然保护区	崇左市龙州县	78.7	苏铁，蚬木，金丝李，金钱豹，蟒蛇等	森林生态系统类型
	72	三锁县级自然保护区	融安县大坡乡	50	伯乐树，观光木，福建柏，白颈长尾雉，蟒蛇	野生动物类型
	73	那兰鹭鸟县级自然保护区	南宁市	3.5	鹭鸟及其生境	野生动物类型
	74	防城万鹤山鹭鸟县级自然保护区	防城港市防城区	1.0	鹭鸟及其生境	野生动物类型

附表2 广西森林公园情况一览表

级别	编号	自然保护区名称	行政范围	面积 / km^2	主要保护对象	类型
国家级	1	桂林国家森林公园	桂林市郊	5.8	森林景观	山岳型
	2	良凤江国家森林公园	南宁市郊	2.5	森林景观、风景河段	山岳型
	3	三门江国家森林公园	柳州市郊	124.8	森林景观	山岳型
	4	龙潭国家森林公园	贵港市桂平市	78.0	森林景观、峡谷地貌景观	山岳型
	5	大桂山国家森林公园	贺州市	30.0	森林景观、峡谷地貌景观	山岳型
	6	元宝山国家森林公园	柳州市 融水苗族自治县	250.0	森林景观	山岳型
	7	龙胜温泉国家森林公园	桂林市 龙胜各族自治县	4.2	森林景观、温泉	温泉型
	8	八角寨国家森林公园	桂林市资源县	840.0	丹霞地貌景观	山岳型
	9	十万大山国家森林公园	防城港市上思县	88.1	森林景观	山岳型
	10	姑婆山国家森林公园	贺州市八步区	80.0	瀑布景观、森林景观	山岳型
	11	大瑶山国家森林公园	来宾市 金秀瑶族自治县	111.2	森林景观、砂岩峰林地貌	山岳型

续表

级别	编号	自然保护区名称	行政范围	面积/km²	主要保护对象	类型
国家级	12	黄猄洞天坑国家森林公园	百色市乐业县	138.8	森林景观、天坑地质景观	山岳型
	13	大容山国家森林公园	玉林市北流市	48.3	森林景观	山岳型
	14	飞龙湖国家森林公园	梧州市苍梧县	121.0	湖泊景观、森林景观	湖泊型
	15	太平狮山国家森林公园	梧州市藤县	55.5	丹霞地貌景观	山岳型
	16	阳朔国家森林公园	桂林市阳朔县	43.6	森林景观、瀑布景观	山岳型
	17	九龙瀑布群国家森林公园	南宁市横县	16.4	瀑布景观、森林景观	山岳型
	18	平天山国家森林公园	贵港市郊	16.8	森林景观	山岳型
	19	红茶沟国家森林公园	柳州市融安县	19.0	森林景观	山岳型
	20	龙滩大峡谷国家森林公园	河池市天峨县	41.7	森林景观、风景河段	山岳型
自治区级	21	冠头岭自治区级森林公园	北海市郊	2.1	滨海风光、森林景观	海滨型
	22	老虎岭自治区级森林公园	南宁市郊	3.1	森林景观、湖泊景观	山岳型
	23	澄碧湖自治区级森林公园	百色市郊	82.1	森林景观、湖泊景观	湖泊型

续表

级别	编号	自然保护区名称	行政范围	面积/km²	主要保护对象	类型
自治区级	24	五象岭自治区级森林公园	南宁市郊	6.5	森林景观	山岳型
	25	君武自治区级森林公园	柳州市郊	12.1	森林景观	山岳型
	26	凌云自治区级森林公园	百色市凌云县	120.0	森林景观、溶洞景观	山岳型
	27	小娘山自治区级森林公园	梧州市藤县	5.2	森林景观	山岳型
	28	吉太自治区级森林公园	梧州市岑溪市	20.1	森林景观	山岳型
	29	五叠泉自治区级森林公园	贺州市昭平县	3.8	森林景观	山岳型
	30	庆远自治区级森林公园	河池市宜州区	16.9	森林景观、湖泊景观	湖泊型
	31	金鸡山自治区级森林公园	南宁市郊	23.0	森林景观	山岳型
	32	大王岭自治区级森林公园	百色市右江区	24.6	森林景观、瀑布景观	瀑布型
	33	龙峡山自治区级森林公园	崇左市郊	5.2	森林景观	山岳型
	34	九龙沟自治区级森林公园	河池市南丹县	2.7	森林景观	山岳型
	35	爱山自治区级森林公园	河池市环江毛南族自治区	4.7	森林景观	山岳型

续表

级别	编号	自然保护区名称	行政范围	面积/km²	主要保护对象	类型
市（县）级	36	石门森林公园	南宁市郊	1.0	森林景观	城郊园林型
暂未定级	37	三十六曲自治区级森林公园	钦州市郊	34.0		
	38	龙岩自治区级森林公园	桂林市全州县	1.3		
	39	险山（洛清江）自治区级森林公园	柳州市鹿寨县	53.0		
	40	大山顶自治区级森林公园	梧州市岑溪市	2.7		
	41	石山自治区级森林公园	桂林市	0.5		
	42	龙须河自治区级森林公园	百色市田东县	7.9		
	43	丽川自治区级森林公园	崇左市天等县郊	5.0		
	44	根旦自治区级森林公园	河池市凤山县	2.7		
	45	德保红叶自治区级森林公园	百色市德保县	7.9		
	46	莲花山自治区级森林公园	玉林市郊	4.4		
	47	玉华森林公园	柳州市融水苗族自治县	0.2		

续表

级别	编号	自然保护区名称	行政范围	面积 / km^2	主要保护对象	类型
暂未定级	48	天鹅湖森林公园	桂林市平乐县	3.8		
	49	梧州龙泉森林公园	梧州市郊	1.2		
	50	南珠森林公园	北海市合浦县	4.0		
	51	五黄岭森林公园	钦州市浦北县	11.1		

附表3 广西风景名胜区情况一览表

级别	编号	自然保护区名称	行政范围	包含景区	面积/km^2
国家级	1	桂林漓江风景名胜区	桂林市区	漓江	1160
			灵川县	漓江	
			兴安县	灵渠	
			阳朔县	漓江、葡萄、遇龙河	
	2	花山风景名胜区	崇左市区	石景林、斜塔	3001
			大新县	德天、明仕田园、黑水河	
			凭祥市	友谊关、大连城等	
			宁明县	花山壁画、左江沿线	
			龙州县	小连城、金龙水库等	
	3	桂平西山风景名胜区	桂平市	西山、金田、白石山、罗丛岩、紫荆山、大藤峡	1008
自治区级	4	龙虎山风景名胜区	隆安县	龙虎山	7
	5	澄碧湖风景名胜区	百色市区	澄碧湖	39
	6	南山－东湖风景名胜区	贵港市区	南山、东湖	2.2
	7	水月岩－龙珠湖风景名胜区	玉林市区	水月岩	7.1
			北流市	（部分景点）	
			陆川县	龙珠湖	

续表

级别	编号	自然保护区名称	行政范围	包含景区	面积/km²
自治区级	8	谢鲁山庄风景名胜区	陆川县	谢鲁山庄	4.3
	9	林溪－八江风景名胜区	三江侗族自治县	程阳桥、岜团桥、马胖鼓楼、	20
	10	香桥岩风景名胜区	鹿寨县	普桥岩	40.9
	11	勾漏洞风景名胜区	北流市	勾漏洞	10
	12	都峤山－真武阁风景名胜区	容县	都峤山、真武阁	36.3
	13	六峰山－三海岩风景名胜区	灵山县	六峰山	1.5
	14	太平石山风景名胜区	藤县	太平石山（狮山）	65
	15	八角寨－资江风景名胜区	资源县	八角寨、资江	40
	16	青狮潭风景名胜区	灵川县	青狮潭及其周边	100
	17	龙脊风景名胜区	龙胜各族自治县	龙脊	70
	18	元宝山－贝江风景名胜区	融水苗族自治县	元宝山、贝江	250
	19	八仙天池－百崖槽风景名胜区	武宣县	八仙天池、百崖槽	15
	20	龙潭－都乐岩风景名胜区	柳州市区	龙潭、都乐岩	10
	21	大瑶山风景名胜区	金秀瑶族自治县	大瑶山（圣堂山）	500

续表

级别	编号	自然保护区名称	行政范围	包含景区	面积/km²
自治区级	22	白云山风景名胜区	梧州市区	白云山	5.1
	23	青秀山风景名胜区	南宁市区	青秀山	7.9
	24	宴石山风景名胜区	博白县	宴石山	24
	25	京岛风景名胜区	东兴市	京族三岛	24.5
	26	龙泉岩风景名胜区	兴业县	龙泉岩	6
	27	黄姚风景名胜区	昭平县	黄姚古镇及其周边环境	89
	28	古龙河－白龙洞风景名胜区	宜州区	古龙河（下枧河）、白龙洞	15
	29	碧水岩风景名胜区	钟山县	碧水岩（出水碧）、花山水库	50
	30	浮山风景名胜区	贺州市区	浮山、临贺故城、文笔塔	20
	31	珍珠岩－金城江风景名胜区	河池市区	珍珠岩、小三峡	8.5

附表4 广西地质公园情况一览表

级别	编号	自然保护区名称	行政范围	面积/km^2	主要保护对象	类型
世界级	1	广西乐业－凤山世界地质公园	百色市乐业县、凤山县	930	岩溶地貌	地质公园
国家级	2	广西资源国家地质公园	桂林市资源县	125	丹霞地貌	地质公园
	3	广西北海涠洲岛国家地质公园	北海市	25	古火山景观	地质公园
	4	广西鹿寨香桥岩溶国家地质公园	柳州市鹿寨县	39	岩溶地貌	地质公园
	5	广西大化七百弄国家地质公园	河池市大化瑶族自治县	477	岩溶地貌	地质公园（资格）
	6	广西桂平国家地质公园	贵港市桂平市	270.2	花岗岩＋丹霞＋砂岩峰丛＋流水地貌	地质公园（资格）
	7	广西浦北五皇山地质公园	钦州市浦北县	58	花岗岩地貌	地质公园
	8	广西罗城地质公园	罗城仫佬族自治县	60.8455	岩溶地貌	地质公园
	9	广西都安地下河地质公园	都安瑶族自治县	200	岩溶水体地貌	地质公园
	10	广西东兰地质公园	东兰县	174.1	岩溶地貌	地质公园

续表

级别	编号	自然保护区名称	行政范围	面积/km²	主要保护对象	类型
国家级	11	广西扶绥县国家级重点保护古生物化石集中产地	崇左市扶绥县	5	古生物化石	地质遗迹
	12	六景泥盆系地质遗址保护区	南宁市横县	0.05	泥盆系地质剖面	地质遗迹
	13	南边村地质剖面保护区	桂林市	0.25	泥盆－石炭系地质剖面	地质遗迹
	14	北流大风门泥盆系自然保护区	北流市	0.08	泥盆系地质剖面	地质遗迹
	15	罗富泥盆系剖面保护区	河池市南丹县	0.12	泥盆系地质剖面	地质遗迹
	16	大乐泥盘纪自然保护区	来宾市象州县	0.12	泥盆系地质剖面	地质遗迹
	17	来宾市蓬莱滩二叠系“金钉子”剖面保护区	来宾市兴宾区	0.08	二叠系地质剖面	地质遗迹
	18	柳州研冲下石炭系“金钉子”剖面保护区	柳州市柳北区	0.09	下石炭系地质剖面	地质遗迹
	19	广西合山国家矿山公园	来宾市合山市	18.3	煤矿采矿遗迹	矿山公园
	20	广西全州雷公岭国家矿山公园	桂林市全州县	3.6	锰矿采矿遗迹	矿山公园

续表

级别	编号	自然保护区名称	行政范围	面积/km²	主要保护对象	类型
自治区级	21	广西那坡县枕状玄武岩省级地质公园	百色市那坡县	15	枕状玄武岩群景观	地质公园
	22	广西大瑶山（金秀）地质公园	来宾市金秀瑶族自治县	363	砂岩峰林地貌	地质公园
	23	广西阳朔遇龙河峰林地质公园	阳朔县	144.163	岩溶水体地貌	地质公4园
	24	广西灌阳文市石林地质公园	灌阳县	5	岩溶地貌	地质公园
	25	广西环江文雅地质公园	环江毛南族自治县	49.9	岩溶地貌	地质公园
	26	广西灵川县海洋山地质公园	罗城仫佬族自治县	27	岩溶地貌+碎屑岩地貌遗迹+水体景观遗迹	地质公园
	27	容县都峤山自治区地质公园	玉林市容县	36.22	丹霞地貌	地质公园
	28	融安大良自治区地质公园	柳州市融安县	24.89	岩溶地貌	地质公园
	29	田东自治区地质公园	百色市田东县	68.2	岩溶地貌	地质公园
	30	广西平果平治河岩溶地质公园	平果市	108.24	岩溶地貌	地质公园
	31	广西河池姆洛甲喀斯特地质公园	金城江区	112.7	岩溶地貌	地质公园

附表5 广西湿地公园情况一览表

级别	编号	名称	行政范围	面积 /km^2	主要湿地类型
国家级	1	北海滨海国家湿地公园	北海市银海区	2021.7	滨海
	2	桂林会仙喀斯特国家湿地公园	桂林市临桂区	586.75	库塘、沼泽
	3	广西横县西津国家湿地公园	南宁市横县	1853.29	库塘
	4	广西富川龟石国家湿地公园	贺州市富川瑶族自治县	4173.13	库塘
	5	广西都安澄江国家湿地公园	河池市都安瑶族自治县	864	河流
	6	广西靖西龙潭国家湿地公园	百色市靖西市	186.4	库塘、湖泊
	7	广西百色福禄河国家湿地公园	百色市右江区	659	库塘、河流
	8	广西凌云浩坤湖国家湿地公园	百色市凌云县	1312	湖泊
	9	广西平果芦仙湖国家湿地公园	平果市	967.37	库塘、河流
	10	广西大新黑水河国家湿地公园	崇左市大新县	692.52	河流、沼泽
	11	广西龙州左江国家湿地公园	崇左市龙州县	1031.25	河流
	12	广西东兰坡豪湖国家湿地公园	河池市东兰县	549.4	库塘
	13	广西荔浦荔江国家湿地公园	荔浦市	695.28	河流
	14	广西龙胜龙脊梯田国家湿地公园	桂林市龙胜各族自治县	4480.95	稻田、河流
	15	广西南丹拉希国家湿地公园	河池市南丹县	561.48	库塘、沼泽

续表

级别	编号	名称	行政范围	面积 /km²	主要湿地类型
国家级	16	广西梧州苍海国家湿地公园	梧州市苍海新区	722.84	库塘、河流
	17	广西南宁大王滩国家湿地公园	南宁市江南区	5520	库塘
	18	广西全州天湖国家湿地公园	桂林市全州县	806.89	湖泊、沼泽
	19	广西灌阳灌江国家湿地公园	桂林市灌阳县	612.43	河流
	20	广西贺州合面狮湖国家湿地公园	贺州市八步区	2519.75	库塘、河流
	21	广西昭平桂江国家湿地公园	贺州市昭平县	1199.95	库塘、河流
	22	广西忻城乐滩国家湿地公园	来宾市忻城县	1252	库塘、河流
	23	广西合山洛灵湖国家湿地公园	来宾市合山市	317.17	河流、库塘、沼泽
	24	广西兴宾三利湖国家湿地公园	来宾市兴宾区	977.1	库塘、沼泽

附表6 广西水产种质资源保护区情况一览表

级别	编号	名称	行政范围	面积	主要保护对象
国家级	1	漓江光倒刺鲃金线鲃国家级水产种质资源保护区	广西桂林市的漓江，由漓江干流冠岩河段及支流桃花江河段两部分组成	总面积为255.5公顷，其中核心区面积为50.0公顷，实验区面积为205.5公顷	光倒刺鲃、金线鲃以及冠岩潭、浪洲潭2个鱼类越冬场，黄牛甲、社公滩、斗米滩、鸳鸯滩4个鱼类产卵场，栖息的其他物种有漓江鱲、黄喉拟水龟、花鳗鲡、多瘤丽蚌、大鲵、长麦穗鱼等
	2	西江梧州段国家级水产种质资源保护区	广西梧州市的西江段，位于长洲水利枢纽下游的长洲岛右河道和左河道至分界村范围	总面积1564公顷，其中核心区面积360公顷，实验区面积1204公顷	鲮、鳡，其他保护对象包括银鲴、日本鳗鲡、赤眼鳟、青鱼、草鱼、鳡、红鳍原鲌、海南红鲌、倒刺鲃、鳙、鲢、鲤、黄颡鱼、大眼鳜、斑鳢、月鳢、黄鳝、花鲈等
	3	柳江长臀鮠桂华鲮赤魟国家级水产种质资源保护区	广西柳城县凤山镇的融江、龙江、柳江三江口河段水域，范围由融江的石壁开始，下行至柳江的乌鸾山脚，龙江的白沙村下行至龙江终点江段	总面积801公顷，其中核心区面积387公顷，实验区面积414公顷	(1) 柳城县凤山三江口鱼类产卵场；(2) 长臀鮠、桂华鲮、赤魟3种珍稀鱼类，地模标本鱼类拟缨鱼、柳州鳜和主要经济鱼类鳡、斑鳜、鳊、三角鲂、蛇鮈、白甲鱼、唇鲮、白边拟鲿、大眼鳜等鱼类种质资源

续表

级别	编号	名称	行政范围	面积	主要保护对象
自治区级	4	恭古木源娃娃鱼自治区级水产种质资源保护区	恭城瑶族自治县三江乡三联村古木源区域	面积 919 公顷	国家二级重点保护水生野生动物大鲵及其栖息地
	5	资源县牛栏江大鲵自治区级水产种质资源保护区	资源县牛栏江	总面积为 280 公顷	国家二级重点保护水生野生动物大鲵及其栖息地

附表7　园区生态环境风险识别

区域	工业园区名称	影响描述
生态敏感区	南宁六景工业园区	横县六景泥盆系地层标准剖面保护区属重要生态敏感区，具有相对重要的生态服务功能，生态系统较为脆弱，如遭到占用、损失或破坏后所造成的生态影响后果较为严重，但可以通过一定措施加以预防、恢复和替代
	融安县工业集中区	红茶沟国家森林公园属重要生态敏感区，具有相对重要的生态服务功能，生态系统较为脆弱，如遭到占用、损失或破坏后所造成的生态影响后果较为严重，但可以通过一定措施加以预防、恢复和替代
	灵川八里街工业园区	桂林漓江风景名胜区属重要生态敏感区，具有相对重要的生态服务功能，生态系统较为脆弱，如遭到占用、损失或破坏后所造成的生态影响后果较为严重，但可以通过一定措施加以预防、恢复和替代
	阳朔县工业集中区	桂林漓江风景名胜区属重要生态敏感区，具有相对重要的生态服务功能，生态系统较为脆弱，如遭到占用、损失或破坏后所造成的生态影响后果较为严重，但可以通过一定措施加以预防、恢复和替代
	粤桂合作特别试验区	西江梧州段国家级水产种质资源保护区属重要生态敏感区，具有相对重要的生态服务功能，生态系统较为脆弱，如遭到占用、损失或破坏后所造成的生态影响后果较为严重，但可以通过一定措施加以预防、恢复和替代
	防城港市东兴边境经济合作区	京岛风景名胜区属重要生态敏感区，具有相对重要的生态服务功能，生态系统较为脆弱，如遭到占用、损失或破坏后所造成的生态影响后果较为严重，但可以通过一定措施加以预防、恢复和替代

续表

区域	工业园区名称	影响描述
饮用水源地	南宁江南工业园区	邕江饮用水水源地二级保护区陆域
	隆安华侨管理区（隆安县宝塔医药产业园区）	右江规划饮用水水源保护区一级保护区水域、陆域
	融安县工业集中区	融安县县城饮用水水源地二级保护区水域、陆域
	灵川八里街工业园区	东江水厂饮用水水源地一级保护区水域、二级保护区陆域
	灌阳县工业集中区	灌阳县县城饮用水水源地一级保护区水域、二级保护区陆域
	广西梧州工业园区	北山水厂饮用水水源地二级保护区陆域
	贵港市产业园区	郁江引水工程饮用水水源地二级保护区水域、陆域，泸湾江饮用水水源地二级保护区水域、陆域
	容县经济开发区	绣江饮用水水源地二级保护区水域、陆域
	玉林经济开发区	南流江饮用水水源地一级保护区水域，二级保护区水域、陆域
	广西玉林高新技术产业开发区	南流江饮用水水源地二级保护区水域、陆域
	百色市右江区林产工业园	右江区冬笋饮用水水源地一级保护区水域
	贺州市生态产业园	贺江八步饮用水水源地二级保护区水域、陆域
	广西贺州旺高工业区（碳酸钙千亿元产业示范基地）	龟石水库饮用水水源地二级保护区陆域
	贺州市钟山工业园区	钟山县县城饮用水水源地二级保护区陆域、龟石水库饮用水水源地二级保护区陆域
	贺州市华润循环经济示范区	龟石水库饮用水水源地二级保护区水域、陆域

续表

区域	工业园区名称	影响描述
饮用水源地	来宾市河南工业园区	河东河西水厂水源地二级保护区水域、陆域
	来宾高新技术产业开发区	河东河西水厂水源地二级保护区水域、陆域
	合山市产业转型工业园	合山水厂水源地一级保护区水域、二级保护区陆域
	武宣县工业园区	武宣县县城饮用水水源保护区一级保护区水域、二级保护区陆域
	中国－东盟南宁空港扶绥经济区	江西岸饮用水水源地
	天等县工业集中区	孔林饮用水水源地一级保护区陆域、朝阳饮用水水源地二级保护区陆域
	龙州循环经济（工业）产业园	水口河饮用水水源地二级保护区陆域
	广西百色高新技术产业开发区	那音水库饮用水水源地取水口
	天峨县工业集中区	峨里湖水库饮用水水源地取水口
	都安瑶族自治区县工业园区巴潭工业园	澄江河饮用水水源地取水口
	罗城仫佬族自治县城东工业区	双坝塘饮用水水源地
	柳州市河西高新技术产业开发区	柳州市饮用水水源地取水口
	柳州市柳北工业区白露片区	

续表

区域	工业园区名称	影响描述
饮用水源地	梧州工业园区临港经济区	苍梧县县城饮用水水源地取水口
	梧州工业园区高新技术产业开发区	北山水厂饮用水水源地取水口
	合山市产业转型工业园电厂片区	合山水厂水源地取水口
	来宾高新技术产业开发区	河东河西水厂水源地取水口
	玉林经济开发区	南流江饮用水水源地取水口
	隆安宝塔医药产业园区	右江备用饮用水水源保护区取水口
	宾阳县黎塘工业园区卢圩工业集中区	宾阳县地下水饮用水水源地取水口
	南宁江南工业园区	邕江饮用水水源地取水口
	天等县工业集中区县城园区城北组团	孔林饮用水水源地取水口
	中国－东盟南宁空港扶绥经济区	江西岸饮用水水源地取水口
	龙州循环经济产业园龙北综合加工区	水口河饮用水水源地
	宁明县工业集中区	明江饮用水水源地取水口

附表8 区域环境准入负面清单

<table>
<tr><td colspan="2" rowspan="2">分区</td><td colspan="3">主要区域</td><td rowspan="2">工业发展环境准入条件</td><td rowspan="2">管控原因</td></tr>
<tr><td>城市</td><td>区县</td><td>涉及园区</td></tr>
<tr><td rowspan="6">生态管控区</td><td>禁止开发区</td><td colspan="3">有代表性的自然生态系统、珍稀濒危野生动植物物种的集中分布地、有特殊价值的自然遗迹所在地和文化遗址等，主要包括县级以上的自然保护区、风景名胜区、森林公园、地质公园和重要水源地等</td><td>①严禁不符合主体功能定位的开发活动；②引导人口逐步有序转移，实现污染物“零排放”，提高生态环境质量</td><td>列入《广西壮族自治区主体功能区规划》禁止开发区</td></tr>
<tr><td rowspan="5">限制开发区域（重点生态功能区）</td><td>南宁</td><td>上林县
马山县</td><td>上林县象山工业园区
马山县苏博工业园区</td><td rowspan="5">①维护生态系统完整性；②严格控制开发强度：在一些重要生态功能区、生态环境敏感区和脆弱区，划定生态红线。城镇建设与工业开发要布局在资源环境承载能力相对较强的城镇集中布局、点状开发，禁止连片蔓延扩张，原则上不再新设开发区和扩大现有工业园区面积，已有的工业园区要逐步改造成为低消耗、可循环、少排放、零污染的生态型工业园区。逐步减少农村居民点空间，腾出更多空间用于生态建设；③实行更加</td><td rowspan="5">列入《广西壮族自治区主体功能区规划》限制开发区域（重点生态功能区）</td></tr>
<tr><td>柳州</td><td>融水苗族自治县
三江侗族自治县</td><td>融水苗族自治县工业园
三江侗族自治县工业园</td></tr>
<tr><td>桂林</td><td>资源县
龙胜各族自治县
灌阳县
阳朔县
恭城瑶族自治县</td><td>资源县工业集中区
龙胜各族自治县瓢里工业集中区
灌阳县工业集中区
阳朔县工业集中区
恭城瑶族自治县工业集中区</td></tr>
<tr><td>防城港</td><td>上思县</td><td>上思县工业集中区</td></tr>
<tr><td>梧州</td><td>蒙山县</td><td>蒙山县工业集中区</td></tr>
</table>

续表

分区		主要区域			工业发展环境准入条件	管控原因
		城市	区县	涉及园区		
生态管控区	限制开发区域（重点生态功能区）	百色	靖西市 德保县 那坡县 西林县 凌云县乐业县	靖西市工业集中区 百色（靖西）边境经济合作区 德保工业集中区 那坡县永乐工业园区 西林工业区 百色新山铝产业示范园	严格的产业准入环境标准。严把项目准入关，禁止布局与重点生态功能区不相适应的各类产业和项目，坚决淘汰落后产能，关闭生产工艺落后、“三废”排放不达标的企业；严格限制重金属项目进入；④开发矿产资源、发展适宜产业和建设基础设施；⑤因地制宜发展旅游业和特色农业；⑥提高县城和重点镇集聚能力；⑦加强县城和重点镇道路、供排水、污水垃圾处理等基础设施建设；⑧强化水资源保护和水生生物资源养护	
		贺州	富川瑶族自治县	贺州市富川工业集中区 贺州市华润循环经济产业示范区		
		河池	都安瑶族自治县 大化瑶族自治县 天峨县 凤山县 东兰县 巴马瑶族自治县 罗城仫佬族自治县 环江毛南族自治县	都安瑶族自治区县工业园区 都安临港工业区 大化瑶族自治县工业区 天峨县工业集中区 东兰工业集中区 罗城仫佬族自治县城东工业区 河池环江工业园区		
		来宾	忻城县 金秀瑶族自治县	忻城县工业集中区 金秀瑶族自治县工业园区		
		崇左	天等县	天等县工业集中区		

续表

分区		主要区域			工业发展环境准入条件	管控原因
		城市	区县	涉及园区		
生态管控区	限制开发区域（农产品主产区）	南宁	武鸣区	广西－东盟经济技术开发区	①以提供农产品为主体功能，以提供生态产品、服务产品和工业品为其他功能，不宜进行大规模高强度工业化城镇化开发，重点提高农业综合生产能力	
				南宁伊岭工业集中区		
			宾阳县	宾阳县黎塘工业园区		
			隆安县	隆安华侨管理区		
		柳州	柳城县	柳城县工业园		
			融安县	融安县工业集中区		
		桂林	灵川县	灵川八里街工业园区	②严格保护耕地，增强粮食安全保障能力，加快转变农业发展方式，发展现代农业，增加农民收入，加强社会主义新农村建设，提高农业现代化水平和农民生活水平，确保粮食安全和农产品供给 ③按照集中布局、点状开发原则，以县城和重点镇为重点推进城镇建设和工业发展，引导农产品加工、流通、储运企业集聚，避免过度分散发展工业导致过度占用耕地	列入《广西壮族自治区主体功能区规划》限制开发区域（农产品主产区）
			全州县	全州工业集中区		
			兴安县	兴安县工业集中区		
			永福县			
			平乐县	平乐县工业集中区		
			荔浦市	荔浦市工业集中区		
		梧州	苍梧县	苍梧县工业区		
				旺甫工业小镇		
			藤县	藤县工业集中区		
		钦州	浦北县	浦北县工业集中区		
		贵港	桂平市	桂平市产业园区		
			平南县	平南县工业园区		
		玉林	容县	容县经济开发区		
			博白县	博白县工业集中区		
			陆川县	陆川县工业集中区		
			兴业县	兴业县工业集中区		
				广西北部湾经济区玉林龙潭产业园		
		百色	田东县	广西田东石化工业园区		
			田林县	田林县工业集中区		
			隆林各族自治县	隆林各族自治县工业集中区		

续表

分区		主要区域			工业发展环境准入条件	管控原因
		城市	区县	涉及园区		
生态管控区	限制开发区域（农产品主产区）	贺州	昭平县 钟山县 平桂管理区	广西贺州市昭平工业集中区 贺州市钟山工业园区 贺州旺高工业园区		
		河池	宜州区 南丹县	广西宜州经济开发区 河池南丹工业园区		
		来宾	象州县 武宣县	象州县工业集中区 武宣县工业园区		
		崇左	扶绥县 大新县 宁明县 龙州县	中国－东盟南宁空港扶绥经济区 广西中国－东盟青年产业园 大新县工业集中区 宁明县工业集中区 龙州县工业集中区 广西山圩产业园		
大气管控区	优先保护区	环境空气一类功能区			①禁止新建、扩建大气污染源 ②现有大气污染源逐步退出区域	满足《广西环境保护和生态建设“十三五”规划》《广西生态经济发展规划（2015—2020年）》等相关指标要求
	重点管控区	上风向等影响空气质量的布局敏感区域，静风或风力较小的弱扩散区域，城镇中心及集中居住、医力教育等受体敏感区域			①限制新建大气污染源 ②现有大气污染源应进行改造，减少排放	
		环境空气二类功能区中的工业集聚区等高排放区域，主要包含南宁、桂林、柳州的城市建成区和工业集中区			①限制新建大气污染源 ②现有大气污染源应进行改造，减少排放 ③烟粉尘项目采用倍量削减替代、NOx项目采用1.5倍削减替代、其他等量替代	

续表

分区		主要区域			工业发展环境准入条件	管控原因
		城市	区县	涉及园区		
大气管控区	一般管控区	除以上区域以外			①现有大气污染源应进行改造，减少排放 ②大气污染物等量替代	
水环境管控区	优先保护区	饮用水源一级保护区、二级保护区和准保护区			①一级保护区内 禁止新建、扩建与供水设施和保护水源无关的建设项目； 禁止向水域排放污水，已设置的排污口必须拆除； 不得设置与供水需要无关的码头，禁止停靠船舶； 禁止堆置和存放工业废渣、城市垃圾、粪便和其他废弃物； 禁止设置油库； 禁止从事种植、放养畜禽和网箱养殖活动 禁止可能污染水源的旅游活动和其他活动 ②二级保护区内 禁止新建、改建、扩建排放污染物的建设项目； 原有排污口依法拆除或者关闭； 禁止设立装卸垃圾、粪便、油类和有毒物品的码头	满足《饮用水水源保护区污染防治管理规定》《广西壮族自治区饮用水水源保护条例》中的相关要求

续表

<table>
<tr><th colspan="2" rowspan="2">分区</th><th colspan="3">主要区域</th><th rowspan="2">工业发展环境准入条件</th><th rowspan="2">管控原因</th></tr>
<tr><th>城市</th><th>区县</th><th>涉及园区</th></tr>
<tr><td rowspan="4">水环境管控区</td><td>优先保护区</td><td colspan="3"></td><td>③准保护区内
禁止新建、扩建对水体污染严重的建设项目；改建建设项目，不得增加排污量</td><td></td></tr>
<tr><td>优先控制单元</td><td colspan="3">浔江梧州市封开城上控制单元
贺江贺州市贺街控制单元
漓江桂林市阳朔控制单元
龙江河池市杨民控制单元
郁江南宁市南岸控制单元
红水河河池市－南宁市－来宾市垒亭控制单元
黔江来宾市勒马控制单元
右江南宁市老口控制单元
柳江柳州市露塘控制单元</td><td>①沿岸禁止新建、扩建水体污染严重的建设项目；
②改建建设项目，不得增加排污量；
③水污染物排放采用 1.5 倍削减</td><td>《广西西江经济带水环境保护规划（2016—2030）》划入优先控制单元</td></tr>
<tr><td>水生态</td><td colspan="3">洛清江柳州市控制单元</td><td>①控制造纸行业、酒精制造业、制糖业、淀粉及淀粉制造业等重点行业废水排放量，降低入河污染负荷；
②建设广西鹿寨经济开发区集中污水处理设施</td><td rowspan="2">《广西西江经济带水环境保护规划（2016—2030）》划入优先控制单元</td></tr>
<tr><td>保护型控制单元</td><td colspan="3">漓江桂林市控制单元</td><td>①依法淘汰落后产能和过剩产能，发展节能环保等新兴产业；
②推进矿井水综合利用，推动钢铁、造纸等高耗水企业废水深度处理回用；
③大幅度提升园区循环经济发展水平，推进园区污水处理设施建设</td></tr>
</table>

续表

分区		主要区域			工业发展环境准入条件	管控原因
		城市	区县	涉及园区		
水环境管控区	保护型控制单元	洛清江桂林市控制单元			①依法淘汰造纸等行业的落后产能和过剩产能，发展节能环保等新兴产业；②推进矿井水综合利用，推动造纸等高耗水企业废水深度处理回用，支持和推动具有经济效益的节水治污技术和示范项目；③取缔永福县腾飞纸品厂等3家十小企业；对桂林苏桥经济开发区污水处理厂进行提标改造；企业出城入园，淘汰落后产能	
		北流河玉林市控制单元			①依法淘汰造纸等行业的落后产能和过剩产能，发展节能环保等新兴产业；②城市建成区内现有造纸、原料药制造、化工、农产品等污染较重的企业应有序搬迁改造或依法关闭；③推动造纸、化工等高耗水企业废水深度处理回用，支持和推动具有经济效益的节水治污技术和示范项目	

续表

分区		主要区域			工业发展环境准入条件	管控原因
		城市	区县	涉及园区		
水环境管控区	保护型控制单元	右江百色市控制单元			①依法淘汰落后产能和过剩产能，发展节能环保等新兴产业； ②城市建成区内现有有色金属、造纸、原料药制造、化工、制糖、农产品等污染较重的企业应有序搬迁改造或依法关闭； ③推进矿井水综合利用，推动造纸、化工等高耗水企业废水深度处理回用，支持和推动具有经济效益的节水治污技术和示范项目	
		右江百色市－崇左市控制单元			①依法淘汰落后产能和过剩产能，发展节能环保等新兴产业； ②城市建成区内现有污染较重的企业应有序搬迁改造或依法关闭； ③推进矿井水综合利用，推动造纸、石油石化、化工等高耗水企业废水深度处理回用，支持和推动具有经济效益的节水治污技术和示范项目	

续表

分区		主要区域			工业发展环境准入条件	管控原因
		城市	区县	涉及园区		
水环境管控区	保护型控制单元	难滩河百色市控制单元			①依法淘汰落后产能和过剩产能，发展节能环保等新兴产业； ②城市建成区内现有有色金属、造纸、原料药制造、化工、制糖、农产品等污染较重的企业应有序搬迁改造或依法关闭； ③推进矿井水综合利用，推动造纸、化工等高耗水企业废水深度处理回用，支持和推动具有经济效益的节水治污技术和示范项目	
		红水河来宾市－南宁市控制单元			①依法淘汰铁合金、铅冶炼、水泥、造纸、酒精等行业的落后产能和过剩产能，发展节能环保等新兴产业； ②城市建成区内现有有色金属、造纸、原料药制造、化工、制糖、农产品等污染较重的企业应有序搬迁改造或依法关闭； ③推进矿井水综合利用，推动造纸、化工等高耗水企业废水深度处理回用，支持和推动具有经济效益的节水治污技术和示范项目	

续表

分区		主要区域			工业发展环境准入条件	管控原因
		城市	区县	涉及园区		
水环境管控区	保护型控制单元	柳江来宾市控制单元			①依法淘汰铁合金、铅冶炼、水泥、造纸等行业的落后产能和过剩产能，发展节能环保等新兴产业； ②城市建成区内现有有色金属、造纸化工、制糖、农产品等污染较重的企业应有序搬迁改造或依法关闭； ③推进矿井水综合利用，推动纺织印染、造纸、化工高耗水企业废水深度处理回用，支持、推动具有经济效益的节水治污技术和示范项目	
		左江崇左市1控制单元			①依法淘汰落后产能和过剩产能，发展节能环保等新兴产业； ②城市建成区内现有污染较重的企业应有序搬迁改造或依法关闭，推进矿井水综合利用，推动造纸、化工等高耗水企业废水深度处理回用，建设龙州循环经济（工业）产业园、天等县工业集中区等园区的污水集中处理设施； ③实施大新县五山乡岜落山矿区、大新县铅锌矿区重金属污染防治工程建设	

续表

<table>
<tr><th colspan="2" rowspan="2">分区</th><th colspan="3">主要区域</th><th rowspan="2">工业发展环境准入条件</th><th rowspan="2">管控原因</th></tr>
<tr><th>城市</th><th>区县</th><th>涉及园区</th></tr>
<tr><td rowspan="5">水环境管控区</td><td>保护型控制单元</td><td colspan="3">明江崇左市控制单元</td><td>①开展工业园区污染防治，专项整治重点行业，减少入河污染物量</td><td></td></tr>
<tr><td rowspan="4">水生态修复型控制单元</td><td colspan="3">邕江南宁市－防城港市控制单元</td><td>①取缔十小企业，对控制单元内的重点污染行业进行专项治理；
②工业园区均建设污水集中处理设施</td><td rowspan="4">《广西西江经济带水环境保护规划（2016—2030）》划入水生态修复型控制单元</td></tr>
<tr><td colspan="3">柳江柳州市控制单元</td><td>①对控制单元内的钢铁行业、氮肥制造、造纸行业、制糖业、印染行业、铅锌冶炼和电镀行业等重点污染行业进行专项治理；
②柳城县工业园区需建设污水集中处理设施</td></tr>
<tr><td colspan="3">桂江桂林市控制单元</td><td>①对控制单元内的造纸行业、电镀、铅锌矿采选、钢铁行业、水泥制造业、农副食品加工业等重点污染行业进行专项治理；
②建设工业园区污水集中处理设施</td></tr>
<tr><td colspan="3">郁江贵港市－钦州市控制单元</td><td>①对控制单元内的造纸、制糖业、氮肥制造、酒精制造、淀粉及淀粉制品制造业、钢铁行业、有色金属行业、电镀</td></tr>
</table>

续表

分区		主要区域			工业发展环境准入条件	管控原因
		城市	区县	涉及园区		
水环境管控区	水生态修复型控制单元				行业、农药行业等重点污染行业进行专项治理； ②建设工业园区污水集中处理设施	
		浔江贵港市 1 控制单元			对控制单元内的钢铁行业、制糖业、铅锌矿采选业、酒精制造业和造纸业等重点污染行业进行专项治理	
		贺江贺州市 2 控制单元			对控制单元内的农副食品加工、有色金属行业、化工等重点污染行业进行专项治理	
		桂江贺州市控制单元			①对控制单元内的农副食品加工、造纸、有色金属行业、化工等重点污染行业进行专项治理； ②加快工业园区污水处理设施建设	
		红水河河池市控制单元			①对控制单元内的农副食品加工、有色金属行业等重点污染行业进行专项治理，加快工业园区污水处理设施建设； ②开展关停企业遗留场地、矿山及尾矿库、尾矿砂的整治，减小环境风险	

续表

分区		主要区域			工业发展环境准入条件	管控原因
		城市	区县	涉及园区		
水环境管控区	现状维持型控制单元	武鸣河南宁市控制单元			对沿江（河）石油化工企业进行重点整治	《广西西江经济带水环境保护规划（2016—2030）》划入现状维持型控制单元
		融江柳州市控制单元			完善工业园区废水治理设施	
		融江桂林市控制单元			①对控制单元内重点污染行业进行专项治理； ②加强工业园区的污染治理，建设资源县工业集中区和龙胜瓢里工业集中区污水处理厂	
		浔江梧州市－贵港市－来宾市控制单元			①控制单元内的淀粉及淀粉制品业、水泥制造业、电镀业、铅锌矿采选业、造纸行业和制革等重点污染行业进行专项治理； ②控制单元内3个工业园区均需建设污水集中处理设施； ③扩建污水处理厂，提高污水处理能力	
		浔江贵港市2控制单元			①开展平南县工业园区污水集中处理设施； ②对环境风险较大的尾矿库进行生态治理	

续表

<table>
<tr><th colspan="2" rowspan="2">分区</th><th colspan="3">主要区域</th><th rowspan="2">工业发展环境准入条件</th><th rowspan="2">管控原因</th></tr>
<tr><th>城市</th><th>区县</th><th>涉及园区</th></tr>
<tr><td rowspan="6">水环境管控区</td><td rowspan="4">现状维持型控制单元</td><td colspan="3">剥隘河百色市控制单元</td><td>①对控制单元内的农副食品加工和有色金属行业进行重点治理；
②建设工业园区污水处理设施</td><td rowspan="4"></td></tr>
<tr><td colspan="3">左江崇左市2控制单元</td><td>①对农副食品加工和造纸行业进行专项整治，建设工业园区污水集中处理设施；
②加快城区生活污水污染收集和处理</td></tr>
<tr><td colspan="3">左江崇左市3控制单元</td><td>开展工业园区污水集中处理设施建设</td></tr>
<tr><td colspan="3">万峰湖百色市控制单元</td><td>①实施万峰湖（天生桥）水库生态环境保护和工业园区污水处理厂建设项目；
②对有色金属行业进行重点治理</td></tr>
<tr><td rowspan="2">风险防范型控制单元</td><td colspan="3">右江南宁市－崇左市控制单元</td><td>消减工业污染物排放量为重点，整治良凤江、良庆河及八尺江沿岸重点工业污染源，强化水环境风险监管</td><td rowspan="2">《广西西江经济带水环境保护规划（2016—2030）》划入风险防范型控制单元</td></tr>
<tr><td colspan="3">郁江南宁市控制单元</td><td>加大工业园区环境监管力度，淘汰十小企业；推进污水收集处理设施的建设</td></tr>
</table>

续表

分区		主要区域			工业发展环境准入条件	管控原因
		城市	区县	涉及园区		
水环境管控区	现状维持型控制单元	柳江柳州市－河池市控制单元			①加快柳城县工业园区集中污水处理厂的建设； ②取缔电镀等行业的十小企业	
		浔江梧州市－贺州市控制单元			①依法淘汰钢铁、水泥、造纸等行业的落后产能和过剩产能，发展节能环保等新兴产业； ②加快港口生活垃圾、生活污水、含油污水处理设施的建设； ③重点削减城镇生活污染和工业污染	
		南流江玉林市－钦州市控制单元			防范环境风险	
		贺江贺州市1控制单元			强化涉重企业的监督管理，提高化学品、尾矿库环境风险防控能力	
		红水河河池市－百色市－南宁市控制单元			加强产业结构调整与污染物减排，强化涉重企业的监督管理，防范环境风险事故发生	
		龙江河池市控制单元			建设工业园区污水厂，加强环保基础设施建设和涉重企业及遗留场地、尾矿的监督管理，防范环境风险事故发生	

续表

分区		主要区域			工业发展环境准入条件	管控原因
		城市	区县	涉及园区		
水环境管控区	现状维持型控制单元	黔江来宾市控制单元			①依法淘汰铁合金、水泥、造纸、酒精等行业的落后产能和过剩产能，发展节能环保等新兴产业； ②城市建成区内现有有色金属、造纸、制糖、农产品等污染较重的企业应有序搬迁改造或依法关闭； ③建设工业园区污水厂	
重金属管控区	优先管控区	城市集中式饮用水源取水口上游沿岸地区（指江河50年一遇洪水位向陆域一侧1km范围内）			禁止新建、扩建排放重金属的工业项目； 现状排放重金属企业限期关闭、搬迁或实现“零排放”	《广西壮族自治区重金属污染防治“十三五”规划》的优先管控区
		列入《广西壮族自治区主体功能区规划》限制开发区域				
	重点管控区	柳州市	鹿寨县	广西鹿寨经济开发区	①引导涉重金属企业进入工业园区，实现园区集聚发展； ②严格控制电镀行业发展； ③严格涉重金属建设项目审批，实施重点重金属污染物排放总量指标前置审核制度，新建项目应取得重点重金属排放量指标，新、改（扩）建项目重金属排放量应实行1.2倍削减	《广西壮族自治区重金属污染防治“十三五”规划》的重点管控区

续表

分区		主要区域			工业发展环境准入条件	管控原因
		城市	区县	涉及园区		
重金属管控区	重点管控区	柳州市	融安县	融安县工业集中区	①引导涉重金属企业进入工业园区，实现园区集聚发展； ②严格控制铅锌冶炼及深加工发展； ③严格涉重金属建设项目审批，实施重点重金属污染物排放总量指标前置审核制度，新建项目应取得重点重金属排放量指标，新、改（扩）建项目重金属排放量应实行1.2倍削减	
		桂林市	平乐县	平乐县工业集中区	①引导涉重金属企业进入工业园区，实现园区集聚发展； ②严格控制机械制造、铸造、矿产品加工发展； ③严格涉重金属建设项目审批，实施重点重金属污染物排放总量指标前置审核制度，新建项目应取得重点重金属排放量指标，新、改（扩）建项目重金属排放量应实行1.2倍削减	
			全州县	全州县工业集中区	①引导涉重金属企业进入工业园区，实现园区集聚发展； ②严格控制冶炼发展； ③严格涉重金属	

续表

分区		主要区域			工业发展环境准入条件	管控原因
		城市	区县	涉及园区		
重金属管控区	重点管控区	桂林市			建设项目审批，实施重点重金属污染物排放总量指标前置审核制度，新建项目应取得重点重金属排放量指标，新、改（扩）建项目重金属排放量应实行1.2倍削减	
			恭城瑶族自治县	恭城瑶族自治县工业集中区	①引导涉重金属企业进入工业园区，实现园区集聚发展； ②严格控制有色金属冶炼加工发展； ③严格涉重金属建设项目审批，实施重点重金属污染物排放总量指标前置审核制度，新建项目应取得重点重金属排放量指标，新、改（扩）建项目重金属排放量应实行1.2倍削减	
			资源县	资源县工业集中区	①引导涉重金属企业进入工业园区，实现园区集聚发展； ②严格控制冶金有色、矿产品加工发展； ③严格涉重金属建设项目审批，实施重点重金属污染物排放总量指标前置审核制度，新建项目应取得重点重金属排放量指标，新、改（扩）建项目重金属排放量应实行1.2倍削减	

续表

分区		主要区域			工业发展环境准入条件	管控原因
		城市	区县	涉及园区		
重金属管控区	重点管控区	桂林市	灌阳县	灌阳县工业集中区	①引导涉重金属企业进入工业园区，实现园区集聚发展；②严格控制冶炼发展；③严格涉重金属建设项目审批，实施重点重金属污染物排放总量指标前置审核制度，新建项目应取得重点重金属排放量指标，新、改（扩）建项目重金属排放量应实行 1.2 倍削减	
			阳朔县	阳朔县工业集中区福利片区	①引导涉重金属企业进入工业园区，实现园区集聚发展；②严格控制冶炼发展；③严格涉重金属建设项目审批，实施重点重金属污染物排放总量指标前置审核制度，新建项目应取得重点重金属排放量指标，新、改（扩）建项目重金属排放量应实行 1.2 倍削减	
			荔浦市	——	①引导涉重金属企业进入工业园区，实现园区集聚发展；②严格控制电镀发展；③严格涉重金属建	

续表

分区		主要区域			工业发展环境准入条件	管控原因
		城市	区县	涉及园区		
重金属管控区	重点管控区	桂林市	荔浦市		建设项目审批，实施重点重金属污染物排放总量指标前置审核制度，新建项目应取得重点重金属排放量指标，新、改（扩）建项目重金属排放量应实行 1.2 倍削减	
		防城港市	港口区	防城港市企沙工业区	①引导涉重金属企业进入工业园区，实现园区集聚发展； ②严格控制有色金属冶炼发展； ③严格涉重金属建设项目审批，实施重点重金属污染物排放总量指标前置审核制度，新建项目应取得重点重金属排放量指标，新、改（扩）建项目重金属排放量应实行 1.2 倍削减	
		贵港市	港南区	贵港江南工业园区	①引导涉重金属企业进入工业园区，实现园区集聚发展； ②严格控制化工、皮革发展； ③严格涉重金属建设项目审批，实施重点重金属污染物排放总量指标前置审核制度，新建项目应取得重点重金属排放量指标，新、改（扩）建项目重金属排放量应实行 1.2 倍削减	

续表

分区		主要区域			工业发展环境准入条件	管控原因
		城市	区县	涉及园区		
重金属管控区	重点管控区	玉林市	博白县	广西北部湾经济区玉林龙潭产业园	①引导涉重金属企业进入工业园区，实现园区集聚发展； ②严格控制有色金属冶炼、再生资源加工利用发展； ③严格涉重金属建设项目审批，实施重点重金属污染物排放总量指标前置审核制度，新建项目应取得重点重金属排放量指标，新、改（扩）建项目重金属排放量应实行1.2倍削减	
重金属管控区	重点管控区	百色市	凌云县	——	①引导涉重金属企业进入工业园区，实现园区集聚发展； ②严格控制冶炼发展； ③严格涉重金属建设项目审批，实施重点重金属污染物排放总量指标前置审核制度，新建项目应取得重点重金属排放量指标，新、改（扩）建项目重金属排放量应实行1.2倍削减	
重金属管控区	重点管控区	百色市	西林县	——	①引导涉重金属企业进入工业园区，实现园区集聚发展； ②严格控制锑冶炼发展；	

续表

分区		主要区域			工业发展环境准入条件	管控原因
		城市	区县	涉及园区		
重金属管控区	重点管控区	百色市	西林县		③严格涉重金属建设项目审批，实施重点重金属污染物排放总量指标前置审核制度，新建项目应取得重点重金属排放量指标，新、改（扩）建项目重金属排放量应实行1.2倍削减	
		贺州市	平桂区	广西贺州旺高工业区	①引导涉重金属企业进入工业园区，实现园区集聚发展； ②严格控制有色冶炼发展； ③严格涉重金属建设项目审批，实施重点重金属污染物排放总量指标前置审核制度，新建项目应取得重点重金属排放量指标，新、改（扩）建项目重金属排放量应实行1.2倍削减	
		河池市	金城江区	河池市工业园区大任产业园	①引导支持龙头企业和优势企业通过兼并重组提高产业集中度以及规模化水平，优化供给结构，争取到2020年，通过政策引导、市场推动形成2～3家水平先进的大型有色工业企业； ②对现有符合产业政策和相关强制性标准，且处于产业链低端	
			金城江区	河池市工业园区东江工业园		

续表

<table>
<tr><th rowspan="2" colspan="2">分区</th><th colspan="3">主要区域</th><th rowspan="2">工业发展环境准入条件</th><th rowspan="2">管控原因</th></tr>
<tr><th>城市</th><th>区县</th><th>涉及园区</th></tr>
<tr><td rowspan="4">重金属管控区</td><td rowspan="4">重点管控区</td><td rowspan="2">河池市</td><td>金城江区</td><td>河池市工业园区金城江工业集中区</td><td rowspan="2">或者市场竞争力相对较弱的低端低效产能，因产业调整升级需要或资源禀赋和环境承载力所限而不宜继续生存发展的，运用市场机制和经济手段，鼓励和引导企业主动提前淘汰；
③河池市金城江区完成城市建成区内有色金属产业整体退出</td><td rowspan="4"></td></tr>
<tr><td>南丹县</td><td>河池南丹有色金属新材料工业园区</td></tr>
<tr><td>来宾市</td><td>兴宾区</td><td>河南循环经济工业园</td><td>①引导涉重金属企业进入工业园区，实现园区集聚发展；
②严格控制冶炼发展；
③严格涉重金属建设项目审批，实施重点重金属污染物排放总量指标前置审核制度，新建项目应取得重点重金属排放量指标，新、改（扩）建项目重金属排放量应实行 1.2 倍削减</td></tr>
<tr><td>崇左市</td><td>扶绥县</td><td>崇左市广西中国－东盟青年产业园</td><td>①引导涉重金属企业进入工业园区，实现园区集聚发展；
②严格控制有色冶炼发展；
③严格涉重金属建设项目审批，实施重点重金属污染物排放总</td></tr>
</table>

续表

分区		主要区域			工业发展环境准入条件	管控原因
		城市	区县	涉及园区		
重金属管控区	重点管控区	崇左市	扶绥县	崇左市广西中国－东盟青年产业园	量指标前置审核制度，新建项目应取得重点重金属排放量指标，新、改（扩）建项目重金属排放量应实行1.2倍削减	
	一般管控区	除优先管控区和重点管控区以外的其他区域			①严格涉重金属建设项目审批，继续实施重点重金属污染物排放总量指标前置审核制度，新建项目应取得重点重金属排放量指标，改（扩）建项目重金属排放量原则上应优先在企业内部通过“以新带老”措施进行自身平衡；②严格北部湾沿海地区涉重金属项目环境准入，钦州、北海、防城港三市人民政府应制定涉重金属行业综合整治规划，严格执行涉重金属产业、环境准入政策，控制涉重金属产能过度扩张，淘汰落后产能，实施涉重金属污染源深度治理，减少重金属污染物产生和排放；③引导涉重金属企业进入工业园区，实现园区集聚发展	

附表9 规划发展目标环境合理性分析

城市	规划产业发展目标	各市产业发展初步建议			匹配程度分析
		优先发展工业产业	优化发展工业产业	控制规模发展工业产业	
南宁市	突出发展电子信息、装备制造、生物医药三大产业，大力发展新一代信息技术、节能环保、清洁能源、新材料等战略性新兴产业，优化提升食品、化工、建材、造纸和木材加工、轻纺等传统优势产业，积极发展服务型制造业和生产性服务业	电子信息产业、装备制造、节能环保、生物医药、清洁能源、新材料	食品工业、轻纺，以规模化高端化工产品为主的化工工业，新型建材产业，以环保、高附加值纸制品为主的纸制品加工、木材精深加工产业	以初级化工原料制造为主的石化工业，有色金属采选、冶炼工业，以扩大炼钢产能为主的冶金工业，建材工业，资源消耗大、高污染、低附加值的造纸与木材加工业	☆☆☆☆
柳州市	稳定发展汽车、钢铁、机械三大支柱产业，优化提升食品、化工、纺织、建材四大传统产业，培育壮大新能源汽车、高端装备制造业、电子信息、新材料、节能环保、生物与制药六大战略性新兴产业	汽车产业、电子信息产业、修造船及海洋工程装备、节能环保、机械、高端装备制造业、生物制药、有色金属新材料	食品工业、纺织服装与皮革加工、医药制造、以钢铁产业链延伸为主的冶金工业	以初级化工原料制造为主的石化工业，有色金属采选、冶炼工业，以扩大炼钢产能为主的冶金工业，高污染建材工业	☆☆☆☆☆

续表

城市	规划产业发展目标	各市产业发展初步建议			匹配程度分析
		优先发展工业产业	优化发展工业产业	控制规模发展工业产业	
桂林市	以高端、低碳、绿色、生态为发展导向，壮大发展电子信息、医药及生物制品、先进装备制造、生态食品四大重点产业，加快发展新一代信息技术、新能源、新材料、节能环保等战略性新兴产业，培育发展信息服务、现代物流、工业设计等生产性服务业，发展工业互联网，建设智慧示范园区，推广智能制造生产模式，构建以高新技术产业为主导的新型工业产业体系	电子信息产业、节能环保、医药制造及生物制品、先进装备制造、生态食品、新能源	传统食品工业、纺织服装与皮革加工、机械工业	以初级化工原料制造为主的石化工业，有色金属采选、冶炼工业，以扩大炼钢产能为主的冶金工业，高污染建材工业，造纸与木材加工业	☆☆☆☆
梧州市	加强产业园区整合，突出粤桂合作平台载体建设，完善现有产业链，加大技术改造力度，推动再生资源、再生不锈钢制品、电子信息、陶瓷建材、林产林化、食品、医药制造、船舶及机械制造、有色金属、钛白化工、电力、人工宝石、纺织服装等产业链延伸、附加值提高，促进产品升级换代、生产集中度提高，大力发展节能环保、新材料、新能源、先进装备制造业、新一代信息技术等战略性新兴产业	电子信息产业、节能环保、内河修造船及机械制造、先进装备制造、生物制药	食品工业、有色金属工业、再生不锈钢制品，促进林产化工等传统产业优化提升	以初级化工原料制造为主的石化工业，以扩大炼钢产能为主的冶金工业，高污染建材工业，涉及传统鞣制等涉重皮革加工业	☆☆☆

续表

城市	规划产业发展目标	各市产业发展初步建议			匹配程度分析
		优先发展工业产业	优化发展工业产业	控制规模发展工业产业	
北海市	着力打造电子信息、石油化工、临港新材料三大主导产业链，积极发展海洋装备制造业、海洋生物医药、北斗导航、软件和信息服务业等新兴产业，优化提升农产品加工、建材、木材加工、能源等传统产业，大力发展高新技术产业和生产性服务业	计算机整体生产与零配件产业、电子信息产业、海洋装备制造业、节能环保、海洋生物医药	传统农产品加工、能源产业、以规模化高端化工产品为主的化工工业，优先发展中下游高附加值产品、冶金工业	以初级化工原料制造为主的石化工业，有色金属采选、冶炼工业，以扩大炼钢产能为主的冶金工业，高污染建材工业。禁止布局煤化工产业	☆☆☆
防城港市	重点发展钢铁、有色金属、石化、装备制造、食品、能源六大传统优势产业，积极推动骨干企业技术装备和生产工艺改造升级，构建循环型工业体系	电子信息产业、高端装备制造（港作机械、轻型飞机）、节能环保、修造船及海洋工程装备	食品工业、钢铁、冶金、能源	建材工业	☆☆☆
钦州市	着力打造以石化、装备制造为龙头的先进制造业，加快形成现代临港工业集群；推进石化、粮油食品加工、林浆纸等产业升级发展，培育壮大电子信息和新一代信息技术、新能源、生物医药、修造船及海工装备、新材料、节能环保等战略性新兴产业，积极布局高端装备和智能制造产业	高端装备制造（轨道交通、通用航空、汽车制造、港作机械等）、电子信息、信息技术、新能源、生物医药、修造船及海洋工程装备、新材料、节能环保	冶金工业、大型炼化一体化项目及其延伸产业链、粮油食品加工、林浆纸	建材工业	☆☆☆

续表

城市	规划产业发展目标	各市产业发展初步建议			匹配程度分析
		优先发展工业产业	优化发展工业产业	控制规模发展工业产业	
贵港市	改造提升冶金、建材、食品加工、生物化工、造纸与竹木材加工、电力、纺织服装与羽绒七大传统产业，加快发展新能源汽车、船舶修造、生物制药、新材料、电子信息、皮革加工等成长性产业	新能源汽车、船舶修造、生物制药、电子信息产业、新材料、内河修造船产业	食品工业，重点优化发展糖业精深加工和综合利用水平、生物化工	以初级化工原料制造为主的石化工业，有色金属采选、冶炼工业，以扩大炼钢产能为主的冶金工业，高污染建材工业，造纸与木材加工业，涉及传统鞣制等涉重皮革加工业	☆☆
玉林市	加快推进产业转型升级攻坚战，加快机械制造、健康食品、有色金属、电子信息、陶瓷等产业转型升级；支持玉柴二次创业，推进玉柴智能制造，打造千亿玉柴，重点发展先进装备制造、新能源、新材料、节能环保、生物制药、新一代信息技术等新兴产业	电子信息产业、汽车及零部件制造业、先进装备制造、新能源、新材料、生物制药、节能环保	食品工业、机械工业	冶金工业、建材工业、造纸与木材加工业、纺织服装与皮革加工业	☆☆☆☆
百色市	立足生态铝产业基地建设，加快推进煤电铝网一体化，构建高效利用、科技含量高、产出率高、外向度与集聚度高的生态铝产业体系；优化提升发展锰产业、石化产业、糖纸产业等传统特色产业，大力发展现代农副产品加工业、民族医药、碳酸钙等特色优势产业，加快培育发展新材料、新能源等战略性新兴产业	有色金属、民族医药、电子信息产业、电力热力行业、新材料、新能源	锰工业、石化工业、糖纸产业、农副食品加工、冶金工业、热电、碳酸钙、氯碱精细化工产业	造纸与木材加工业	☆☆

续表

城市	规划产业发展目标	各市产业发展初步建议			匹配程度分析
		优先发展工业产业	优化发展工业产业	控制规模发展工业产业	
贺州市	发展壮大碳酸钙、新型装配式建筑材料两大千亿元产业集群,优先发展稀土新材料、电子信息(铝电子)、生态健康、新能源、新能源汽车、节能环保等新兴产业,改造提升电力、林产、矿业、钢铁、机械制造等传统特色产业,积极发展工业设计、现代物流、电子商务、科技服务、信息服务等生产性服务业	电子信息产业、节能环保、机械制造、稀土新材料、新能源、新能源汽车、节能环保	食品加工业、有色金属工业、碳酸钙新型装配式建筑材料、冶金工业、热电行业	采矿业、林产、建材工业、造纸与木材加工业	☆☆
河池市	加快有色金属产业转型升级,大力发展茧丝绸、食品、生物医药、碳酸钙等特色优势产业,加快发展有色金属、化工、建材等特色循环经济,统筹发展高端饮用水产业,建设河池大宗固体废弃物综合利用示范基地,以河池市工业园区、广西宜州经济开发区、河池·南丹有色金属新材料工业园区为平台载体,整合发挥世界长寿之乡品牌效应,推进产业规模化、品牌化、高端化、特色化发展,建成具有河池特色的现代生态工业体系	热电、生物医药	食品、生态环保型有色金属产业、碳酸钙、石化	蚕丝绸、建材、采矿业、纺织服装与皮革加工业	☆☆

续表

城市	规划产业发展目标	各市产业发展初步建议			匹配程度分析
		优先发展工业产业	优化发展工业产业	控制规模发展工业产业	
来宾市	利用好资源枯竭型城市优惠政策，重点推进冶金、能源、铝精深加工、制糖及综合利用四大特色优势产业转型升级，培育壮大高新技术产业、茧丝绸、碳酸钙、汽车配件等产业，引进上中下游项目及企业入园，实现就地精深加工和产业链优化，鼓励有条件有基础的新型企业设立企业技术中心、工程中心	电子信息、汽车配件	有色金属、冶金工业、制糖产业、碳酸钙、食品加工业、热电、能源及铝、锰精深加工	蚕丝绸、采矿业、建材工业、造纸与木材加工业	☆☆
崇左市	充分发挥连接东盟和资源富集优势，着力改造提升糖业、生态型锰业等传统产业，巩固壮大有色金属、建材、林产林化、特色食品、红木加工等特色优势产业，着力培育新材料、新能源、节能环保等战略性新兴产业，打造全国蔗糖循环经济示范基地、国家生态型锰业产业基地，加快推进生态环保型有色金属产业示范基地和进出口加工产业示范基地建设	稀土新材料、新能源、节能环保	糖业、锰业、有色金属工业、食品加工、冶金工业、石化工业、热电、林产林化	造纸与木材加工业、采矿业、建材工业	☆☆

附表 10　区域重点产业布局及环境合理性分析

序号	产业名称	重点城市	规划发展趋势	环境合理性分析	匹配程度分析
1	食品工业	南宁	产业优化提升、升级发展、积极推动骨干企业技术装备和生产工艺改造升级。其中南宁市优化提升食品产业；桂林市继续壮大发展生态食品行业；防城港规划加快建设全国重要粮油食品基地；玉林市将加快健康食品产业转型升级；崇左市巩固壮大特色食品，打造全国蔗糖循环经济示范基地	“十三五”期间着力注重产业优化提升、升级发展以及转型升级，同时侧重特色食品、生态食品的发展，依托传统优势产业布局基本合理。但在布局选址过程中，应明确园区废水排放去向，重点考虑所在流域环境容量是否满足区域发展要求。崇左下雷河弄欣断面、玉林南流江六司桥 - 横塘、九州江文车桥流域不宜建设废水污染物排放量较大的行业	☆☆☆☆
		桂林			☆
		防城港			—
		玉林			☆☆☆☆
		崇左			★★★★
2	石化工业	南宁	南宁市优化提升化工产业；北海市着力打造石油化工产业链，重点建设铁山港石化综合产业园区；钦州市着力打造石化产业，推进产业升级发展，加快建设全国重要的石化产业基地，重点建设钦州大型炼化一体化石化综合产业园区；防城港市重点建设大西南临港工业区，积极推动骨干企业技术装备和生产工艺的改造升级；柳州市、桂林市实施产业优化提升，建设以重点企业为核心的桂北橡胶加工基地；建设河池生物化工基地，促进生物燃料规模化商业应用；梧州、玉林、防城港等有资	区域石化工业发展迅猛，结合现状及规划布局情况，全区各城市石化产业均占有一定比重，其中 2015 年南宁市、钦州、百色、崇左化工产业工业总产值占各市总产值比重分别为 12.5%、38.7%、10.9%、10.3% 结合“十三五”规划相关内容，北海、防城港、梧州、玉林、河池等市将进一步引进大型化工项目，包括炼化一体化、橡胶加工基地建设等。根据环函〔2011〕181 号提出集约建设钦州等地区具有国际先进水平的大型炼化一体化项目及其延伸产业链基地，错位分工，适度发展。淘汰 100 万吨及以下	★★★★★★★★
		桂林			★★★★★★★★★★
		梧州			★★★★★★★★★★
		钦州			★★★★★★★★★
		百色			★★★★★★★★★★

续表

序号	产业名称	重点城市	规划发展趋势	环境合理性分析	匹配程度分析
2	石化工业	崇左	源优势和产业基础的地区规划建设3个以上现代林化产业加工园区	低效低质落后的炼油装置；优先发展石化中下游产品，提升高附加值、高技术、低污染的精细化工产品比重。北海立足于对现有石化企业升级改造，适当发展石化中下游产品，防止以沥青、重油加工等名义新建炼油项目。区域原则上不适宜新布局煤化工产业。各市引入项目前提应满足区域大气、水环境容量以及总量控制要求	★★★★★★★★★★
3	有色金属工业	百色	防城港重点发展有色金属等传统优势产业；来宾重点推进铝精深加工等特色优势产业转型升级，实现产业链优化；百色立足生态铝产业基地建设，加快推进煤电铝网一体化，构建生态绿产业体系，此外优化提升发展锰产业等，打造国家级生态铝产业示范基地和国家级生态工业示范园；河池市加快有色金属产业转型升级，发展产业特色循环经济；崇左着力改造提升生态型锰业，打造国家生态型锰业产业基地，加快推进生态环保型有色金属产业示范基地建设	结合现有及规划产业布局，百色市为区域有色金属产业发展重要城市，其部分稀有金属已经大规模开发，服务期严重不足，谨防“百色”变为“百枯”。2015年百色市有色金属产业工业总产值占全区产业总产值50.5%，对该区域有色金属产业生态化建设迫在眉睫，应加快构建高效利用、科技含量高、产出率高、外向度和集聚度高的生态产业体系，有效控制区域污染物排放。规划产业目标依托传统优势产业布局同时侧重促进生态化建设，布局基本合理。作为涉重金属产业重点防控行业，规划期内应侧重产业结构和布局进一步优化，基本实现园区集聚发展，涉及生产工艺和技术装备水平应实现明显提升，绿色化发展水平逐步提高，重金属排放强度	★★★★★★★★★★
		防城港			★★★★★★★★★★
		河池			★★★★★★★★★★

续表

序号	产业名称	重点城市	规划发展趋势	环境合理性分析	匹配程度分析
3	有色金属工业	来宾		进一步下降。此外，北海、河池市应关注产业用水量的控制，采取节水政策及措施，有效控制区域产业用水量	★★★★★ ★★★★★
4	冶金工业	柳州	产业优化提升、升级发展、积极推动骨干企业技术装备和生产工艺改造升级。其中南宁市优化提升食品产业；桂林市继续壮大发展生态食品行业；防城港规划加快建设全国重要粮油食品基地；玉林市将加快健康食品产业转型升级；崇左市巩固壮大特色食品，打造全国蔗糖循环经济示范基地	“十三五”期间，应促进企业与上下游合作，提高产业集聚度，严格控制钢铁产能，相关企业引进应积极配合周边地区产业发展特点，大力发展新兴特种钢，加大钢材在汽车、机械、船舶等方面的应用。冶金行业作为污染物排放量较大产业，对区域环境质量影响较大，特别对环境空气质量有较大影响。结合重大项目清单，产业新增项目以铁合金制造及钢材压延加工为主，新建炼钢项目分别位于玉林、崇左、防城港市，应严格准入条件，落实产业政策及环境保护要求。根据环函〔2011〕181号，在符合国家“等量置换”“减量置换”“不新增钢铁产能”产业政策的前提下，适时建设防城港千万吨级钢铁项目，主要重点发展精品钢、碳钢板材等高端产品，严格控制区域生铁、粗钢等产能扩张	★★★★★ ★★★★★
		梧州			★★★★★ ★★★★★
		北海			★★★★★ ★★★★★
		防城港			★★★★★ ★★★★★
		贵港			★★★★★ ★★★★★

续表

序号	产业名称	重点城市	规划发展趋势	环境合理性分析	匹配程度分析
5	建材工业	南宁	完善水泥工业布局，引导产业链各类企业加强分工协作，形成骨干企业为龙头、大中小企业协调发展的格局。南宁以优化提升为主；梧州将推动产业链延伸，提高生产集中度；玉林加快产业转型升级；贺州发展壮大碳酸钙、新兴装配式建筑材料两大千亿元产业集群，打造国家级装配式建筑材料生产基地和碳酸钙、新兴建筑材料示范基地	建材行业污染特点为废气、固体废物排放量较大，尤其对区域环境空气质量有较大影响，2015 年建材行业 SO_2、NO_X、烟（粉）尘排放量均为全区最高，以微小型企业居多，占总数的 92%，且产品趋同现象较为显著，黏土砖瓦及建筑砌块制造行业企业数量占总数的 51%。结合行业规划发展目标，“十三五”期间应推进产业链建立及延伸，鼓励鼓励装配式建筑材料等新兴建材产业的发展建设。结合区域环境容量及总量减排目标，南宁、柳州、贵港、百色应限制大气污染物排放较大的企业引入，同时进一步对区域内建材企业进行升级改造或整合，加大环境管理力度；以建材工业为主导产业城市应尽快制定区域行业环境准入条件，做好相应环境保护措施	★★★★★★
		桂林			★★★★★★★★★
		梧州			★★★★★★★★★★
		贵港			★★★★★★★★
		玉林			★★★★★★
		贺州			★★★★★★★★★★

续表

序号	产业名称	重点城市	规划发展趋势	环境合理性分析	匹配程度分析
6	造纸与木材加工业	南宁	南宁优化提升造纸与木材加工等传统产业，钦州推进林浆纸等产业升级发展；梧州推动林产林化等产业的产业链延伸	造纸与木材加工行业水、气污染排放量均较大，对区域环境剩余环境容量有较高要求，拟引入项目应严格执行环境准入及清洁生产要求，加强污染物排放控制。根据环函〔2011〕181号，推动蔗渣与蔗渣浆循环利用，促进造纸集约化、规模化发展。加大对区域小造纸与落后工艺的全面淘汰，分阶段提高行业规模、技术与污染治理准入门槛，重点加快淘汰规模以下造纸产能	★★★★★
		桂林			★★★★★★★★
		梧州			★★★★★★★★★★
		钦州			★★★★★
7	纺织服装与皮革加工业	南宁	梧州推动产业链延伸、附加值提高，促进产品升级换代、生产集中度提高；贵港对产业实施升级改造、加快发展皮革加工等成长型产业	依托现有产业基础及资源配置，积极推动产业链延伸，由资源型生产转为加工制造型生产，该行业污染物排放量较小，对环境影响相对不大	☆☆☆☆
		梧州			★★
		贵港			☆☆
		玉林			☆☆☆☆
8	汽车工业	柳州	柳州市稳定发展汽车等支柱产业，培育壮大新能源汽车等战略性新兴产业，加快广西柳州汽车城等先进制造业核心产业区建设；贵港市加快发展新能源汽车等成长性产业；来宾培育壮大汽车配件等产业；贺州优先发展新能源汽车等新兴产业	依据现状汽车工业布局及工业总产值，柳州作为重要汽车工业发展城市，主要包括一汽、东风、上海通用等5家整车制造企业，是广西汽车产业发展的核心地区。“十三五”期间根据国家产业政策及区域产业基础，全区贵港、来宾、贺州等多城市积极发展新能源汽车产业发展，应严格执行产业准入要求，满足清洁生产相关标准	☆☆☆☆☆☆☆☆☆☆

续表

序号	产业名称	重点城市	规划发展趋势	环境合理性分析	匹配程度分析
9	机械工业	南宁	南宁突出发展装备制造；柳州稳定发展机械等支柱产业，培育壮大高端装备制造业等战略性新兴产业；桂林壮大发展先进装备制造业等重点产业；北海积极发展海洋装备制造业；玉林市重点发展先进装备制造、智能制造等	“十三五”期间，全区积极发展高端装备制造业，分布于全区各市，结合重大项目清单防城港市、北海以发展港口机械、海洋工程装备为主；柳州以发展机器人、智能制造为主；南宁以机床、起重机等专用设备为主；贵港以钢结构产品、起重机等为主；桂林以机床、电池制造为主；贺州以机床、采矿等专用设备为主。区域新增项目与各市产业发展特点基本相符	☆☆☆☆☆☆☆☆
		柳州			☆☆☆☆☆☆☆☆
		桂林			☆☆☆☆☆
		北海			☆☆☆
10	电子信息	南宁	南宁突出发展电子信息，大力发展新一代信息技术产业，加快实施“互联网+”战略，推动工业化与信息化深度融合；北海市着力打造电子信息、主导产业链，积极发展软件和信息服务业等新兴产业，建设中西部地区重要的信息产业制造基地，面向东盟的电子产品出口基地，积极打造北部湾“硅谷”	电子信息产业作为高附加值、低污染排放产业，可结合各市区域发展产业特点予以建设实施。现状广西电子信息产业以南宁、北海为主，其工业总产值占全区工业总产值的80%。“十三五”期间，钦州、柳州、桂林、梧州等各市均积极推进电子信息产业建设，其中柳州着力推进智能制造及“互联网+”发展，建设珠江－西江经济带先进制造业基地和信息中心；桂林建设国家新兴工业化（电子信息）示范基地及国家两化深度融合试验区。结合各市产业发展特点推动信息化发展，将有利于产业良性发展，带动区域产业优化升级及技术革新	☆☆☆☆☆☆☆☆☆☆
		北海			☆☆☆☆☆☆☆☆☆☆

续表

序号	产业名称	重点城市	规划发展趋势	环境合理性分析	匹配程度分析
11	医药制造	南宁	南宁突出发展生物医药等产业；桂林壮大发展医药及生物制品等重点产业；梧州完善现有产业链，加大技术改造力度，推动医药制造等产业链延伸	依托丰富的药用植物资源和独特的地理气候条件，以中医药民族医药为主要发展方向，结合现有产业发展基础，增加产业集聚度、知名度。从环境保护角度，针对区域剩余水环境容量较少或水质已超标的流域应限制引入废水排放量较大的项目	☆☆☆☆☆
		桂林			☆☆☆☆☆☆
		梧州			☆☆☆
		钦州			☆☆☆☆☆☆☆☆
12	修造船及海洋工程装备	柳州	钦州加快形成临港工业集群，培育壮大修造船及海工装备等战略新兴产业。以中船钦州大型海工装备及保障基地和防城港海工装备制造项目为重点，加强与大企业合作，推动产学研联合，参与国内船舶行业关键共性技术攻关。开发符合西江水系和北部湾船舶标准化船型，优化产品结构，提升船舶行业创新水平。打造海洋工程装备制造全产业链，形成造、修、拆、配套、服务协调发展的产业格局	产业主要依据海域、流域沿线布局，符合产业发展特点，结合现有产业发展重点城市，打造全产业链。从环境保护角度，应注重企业节能降耗、清洁生产工作，特别应注意对修造船过程中产生的废水、固废等处理，与各类环境保护目标应保持一定距离	☆☆☆☆☆☆☆☆☆☆
		桂林			☆☆☆☆☆☆☆☆☆☆
		梧州			☆☆☆☆☆☆☆☆☆
		贵港			☆☆☆☆☆☆☆☆☆☆
		钦州			☆☆☆☆☆☆☆☆☆☆
13	节能环保	梧州	柳州培育壮大节能环保等产业，梧州大力发展节能环保等战略新兴产业；建设河池大宗固体废弃物综合利用示范基地，利用固体废物开展陶瓷板材、防腐砖等建材行业发展，推进零部件再制造、整机再制造的业务组合	全区矿产资源开发、有色金属、冶金、建材等产业占有一定比重，将产生尾矿、废渣等大量固体废物，结合上述产业发展基础，“十三五”期间各市仍将大力发展冶金渣综合利用、废旧汽车拆解等金属废料加工项目，项目引入过程中，应重点考虑固体废物特别是危险废物的全过程管理	☆☆☆☆☆☆☆☆☆☆
		柳州			☆☆☆☆☆☆☆☆☆☆

注：“☆”代表正向匹配，数量越多匹配程度越高；“★”代表负向匹配，数量越多匹配程度越低。

附表 11　与环境敏感区相对位置较敏感园区布局清单

位置	工业园区名称	受影响的生态敏感区	位置关系	主要生态保护对象
南宁	南宁六景工业园区	横县六景泥盆系地层标准剖面保护区	部分重叠	泥盆系地质剖面
柳州	融安县工业集中区	红茶沟国家森林公园	部分重叠	森林景观
桂林	灵川八里街工业园区	桂林漓江风景名胜区	园区规划范围包含漓江风景名胜区部分河段，需加强保护	漓江沿岸
桂林	阳朔县工业集中区	桂林漓江风景名胜区	园区规划范围包含漓江风景名胜区部分河段，需加强保护	漓江沿岸
梧州	粤桂合作特别试验区	西江梧州段国家级水产种质资源保护区	园区规划范围包含水产种质资源保护区西江梧州段，需加强保护	鲮、鳡，其他保护对象包括银鲴、日本鳗鲡、赤眼鳟、青鱼、草鱼、鳡、红鳍原鲌、海南红鲌、倒刺鲃、鳙、鲢、鲤、黄颡鱼、大眼鳜、斑鳢、月鳢、黄鳝、花鲈等
来宾	合山市产业转型工业园	合山煤矿国家矿山公园	部分重叠	煤矿采矿遗迹
防城港	防城港市东兴边境经济合作区	京岛风景名胜区	部分重叠	京族三岛

附表 12　重点产业优化发展建议

序号	城市	现状发展行业	规划产业发展目标	环境制约因素	各市产业发展初步建议		
					优先发展工业产业	优化发展工业产业	控制规模发展工业产业
1	南宁市	食品加工、电子信息、石化产业、机械工业、造纸与木材加工业	突出发展电子信息、装备制造、生物医药三大产业，大力发展新一代信息技术、节能环保、清洁能源、新材料等战略性新兴产业，优化提升食品、化工、建材、造纸和木材加工、轻纺等传统优势产业，积极发展服务型制造业和生产性服务业	矿产资源开采程度较高，能源、工业用水消耗量较大，2015 年 PM_{10} 年均浓度超出标准值 3%，废水污染物等标污染负荷较高	电子信息产业、装备制造、节能环保、生物医药、清洁能源、新材料	食品工业，轻纺，以规模化高端化工产品为主的化工工业，新型建材产业，以环保、高附加值纸制品为主的纸制品加工、木材精深加工产业	以初级化工原料制造为主的石化工业，有色金属采选、冶炼工业，以扩大炼钢产能为主的冶金工业，建材工业，资源消耗大、高污染、低附加值的造纸与木材加工业
2	柳州市	汽车工业、冶金工业、机械工业、食品加工、造纸与木材加工业	稳定发展汽车、钢铁、机械三大支柱产业，优化提升食品、化工、纺织、建材四大传统产业，培育壮大新能源汽车、高端装备制造业、电子信息、新材料、节能环保、生物与制药六大战略性新兴产业	能源、工业用水量消耗较大，大气、废水污染物等标污染负荷较高，2015 年 PM_{10} 年均浓度达到标准值	汽车产业、电子信息产业、修造船及海洋工程装备、节能环保、机械、高端装备制造业、生物制药、有色金属新材料	食品工业、纺织服装与皮革加工、机械工业、医药制造、以钢铁产业链延伸为主的冶金工业	以初级化工原料制造为主的石化工业，有色金属采选、冶炼工业，以扩大炼钢产能为主的冶金工业，高污染建材工业，造纸与木材加工业

续表

序号	城市	现状发展行业	规划产业发展目标	环境制约因素	各市产业发展初步建议		
					优先发展工业产业	优化发展工业产业	控制规模发展工业产业
3	桂林市	食品加工、机械工业、造纸与木材加工、采矿、建材工业、石化工业	以高端、低碳、绿色、生态为发展导向，壮大发展电子信息、医药及生物制品、先进装备制造、生态食品四大重点产业，加快发展新一代信息技术、新能源、新材料、节能环保等战略性新兴产业，培育发展信息服务、现代物流、工业设计等生产性服务业，发展工业互联网，建设智慧示范园区，推广智能制造生产模式，构建以高新技术产业为主导的新型工业产业体系	能源消耗量较大，2015年PM_{10}浓度达到标准值	电子信息产业、节能环保、医药制造及生物制品、先进装备制造、生态食品、新能源	传统食品工业、纺织服装与皮革加工、汽车工业、机械工业、医药制造	以初级化工原料制造为主的石化工业，有色金属采选、冶炼工业，以扩大炼钢产能为主的冶金工业，高污染建材工业，造纸与木材加工业
4	梧州市	冶金工业、建材工业、节能环保、石化工业、造纸与木材加工业	加强产业园区整合，突出粤桂合作平台载体建设，完善现有产业链，加大技术改造力度，推动再生资源、再生不锈钢制品、电子信息、陶瓷建材、林产林化、食品、医药制造、船舶及机械制造、有色金属、钛白化工、电力、人工宝石、纺织服装等产业链延伸、附加值提高，促进产品升级换代、生产集中度提高。大力发展节能环保、新材料、新能源、先进装备制造业、新一代信息技术等战略性新兴产业	废水污染物等标污染负荷较高	电子信息产业、节能环保、内河修造船及机械制造、先进装备制造、生物制药	食品工业、有色金属工业、再生不锈钢制品，促进林产化工等传统产业优化提升	食品工业、以初级化工原料制造为主的石化工业、以扩大炼钢产能为主的冶金工业、高污染建材工业、纺织服装与涉及传统鞣制等涉重皮革加工业

续表

序号	城市	现状发展行业	规划产业发展目标	环境制约因素	各市产业发展初步建议		
					优先发展工业产业	优化发展工业产业	控制规模发展工业产业
5	北海市	电子信息、冶金工业、机械工业、食品加工、石化工业	着力打造电子信息、石油化工、临港新材料三大主导产业链，积极发展海洋装备制造业、海洋生物医药、北斗导航、软件和信息服务业等新兴产业，优化提升农产品加工、建材、木材加工、能源等传统产业，大力发展高新技术产业和生产性服务业	工业用水量较大，监控断面出现总磷浓度超标	计算机整体生产与零配件产业、电子信息产业、海洋装备制造业、节能环保、海洋生物医药	传统农产品加工、能源产业、以规模化高端化工产品为主的化工工业，优先发展中下游高附加值产品、冶金工业	以初级化工原料制造为主的石化工业，有色金属采选、冶炼工业，以扩大炼钢产能为主的冶金工业，高污染建材工业。禁止布局煤化工产业
6	防城港市	食品加工、冶金工业、有色金属、石化工业、建材工业	重点发展钢铁、有色金属、石化、装备制造、食品、能源六大传统优势产业，积极推动骨干企业技术装备和生产工艺改造升级，构建循环型工业体系	大气污染物等标污染负荷较高	电子信息产业、高端装备制造（港作机械、轻型飞机）、节能环保、修造船及海洋工程装备	食品工业、钢铁、冶金、能源	建材工业
7	钦州市	石化工业、造纸与木材加工业、食品加工、建材工业、冶金工业	着力打造以石化、装备制造为龙头的先进制造业，加快形成现代临港工业集群。推进石化、粮油食品加工、林浆纸等产业升级发展，培育壮大电子信息和新一代信息技术、新能源、生物医药、修造船及海工装备、新材料、节能环保等战略性新兴产业，积极布局高端装备和智能制造产业	大气污染物等标污染负荷较高	高端装备制造（轨道交通、通用航空、汽车制造、港作机械等）、电子信息、信息技术、新能源、生物医药、修造船及海洋工程装备、新材料、节能环保	冶金工业、大型炼化一体化项目及其延伸产业链、粮油食品加工、林浆纸	建材工业

续表

序号	城市	现状发展行业	规划产业发展目标	环境制约因素	各市产业发展初步建议		
					优先发展工业产业	优化发展工业产业	控制规模发展工业产业
8	贵港市	食品加工、建材工业、纺织服装与皮革加工业、造纸与木材加工业、修造船及海洋工程装备	改造提升冶金、建材、食品加工、生物化工、造纸与竹木材加工、电力、纺织服装与羽绒七大传统产业，加快发展新能源汽车、船舶修造、生物制药、新材料、电子信息、皮革加工等成长性产业	矿产资源开采程度较高，大气污染物等标污染负荷较高	新能源汽车、船舶修造、生物制药、电子信息产业、新材料、内河修造船产业	食品工业，重点优化发展糖业精深加工和综合利用水平、生物化工	以初级化工原料制造为主的石化工业，有色金属采选、冶炼工业，以扩大炼钢产能为主的冶金工业，高污染建材工业，造纸与木材加工业，涉及传统鞣制等涉重皮革加工业
9	玉林市	食品加工、建材工业、机械工业、造纸与木材加工、纺织服装与皮革加工业	加快推进产业转型升级攻坚战，加快机械制造、健康食品、有色金属、电子信息、陶瓷等产业转型升级。支持玉柴二次创业，推进玉柴智能制造，打造千亿玉柴，重点发展先进装备制造、新能源、新材料、节能环保、生物制药、新一代信息技术等新兴产业	监控断面出现氨氮、五日生化需氧量、总磷浓度超标	电子信息产业、汽车及零部件制造业、先进装备制造、新能源、新材料、生物制药、节能环保	食品工业、机械工业	冶金工业、建材工业、造纸与木材加工业、纺织服装与皮革加工业
10	百色市	有色金属工业，石化工业，电子、热力、燃气和水生产供应业，食品加工，冶金工业，造纸与木材加工业	立足生态铝产业基地建设，加快推进煤电铝网一体化，构建高效利用、科技含量高、产出率高、外向度与集聚度高的生态铝产业体系。优化提升发展锰产业、石化产业、糖纸产业等传统特色产业，大力发展现代农副产品加工	矿产资源开采程度较高，能源消耗量较大，大气污染物等标污染负荷较高	有色金属、民族医药、电子信息产业、电力热力行业、新材料、新能源、修造船及海洋工程装备、节能环保	锰工业、石化工业、糖纸产业、农副食品加工、冶金工业、热电、碳酸钙、氯碱精细化工产业	食品工业、石化工业、有色金属工业、冶金工业、建材工业、造纸与木材加工业、纺织服装与皮革加工业

续表

序号	城市	现状发展行业	规划产业发展目标	环境制约因素	各市产业发展初步建议		
					优先发展工业产业	优化发展工业产业	控制规模发展工业产业
10	百色市		业、民族医药、碳酸钙等特色优势产业,加快培育发展新材料、新能源等战略性新兴产业				
11	贺州市	冶金工业,建材工业,电子,热力,燃气和水生产供应业,食品加工,有色金属工业,采矿业,造纸与木材加工业	发展壮大碳酸钙、新型装配式建筑材料两大千亿元产业集群,优先发展稀土新材料、电子信息(铝电子)、生态健康、新能源、新能源汽车、节能环保等新兴产业,改造提升电力、林产、矿业、钢铁、机械制造等传统特色产业,积极发展工业设计、现代物流、电子商务、科技服务、信息服务等生产性服务业	大气污染物等标污染负荷较高	电子信息产业、节能环保、机械制造、稀土新材料、新能源、新能源汽车、节能环保	食品加工业、有色金属工业、碳酸钙新型装配式建筑材料、冶金工业、热电行业	采矿业、林产、建材工业、造纸与木材加工业
12	河池市	电子、热力、燃气和水生产供应业,有色金属工业,食品加工,纺织服装与皮革加工业,采矿业,石化工业,建材工业	加快有色金属产业转型升级,大力发展茧丝绸、食品、生物医药、碳酸钙等特色优势产业,加快发展有色金属、化工、建材等特色循环经济,统筹发展高端饮用水产业,建设河池大宗固体废弃物综合利用示范基地,以河池市工业园区、广西宜州经济开发区、河池·南丹有色金属新材料工业园区为平台载体,整合发挥世界长寿之乡品牌效应,推进产	工业用水量较大,废水污染物等标污染负荷较高	热电、生物医药	食品、生态环保型有色金属产业、碳酸钙、石化	蚕丝绸、建材、采矿业、纺织服装与皮革加工

续表

序号	城市	现状发展行业	规划产业发展目标	环境制约因素	各市产业发展初步建议		
					优先发展工业产业	优化发展工业产业	控制规模发展工业产业
12	河池市		业规模化、品牌化、高端化、特色化发展，建成具有河池特色的现代生态工业体系				
13	来宾市	食品加工，电子、热力、燃气和水生产供应业，有色金属工业，采矿业，建材工业，造纸与木材加工业，冶金工业	利用好资源枯竭型城市优惠政策，重点推进冶金、能源、铝精深加工、制糖及综合利用四大特色优势产业转型升级，培育壮大高新技术产业、茧丝绸、碳酸钙、汽车配件等产业，引进上中下游项目及企业入园，实现就地精深加工和产业链优化，鼓励有条件有基础的新型企业通过设立企业技术中心、工程中心	矿产资源枯竭，工业用水量较大	电子信息、汽车配件	有色金属、冶金工业、制糖产业、碳酸钙、食品加工业、热电、能源及铝、锰精深加工	蚕丝绸、采矿业、建材工业、造纸与木材加工业、石化工业、有色金属工业、冶金工业
14	崇左市	食品加工，冶金工业，石化工业，电子、热力、燃气和水生产供应业，造纸与木材加工业，采矿业，建材工业	充分发挥连接东盟和资源富集优势，着力改造提升糖业、生态型锰业等传统产业，巩固壮大有色金属、建材、林产林化、特色食品、红木加工等特色优势产业，着力培育新材料、新能源、节能环保等战略性新兴产业，打造全国蔗糖循环经济示范基地、国家生态型锰业产业基地，加快推进生态环保型有色金属产业示范基地和进出口加工产业示范基地建设	矿产资源开采程度较高，监控断面出现氨氮浓度超标	稀土新材料、新能源、节能环保	糖业、锰业、有色金属工业、食品加工、冶金工业、石化工业、热电、林产林化	造纸与木材加工业、采矿业、建材工业

主要参考文献

[1] 刘天齐 , 黄小林 , 宫学栋 , 等 . 区域环境规划方法指南 [M]. 北京 : 化学工业出版社 ,2001.

[2] 鞠美庭 , 张裕芬 , 李洪远 . 能源规划环境影响评价 [M]. 北京 : 化学工业出版社 ,2006.

[3] 杨爱民 , 唐克旺 , 王浩 , 等 . 生态用水的基本理论与计算方法 [J]. 水利学报 ,2004,(12):39-44.

[4] 张婧 , 朱国伟 , 姚海燕 . 基于可持续发展理论的绿色 GDP 核算 - 以江苏省为例 [J]. 安徽农业科学 ,2007,35(33):10896-10898,10914.

[5] 姚晓军 . 煤炭开发区域的生态承载力研究 [D]. 西安 : 西北大学，2008.

[6] 鲁成秀 . 生态工业园区规划建设理论与方法研究 [D]. 长春 : 东北师范大学，2003.

[7] 中国环境与发展国际合作委员会能源战略与技术工作组 . 能源与可持续发展 [M]. 北京 : 中国环境科学出版社 ,2003.

[8] 聂振邦 . 中国资源信息 [M]. 北京 : 中国环境科学出版社 ,2000.

[9] 刘年磊 , 蒋洪强 , 吴文俊 . 基于不确定性的水资源优化配置模型及其实证研究 [J]. 中国环境科学 ,2014,(6):1607-1613.

[10] 苏琴 , 吴利华 , 谈永锋 . 流域水资源配置合理性评价指标体系探析 [J]. 城市道桥与防洪 ,2014,(6):170-173.

[11] 广西壮族自治区统计局 . 广西统计年鉴 [G]. 北京 : 中国统计出版社，2012-2016.